REAGAN E THATCHER
UMA RELAÇÃO DIFÍCIL

Richard Aldous

Tradução de Dinah Azevedo

EDITORA RECORD
RIO DE JANEIRO • SÃO PAULO
2012

Cip-Brasil. Catalogação-na-fonte
Sindicato Nacional dos Editores de Livros, Rj

A337r Aldous, Richards
Reagan e Thatcher: uma relação difícil / Richards Aldous ; tradução do inglês para o português Dinah de Abreu Azevedo. - Rio de Janeiro: Record, 2012.

Tradução de: Reagan and Thatcher
ISBN 978-85-01-09842-9

1. Reagan, Ronald. 2. Thatcher, Margaret. 3. Estados Unidos - Relações exteriores - 1981-1989. 4. Grã-Bretanha - Relações exteriores - 1979-1997. I. Título.

12-0116. CDD: 327.73041
CDU: 327(73):(41)

Texto revisado segundo o novo Acordo Ortográfico da Língua Portuguesa.

Título original em inglês:
REAGAN AND THATCHER

Copyright © Richards Aldous, 2012

Todos os direitos reservados. Proibida a reprodução, armazenamento ou transmissão de partes deste livro através de quaisquer meios, sem prévia autorização por escrito. Proibida a venda desta edição em Portugal e resto da Europa.

Direitos exclusivos de publicação em língua portuguesa para o Brasil adquiridos pela
EDITORA RECORD LTDA.
Rua Argentina 171 - 20921-380 Rio de Janeiro, RJ - Tel.: 2585-2000
que se reserva a propriedade literária desta tradução

Impresso no Brasil

ISBN 978-85-01-09842-9

Seja um leitor preferencial Record.
Cadastre-se e receba informações sobre nossos lançamentos e nossas promoções.

Atendimento direto ao leitor:
mdireto@record.com.br ou (21) 2585-2002.

"Duas pessoas com os mesmos princípios básicos provavelmente pretendem fazer com eles algo basicamente diferente."

— Friedrich Nietzsche,
Além do bem e do mal

PRÓLOGO

Cerimônia pública do funeral do presidente Reagan. 11 de junho de 2004. Margaret Thatcher mantém a expressão impassível enquanto suas palavras, gravadas de antemão, ecoam pela Cathedral Church of Saint Peter and Saint Paul, de Washington, D.C. A seu lado estava o homem que ela introduziu no palco mundial com palavras célebres: "Posso fazer negócio com o sr. Gorbachev." Bem em frente dela estava sentada Nancy, a viúva de Reagan, que havia convidado a ex-primeira-ministra para falar durante a cerimônia e depois acompanhá-la no *Air Force One* até a Califórnia para o sepultamento. George W. Bush, o presidente em exercício, ouvia atentamente, sabendo que seu próprio discurso fúnebre seria julgado de acordo com o parâmetro criado pela "Dama de Ferro". Poucos questionaram a posição de igual de Thatcher nessa cerimônia. Seu tributo ao presidente — gravado em videoteipe porque os médicos foram contra Thatcher falar ao vivo — foi ao mesmo tempo afetuoso e esclarecedor. Era evidente que ela sentia muito orgulho da amizade que tivera com o presidente e do papel que ambos desempenharam na transformação do mundo.

"Perdemos um grande presidente, um grande americano e um grande homem", disse ela naquele seu estilo resfolegante familiar. "Perdi um amigo querido... Outros profetizaram o declínio do Ocidente. Ele inspirou os Estados Unidos e seus aliados com uma fé renovada em sua missão de liberdade."[1]

---

[1] "Eulogy for President Reagan": Margaret Thatcher Foundation, arquivo online: <http://www.margaretthatcher.org> docid=110360 (site acessado no dia 22 de março de 2011). O arquivo online inclui uma parceria entre a Thatcher Foundation e o Churchill College Archive Centre, que guarda os documentos particulares da Baronesa Thatcher. A partir daqui, esta

Falando depois com a CNN, Harold Evans, o eminente comentarista e ex-editor do *Sunday Times*, concluiu: "Churchill e Roosevelt tinham uma relação; acho que a relação entre Thatcher e Reagan era mais íntima ainda que a de Churchill e Roosevelt."

Reagan e Thatcher certamente teriam adorado a conclusão de Evans. Era uma visão que eles procuraram alimentar conscientemente durante o período em que ambos ocuparam seus cargos, principalmente nos últimos anos. Ambos a enfatizaram vigorosamente em suas memórias e reminiscências. Mas essa fachada mascarava a realidade de uma relação complexa, até mesmo tumultuada.

Reconstruir essa relação competitiva é possível por meio do abrangente material primário que agora está à nossa disposição em arquivos públicos e particulares. Os historiadores não são mais obrigados a contar somente com material casual, ou mesmo com as excelentes memórias publicadas durante o período estudado. Em vez disso, a veemência dos debates vigorosos sobre diferenças estratégicas cruciais ganha vida outra vez em documentos abertos recentemente ao público. Um exame cuidadoso das fontes contemporâneas mostra uma relação cotidiana muito distante dos mitos do passado. Dezenas de milhares de páginas de documentos oficiais relativos a Ronald Reagan e Margaret Thatcher estão agora à nossa disposição em ambos os lados do Atlântico. Os diários de Reagan são domínio público. Os papéis do arquivo particular de Margaret Thatcher podem ser examinados por qualquer pessoa. Além dessas fontes escritas, existem extensos projetos de história oral que gravaram e extraíram informações das lembranças de figuras-chave de ambos os governos. Em todos os sentidos, a era Reagan-Thatcher agora é história.[2]

Até a própria Margaret Thatcher, com o passar do tempo, estava preparada para baixar um pouco a guarda a respeito de sua relação com o presidente. Durante a visita a Chequers em 2008, ela contou a Sarah Brown, a mulher do

---

referência online é citada como MTF. Tenho o prazer de agradecer novamente à assessoria de Andrew Riley, curador dos documentos de Thatcher, por sua ajuda e incentivo.

[2] Basicamente as "Reagan Oral Histories" do Miller Center, University of Virginia <http://millercenter.org/president/reagan> e o British Diplomatic Oral History Programme do Churchill College Archives Centre <http://www.chu.cam.ac.uk/archives/collections/BDOHP/>. O material do Miller Center foi muito bem resumido em Stephen Knott & Jeffrey Chidester, *At Reagan's Side: insider's recollections from Sacramento to the White House* (Lanham, 2009).

primeiro-ministro, o segredo de sua relação com Reagan. "Deu tudo certo", disse Lady Thatcher, "porque ele tinha mais medo de mim do que eu dele."[3]

Sir Nicholas Henderson, o embaixador de Thatcher em Washington quando Reagan foi eleito, não teria ficado surpreso com essa análise pouco lisonjeira. Num encontro acidental com Tony Benn, ex-ministro trabalhista, na década de 1990, este lhe perguntou se algum dia havia tomado conhecimento de algo realmente sigiloso.

Depois de pensar por alguns momentos, o embaixador respondeu: "Se eu lhe contasse o que a sra. Thatcher realmente achava do presidente Reagan, prejudicaria as relações anglo-americanas."[4]

Eis aqui a história dessa relação difícil.

---

[3] Sarah Brown, *Behind the Black Door* (Londres, 2011), p. 209.
[4] Tony Benn, *Free at Last: diaries 1991-2001* (Londres, 2002), p. 211.

CAPÍTULO I

Pensar o impensável

"Nervosa." Essa não é uma palavra associada frequentemente a Margaret Thatcher. Mas foi assim que *Sir* Nicholas Henderson, o embaixador britânico em Washington, encontrou a primeira-ministra em Downing Street no dia 18 de fevereiro de 1981. Exatamente uma semana antes da primeira visita de Thatcher a Ronald Wilson Reagan, o 40º presidente dos Estados Unidos que acabara de tomar posse. "A sra. T. disse-me que estava um pouquinho preocupada com a visita que estava prestes a fazer a Washington", escreveu Henderson mais tarde em seu diário. "Não tinha ideia do que ia acontecer. Reconheceu que estava nervosa por isso." Thatcher ficou perplexa quando o embaixador lhe disse que os brindes à hora do jantar seriam televisionados. Estava aflita com as alusões que faria ao passado — "Quero a melhor assessoria histórica que estiver a meu alcance!" E quando discutiram que presentes ela devia dar aos Reagans, o diplomata saiu correndo da sala para pegar as sofisticadas caixas de laca Halcyon que ela julgava estarem à altura da ocasião. O nervosismo e a insegurança tão pouco característicos de Thatcher não foram a única surpresa. "Ficou evidente que tínhamos conversado muito pouco sobre a parte essencial de suas discussões com Reagan", observou o embaixador. O que importava, concluiu ele, era que ela queria ver o presidente a sós.[1]

Essa era uma questão que o novo governo norte-americano não teria deixado de perceber. "A primeira-ministra quer sobretudo construir uma relação

---
[1] Nicholas Henderson, *Mandarin: the diaries of Nicholas Henderson* (Londres, 1994), p. 384-5.

com o senhor", disse Al Haig — o novo secretário de Estado do país — ao presidente naquele mesmo dia, "e que sua visita seja considerada uma reafirmação inquestionável de uma 'Relação Especial'."

Mal a equipe de transição do governo Reagan chegou a Washington depois da vitória eleitoral de novembro de 1980, Henderson deu início a uma ofensiva diplomática elegante, mas inexorável, para garantir a Thatcher um dos primeiros convites para visitar a Casa Branca. Não havia ninguém melhor para a tarefa. "Nico" Henderson era uma personalidade charmosa, cuja aparência cativantemente desleixada mascarava perspicazes instintos políticos. Ganhou notoriedade quando sua mensagem de despedida do cargo de embaixador em Paris, que criticava a mentalidade de fracasso da política exterior britânica, foi publicada na revista *Economist*. Thatcher ficou tão impressionada com essa avaliação ferina, que coincidia com a sua, que fez com que esquecesse a aposentadoria e fosse para Washington como seu representante.[2]

A combinação aristocrática de excentricidade bem-humorada com a fama de conhecer bem as regras do jogo fazia de Henderson uma figura valorizada no circuito social de Washington. Ele explorava implacavelmente essas relações em favor de seu país de uma forma desconhecida desde o tempo de David Ormsby-Gore, amigo de JFK e representante da Grã-Bretanha em "Camelot." No início de dezembro de 1980, Henderson participou de um jantar para os Reagans, organizado por Katharine Graham, a formidável proprietária do *Washington Post*. Os Hendersons tinham passado o fim de semana com Graham e sua família em Martha's Vineyard, onde o embaixador a incentivara a oferecer um jantar ao presidente eleito. Só quando já estava tudo preparado é que ela telefonou a Henderson para dizer que Henry Kissinger a havia advertido de que seria absolutamente impróprio um embaixador participar. Foi preciso toda a habilidade e imaginação à disposição de Henderson para ele continuar na lista de convidados.[3]

---

[2] Memorando, Al Haig ao presidente, 18 de fevereiro de 1981: folder "Department of State briefing book re: the visit of British primer minister Thatcher" (1 of 3), box 91434, Ronald Reagan Library.
Obituário de Nicholas Henderson, *Guardian*, 17 de março de 2009.

[3] Entrevista com *Sir* Oliver Wright: British Diplomatic Oral History Programme (BDOHP), Churchill Archives Centre.
Henderson, *Diaries*, p. 372-6.

Depois de passar pela porta de entrada, Henderson tirou o máximo proveito da chance que tivera. "Alugou" Ed Meese, o chefe da equipe da campanha eleitoral e "um dos homens mais poderosos da entourage de Reagan", para tocar no assunto de uma visita de Thatcher à Casa Branca logo nos primeiros dias do novo governo. Meese, que já conhecia Thatcher e gostava dela, disse a Henderson que a primeira-ministra estava entre os primeiros aliados que o presidente queria receber. Meese prometeu falar com Richard Allen, o novo assessor de segurança nacional. Allen era outro admirador de Thatcher, que havia conhecido quando acompanhou Reagan em uma visita a Londres em 1978 e depois conversara com ela em Downing Street. Logo depois que Meese prometeu falar com Allen, foi feito um convite formal para a primeira-ministra visitar a Casa Branca.[4]

Henderson conseguiu tirar vantagem até mesmo da inexperiência do novo governo conseguindo que o presidente aceitasse participar de um jantar na embaixada britânica. O Departamento de Protocolo do Departamento de Estado ficou furioso, dizendo que isso desencadearia um incidente diplomático, porque o presidente não poderia aceitar o convite de outras embaixadas.[5] Allen tentou pressionar Henderson para que este cancelasse o jantar; mas, no fim, reconheceu que se tratava de um *fait accompli*. O embaixador resolveu não "revelar ao nº 10 o quanto a questão chegou perto do limite". Na verdade, ele não falou disso nem com a sua mulher, que já estava fazendo os preparativos. Mas o deslize do novo governo foi mais um detalhe com o qual Thatcher e os britânicos conseguiram, desde o início, dar destaque a uma relação um pouco mais "especial." Seja como for, Haig disse ao presidente, condizia com o primeiro objetivo declarado da visita ao novo governo "demonstrar pública e privadamente que Thatcher é a liderança ocidental de peso mais afinada com nossas opiniões...".[6]

Às 3h45 da tarde do dia 25 de fevereiro de 1981, quarta-feira, Thatcher decolou num avião RAF VC10 com destino a Washington. Embora ainda

---

[4] Entrevista com Richard Allen, 28 de dezembro de 2002: Ronald Reagan Oral History, Miller Center, University of Virginia.

[5] Mas Reagan participou realmente de um jantar oficial realizado na embaixada soviética em dezembro de 1987, oferecido por Mikhail Gorbachev.

[6] Henderson, *Diaries*, p. 372-82.
Memorando, Al Haig ao presidente, 18 de fevereiro de 1981: folder "Department of State briefing book re: the visit of British prime minister Thatcher" (1 of 3), box 91434, Ronald Reagan Library.

estivesse um pouco nervosa, estava "satisfeitíssima... com o fato de o novo presidente ter desejado que eu fosse o primeiro chefe de governo a visitar os Estados Unidos depois que ele assumiu o cargo". Conforme se viu, não foi bem assim. O mito de que Thatcher era a primeira liderança a passar pelas portas da Casa Branca em 1981 não demorou a lançar raízes. Na verdade, o primeiro-ministro Seaga, da Jamaica, e o presidente Chun, da Coreia do Sul, fizeram visitas oficiais antes dela, e houve muitas outras reuniões privadas. Mas, independentemente de ser ou não a primeira, Thatcher sabia que tinha tido uma oportunidade bem no começo do novo governo, como escreveu ela a Reagan, de "renovar nossa amizade" e "consolidar a relação íntima entre os dois países".[7]

O fato de Thatcher ter ido para Washington confiante de ser a liderança ocidental de peso "mais afinada" com as opiniões do presidente contrastava com os primeiros dias de sua relação com o predecessor de Reagan, Jimmy Carter, em 1979. Desde o começo houve preocupações em Londres e Washington sobre a especulação de que o governo Carter queria que Thatcher perdesse a eleição geral. O presidente tinha cultivado antes uma relação com o primeiro-ministro trabalhista, Jim Callaghan. Thatcher, por outro lado, quando se conheceram em 1977, ele tinha achado "uma mulher sem atrativos" mas "impressionante".[8] Escrevendo dias depois da eleição de Thatcher em maio de 1979, Zbigniew Brzezinski, o assessor de segurança nacional, admitiu para Carter que "vai ser preciso ter paciência com a natureza inflexível da sra. Thatcher e sua tendência a falar grosso", mas incentivou o presidente a acreditar que "podemos trabalhar com ela". Em particular, observou ele astutamente, "ela vai se beneficiar muito com o fato e o prazer de sua atenção pessoal".[9]

Embora Thatcher tenha chegado a oferecer uma certa consideração por Carter em nível pessoal — "Era impossível não gostar de Jimmy Carter" —, a avaliação posterior que ela fez do governo dele foi desfavorável. Ele era

---

[7] Margaret Thatcher, *The Downing Street Years* (Londres, 1993): p. 158.
Memorando, entrevista presidencial com a BBC, 7 de janeiro de 1984: Office of the President, Presidential briefing papers, File, January 21, 1981, Ronald Reagan Library.
Thatcher a Reagan, 20 de janeiro de 1981: Margaret Thatcher Foundation Archive (site acessado no dia 27 de julho de 2007).

[8] Jimmy Carter, *White House Diary* (Nova York, 2010), p. 97.

[9] Memorando, Brzezinski ao Presidente, 12 de maio de 1979: Margaret Thatcher Foundation Archive (acessado no dia 2 de fevereiro de 2010).

"inseguro" no que dizia respeito à economia. Era "inclinado a se deixar levar". Na política externa, ele se mostrou muitas vezes "surpreso e constrangido". Em geral, concluiu Thatcher, Carter "não tinha uma visão abrangente do futuro dos Estados Unidos".[10]

No entanto, fossem quais fossem seus pontos de vista depois, na época ela fez de tudo para se entender com Carter e fortalecer os laços transatlânticos. As primeiras conversas telefônicas e as primeiras reuniões de cúpula em geral foram formais e careciam de calor humano e de entendimento político. "Thatcher é uma mulher dura", queixou-se Carter a seu diário na reunião de cúpula do G7 em Tóquio, junho de 1979, "extremamente inflexível nas suas opiniões, decidida, não admite haver alguma coisa que ela não saiba".[11] Só bem depois é que a relação ficou mais calorosa, à medida que o presidente passou a aceitar a falta de sensibilidade de Thatcher. No final de 1979, com Carter atolado na crise de reféns do Irã, Thatcher fez uma visita a Washington para levantar o moral do chefe de Estado. "Um membro da Casa Branca disse particularmente, mais tarde, que a discussão lá foi a melhor da qual já havia participado na vida", informou Henderson depois. "O apoio incondicional da primeira-ministra sobre a questão do Irã… no início da reunião foi uma tremenda injeção de ânimo num governo e num povo que estavam precisando desesperadamente de um voto de confiança de seus aliados." No fim da visita, concluiu ele, "não havia dúvida a respeito da convicção íntima do presidente de que a Grã-Bretanha, por intermédio de sua primeira-ministra, é sua maior amiga internacional".[12] Pouco tempo depois, numa conversa telefônica, Carter disse a Thatcher que só falou com outros aliados "depois de conversar com a senhora", enquanto ela mostrou entusiasmo "pelo encontro maravilhoso que tivemos com o senhor".[13] Em 1980, o presidente disse a ela o quanto "os norte-americanos admiram a liderança que o Reino Unido e a senhora pessoalmente estão exercendo" e expressou "sua profunda gratidão" por seu apoio.

---

[10] Thatcher, *Downing Street Years*, p. 68-9.

[11] Carter, *White House Diary*, p. 337.

[12] Telegrama, Henderson a FO, 20 de dezembro de 1979: Margaret Thatcher Foundation Archive (acessado no dia 2 de fevereiro de 2010).

[13] Conversa telefônica entre Thatcher e Carter, 28 de dezembro de 1979: MTF, docid=112219 (acessado no dia 5 de janeiro de 2011). Carter a Thatcher, 10 de fevereiro de 1980: MTF, docid=112689 (acessado no dia 26 de março de 2011).

EXIGIU GRANDE ESFORÇO, mas a capacidade de trabalhar com Carter, um homem que ela não respeitava politicamente, e de se tornar "sua maior amiga internacional" mostrou a extensão com que Margaret Thatcher conseguia pôr de lado a falta de empatia política para garantir que a relação transatlântica florescesse. Quando jovem parlamentar no fim da década de 1950 e início dos anos 1960, ela observou o primeiro-ministro Harold Macmillan e aprendeu com ele que "a aparência conta muito" na política externa.[14] Consolidar amizades com presidentes americanos e fazer críticas ferinas aos adversários se tornariam a marca registrada da política externa de Thatcher tanto quanto havia sido de Macmillan, embora ela raramente tenha tido a mesma presença de espírito que ele. Mas, assim como Macmillan cultivou sua relação com Kennedy, por quem temia ser considerado uma relíquia irrelevante do século anterior, Thatcher também procurou fortalecer seus vínculos com Carter mesmo que parecesse haver uma base muito pequena para a amizade ou a simpatia ideológica. Talvez a formação inconformista de ambos tenha ajudado. Carter era um batista devoto; Thatcher teve uma educação metodista rigorosa (assim como o vice-presidente de Carter, Walter Mondale). Podem não ter rezado juntos, como dizia o boato que circulou mais tarde a respeito de George W. Bush e Tony Blair, nem discutiram fé ou religião. Mas ao menos partilhavam uma certa visão de mundo que, no mínimo, serviu-lhes de elo. Em maio de 1979, Margaret Thatcher tinha cruzado a fronteira do Nº 10 citando São Francisco de Assis. Não é difícil imaginar que Jimmy Carter também fosse um homem que acreditava que "Onde houver erro, que possamos trazer a verdade".[15]

O êxito de Thatcher em manter estável a relação anglo-americana era, num grau significativo, um êxito institucional, não um êxito pessoal — uma prova da força da estrutura básica da Aliança Atlântica. Esta havia se mantido mais ou menos a mesma desde sua criação durante a Segunda Guerra Mundial. E essa afirmação foi particularmente verdadeira em relação a três pontos fundamentais que haviam sido suas pedras de toque desde a década de 1940: consulta; serviço de obtenção e distribuição de informações secretas, conhecido agora como serviço de inteligência; armas nucleares. Fun-

---

[14] Margaret Thatcher, *The Path to Power* (Londres, 1995), p. 118.
[15] Observações sobre o processo de se tornar primeira-ministra, 3 de maio de 1979: MTF, docid=104078 (acessado no dia 6 de janeiro de 2011).

cionários de ambos os governos consultavam fácil e naturalmente os seus congêneres para ter uma ideia do que estavam pensando. Em geral, era um processo informal, até mesmo social. Isso permitiu a ambos os lados ter uma noção das opções políticas e da base lógica das propostas, o que, por sua vez, possibilitava a ambos influenciar a tomada de decisões do outro. Esse fato foi particularmente importante em Washington, onde as propostas políticas são tão difundidas. Consulta não significa necessariamente consenso. Muitas vezes resultava simplesmente em concordarem em discordar. Mas significava, sim, que haveria poucas surpresas. As dificuldades, quando surgiram, como a crise do canal de Suez em 1956, deveram-se frequentemente mais à falta de consulta — e aviso — do que a diferenças políticas irreconciliáveis ou intratáveis. Os serviços de inteligência foram uma característica central desse processo de consulta. Os dois países haviam cooperado num grau sem precedentes durante a Segunda Guerra Mundial, e continuaram colaborando um com o outro com alguns problemas ocasionais, durante quase todo o período da Guerra Fria. A equipe encarregada da coleta de dados sigilosos da Grã-Bretanha (GCHQ — Government Communications Headquarters [Quartel-General das Comunicações Governamentais] é um órgão do governo britânico que coleta informações por meio de escuta das comunicações entre os outros países) e o pessoal da NSA (National Security Agency [Agência de Segurança Nacional], o congênere norte-americano) combinavam naturalmente os seus recursos para operações conjuntas, o que levou ao desenvolvimento de uma cooperação mais abrangente em termos de defesa, o que muitas vezes incluiu a tecnologia nuclear. A partir de 1958, os Estados Unidos deram à Grã-Bretanha o acesso exclusivo a seus sistemas de armas nucleares — Skybolt, Polaris e Trident sucessivamente. Em troca, a Grã-Bretanha deu aos Estados Unidos o direito de usar várias de suas principais bases estratégicas.[16]

No entanto, a química pessoal — ou a falta dessa química — entre os principais atores foi muitas vezes um elemento catastroficamente desesta-

---

[16] David Reynolds, "A 'Special Relationship'? America, Britain and the International Order since the Second World War" em *International Affairs* (Royal Institute of International Affairs), vol. 62, nº 1 (inverno de 1985-1986), p. 1-20. http://www.jstor.org/stable/2618063; Nigel J. Ashton, 'Anglo-American Relations from World War to Cold War' em *Journal of Contemporary History*, vol. 39, nº 1 (janeiro de 2004), p. 117-125; http://www.jstor.org/stable/3180673.

bilizador da aliança anglo-americana. Na verdade, durante grande parte de sua história, este foi o elo mais fraco da relação entre os dois países — uma característica que remonta às suas origens.

As relações entre a Grã-Bretanha e os Estados Unidos têm uma linguagem e uma etiqueta distintas enraizadas na aliança da época da guerra e na primeira reunião entre Churchill e Roosevelt em agosto de 1941 na Placentia Bay. Seu tom é de uma cultura, uma história e uma luta comum a ambos os países, polidas quando travaram juntos uma guerra mundial. Em nome da concisão, às vezes elas são designadas por ambos os lados em termos churchillianos como Relação Especial. "Tenho a profunda convicção", escreveu Churchill em 1944, criando a expressão, "de que, a menos que a Grã-Bretanha e os Estados Unidos se associem numa relação especial, vai haver outra guerra destrutiva." Assim como as regras do críquete ou do beisebol, os termos dessa relação têm uma dimensão estranha e arcaica que disfarça a realidade de um conflito constante e muitas vezes violento.

Churchill afirmava que havia uma associação incomparável entre a Grã-Bretanha e os Estados Unidos com base em duas amizades singulares: aquela entre os dois países enquanto "povos de língua inglesa" e a relação pessoal íntima que ele tinha com o presidente Franklin D. Roosevelt. Vários primeiros-ministros que o sucederam, entre os quais Margaret Thatcher, evocariam frequentemente aquele tema churchilliano de solidariedade nacional e pessoal. Durante sua última visita à Casa Branca de Reagan em 1988, Thatcher declarou com orgulho que "Juntos conseguimos demonstrar a verdade das palavras de Winston Churchill sobre os nossos dois países quando disse o seguinte: 'Enquanto nossos povos agirem com fé absoluta um no outro e respeitarem um ao outro e todas as outras nações, não precisamos temer ninguém, e ninguém precisa temer nada!'". "O presidente Reagan", concluiu ela, tinha sido "mais que um aliado de confiança e um conselheiro sábio. Tem sido também um amigo maravilhoso para mim e para meu país."[17]

Durante toda a década de 1980, tanto Thatcher quanto Reagan fariam eco à linguagem churchilliana das relações anglo-americanas que, às vezes, os acadêmicos chamaram de "evangélicas". Mas fizeram isso num momento em que as interpretações da relação fundadora entre Churchill e Roosevelt

---

[17] Discursos na Casa Branca, 16 de novembro de 1988: MTF, docid=107384 (acessado no dia 13 de outubro de 2010).

estavam passando por uma revisão crucial, rumo a uma coisa muitíssimo mais "funcional".[18] Uma série de obras acadêmicas publicadas mais ou menos na época das vitórias eleitorais de Thatcher e Reagan comprovou que a relação entre FDR e Churchill foi, ao mesmo tempo, "extraordinariamente íntima e, apesar disso, particularmente tensa".[19] A própria aliança do período da guerra foi uma colaboração em que "a competição [era] o contraponto persistente à melodia da cooperação", uma vez que "a Grã-Bretanha e os Estados Unidos manobravam ambos tendo em vista vantagens e preeminência".[20] Na verdade, como observou um historiador norte-americano, "Franklin Roosevelt foi o presidente americano mais anglofóbico do século XX e, a despeito da resistência [britânica], conseguiu, nas palavras de John Maynard Keynes, 'arrancar os olhos do Império Britânico' durante a Segunda Guerra Mundial". [21]

Nas décadas seguintes, "a cooperação competitiva"[22] continuaria sendo o núcleo da relação anglo-americana. Foi um acordo diplomático entre dois Estados soberanos e independentes com pontos fortes e interesses muitíssimo diferentes. Não há dúvida de que tinha características "especiais". Mas a ajuda mútua não se baseava numa unidade cultural inevitável entre "povos de língua inglesa", como afirmaram frequentemente os líderes Churchill, Harold Macmillan e Thatcher, mas sim em interesses geopolíticos e ideológicos que às vezes se sobrepunham e às vezes divergiam. A posição de aliado importante que desfrutava a Grã-Bretanha, com as relações íntimas entre os serviços de inteligência e sistemas de defesa, em geral garantiam uma audiência na Casa Branca. Uma vez lá dentro, um primeiro-ministro tinha de

---

[18] Alex Danchev, *On Specialness: essays in Anglo-American relations* (Londres, 1998), p. 2-3.

[19] Christopher Thorne, *Allies of a Kind: the United States, Britain and the war against Japan, 1941-45* (Londres, 1978), p. 150; David Reynolds, "A 'Special Relationship'? America, Britain and the International Order since the Second World War" em *International Affairs* (Royal Institute of International Affairs), vol. 62, nº 1 (inverno de 1985-1986), p. 1-20. http://www.jstor.org/stable/2618063.

[20] David Reynolds, *The Creation of the Anglo-American Alliance, 1937-41: a study in competitive co-operation* (Londres, 1981).

[21] Walter Russell Mead, *God and Gold: Britain, America and the making of the modern world* (Londres, 2007), p. XIII; mais genericamente sobre FDR e Churchill, ver também "Roosevelt, Churchill and the wartime Anglo-American alliance, 1939-45: towards a new synthesis" em Hedley Bull e Wm. Roger Louis (orgs.), *The Special Relationship: Anglo-American Relations since 1945* (Oxford, 1986), p. 17-41.

[22] Uma expressão criada nesse contexto por David Reynolds em um estudo seminal: *The Creation of the Anglo-American Alliance, 1937-41: a study in competitive co-operation.*

argumentar em favor de suas demandas uma a uma. Nenhum ano era igual a outro. O êxito em determinadas circunstâncias não era garantia de êxito em uma outra situação.

A harmonia entre dirigentes ajuda bastante a preparar o terreno durante decisões difíceis. John F. Kennedy nunca esqueceu o sentimento de companheirismo de Macmillan em seu primeiro encontro, quando o primeiro-ministro o levou para tomar uísque e comer sanduíches depois da humilhação recente nas mãos do líder soviético Nikita Krushchev. "Kennedy, com a admiração que sentia pelo estilo político britânico", escreveu mais tarde o assessor presidencial Arthur Schlesinger, "gostava da abordagem aristocrática de Macmillan em relação à política, de sua impaciência com o ritual oficial, a despreocupação com os profissionais, a postura de indiferença mesmo quando profundamente envolvido." Essa consideração pessoal traria resultados concretos à Grã-Bretanha: quando os Estados Unidos quiseram se livrar do sistema de mísseis Skybolt, Macmillan insistiu, num encontro pessoal com o presidente, em dizer que preferia o Polaris. Kennedy, sabendo que a questão era "dinamite política" para Macmillan, neutralizou as objeções de seus próprios assessores e deu ao primeiro-ministro o que ele queria. Como concluiu mais tarde o relatório oficial dos Estados Unidos sobre essa decisão, "foi um caso de rei para rei" que enfureceu a corte.[23] Em outros momentos, a falta de química pessoal teria o efeito contrário. Lyndon Johnson achava Harold Wilson, o sucessor de Macmillan, "um nojentinho" e "espertinho demais para o meu gosto".[24] E a diferença de altura entre os dois homens não ajudava em nada, levando Wilson a se sentir fisicamente humilhado perto do compridão Johnson. O constrangimento dos dois não ficava a dever em nada para aquele entre Edward Heath e Richard Nixon que, a despeito da formação e de ideais políticos semelhantes, levaram o estranhamento entre presidentes e primeiros-ministros a níveis desconhecidos e muito penosos. Juntos, essas duas lideranças britâ-

---

[23] Richard Aldous, *Macmillan, Eisenhower and the Cold War* (Dublin, 2005), p. 168-71; Nigel Ashton, Kennedy, *Macmillan and the Cold War: the irony of interdependence* (Londres, 2002); Arthur Schlesinger, *A Thousand Days: John F. Kennedy in the White House* (Londres, 1965), p. 339-41.

[24] Jonathan Colman, *A "Special Relationship"?: Harold Wilson, Lyndon B. Johnson and Anglo-American relations 'at the summit', 1964-68* (Manchester, 2004).

nicas resultaram em desilusão para ambos os lados e na mais longa desarmonia da história da relação anglo-americana.[25]

Para Margaret Thatcher, a Aliança Atlântica era um princípio crucial da política externa. "Há uma unidade de opinião e propósito entre nossos povos que é extraordinária e que torna a nossa relação realmente extraordinária", declarou ela num banquete em Washington em 1985, em comemoração aos 200 anos de relações diplomáticas entre a Grã-Bretanha e os Estados Unidos: "É especial. É, simplesmente, e pronto." Durante todo o seu mandato, a aliança prosperou num grande número de formas habituais. Em questões de defesa, a relação nuclear seria renovada com o acordo sobre o Trident, que corroborou novamente o status da Grã-Bretanha de único aliado a ter acesso à tecnologia nuclear norte-americana. A divisão global de trabalho em termos de coleta de dados secretos, estabelecida em 1946-7, continuaria funcionando muito bem. A associação duradoura entre as duas marinhas entraria em ação sem o menor esforço durante a crise das ilhas Falkland [ou Malvinas].

Mas, enquanto os laços anglo-americanos de defesa e diplomacia continuariam resistindo aos altos e baixos da cooperação competitiva com habilidade e bom-senso, muitas e muitas vezes Thatcher entraria em conflito com um presidente que, apesar dos protestos em contrário feitos por ambas as partes, ela via como a antítese do espírito inglês churchilliano e do realismo frio de sua política externa.

* * *

NEM SEMPRE FOI assim. As preocupações com Reagan viriam mais tarde. No começo, era só admiração. Os dois encontraram-se pela primeira vez no dia 9 de abril de 1975, poucos meses depois de ela ter sido eleita líder do partido conservador. Reagan, o governador da Califórnia que acabara de cumprir seu mandato e agora era candidato à presidência, estava fazendo uma turnê pela Europa para reforçar suas credenciais em termos de política externa. Na Grã-Bretanha, foi difícil para ele conseguir se encontrar com quem quer que fosse. O primeiro-ministro Harold Wilson recusou-se a vê-lo, com a alegação bizarra de que a última vez que recebera um candidato à

---

[25] Catherine Hynes, *The Year that Never Was: Heath, the Nixon administration and the Year of Europe* (Dublin, 2009).

presidência dos Estados Unidos — George Wallace — no Nº 10, o homem vomitou em cima da mesa do primeiro-ministro. Jim Callaghan, o ministro do Exterior, cancelou uma reunião com ele dizendo que tinha de comparecer à Splott Fair, um evento local de seu eleitorado.[26]

No fim, foi Roy Hattersley, o vice-ministro do Exterior, quem o recebeu. "O ex-governador Reagan chegou cercado de homens musculosos de óculos escuros — homens que poderiam muito bem estar montando guarda em cada uma das imponentes portas gêmeas do prédio do Old India Office, Whitehall e do par bem menos espetacular que dava para meu banheiro particular e para o armário de bebidas", recordou-se Hattersley tempos depois. Embora Reagan concordasse com sua opinião de que todo desemprego era voluntário, "os homens jovens e em geral bem-educados do Ministério do Exterior que estavam sentados a meu lado estavam fazendo de tudo para conter o riso". No fim da visita, Reagan tirou do bolso do paletó um monte de medalhas do "Espírito da Califórnia" em ouro, prata e bronze. Hattersley ganhou uma de prata; provavelmente o ministro do Exterior teria recebido uma de ouro. Foi tudo perfeitamente cordial, mas foi apenas uma de dezenas de reuniões semelhantes que um vice-ministro fazia em qualquer semana do mês "mais por uma questão de cortesia do que para tratar de um assunto sério".[27]

Se Reagan havia sido alvo de gracejos entre Hattersley e seus funcionários no Ministério do Exterior — muitos dos quais tiveram a mesma atitude em relação a Margaret Thatcher —, ele foi recebido de forma muito mais calorosa e com muito mais admiração pelo novo líder do partido conservador. Tinha havido muitas conversas entre os conservadores sobre o governador da Califórnia lá na década de 1960. A eleição de Reagan em 1967 com uma plataforma de direita radical havia coincidido com o surgimento do "Homem de Selsdon" [morador do bairro onde foi realizada uma reunião dos membros do partido conservador, durante a qual Harold Wilson criou a expressão que designava a doutrina da livre-iniciativa] na Grã-Bretanha

---

[26] As visitas de Reagan em 1975 e 1978 são descritas em Thatcher, *Path to Power*, p. 372; Ronald Reagan, *An American Life* (Londres, 1990), p. 204; Geoffrey Smith, *Reagan and Thatcher* (Nova York, 1991), p. 2-10; e Nicholas Wapshot, *Ronald Reagan and Margaret Thatcher: a political marriage* (Nova York, 2007), p. 85-92. Roy Hattersley, *Who Goes Home?: scenes from a political life* (Londres, 1995), p. 132.

[27] Hattersley, *Who Goes Home?*, p. 132.

e a popularidade da economia de livre mercado no partido tóri. Depois da vitória conservadora nas urnas em 1970, "o governador" era um tópico frequente nas conversas privadas, "sua identidade e importância inteiramente reconhecidas", disse o jornalista Hugo Young, "sem necessidade alguma de mencionar seu nome".[28]

A guinada para a direita de Edward Heath, na época o líder conservador, teve vida curta e, por isso, "o governador" perdeu a visibilidade na Grã-Bretanha. Mas Margaret Thatcher se lembrava dele e, em 1975, após derrubar Heath de sua liderança, estava ansiosa para se encontrar com o homem que ela esperava que fosse uma alma gêmea intelectual. Ela se lembrava principalmente que "Denis [seu marido] tinha voltado para casa certa noite do fim da década de 1960 derramando-se em elogios a um discurso notável que Ronald Reagan tinha acabado de fazer no Institute of Directors. Eu mesma li o texto e logo entendi o que Denis queria dizer". Ao reler aquele discurso quando se preparava para se encontrar com Reagan em 1975, ele lhe pareceu um toque de clarim, um apelo veemente para entrar em ação. "Em quase três anos de governo, descobri em primeira mão o grau a que pode chegar a resistência [no interior do governo] a qualquer tentativa de reduzir o tamanho e o poder do governo", declarara Reagan. "Descobri também que o tamanho e o poder do governo podem ser reduzidos — e que a redução vai ser aplaudida pelo povo, pois os homens querem ser livres." Mais tarde Thatcher lembrou que, "de certa forma, ele estava melhor do que eu, pois conseguiu dizer: 'É nisso que acredito! Foi isso que eu fiz!'" E quis saber como foi que ele conseguiu realizar essa façanha.[29]

A reunião de 9 de abril de 1975 foi organizada por Justin Dart, o presidente de uma empresa farmacêutica de Los Angeles e membro da "cozinha" californiana de Reagan e que também era um conhecido de Denis Thatcher. Dart era chamado de "John Appleseed" [literalmente, João Semente de Maçã, era o apelido de John Chapman, um agricultor que introduziu o cultivo de maçãs em grandes áreas do Ohio, Indiana e Illinois e que

---

[28] Hugo Young, *One of Us* (Londres, 1989), p. 250. Richard Cockett, *Thinking the Unthinkable: tink tanks and the economic counter revolution, 1931-1983* (Londres, 1994), p. 281.

[29] Thatcher, *Path to Power*, p. 372; discurso feito pelo Governador Reagan, da Califórnia, "The new noblesse oblige", na reunião anual do Institute of Directors, Royal Albert Hall, Londres, 1969. Esse discurso está entre os documentos pessoais de Thatcher: THCR 1/9, Churchill Archives Centre; Geoffrey Smith, *Reagan and Thatcher*, p. 2.

também era um missionário da Nova Igreja, que pregava os ensinamentos de Emanuel Swedenborg] na comunidade comercial norte-americana por causa de sua paixão "evangélica do cinturão do sol" [estados do Sul e do Sudoeste norte-americano que têm clima quente e tendem a ser politicamente conservadores]. Era uma intensidade que ele reconheceu em Margaret Thatcher, a quem recomendou a Reagan que reservasse algum tempo para visitar em Londres. Quando eles se encontraram nas salas exíguas de Thatcher em Westminster, que davam para o estacionamento onde os motoristas dos funcionários do governo ficavam fumando e conversando, houve uma simpatia óbvia e imediata. Tinham planejado uma visita de apenas alguns minutos só para "fazer contato". Acabaram passando quase 90 minutos juntos. "Começaram a conversar como se fossem amigos há anos", lembrou o assessor da campanha Peter Hannaford, que estava presente. "Eram farinha do mesmo saco. A química foi perfeita e, em política, tinham os mesmos pontos de vista." Andando de um lado para o outro no fundo da sala, saído diretamente do elenco principal, estava o jovem parlamentar Winston Churchill — neto do grande estadista — que Thatcher deve ter convidado para dar ao governador um lembrete dinástico daquela "relação especial".[30]

A respeito desse primeiro encontro com Margaret Thatcher, Reagan lembrava: "Gostei dela instantaneamente." Naquela mesma noite, participando de uma recepção, ele declarou a outro convidado — um inglês — que achava que Thatcher seria "uma primeira-ministra maravilhosa". Quando o convidado (sem dúvida transformado com o passar dos anos, graças às inúmeras vezes em que Reagan contou essa história, na pior versão hollywoodiana do nobre inglês sarcástico), balbuciou "Meu caro amigo, uma MULHER à frente do ministério?", o governador lembrou-lhe educadamente que "certa vez a Inglaterra teve uma rainha chamada Vitória que se saiu muito bem". Era algo que Benjamin Disraeli, o grande primeiro-ministro conservador do século XIX, gostava de dizer em favor do voto feminino.[31]

De volta à Califórnia naquele mesmo mês, Reagan logo escreveu a Thatcher para expressar sua gratidão e convidá-la a visitá-lo. "A senhora foi muito amável e lhe sou grato por isso", disse ele. "Se for possível, a sra. Reagan e

---

[30] Entrevista com Peter Hannaford, 10 de janeiro de 2003: Ronald Reagan Oral History, Miller Center, University of Virginia.
[31] Ronald Reagan, *An American Life*, p. 204.

eu gostaríamos muito de lhe retribuir a hospitalidade. Nesse ínterim, saiba que tem um defensor caloroso aqui nas 'colônias'."[32] O importante foi que a viagem criou vínculos informais entre os dois gabinetes. "Deu início a uma correspondência com Thatcher e sua equipe que continuou até ele se tornar presidente", lembra Hannaford, que também fez reuniões em Londres com tóris importantes como *Sir* Geoffrey e Keith Joseph.[33]

Reagan encontrou-se com Thatcher pela segunda vez durante outra visita a Londres em novembro de 1978. Dessa vez, o governo trabalhista deu ao aspirante a candidato à presidência um reconhecimento oficial de mais peso organizando uma reunião com o novo ministro do Exterior, David Owen. Depois da reunião, enquanto os dois homens saíam juntos da sala de Owen, houve uma deliciosa quebra de protocolo quando uma das encarregadas de preparar e servir o chá no ministério aproximou-se e perguntou se ele era "O sr. Ronald Reagan, de Hollywood". E depois, atrás dos pilares elegantes, com o preocupado ministro do Exterior observando, mais e mais colegas dela foram aparecendo, e todas elas tinham assistido aos filmes de Reagan e queriam saber das fofocas a respeito do filme *Em cada coração um pecado*. Se política é "apenas show business para gente feia", Reagan tinha fãs sempre que queria provar que essa frase nunca se aplicava a ele.[34]

A conversa imprevista com as moças que serviam chá no Ministério do Exterior fez com que Reagan se atrasasse para a reunião com Thatcher. Ela parece não ter se importado, o que era pouco característico dela. A essa altura, a líder da oposição tinha se mudado para acomodações melhores, com vista para o famoso New Palace Yard. Os dois conversaram animadamente durante bem mais de uma hora, uma conversa que abrangeu grande número de assuntos, entre os quais a Guerra Fria e uma troca de ideias substancial a respeito de privatização. Criando um modelo que seria usado durante toda a sua relação, Reagan foi anedótico e Thatcher, analítica e interessada em política. Mas havia uma simpatia óbvia, uma simpatia que aumentou para Reagan pela seriedade e respeito óbvios com que Thatcher tratava sua pessoa e suas ideias. A visita a Owen tinha sido superficial. Kingman Brewster, o

---

[32] Reagan a Thatcher, 30 de abril de 1975: Margaret Thatcher Foundation Archive (acessado no dia 25 de julho de 2007).

[33] Entrevista com Peter Hannaford, 10 de janeiro de 2003: Ronald Reagan Oral History, Miller Center, University of Virginia.

[34] Smith, *Reagan and Thatcher*, p. 3.

embaixador americano em Londres, recusara-se a recebê-lo. No entanto, ali estava a líder conservadora, a seis meses de se tornar primeira-ministra, fazendo a Reagan a homenagem de levá-lo a sério. "Reunião maravilhosa com ela", lembra Richard Allen, que acompanhou o governador, "e que deu início a um belo romance intelectual."[35]

Quanto a Thatcher, o entusiasmo foi praticamente igual. "Quando nos conhecemos pessoalmente, foi conquistada de imediato pelo charme, senso de humor e franqueza dele", lembra ela. "Nos anos subsequentes, li seus discursos, que defendiam a redução dos impostos como a raiz da criação da riqueza e de defesas mais fortes como alternativa à *détente*. Também li muitos dos discursos que fazia quinzenalmente pelo rádio ao povo da Califórnia, que seu assessor de imprensa me mandava com regularidade. Eu concordava com todos eles."[36]

As palavras de Thatcher, escritas depois que ela se aposentou, podem parecer o tipo de brilho cálido necessário a uma relação que ela apresentou sempre como "especial" durante mais de uma década. Certamente ficou satisfeita com o empenho de Reagan em visitá-la, e não só em 1978, quando muita gente achava, antes do "Inverno do Descontentamento" industrial engolir o governo trabalhista, que ela perderia a próxima eleição geral. A visita de tal figura de proa norte-americana só poderia aumentar seu status. Mas os documentos particulares de Thatcher confirmam que, nesse primeiro estágio, ela também estava genuinamente interessada nas ideias de Reagan. Por exemplo: ela sublinhou um discurso de longo alcance sobre questões globais que Reagan lhe enviara depois de sua segunda visita. Tais marcações sugerem um comprometimento particular com as ideias dele acerca de livre-iniciativa e Guerra Fria. Sobre comércio, Thatcher ressaltou que o apoio de Reagan à livre-iniciativa equilibrava sua visão de que "não podemos tolerar uma discriminação generalizada aos produtos norte-americanos no exterior e, mesmo assim, permitir aos outros um acesso praticamente irrestrito a nossos mercados... A reciprocidade vai ser a principal característica de nossas políticas". Sobre a Guerra Fria, ela destacou a observação dele de que "se a tendência presente continuar, os Estados Unidos vão ter uma posição de inferioridade

---

[35] Ion Trewin (org.), *The Hugo Young Papers: thirty years of British politics off the record* (Londres, 2008), p. 123. Entrevista com Richard Allen, 28 de dezembro de 2002: Ronald Reagan Oral History, Miller Center, University of Virginia.

[36] Thatcher, *Path to Power*, p. 372.

militar permanente *vis-à-vis* a União Soviética". Uma consequência disso, frisou Thatcher, seria que os soviéticos "vão intimidar, 'finlandizar' e por fim neutralizar a Europa Ocidental".[37]

Reagan incluiu em seu discurso uma frase do primeiro-ministro da época da guerra, Winston Churchill, segundo a qual "quando grandes forças estão em movimento no mundo, descobrimos que somos espíritos, não animais". Essa retórica churchilliana acabaria se tornando uma característica consistente e bem coreografada da postura pública tanto de Reagan quanto de Thatcher. Menos destacada é a sensibilidade religiosa que tinham em comum e que ajudou a reforçar seu senso de missão. No fim da década de 1970, Reagan era o queridinho do movimento evangélico conservador, principalmente do "Washington para Jesus". Pastores influentes como Tim LaHaye, autor do campeão de vendas intitulado *Battle for the Mind* [A batalha pela alma das pessoas], apresentariam a eleição presidencial seguinte como uma batalha épica contra o humanismo laico — "a tentativa do homem de resolver seus problemas independentemente de Deus". Reagan era seu candidato, transmitindo a mensagem de livre mercado e conservadorismo religioso. "Todas as questões complexas que enfrentamos hoje em nosso país e no exterior", disse ele a respeito da Bíblia, "têm sua resposta naquele único livro."[38] Embora "renascido" na década de 1960, esta havia sido uma lição que Reagan aprendera nos braços da mãe devota. Sua infância girara em torno da vida da Igreja Cristã (os Discípulos de Cristo). O ministro local foi um verdadeiro pai, ajudando Reagan a entrar na faculdade e até ensinando o rapaz a dirigir. A Eureka era uma faculdade dos Discípulos e, mais tarde, na época do rádio e depois, quando chegou a Hollywood, os maiores amigos de Reagan eram Discípulos.[39]

Nem todos entenderam quando Ronald Reagan se candidatou à presidência em 1980, defendendo a plataforma de "Jefferson e Jesus", que sua devoção a Cristo era mais profunda do que a admiração que tinha pelo terceiro presidente norte-americano.

---

[37] Discurso de Reagan, Los Angeles, 14 de dezembro de 1978: Margaret Thatcher Foundation Archive (acessado no dia 4 de fevereiro de 2010).

[38] Darren, Dochuk, *From Bible Belt to Sun Belt* (Nova York, 2011), p. 392-3.

[39] Garry Wills, *Reagan's America: innocents at home* (Nova York, edição de 2000), p. 21-2.

Em geral, os britânicos preferiam separar a religião da política ("Não ligamos para Deus" foi uma frase célebre do assessor de imprensa de Tony Blair). Apesar disso, a formação de Margaret Thatcher facilitou, mais ainda do que no caso de Carter, a associação entre o éthos religioso e a linguagem do reaganismo, e a sua combinação de Deus e conservadorismo. "Nossa vida girava em torno do metodismo", escreveria Thatcher a respeito de sua infância.[40] Além de ter sido criada como metodista, ela foi criada especificamente como metodista da tradição wesleyana. Na Grã-Bretanha, em geral o inconformismo estava ligado ao liberalismo e à esquerda — Gladstone foi o caso mais célebre do século XIX —, mas, nos anos entre as duas guerras mundiais, os wesleyanos tenderam a ser conservadores política e socialmente. A responsabilidade individual era a mensagem central incutida nela pelo pai em casa e quando pregava no púlpito. Ouvir duas vezes todo domingo no banco da frente da igreja fez com que a teologia e a linguagem do wesleyanismo se tornasse parte integrante da sua pessoa. "Ensinavam para nós o que era certo e errado com detalhes bem consideráveis", declarou ela.[41] A igreja wesleyana de Finkin Street, Grantham, pode ter dado a impressão de estar a uma enorme distância do "evangelismo do cinturão do sol" do sul da Califórnia que Reagan representava agora. Mas, num nível fundamental, deu a Thatcher uma intensidade moral e uma linguagem — argumentos para definir "certo e errado" que Reagan reconhecia e entendia graças à maneira como ele próprio havia sido criado.

Talvez isso explique até a paciência que tinha com ela. Às vezes, Thatcher era exasperante, mas Reagan sempre sabia que ela era sincera.

* * *

PARA THATCHER, GRANDE parte do desejo inicial de conhecer Reagan se devia ao reconhecimento de que ele era um político "que havia sido repudiado pela maioria da elite política norte-americana por ser... [alguém] que não se podia levar a sério".[42] Eis aí uma coisa que ela entendia bem, pois ela pró-

---

[40] Thatcher, *Path to Power*, p. 5.
[41] John Campbell, *Margaret Thatcher: volume one, The Grocer's Daughter* (Londres, 2000), p. 15-18.
[42] Thatcher, *Path to Power*, p. 372.

pria foi tratada de forma parecida pela elite política britânica, mesmo agora que era líder do partido conservador. Sua formação e o fato de ser mulher tornaram difícil para muitos conservadores, talvez para a maioria deles, levá-la a sério como política.

Thatcher foi criada em Grantham, Lincolnshire, um lugar que foi descrito certa vez por um ex-prefeito "como uma cidadezinha estreita, construída com uma rua estreita e habitada por pessoas estreitas". Mais tarde, o periódico *Sun* declararia que era "a cidade mais tediosa da Grã-Bretanha".[43] Mas é um lugar que tem uma história rica de cidade comercial da Idade Média, com uma igreja que se vangloria de ser um dos pináculos mais elevados da Inglaterra. Os reis paravam ali quando viajavam para o norte. Ricardo III assinou a sentença de morte de Buckingham no Angel Hotel. Mais tarde, quando a ferrovia chegou (passando por Grantham, não por Stamford, porque o marquês de Exeter não queria que sua cidade natal se sujasse com tal vulgaridade), John Ruskin sempre tirava o gorro ao passar de trem em frente da magnífica torre da igreja. Mais ou menos na época em que Margaret Thatcher nasceu ali, em 1925, a zona rural em torno de Grantham e a cidade próxima de Melton Mowbray havia se tornado o refúgio da moda na Inglaterra. O príncipe do País de Gales caçava ali e, aonde ia o príncipe, a sociedade ia atrás. Todo dia, centenas de admiradores da família real apareciam para assistir à caçada, na esperança de ver o príncipe. A menos de 25 quilômetros da estrada que levava à Grantham da juventude de Margaret Thatcher ficava o parque de diversões dos "frenéticos" da sociedade inglesa privilegiada e tudo o que os acompanhava: dinheiro, títulos, casas grandiosas, fofocas, intrigas e sexo.

Por mais próximo que estivesse em termos físicos, era um mundo que não poderia estar mais distante daquele da jovem Margaret Beatrice Roberts, cuja família tinha uma quitanda na cidade. Mais tarde, Thatcher construiria um mito em torno da importância de sua criação em Grantham. Mas os fatos puros e simples são que ela foi embora aos 18 anos para cursar a universidade e depois voltou o menos que pôde. Alfred, o pai, um vereador local, foi na juventude um liberal da velha guarda segundo a tradição gladstoniana que, posteriormente, tornou-se conservador. Instilou nela uma profunda

---

[43] Campbell, *Grocer's Daughter*, p. 3. Cito Campbell a respeito dos primeiros anos de vida de Thatcher. Ver também o ensaio perspicaz de Peter Clarke, "The Rise and Fall of Thatcherism", *London Review of Books*, vol. 20, nº. 24, 10 de dezembro de 1998.

ética do trabalho nos moldes wesleyanos, bem como espírito público exercido por meio da atuação política. Parece não ter havido muito tempo para as diversões. Para se distrair, ouviam o "Brains Trust" [expressão que surgiu para designar um grupo de colaboradores íntimos de um candidato político, valorizados por seus conhecimentos em determinados campos] e palestras radiofônicas de J. B. Priestley. "Eu gostaria que algumas coisas tivessem sido diferentes", observou ela nostalgicamente tempos depois. "Por exemplo: nas noites de sábado, algumas moças da minha escola iam dançar, ou iam a festas. Parecia uma coisa muito boa. No entanto, a minha irmã e eu não íamos dançar."[44] Para a srta. Roberts, a vida não girava em torno da frivolidade, mas do trabalho árduo. E, no seu caso, isso significou trabalhar arduamente para poder fugir.

Assim como no caso de muitos de sua geração e classe social, a rota dessa fuga passava por Oxbridge. Um diploma de Somerville College, Oxford, em 1943, foi o primeiro passo de Margaret Roberts para entrar no mundo do establishment. E deu início a uma tendência que seria recorrente ao longo de toda a sua carreira: seguir em frente, mesmo exposta o tempo todo a comentários esnobes e mordazes e a julgamentos que a consideravam alguém intrinsecamente inferior.

"Se me tivessem dito que a primeira mulher a exercer o cargo de primeiro-ministro seria alguém do nosso meio", lembra um contemporâneo de Somerville, "Margaret não estaria entre os meus seis primeiros palpites." "Porque a maioria de nós a considerava uma chata, e penso que não ocorreria a nenhum de nós, naqueles tempos maravilhosos, que alguém chato pudesse chegar a posições elevadas." O veredicto de Janet Vaughan, diretora da faculdade e pessoa de esquerda, foi mais desdenhoso ainda: "A gente dava muitas festas nos fins de semana, mas ela não era convidada", comentou Vaughan. "Não tinha nada para contribuir, sabe?"[45]

Esse esnobismo absurdo, muito provavelmente insuportável para Thatcher, lançou as sementes da aversão que teria pelo establishment liberal. Mas ela continuou abrindo caminho, deixando sua marca ao se tornar a segunda mulher presidente da Associação Conservadora da Universidade de Oxford. Esse cargo não dava tanto prestígio quanto se tornar presidente do Sindica-

---

[44] Campbell, *The Grocer's Daughter*, p. 25.
[45] Campbell, *The Grocer's Daughter*, p. 50.

to de Oxford, que proibia a participação das mulheres, mas seria um trunfo importante junto aos políticos conservadores e associações locais de eleitores quando, mais tarde, ela começou a procurar cargos pelos quais competir.

Thatcher travou uma boa campanha — derrotada — por um assento trabalhista garantido em Dartford na eleição geral de 1950, e de novo em 1951. Como era a mulher mais jovem que já se candidatara ali, ela chamou muita atenção da mídia e esperava, confiante, conseguir um assento conservador garantido na eleição seguinte. Mas enfrentou derrotas intermináveis, dessa vez no seio do establishment de seu próprio partido, que escolheu candidatos menos capazes em seu lugar. No fim, acabou não conseguindo ser escolhida para a eleição de 1955. O eleitorado tinha o direito de votar em quem bem entendesse, argumentou Thatcher. "Mas o que me deixou ressentida foi que, por baixo de algumas críticas, detectei a impressão de que, acontecesse o que acontecesse, a Câmara dos Comuns não era realmente o lugar certo para uma mulher."[46] Quando ela finalmente foi eleita para o assento garantido de Finchley, graças à maioria esmagadora de votos em Macmillan em 1959, *Sir* John Crowder, o parlamentar que estava deixando o poder, não hesitou em expressar seu desgosto por ter "uma mulher, pelo amor de Deus!" como sucessora.[47]

Ser mulher no partido conservador parlamentar no fim da década de 1950 e ao longo de toda a década de 1960 não foi fácil, mas teve uma vantagem clara: ser tal raridade — uma de apenas sete parlamentares conservadoras do sexo feminino em 1966, em contraposição a 246 homens — e, além do mais, talentosa, significou uma promoção rápida.[48] Thatcher logo se tornou, em suas próprias palavras, "a mulher estatutária" da liderança tóri.

Harold Macmillan fez dela representante parlamentar no Ministério das Pensões, um dos cargos menos glamourosos do governo. Seu ministro, John Boyd-Carpenter, foi desdenhoso no começo, mas logo passou a respeitar a capacidade de Thatcher. "Ali estava uma jovem bonita e [Macmillan] estava, obviamente, a meu ver, tentando melhorar a imagem de seu governo", lembra

---

[46] Thatcher, *Path to Power*, p. 95.
[47] Muito tempo depois que Thatcher se aposentou, esses primeiros trabalhos foram dramatizados numa peça de TV inteligente e engraçada, intitulada *The Long Road to Finchley* [O longo caminho até Finchley] (2008). A jovem Thatcher foi representada com muito charme por Andrea Riseborough. Geoffrey Palmer fez o papel do indigesto *Sir* John Crowder.
[48] Clarke, "The Rise and Fall of Thatcherism", LRB, 10 de dezembro de 1998.

ele. "Eu não poderia estar mais enganado pois, uma vez lá dentro, ela logo mostrou grande familiaridade com o lado técnico da previdência social — que é um assunto extraordinariamente especializado, complexo — e a capacidade de trabalho que sempre mostrou e que impressionou muito os funcionários públicos e certamente me impressionou." Adaptar-se é mais difícil para uns que para outros. O ministro titular, Sir Eric Bowyer, queixava-se de que Thatcher "chegava parecendo ter passado a manhã toda no salão de beleza e a tarde toda na costureira". Ele foi um dos últimos, numa sucessão de figuras do establishment, a torcer o nariz para Thatcher. Ela não se esquecia logo das afrontas: os mandarins de Whitehall foram adicionados a uma lista que incluía lentes de Oxford e figurões do partido conservador que acabariam lamentando o fato de ter subestimado sua capacidade de trabalho e sua capacidade de se vingar.[49]

Em 1967 e não mais no poder, o novo líder conservador, Edward Heath, promoveu Thatcher para o gabinete fantoche da oposição [em inglês, *shadow cabinet*, entendido aqui como um grupo de membros experientes do partido político que não está no poder e que provavelmente assumiriam posições correspondentes ao cargo de ministros do governo britânico se seu partido tivesse sido eleito] primeiro para tratar da questão do combustível, depois dos transportes e, por fim, da educação. Isso não foi feito sem ressalvas. Quando um parlamentar tóri tarimbado recomendou Thatcher, Heath respondera, depois de uma longa pausa característica, "Sim, Willie [Whitelaw] concorda que ela é de longe a pessoa mais capacitada, mas diz que, depois de entrar lá, nunca mais conseguiremos nos livrar dela".[50]

No fim, foi ela quem se livrou dele. Em 1975, depois de três derrotas em quatro eleições gerais, os conservadores depuseram Heath em favor de Thatcher. Houve tanto sorte quanto uma estratégia política brilhante por trás de sua promoção surpreendente — ela teve a coragem de desafiar Heath enquanto os outros tremiam de medo, e sua campanha foi feita com a eficiência "vale-tudo" de Airey Neave, célebre por ter fugido do campo de concentração Colditz, na Alemanha, durante a Segunda Guerra Mundial. Mas a base de tudo isso era um fermento nas ideias conservadoras que estava transformando a paisagem política da Grã-Bretanha e dos Estados Unidos. Era a revolução intelectual que definiria a era de Reagan e Thatcher.

---

[49] Young, *One of Us*, p. 47.
[50] Young, *One of Us*, p. 55-6.

Na Grã-Bretanha, o "agente transformador" crucial desse movimento foi Keith Joseph e o grupo de pesquisas interdisciplinares que ele criou em 1974, o Centre for Policy Studies (CPS) [Centro de Estudos Políticos]. Margaret Thatcher, que venerava Joseph e mais tarde dedicou um volume de sua autobiografia à memória dele, tornou-se a primeira vice-presidente do CPS. A base lógica do novo centro tinha suas raízes numa crítica que ambos faziam ao governo conservador de que tanto Thatcher quanto Joseph tinham sido membros entre 1970 e 1974. Este governo havia sido eleito graças a uma plataforma que defendia ideias de livre mercado e liberalismo econômico, mas havia se desviado de sua rota pela incapacidade de obter tanto o apoio do povo quanto da elite. Em 1975, declarou Alfred Sherman, um cofundador do CPS, a tarefa era "conquistar círculos de formadores de opinião e de políticos para uma visão de causa e efeito em questões sociais com referências práticas ao papel do mercado e à natureza contraproducente da maior parte da intervenção do pós-guerra". Se o CPS conseguisse construir um novo consenso em torno da primazia dos mercados livres, ele ajudaria a manter um governo conservador quando surgissem as inevitáveis dificuldades políticas e permitir-lhe a implementação do que sabia ser o certo.

O CPS foi um grupo de pesquisa feito para Margaret Thatcher. Muitos observaram — sem razão — que Thatcher não estava interessada em ideias. Certamente não era uma intelectual. Mesmo assim, durante todo o período que passou como líder do partido conservador e como primeira-ministra, Thatcher sempre mostrou respeito e interesse profundo pelas ideias dos acadêmicos, intelectuais e centros de estudos políticos, talvez mais que qualquer outro primeiro-ministro da era moderna. Sempre levou acadêmicos para o núcleo do governo, muitas vezes para grande indignação dos ministros do gabinete. "Ela era extraordinariamente interessada em ideias, em ideias novas", lembra John Coles, seu secretário particular entre 1981 e 1984. Esse envolvimento sério existia porque Thatcher acreditava que a política era uma batalha de ideias. Para ela, o poder nunca era simplesmente uma questão administrativa. Acreditava que o socialismo e o consenso social democrático só poderiam ser derrotados por ideias que fossem mais bem articuladas.[51]

---

[51] Richard Cockett, *Thinking the Unthinkable: think tanks and the economic counter revolution, 1931-1983* (Londres, 1994), p. 237-9. Entrevista com John Coles, BDOHP, Churchill Archives Centre, Cambridge.

Thatcher nunca tinha medo de pôr essas ideias na mesa, muitas vezes de forma bem literal. Um colega de seu primeiro gabinete fantoche de oposição, em 1975, apresentou um arrazoado segundo o qual o partido conservador recuperaria o apoio público se revertesse ao "caminho do meio" de Macmillan. Antes de ele terminar de falar, Thatcher pegou sua pasta de executiva, de onde tirou um exemplar da obra *The Constitution of Liberty*, de Friedrich Hayek. Interrompendo o proponente do "caminho do meio", ela levantou o livro para todo mundo ver. "É nisso", declarou ela entusiasmada, "que acreditamos", e bateu forte com o livro na mesa.[52]

Hayek, lembrou ela, estava "no topo da lista de livros que me foi dada por Keith Joseph em meados da década de 1970".[53] Agora ele era a leitura obrigatória do gabinete fantoche. Hayek foi um autor campeão de vendas na Grã-Bretanha e nos Estados Unidos durante a década de 1940, tendo vendido centenas de milhares de exemplares de *O caminho da servidão*, inclusive, de fato, para a jovem Margaret Roberts. Mas o próprio Hayek sempre reconhecera que o progresso é feito com ação, passando das "ideias" para a "prática". Foi por isso que, na década de 1970, seus seguidores investiram tanto em centros de pesquisa como o CPS, o Adam Smith Institute e o Institute of Economic Affairs, considerando-os cruciais para manter o vigor intelectual de sua liderança. A própria Thatcher pode não ter sido uma pensadora política original na mais plena acepção do termo. Mas, segundo Sherman, "ela é uma consumidora de ideias, ela as usa, ela as aplica. Isso não é algo singular, mas é raro, principalmente numa Grã-Bretanha que, nos últimos séculos, simplesmente adquiriu uma tradição anti-intelectual e filisteísmo. Não era assim. Na era vitoriana, os políticos eram pessoas de ideias: Disraeli, Gladstone, Peel, Salisbury. O filisteísmo é um processo bem recente — coincide com o declínio da Grã-Bretanha".[54]

O papel de centros de pesquisa como o CPS era o de abrir caminho para ideias novas, "pensar o impensável". O grande talento de Margaret Thatcher, assim como o de Reagan, era dar clareza política a essas ideias. Ela conseguia entender questões econômicas complexas, assimilá-las e depois comunicá-las

---

[52] John Ranelagh, *Thatcher's People* (Londres, 1992), p. ix.
[53] Thatcher, *Path to Power*, p. 50.
[54] Cockett, *Thinking the Unthinkable*, p. 266. Hugo Young & Anne Sloman, *The Thatcher Phenomenon* (Londres, 1985), p. 60-1.

de uma forma concisa e na qual instilava uma virtude caracteristicamente gladstoniana. "Acho que ela percebeu alguns dos tipos de considerações morais da política que são subjacentes às posturas políticas e econômicas das pessoas", declarou Peter Shore, um ministro trabalhista de meados da década de 1970, "e acho que [ela] articulou convicções morais da ala direita de uma maneira mais formidável e mais engajada do que qualquer líder da direita na Grã-Bretanha do pós-guerra."[55]

Essa capacidade de articular com clareza e convicção uma nova forma de pensar foi algo que teve impacto tanto nos Estados Unidos quanto na Grã-Bretanha. Quando Thatcher, recém-eleita primeira-ministra, discursou numa reunião do Congresso norte-americano realizada no plenário do Senado em dezembro de 1979, empolgou os presentes com o caráter incisivo de suas respostas. Até as minutas da reunião captam um pouco disso. Quando lhe fizeram perguntas sobre economia, ela respondeu que "sua estratégia era reduzir o papel do Estado em favor do papel do cidadão, primeiro reduzindo os gastos públicos, o que era difícil, mas necessário; e, em segundo lugar, começando a dar incentivos aos indivíduos. A Grã-Bretanha tinha se tornado uma sociedade que mais distribuía riqueza do que a gerava. Era preciso lembrar que os governos não criam riqueza; quem cria riqueza é o povo".[56]

Depois disso, os senadores e congressistas republicanos cercaram-na. No dia seguinte, depois de fazer um discurso num almoço da Associação de Política Exterior, um admirador entregou-lhe furtivamente um bilhete: "A senhora aceitaria uma indicação republicana para participar das eleições presidenciais de 1980?"

Thatcher ficou tão satisfeita com a pergunta que guardou o bilhete entre seus documentos pessoais.[57]

* * *

A DIREITA NORTE-AMERICANA sentiu-se atraída pela precisão e pela convicção de Margaret Thatcher. Mas também se sentiu atraída por seu êxito

---

[55] Young & Sloman, *Thatcher Phenomenon*, p. 64.
[56] Gravação de uma reunião entre a primeira-ministra e membros do Congresso norte-americano no Senado desse país, 17 de dezembro de 1979: Margaret Thatcher Foundation (acessado no dia 9 de fevereiro de 2010).
[57] *Sunday Telegraph*, 7 de fevereiro de 2010.

eleitoral. No dia 4 de maio de 1979, ela participou do "beija-mão" do palácio de Buckingham numa cerimônia em que ela se tornaria a primeira mulher a exercer o cargo de primeiro-ministro na Grã-Bretanha, só pouco mais de meio século depois da introdução do voto feminino. Quando lhe perguntaram como era ser primeira-ministra, ela respondeu: "Não sei. Nunca experimentei outra alternativa."[58] A campanha eleitoral tinha girado tanto em torno da falta de confiança nos trabalhistas quanto do entusiasmo popular por Thatcher. Apesar disso, James Callaghan, o primeiro-ministro que estava abandonando o cargo, reconheceu que a eleição dela era algo mais que uma simples troca da guarda. "Sabe, há momentos, talvez a cada 30 anos, em que há uma mudança na maré da política", observou ele argutamente a seu assessor político Bernard Donoughue. "E aí não importa o que você diz, nem o que você faz. Há uma mudança no que o público deseja e naquilo que aprova. Suspeito que agora esteja havendo essa mudança de maré — e a mudança é a sra. Thatcher."[59]

Essa mudança não foi só um fenômeno britânico; fez parte de uma revolução transatlântica na política e nas ideias. O que o CPS fez na Grã-Bretanha, a Heritage Foundation — o grupo de estudos sobre livre mercado criado em Washington, DC, em 1973 — fez nos Estados Unidos. O fato de o CPS e a Heritage Foundation terem sido criados com a distância de um ano entre eles sublinha o quão intimamente estavam interligados o desenvolvimento intelectual e político do liberalismo econômico da Grã-Bretanha e dos Estados Unidos.[60] O CPS, o Adam Smith Institute e o Institute of Economic Affairs da Grã-Bretanha trabalharam muito de perto com seus congêneres norte-americanos, como a Heritage e o American Enterprise Institute (AEI). Equipes e ideias atravessavam o Atlântico fácil e frequentemente. E todos eles realizavam seu culto no altar da Mont Pèlerin Society, fundada por Hayek em 1947 com Milton Friedman e Karl Popper.

Como na Grã-Bretanha, os grupos de estudos norte-americanos propuseram-se "abrir caminho" para ideias neoliberais que mudariam o debate público e preparariam o terreno para uma vitória republicana em 1980. A He-

---

[58] Margaret Thatcher, *The Downing Street Years* (Londres, 1993), p. 18.
[59] Bernard Donoughue, *Downing Street Diary: Volume 2* (2008); "Jim's Lessons", http://newstatesman.com/uk-politics/2008/09/callaghan-government-cabinet
[60] Cockett, *Thinking the Unthinkable*, p. 281.

ritage Foundation, por exemplo, encomendou um vasto projeto de pesquisa que produziu *Mandate for Leadership* [Mandato de liderança], um programa de mudança com 3 mil páginas que deu visibilidade nacional e prestígio intelectual imediato aos grupos de estudos nacionais. Os analistas políticos da Heritage e do AEI acabariam assumindo posições-chave no governo Reagan em 1981.

Mas, no fim, não foi um grupo de estudos de Washington que ajudou a produzir uma "Thatcher" para a direita norte-americana. Ele veio da Califórnia. A Hoover Institution for War, Revolution and Peace [Instituição Hoover de Guerra, Revolução e Paz] tinha sido fundada na Universidade Stanford em 1919 por meio de uma doação feita por Herbert Hoover, o milionário do zinco e futuro presidente dos Estados Unidos. A partir da década de 1960, sob a batuta de seu diretor, Glenn Campbell, o instituto reuniu uma equipe de pesquisa brilhante e criou um programa destinado a intelectuais visitantes do porte de um Milton Friedman.

Entre os que participaram da Hoover Institution no início da década de 1970 estava Martin Anderson, que havia sido diretor de pesquisa da campanha presidencial vencedora de Nixon em 1968. Anderson tinha uma amizade íntima com o governador da Califórnia — Ronald Reagan — que ele trouxe para dentro da órbita da Hoover Institution. Anderson era o tarimbado assessor político da campanha eleitoral de Reagan para a Casa Branca, tanto em 1976 quanto em 1980. Seguiria Reagan para a Casa Branca em 1981 no cargo de chefe do órgão de desenvolvimento político, levando consigo dezenas de outros oriundos da Hoover Institution. Antes de ser presidente, Reagan se tornou o terceiro membro honorário da Hoover, juntando-se a Aleksander Soljenitsyn e Hayek. Foi a Hoover Institution que deu a Reagan a base em "Jefferson" para ele acrescentar a seu "Jesus" evangélico do cinturão do sol.[61]

Reagan era um leitor voraz e constante, mesmo sendo menos obviamente interessado em ideias do que Thatcher. "A única coisa que não falam dele é que era um grande leitor de livros", lembra Kenneth Adelman, chefe da Agência de Controle de Armas e Desarmamento. Nancy Reagan lembra da "bibliotequinha" que o marido carregava na mala durante uma carreira de vida breve

---

[61] Andrew Adonis & Tim Hames, *A Conservative Revolution? The Thatcher-Reagan decade in perspective* (Manchester, 1994), p. 220-1.

como artista de teatro de variedades na década de 1950; o dono do famoso Last Frontier Hotel ficou espantado (e provavelmente preocupado) com o fato de um artista de teatro de variedades ser um leitor tão dedicado. Durante a campanha eleitoral de Reagan para o cargo de governador da Califórnia em 1966, um assessor ficou surpreso porque "a biblioteca [do candidato] está lotada de livros sobre filosofia política". Reagan tinha uma memória excelente para o que lia. David Gergen, um membro da equipe da Casa Branca, achava que a maioria das pessoas subestimava uma "inteligência rápida e arguta". Reagan, observou ele, lia devagar, mas com profundidade, "possivelmente porque, como o ator que havia sido, o presidente tendia a memorizar o que tinha lido".[62]

Reagan, como Thatcher, valorizava muito a assessoria acadêmica e nunca hesitava em se cercar de consultores capazes e intelectualmente de confiança. Até inimigos políticos admiravam isso. Robert Strauss, presidente do Comitê Democrático Nacional em meados da década de 1970, observou tempos depois que a equipe de Reagan era "simplesmente espetacular. É a melhor equipe da Casa Branca que já vi".[63] Se o presidente Carter parecia muitas vezes pouco à vontade e desafiado pelo brilho dos outros, Reagan florescia no meio dele. Howard Baker, o chefe da equipe de Reagan em 1987-8, considerava isso um dos prazeres de trabalhar com ele. "Tinha opiniões firmes sobre questões políticas", comentou Baker, "ele combinava isso com a vontade de ter pessoas inteligentes à sua volta e de ouvi-las... Não tinha medo de gente forte."

Embora muitos achassem erroneamente que Reagan não era particularmente inteligente, Baker acreditava que era, sim: "Ele entende as coisas rápido e muito bem. Aprende com grande facilidade. Aliás, a coisa que Reagan menos merece que se diga a seu respeito é que era pouco inteligente. Era muito inteligente, muito rápido... As dimensões da personalidade política de Reagan ainda não foram completamente exploradas."[64]

Ao longo de toda a sua carreira política, Reagan nunca pareceu ter necessidade de ser a pessoa mais inteligente da sala e não se incomodava com o fato de ouvir mais do que falar. Isso o levou a ser subestimado por muita

---

[62] Entrevista com Kenneth Adelman, 30 de setembro de 2003: Ronald Reagan Oral History, Miller Center, University of Virginia. Thomas W. Evans, *The Education of Ronald Reagan: the General Electric Years and the untold story of his conversion to Conservatism* (Nova York, 2006), p. 9.

[63] Anderson & Anderson, *Reagan's Secret War*, p. 12.

[64] Entrevista com Howard Baker, 24 de agosto de 2004: Ronald Reagan Oral History Project, Miller Center for Public Affairs.

gente, apesar de sua lista impressionante de triunfos políticos: a derrota de um governador efetivo da Califórnia em 1966, a quase derrota de um presidente no cargo para a indicação republicana dez anos depois, e a derrota de um presidente efetivo em 1980. "Ronald Reagan conseguiu tanto com tanta facilidade aparente que o observador casual supõe que ele não teve nada a ver com isso", observou Martin Anderson.[65]

Como Thatcher, Reagan tinha a capacidade de articular a mensagem da "nova direita" com mais clareza do que qualquer de seus rivais. Isso ficou evidente a partir daquele dia de outubro de 1964 em que ele entrou no palco político nacional, fazendo um discurso na TV em nome de Barry Goldwater, o candidato republicano à presidência. Tornou-se conhecido no folclore Reagan simplesmente como "O Discurso". Ele transformou um astro de filmes B num astro da política da noite para o dia. "Eu disse que os Estados Unidos estavam numa encruzilhada", lembrou Reagan mais tarde. "Tínhamos a opção de continuar no mesmo caminho, ou de lutar para reivindicar as liberdades que nos foram tiradas."[66]

O programa de TV apresentou muitos temas que posteriormente se tornariam assuntos prediletos e familiares a Reagan. "Passei a minha vida inteira como democrata", começou Reagan. "Mas, há pouco tempo, achei que seria melhor seguir uma outra rota." Muitas frases foram ditas com um humor jovial. Zombou delicadamente daqueles que acusava de destruir o partido que ele crescera apoiando. "O problema com nossos amigos liberais não é que são ignorantes", sugeriu Reagan, "é só que eles sabem muita coisa que não tem nada a ver." Houve alfinetadas semelhantes em Washington. "Nenhum governo jamais reduz voluntariamente o seu tamanho", explicou ele. "De modo que os programas do governo, uma vez lançados, nunca mais desaparecem. Na verdade, um departamento governamental é o que temos de mais próximo de vida eterna que veremos nessa terra."

No fim de "O Discurso," houve um apelo veemente para vencer a Guerra Fria: "Toda lição da história nos diz que o maior risco está na conciliação, e

---

[65] Stephen Knott & Jeffrey Chidester, *At Reagan's Side: insder's recollections from Sacramento to the White House* (Lanham, 2009), p. 47; "Ronald Reagan realizou tanta coisa com tanta facilidade aparente que o observador desatento supõe que ele não teve nada a ver com isso", observou Martin Anderson e Annelie Anderson em *Reagan's Secret War: the untold story of his fight to save the world from nuclear disaster* (Nova York, 2009), p. 1.
[66] Ronald Reagan, *The Autobiography: An American Life* (Londres, 1990), p. 139.

esse é o espectro que nossos amigos liberais bem-intencionados se recusam a encarar — que sua política de acomodação é conciliação, e ela não oferece opção entre paz e guerra, só entre lutar e se render. Se continuarmos nos acomodando, se continuarmos recuando e batendo em retirada, acabaremos tendo de encarar a exigência final — o ultimato. E o que vai acontecer então — depois que Nikita Krushchev já disse a seu povo que sabe qual será a nossa resposta? Ele lhe disse que estamos batendo em retirada sob a pressão da Guerra Fria e que, um dia desses, quando chegar a hora de dar o ultimato final, nossa rendição será voluntária, porque a essa altura estaremos enfraquecidos por dentro, espiritual, moral e economicamente. Ele acredita nisso porque, do nosso lado, tem escutado vozes pedindo 'paz a qualquer preço' ou 'melhor virar comunista do que morrer'; ou, como disse um comentarista, ele prefere 'viver de joelhos a morrer de pé'. E aí está a estrada que leva à guerra, pois essas vozes não falam pelo resto de nós."

Significativamente, Reagan recorreu a um exemplo britânico para concluir, demonstrando interesse pela Aliança Atlântica da época da guerra, anterior à sua presidência e ao cargo de primeira-ministra de Thatcher. Citando uma frase de Winston Churchill que era uma de suas prediletas e à qual retornaria depois, Reagan declarou: "O destino do homem não pode ser julgado por cálculos materiais. Quando grandes forças estão em movimento no mundo, descobrimos que somos espíritos — não animais. E Churchill disse: 'Está acontecendo alguma coisa no tempo e no espaço, e além do tempo e do espaço que, gostemos ou não, significa dever.'"

Este era o desafio dos Estados Unidos: "Preservar para nossos filhos essa que é a última esperança do homem na terra, ou condená-los a dar o último passo para entrar num milênio de trevas."[67]

O Discurso fez furor em todo o país. Estima-se que esse discurso na TV levantou 8 milhões de dólares nos Estados Unidos para a campanha de Goldwater, sem contar os lugares onde ele foi retransmitido para apoiar candidaturas locais. Esses resultados excederam todas as campanhas anteriores de levantamento de fundos. No entanto, o mais importante de tudo foi que O Discurso deu força aos conservadores de Goldwater, que já sabiam que seu candidato estava fadado à derrota. Agora, ali estava uma voz de al-

---

[67] Evans, *The Education of Ronald Reagan*, p. 167-9: texto do discurso: Ronald Reagan Library, http://www.reagan.utexas.edu/archives/reference/timechoosing.html

cance nacional que poderia galvanizá-los de novo. Reagan havia articulado e personalizado uma viagem intelectual e política feita por um democrata do New Deal em direção ao conservadorismo. Ele tinha glamour e fama. E representava a filosofia do "cinturão do sol," que era um distanciamento evidente do liberalismo oriental daqueles republicanos de Rockefeller que tanto contribuíram para solapar a causa de Goldwater.[68]

Da noite para o dia, Ronald Reagan tornou-se o herói da "nova direita" norte-americana.

* * *

ENQUANTO MARGARET THATCHER foi criada na respeitabilidade remediada da classe média baixa, em cima da quitanda do pai em Grantham, os primeiros anos de Ronald Reagan foram uma experiência muitíssimo mais árdua. Apesar de todo o glamour e verniz de Hollywood que Reagan levou para a política, foi um menino que cresceu, segundo suas próprias palavras, numa época e num lugar onde "parecia não haver esperança".[69] Parte do fascínio que exerceu mais tarde sobre os chamados "democratas de Reagan" derivava também do fato de que, por baixo de elementos que acompanham a fama e a riqueza, Reagan sabia o que era realmente a pobreza e o desamparo. E ele parecia o epítome do sonho americano. "Acho que não é possível recuar no tempo e pensar em 43 presidentes norte-americanos e encontrar um único deles que tenha vindo de um ambiente tão pobre quanto Reagan", observou Stuart Spencer, que depois seria um de seus assessores de campanha eleitoral, "famílias carentes, disfuncionais... esta pessoa veio de uma família alcoólatra, sem dinheiro, sem nada."[70]

Caspar Weinberger, um dos primeiros seguidores de Reagan e, tempos depois, ministro da Defesa, faz declarações parecidas. "É uma revelação e tanto entrar numa das casas onde ele passou a infância em Illinois", observou ele. "São circunstâncias muito, muito modestas. E ele saiu dali — em uma medida muito considerável, graças a seu autodidatismo, a suas próprias ca-

---

[68] Philip Jenkins, *Decade of Nightmares: the end of the sixties and the making of eighties America* (Nova York: 2006), p. 8, 93-5.
[69] Reagan, *The Autobiography*, p. 19.
[70] Knott & Chidester, *At Reagan's Side*, p. 14.

pacidades e a suas próprias convicções — e se tornou uma das pessoas mais importantes do mundo. Um exemplo maravilhoso do que pode acontecer nos Estados Unidos."[71]

Reagan nasceu em Tampico, Illinois, em 1911, filho de pai alcoólatra e mãe profundamente religiosa.[72] Foi da mãe que herdou seu característico timbre de voz melodioso e o hábito, em momentos de tensão ou conflito, de quase sussurrar, para criar um clima de intimidade e confiança. Depois de se mudarem muitas e muitas vezes, a família acabou se fixando em Dixon, que, depois, Reagan sempre considerou a sua cidade natal. Um atleta bonitão e popular, ele se tornou capitão do time de futebol e representante de sua classe na faculdade e, mais tarde, presidente do órgão estudantil do Eureka College, Illinois. "Acho que crescer numa cidade pequena dá uma boa base para qualquer um que quiser entrar na política", disse ele. "Você passa a conhecer as pessoas como indivíduos, não como blocos ou membros de determinados grupos de interesse. Você descobre que, apesar de suas diferenças, a maioria das pessoas tem muita coisa em comum."[73]

Depois de se formar na faculdade, Reagan trabalhou como radialista esportivo em Des Moines. Foi ali que poliu sua maneira de falar, imitando seu herói político, Franklin D. Roosevelt, cujas "conversas ao pé do fogo" ele tanto admirava. Embora Reagan acabasse repudiando o legado de FDR, nunca perdeu aquele respeito profundo pelo homem que ele foi como líder e comunicador. O radialismo esportivo também ensinou Reagan a conjurar imagens do nada para empolgar e divertir um público. Um lance sensacional de um jogo do time Western Union, transmitido a Reagan no estúdio de Des Moines, por exemplo, resultou em alguns minutos de comentários dramáticos, como se ele estivesse pessoalmente em Wrigley Field, vendo os jogadores do Chicago Cubs ao vivo e em cores.[74]

Mas Reagan estava de olho em coisas maiores do que comentários esportivos. Fez seu teste em Hollywood em 1937, aos 26 anos de idade, e logo estava

---

[71] Knott & Chidester, *At Reagan's Side*, p. 14.

[72] Sobre os primeiros anos de vida de Reagan, baseio-me na obra de James T. Patterson, *Restless Giant: the United States from Watergate to Bush v. Gore* (Nova York, 2005), p. 129-30. Ver também Evans, *The Education of Ronald Reagan*, e Lou Cannon, *President Reagan: the role of a lifetime* (Nova York, 1991), p. 33-87.

[73] Reagan, *The Autobiography*, p. 28.

[74] Evans, *The Education of a President*, p. 10.

a caminho da Califórnia. Um ano e meio depois, já havia feito 13 filmes para a Warner Brothers, tornando-se, como ele brincava mais tarde, "o Errol Flynn dos filmes B".[75] Entre 1937 e 1953, ele participaria de 53 filmes, entre os quais filmes "A" como *Em cada coração um pecado* e *Knute Rockne — All American* (em que ele pronuncia sua frase mais célebre: "Peça a eles para ganharem uma para o Gipper."). Uma figura popular em Hollywood junto aos de profissão, Reagan provou pela primeira vez o gosto da política na vida real entre 1947 e 1952, quando exerceu seus dois primeiros mandatos como líder do sindicato dos atores, o Screen Actors Guild. Durante essa época, ficou convencido de que os comunistas estavam querendo "assumir o controle do setor de cinema", o que incluía seu sindicato. Determinado a fazer do Screen Actors Guild um bastião do anticomunismo, ele passou furtivamente para o FBI os nomes daqueles que ele suspeitava que fossem comunistas.[76] Reagan foi o único presidente dos Estados Unidos que exerceu o cargo de líder sindicalista, o que lhe daria confiança em sua capacidade de negociação quando se tornou presidente do país. George Shultz, seu secretário de Estado, viu isso na atitude "autoconfiante" do presidente diante da primeira reunião de cúpula com Mikhail Gorbachev. "Reagan via-se como um negociador tarimbado", observou ele, "com base na época em que foi presidente do Screen Actors Guild."[77]

No início da década de 1950, com sua carreira em Hollywood em declínio, Reagan foi obrigado, em 1954, a dar o que parecia ser um passo humilhante e se tornar apresentador de um programa de TV patrocinado pela General Electric. Muitos agora veem isso como o processo que fez dele um conservador e uma figura política. Trabalhou como âncora do popular programa de variedades GE de domingo à noite e passava o resto do tempo como embaixador itinerante, visitando 250 mil operários da GE em 139 fábricas e falando sobre questões públicas. Mais tarde, Reagan definiu essa experiência como "aprendizado para a vida pública". O "novo político" surgiu sob a influência do carismático vice-presidente da GE, Lemuel Boulware, que incentivou sua guinada para a direita no que equivalia a "um curso de pós-graduação em ciência política". Foi durante seus oito anos de estrada trabalhando para a GE que Reagan praticou e aperfeiçoou, em frente de pú-

---

[75] Reagan, *The Autobiography*, p. 89.
[76] Wills, *Reagan's America*, p. 294-97.
[77] Evans, *The Education of a President*, p. 139.

blicos de carne e osso, "O Discurso" que o lançaria no palco nacional durante a eleição presidencial de 1964.[78]

O sucesso nas urnas para o cargo de governador da Califórnia aconteceu em 1966, com reeleição para um segundo mandato em 1970. Por pouco não derrotou o presidente Ford para a indicação republicana em 1976, e fez um discurso breve na convenção do partido em que eclipsou totalmente o candidato.

Em 1980, todas as dúvidas que giravam em torno da questão de um Reagan de 69 anos ser velho demais para se tornar presidente foram silenciadas por sua vitalidade e evidente boa forma física. Ganhou com uma mensagem simples, mas extremamente eficiente: "Você está em melhor forma do que há quatro anos?" Mas essa era também uma mensagem de esperança, uma mensagem que ele personificava com sua atitude alegre e otimista que se ligou ao espírito de mudança que reinava no país naquele momento. Essa impressão cristalizou-se nos debates da campanha presidencial, quando ele reagiu a ataques estridentes de Jimmy Carter, o presidente em exercício, com um triste balançar de cabeça e a frase: "Lá vem você de novo." O povo estava farto daquilo. No dia 4 de novembro de 1980, Reagan venceu Carter na proporção de 50,8% a 41% dos votos, ganhando em 44 estados, e foi eleito o 40º presidente dos Estados Unidos.[79]

Depois de ouvir os resultados às 3 da manhã em Londres, Margaret Thatcher, a primeira-ministra britânica, enviou imediatamente uma mensagem de parabéns. "Lembrando de nossa reunião em Londres, em 1978", escreveu ela, "espero trabalhar intimamente com o senhor e seus colegas em seu novo governo. O senhor vai assumir a presidência num momento em que a amizade íntima entre nossos dois países pode, acredito eu, desempenhar um papel crucial no sentido de fortalecer a cooperação no seio da aliança. Espero ter logo a oportunidade de discutir com o senhor os problemas urgentes que todos estamos enfrentando."[80] Ed Meese, o chefe da equipe de campanha eleitoral e admirador de Thatcher, fez questão de pôr sua carta no alto da pilha de correspondência que estava em cima da mesa de trabalho do presidente eleito na manhã seguinte.

---

[78] O período que Reagan passou na GE é detalhado num estudo que dá o que pensar, intitulado *The Education of a President*, de Thomas W. Evans.
[79] Knott & Chidester, *At Reagan's Side*, p. 68.
[80] Thatcher a Reagan, 5 de novembro de 1980: Margaret Thatcher Foundation (acessado no dia 25 de julho de 2007).

Tempos depois, Thatcher escreveria a respeito de sua reunião anterior em Westminster com Ronald Reagan: "Quando ele saiu da minha sala, refleti sobre o quanto as coisas seriam diferentes se um homem desses fosse presidente dos Estados Unidos. Mas, em novembro de 1978, uma possibilidade dessas parecia muito remota."[81]

Agora ela se tornara realidade. Para muitos, parecia impensável, mas Reagan e Thatcher tinham ambos percorrido o caminho que leva ao poder.

---

[81] Thatcher, *Path to Power*, p. 372.

CAPÍTULO 2

Vem, a água está congelando

1981

Casa Branca, 26 de fevereiro de 1981, quinta-feira.

Quaisquer que tenham sido as ansiedades que Margaret Thatcher sentiu quando estava a caminho de Washington, elas já tinham desaparecido quando sua comitiva de carros oficiais chegou à Entrada Diplomática da Casa Branca. Houve um abraço caloroso do presidente, que estava à sua espera. Seguiram-se conversas simpáticas entre Nancy, a mulher de Reagan, e Denis, o marido de Thatcher, embora os dois nunca tivessem se encontrado antes. Reagan apresentou seu vice-presidente, George H. W. Bush, e o secretário de Estado, Alexander Haig. O comitê de recepção da Casa Branca tinha gerado centenas de páginas de documentos para garantir que tudo seria perfeito. Primeiro foi o espetacular "rufar de tambores e toques de clarim" no Gramado Sul, com a banda da Marinha norte-americana e a guarda de honra apresentando armas, tocando os hinos nacionais dos dois países e fazendo uma salva de artilharia com tiros de canhão. Depois os dois líderes passaram as tropas em revista e subiram ao pódio para fazer seus discursos de abertura da cerimônia.

"Sua visita aqui renova a amizade pessoal que teve início em seu país pouco antes de a senhora assumir o seu cargo," disse Reagan. "Quando conversamos em Londres apenas dois anos atrás — quando nenhum dos dois estava na posição que ocupa agora —, fiquei impressionado com a semelhança dos desafios enfrentados por nossos países e de nossa determinação em enfrentá-los."

Thatcher respondeu num tom igualmente pessoal. "Para mim é uma felicidade dupla estar novamente nos Estados Unidos: pela vitória esplêndida e por estar sendo recebida pelo senhor, presidente, que há muito tempo se tornou um amigo de confiança", observou ela. "A mensagem que eu trouxe do outro lado do Atlântico é que nós, na Grã-Bretanha, estamos a seu favor. Os sucessos dos Estados Unidos serão sucessos nossos. Seus problemas serão problemas nossos, e, quando precisar de amigos, estaremos lá."[1]

Depois de concluídas todas as formalidades, Reagan pôs, afetuosamente, a mão no braço de Thatcher, conduziu-a na direção da Sacada do Pórtico Sul e entraram na Sala Azul, antes de finalmente escoltá-la até a Sala Oval para uma conversa particular. Apontando para uma jarra larga de balas de goma, Reagan explicou que havia mais de trinta sabores ali, inclusive amendoim. "Ainda não tivemos tempo de tirá-los daqui", brincou ele, referindo-se ao passado plantador de amendoim do presidente Carter. Foi uma maneira charmosa de quebrar o gelo. Finalmente a sós pela primeira vez na condição de líderes, talvez algo tenha ocorrido a ambos: pois, apesar de todas as alusões à "amizade pessoal", na verdade eles mal se conheciam. E, nesses primeiros encontros, deve ter havido, por baixo das palavras doces e frases de efeito, um toquezinho de decepção.

Não havia dúvida de que tinha se tornado a política explícita da equipe de segurança nacional da Casa Branca sublinhar em público e privadamente a amizade entre Thatcher e Reagan. "A imagem que nos seria mais útil que surgisse dessas conversas", disse ao presidente o assessor de segurança nacional Richard Allen, "é de dois líderes de mesma mentalidade que já avaliaram as dificuldades enfrentadas por seus países, que não subestimam nem um pouco a gravidade da situação, mas que não estão intimidados por esses problemas, nem duvidam de que vão acabar conseguindo resolvê-los. Mangas arregaçadas e sobriedade com otimismo é a principal mensagem a ser transmitida por essa visita; politicamente, ela pode ser um trunfo importante, tanto em casa quanto no exterior". A esperança era que um encontro entre Reagan e Thatcher representasse algo extraordinário, ao menos para a direita política,

---

[1] Observações que chegaram à Casa Branca, 26 de fevereiro de 1981: MTF, docid=104576 (acessado no dia 31 de agosto de 2008).

em termos de troca de ideias entre um presidente norte-americano e líderes da Europa Ocidental, isto é, uma confluência de propósito que abrangesse não só afinidades filosóficas, mas também perspectivas econômicas semelhantes e uma lealdade, de ambas as partes, a um sistema forte de defesa, mas também uma determinação feroz e pragmática de tomar providências a respeito.[2]

No entanto, embora o governo estivesse ansioso por "paparicar" Thatcher, também parecia haver um esforço bem orquestrado no sentido de lhe "dar uma força". Thatcher havia chegado a Washington trazendo na bagagem um monte de problemas econômicos de seu país. "Ela foi ver o presidente Reagan", escreveu em seu diário Alan Clark, um parlamentar conservador, "e eu espero que seja bem recebida, pois está precisando relaxar um pouco e de uma injeção de ânimo no seu moral". Em casa, na Grã-Bretanha, tinha havido uma inquietação social e industrial crescente a respeito da direção que o país estava tomando. Thatcher assumira o poder em 1979 prometendo um recomeço. "Se quisermos deter e depois inverter os longos anos de declínio econômico de nosso país", ela declarara, "mudanças fundamentais de política e atitude serão necessárias em todos os níveis". Isso significaria "fazer as fronteiras do Estado se retraírem" e substituir os pressupostos de consenso da era anterior. Em síntese, dissera seu ministro Geoffrey Howe, seria preciso haver "uma boa administração do dinheiro de que dispunham" e "uma restrição maior e economia nos gastos públicos". O principal objetivo do "monetarismo" do governo era assumir o controle da inflação, que fora o flagelo da economia britânica durante toda a década de 1970. Thatcher estava mais preparada do que todos os seus antecessores para tolerar uma taxa maior de desemprego. O fim justificaria os meios se o principal objetivo — diminuir a inflação — fosse alcançado. Mas, como Howe admitia, havia o perigo de que o desemprego fosse "insuportável", o que provavelmente provocaria "tensão social".[3]

Na época em que Reagan assumiu o poder em janeiro de 1981, muitos já consideravam um desastre o penoso ajuste econômico britânico. A Grã-Bretanha estava paralisada pela recessão. O desemprego crescia verticalmente, e atingiria 3 milhões de pessoas dali a 12 meses. As falências estavam em ní-

---

[2] Allen ao presidente, sem data: folder United Kingdom Prime Minister Thatcher visit, Box 91434, Executive Secretariat files (VIP visits), Ronald Reagan Library.
[3] E. H. H. Green, *Thatcher* (Londres, 2006), p. 55-82.

veis recordes. A indústria manufatureira se achava em crise. Os críticos, tanto de dentro quanto de fora do partido de Thatcher clamavam por uma mudança radical na política econômica. O dirigente da poderosa Confederation of British Industry (CBI) estava prometendo um confronto político direto. "Eu era o centro das atenções, mas não era só por causa da minha intimidade com o novo presidente", lembrou Thatcher a respeito de sua chegada a Washington, "mas também por outro motivo menos lisonjeiro".[4] "Pronta para o combate, mas sem se dobrar" foi a manchete com que a revista *Time* a recebeu nos Estados Unidos, cuja matéria falava de um país e de uma dirigente em crise. A *Economist* foi mais longe ainda em sua primeira página, mostrando caricaturas de Thatcher e Reagan em roupas de natação à beira-mar, em que a primeira-ministra acena para um presidente hesitante, convidando-o a entrar na água com as palavras "Vem, está congelando!".[5]

Havia críticos de Thatcher entre os membros mais tarimbados da equipe econômica de Reagan. David Stockman, o diretor da Receita Federal de Reagan, fanático pelo lado da oferta na economia, não fez nenhum esforço para esconder que Thatcher havia sido insuficientemente radical, principalmente no que dizia respeito à redução dos impostos. Donald Regan, o ministro da Fazenda, escolheu exatamente a visita de Thatcher para fazer uma análise semelhante perante um comitê do Congresso. Thatcher notou a alfinetada, pois, observou ela acidamente, Reagan chegou direto do Congresso para "participar de um almoço no qual eu era a principal convidada".[6]

Se o governo norte-americano queria saber mais coisas sobre a visão da "Dama de Ferro" a respeito de questões econômicas, então a decepção foi de ambas as partes. Thatcher reconhecia que as reduções dos impostos e a economia eram diferenças que havia mesmo entre ela e o presidente. Qualquer um que a conhecesse bem sabia que ela gostava de debates combativos sobre questões políticas. Na verdade, saber quais eram os pontos de vista do presidente sobre os problemas econômicos da Grã-Bretanha era algo que ela queria muito. Mas quando Reagan perguntou se os britânicos pretendiam reduzir mais ainda os impostos, e mais rápido, sua resposta de que o processo tinha de ser implementado em estágios — uma resposta clássica da "arte do

---

[4] Margaret Thatcher, *The Downing Street Years* (Londres, 1993), p. 159.
[5] Alan Clark, *Diaries: into politics* (Londres, 2000), p. 204. *Time*, 16 de fevereiro de 1981.
[6] Margaret Thatcher, *The Downing Street Years* (Londres, 1993), p. 159.

possível" — foi aceita sem muitos comentários. Thatcher ficou atônita. Mesmo que o presidente não estivesse envolvido pessoalmente, a última coisa que ela esperava era uma reiteração das opiniões de Regan e Stockman. Foi a primeira prova que ela teve de que talvez, afinal de contas, não haveria troca de opiniões políticas, nem discussão de ideias importantes.[7]

Isso tinha sido algo em que Thatcher pusera grande ênfase nas semanas anteriores à visita. Ela se preparara da maneira habitual com seus assessores, mas também convocara um "seminário" especial em Chequers, com acadêmicos e especialistas, entre os quais estavam Hugh Thomas, *Sir* Michael Howard, George Urban e Esmond Wright. O grupo reunira-se para ajudá-la a pensar em uma estratégia mais ampla e definir questões filosóficas, e também práticas, antes das conversas que teriam em Washington. Ela queria levar o que tinha de melhor para os encontros com Reagan, antecipando um *tour d'horizon* sobre os grandes problemas do momento. Qual a interpretação que aqueles homens davam às opiniões do presidente era o que ela queria saber. Esses assessores acadêmicos a tinham avisado de que o presidente não parecia "sofrer de um excesso de leitura, nem de nenhuma sede muito grande de tipos mais complicados de informações".[8] Essa opinião coincidia com aquela de Nicholas Henderson, que advertira: "A maior preocupação não é a idade apenas, e sim se ele possui vitalidade mental e visão política para ter êxito." Até membros do ministério tinham manifestado dúvidas sobre Reagan estar ou não à altura do cargo. Era uma "falácia", dissera Ian Gilmour, pensar que só porque Carter tinha sido ruim, Reagan não podia ser pior.[9] Thatcher fora mais otimista, acreditando que Reagan "seria um líder forte". Agora, depois de sua primeira reunião na Sala Oval, ela já não tinha certeza.

Quaisquer que tenham sido as dúvidas ou decepções de Margaret Thatcher, ela estava determinada a não mostrá-las. Na verdade, em Chequers, os assessores da primeira-ministra a tinham advertido de que, se o presidente não conseguisse "manter-se à altura dela", ela "deveria ter o cuidado de não deixá-lo constrangido". De fato, essa situação parecia oferecer uma oportunidade.

---

[7] Geoffrey Smith, *Reagan and Thatcher* (Nova York, 1991), p. 45.

[8] George Urban, *Diplomacy and Disillusion at the Court of Margaret Thatcher: an insider's view* (Londres, 1996), p. 20-1.

[9] Ion Trewin (org.), *The Hugo Young Papers* (Londres, 2008), p. 155. *The Sun*, 30 de dezembro de 2010.

O presidente, disseram a Thatcher, "vê a si mesmo como presidente de um grupo de governadores, e não como um administrador prático do tipo [que os primeiros-ministros] tendem a ser e têm de ser". Não devia haver o mal-entendido, como sugerira Harold Macmillan décadas antes, de os britânicos desempenharem o papel de "gregos" para os "romanos" dos Estados Unidos. Apesar de ser uma líder excepcional, Thatcher foi aconselhada a encontrar uma forma de se introduzir no debate político que cercava o presidente.[10]

Thatcher já tinha sentido na própria pele o quanto as relações pessoais podem alterar sutilmente as relações diplomáticas. A grande afinidade entre o presidente da França, Valéry Giscard d'Estaing, e o chanceler alemão, Helmut Schmidt, tinha ajudado a isolá-la na Comunidade Europeia. "Elas têm uma influência imensa," concluiu ela, "elas moldam a política europeia e são um fator poderoso no cenário mundial". Thatcher compreendeu bem que essa "influência" existia porque "eles parecem se entender perfeitamente bem; são amigos pessoais e falam a mesma língua".[11] A respeito das questões europeias, a resposta dela a isso foi a política do confronto. Em 1979 e 1980, Thatcher envolveu-se numa série de lutas ferozes sobre as contribuições da Grã-Bretanha ao orçamento da CEE. A Grã-Bretanha fizera a segunda maior contribuição líquida, perdendo somente para a Alemanha Ocidental, o que Thatcher achava insuportável. "O seu único propósito é humilhar a Grã-Bretanha", declarou ela oficialmente. "Temos de lutar contra isso — abertamente, se necessário."[12] Na reunião de cúpula dos países europeus, realizada em Dublin em novembro de 1979, ela exigiu grosseiramente: "Quero meu dinheiro de volta!" Os líderes europeus do continente ficaram horrorizados, mas ela conseguiu o que queria. A Grã-Bretanha obteve um reembolso de £ 350 milhões em 1979 e outro de £ 800 milhões no ano seguinte. Foi definido todo um quadro de referências para restituições futuras, além de uma revisão completa do processo de obtenção de fundos da CEE. Mas isso teve um preço. "A firmeza e intransigência de Margaret foram os fatores-chave para chegarmos a uma solução apropriada", observou Lord

---

[10] Urban, *Diplomacy and Disillusion*, p. 27.

[11] Urban, *Diplomacy and Disillusion*, p. 25.

[12] UK National Archives, PREM 19/227, 4 de junho de 1980. http://www.nationalarchives.gov.uk/news/december2010-files.htm (acessado no dia 11 de janeiro de 2011).

Carrington, o ministro do Exterior, mas "a atmosfera resultante" criou um grande mal-estar em torno das relações da Grã-Bretanha com seus associados europeus que duraria todo o período do governo de Thatcher, e iria além dele.[13]

Considerada uma personalidade difícil na Europa, Thatcher estava determinada a tirar o máximo proveito possível de uma amizade com o novo presidente norte-americano, com quem ela já tinha criado uma relação pessoal de *simpatia*. Esse primeiro encontro oficial entre Reagan e Thatcher oferecia exatamente uma oportunidade desse tipo; mas também era, para Thatcher, uma advertência clara sobre os perigos de ser "usada" por membros do governo. Em dezembro de 1979, o presidente Carter tinha concordado em mandar 464 mísseis cruise e 108 mísseis Pershing IIs para a Europa como resposta aos mísseis SS20 que os soviéticos se preparavam para usar em números crescentes. Dessas armas nucleares norte-americanas, 160 mísseis cruise deveriam ficar em bases norte-americanas na Grã-Bretanha. Essa proposta de localização causou grande controvérsia em toda a Europa Ocidental, na Grã-Bretanha inclusive. Para neutralizar a ira popular, a Otan adotou uma estratégia dupla: ao mesmo tempo que se preparava para usar suas armas nucleares, propôs negociar com a União Soviética para limitar o número desse tipo de armas nucleares de alcance intermediário (ANM). Thatcher apoiou essa política, e um motivo importante foi que, com a Campanha de Desarmamento Nuclear ganhando popularidade no Reino Unido, a abordagem dupla ajudou-a a se defender de acusações de estar fomentando a guerra. O novo governo norte-americano tinha instaurado novamente o debate sobre a conveniência de manter uma estratégia dual. O Pentágono, em particular, diante da oposição do Departamento de Estado, defendia a organização e o preparo para o combate sem esperar possíveis negociações com os soviéticos.[14]

Esse debate continuaria durante todo o ano de 1981; mas, na reunião com Reagan no dia 26 de fevereiro, Thatcher marcou alguns gols importantes. Com isso, ela conseguiu espiar por trás do véu que escondia a maneira pela qual a engrenagem girava no seio do governo. O Departamento

---

[13] Green, *Thatcher*, p. 175-6.
[14] Michael Carver, *Tightrope Walking: British defence policy since 1945* (Londres, 1992), p. 120-1.

de Estado, por meio da embaixada britânica, pediu a Thatcher para levar a questão da "estratégia dupla" ao presidente. Simultaneamente, Paul Bremer, o assessor especial de Al Haig, enviou uma mensagem a James Rentschler, na Casa Branca, com anotações para o que o presidente devia falar na coletiva com a imprensa depois do encontro com Thatcher. Entre elas estava a declaração de que o presidente e a primeira-ministra tinham "confirmado" a decisão de dezembro de 1979 de modernizar as armas nucleares e "paralelamente, envidar esforços no sentido de controlar a proliferação das armas nucleares". Rentschler transmitiu essa mensagem a Richard Allen, o assessor de segurança nacional, observando que era uma questão "essencial" a ser discutida na coletiva de imprensa. Allen passou-a ao presidente, que a repetiu palavra por palavra para os jornalistas presentes. O Departamento de Estado e a equipe do conselho de segurança nacional tinham derrotado o Pentágono, inclusive um ministro da Defesa lívido, Caspar Weinberger. Thatcher permitiu-se ser cúmplice da manobra porque ela se harmonizava com as prioridades estratégicas da Grã-Bretanha. Foi uma cartilha sobre a maneira de fazer negócio com o novo governo.[15]

Thatcher, talvez antes da maioria, reconheceu que Reagan era o seu homem. Era óbvio que o presidente discordava das prioridades da política externa de seu predecessor imediato. Mais inusitado ainda foi ele fazer pouco esforço para esconder o desprezo pelas políticas da Guerra Fria dos presidentes republicanos anteriores, Nixon e Ford. Em certa medida, era algo que se podia esperar em função de sua campanha eleitoral. O que não foi previsto foi a maneira pela qual Reagan, que muitas vezes foi mostrado pela mídia como um bom "apresentador de programas" que deixava para outros a tarefa de pensar, acabaria sendo aquele em cujos conselhos ela mais confiaria. Ele empregava pesos-pesados em seu governo, como Haig e Weinberger, mas não havia um assessor que exercesse o tipo de influência que Dulles, por exemplo, tinha sobre Eisenhower, Kissinger sobre Nixon ou Brzezinski sobre Carter. No segundo mandato, foi Shultz quem mais se aproximou des-

---

[15] Paul Bremer a Richard Allen, visita de Thatcher, informe oficial apresentado depois da reunião, 18 de fevereiro de 1981; James Rentschler a Richard Allen, 20 de fevereiro de 1981: Executive Secretariat, NSC, VIP visits, folder Thatcher, UK prime minister Thatcher, 1981 visit, Box 91434, Ronald Reagan Library.
Observações do presidente, 26 de fevereiro de 1981: MTF docid=104576 (acessado no dia 31 de agosto de 2008).

se papel. A autossuficiência de Reagan é demonstrada pelo fato de ele ter demitido seis assessores de segurança nacional em oito anos: Richard Allen, William Clark, Robert McFarlane, John Poindexter, Frank Carlucci e Colin Powell. Em última instância, o presidente era c estrategista-chefe.[16]

Além até de uma série de instintos pró-Estados Unidos, pró-libertários, Thatcher compreendeu nesse contexto que a melhor maneira de influenciar a política em favor de seus próprios interesses nacionais era convencer o presidente diretamente sobre qualquer questão determinada e conquistar aliados no governo um por um. Portanto, era imperativo para ela que os dois concordassem. Isso ela promoveu com certo estilo num jantar de gala organizado em homenagem a Reagan na embaixada britânica no dia 27 de fevereiro. Naquela noite, Thatcher pôs todas as suas cartas na mesa e teve resultados brilhantes. "Ela sabe aproveitar uma oportunidade", observou mais tarde o embaixador Henderson, com admiração. "Ela dominara os artifícios laudatórios necessários para manter as engrenagens internacionais funcionando."[17]

O discurso da primeira-ministra deixou Reagan satisfeitíssimo. Citando a descrição que Dickens fez dos norte-americanos, um povo "por natureza franco, corajoso, cordial, hospitaleiro e afetuoso", Thatcher dirigiu-se a Reagan com um floreio: "Essa me parece, senhor presidente, uma descrição perfeita do homem que é meu anfitrião nas últimas 48 horas." Ela se afastou do texto oficial e fez uma demonstração tocante e robusta de coragem política. "Haverá, senhor presidente, momentos em que talvez o seu trabalho seja o mais solitário do mundo, momentos em que o senhor vai precisar do que um dos meus grandes amigos na política [Airey Neave] chamou certa vez de 'coragem das duas e meia da manhã'", explicou ela. "Haverá momentos em que o senhor vai ter de enfrentar águas turbulentas. Haverá momentos em que o inesperado acontecerá. Haverá momentos em que só o senhor poderá tomar a decisão certa." Declarando explicitamente uma fé absoluta em Reagan, Thatcher continuou: "Quero lhe dizer, senhor presidente, que, quando esses momentos chegarem, nós aqui presentes nesta sala, de ambos os lados do Atlântico, temos certeza absoluta de que o senhor tomará a decisão certa para proteger a liberdade dos homens comuns no futuro. Tomará essa decisão, uma vez que todos nós, do mundo de língua inglesa, sabemos que, como

---

[16] John Lewis Gaddis, *Strategies of Containment* (Oxford, 2005, ed. revista), p. 354.
[17] Nicholas Henderson, *Mandarin: the diaries of Nicholas Henderson* (Londres, 1994), p. 387.

disse Wordsworth, 'Temos de ser livres ou morrer, nós que falamos a língua que Shakespeare falava.'"[18]

Foi uma bela peça de retórica, um discurso que deixou o presidente visivelmente emocionado. "Primeira-ministra", disse Reagan ao começar a sua resposta, "Bob Hope [que estava presente] sabe o que quero dizer quando uso a linguagem de minha ocupação anterior, e digo que a senhora é um exemplo difícil de seguir!".[19] Foi um momento de sinceridade que não constava do script, um momento que arrancou aplausos e risos de prazer dos convidados ali reunidos. "O jantar na embaixada britânica", escreveu Reagan em seu diário, "foi realmente um evento caloroso e belo". Mais tarde, Mike Deaver, o vice-representante da equipe e confidente íntimo de Reagan, disse a Henderson "sem nenhuma indução, que o presidente se emocionara com o discurso da sra. Thatcher na embaixada, principalmente com a passagem sobre a coragem das duas da manhã".[20]

A simpatia pessoal que o jantar da embaixada gerou entre os dois líderes foi reforçada no dia seguinte. Afastando-se outra vez do esperado, o presidente e a primeira dama receberam a primeira-ministra e Denis Thatcher para o café da manhã na Sala Oval Amarela, na residência oficial do chefe de Estado na Casa Branca. Esta foi uma reunião particular, de natureza fundamentalmente social. Denis, jovial, mas perspicaz, desempenhou muito bem o seu papel, ocupando-se da sra. Reagan, que tinha fama de ser uma pessoa difícil.

"Acredito que existe uma amizade verdadeira entre a primeira-ministra, sua família e nós", escreveu Reagan mais tarde em seu diário. "Certamente a sentimos e tenho certeza de que eles também sentem."[21]

Fossem quais fossem as suas dúvidas, a primeira-ministra não poderia desejar mais nada.

---

[18] Discursos do jantar da embaixada britânica para o presidente Reagan, 27 de fevereiro de 1981: MTF docid=104581 (acessado no dia 31 de agosto de 2008).

[19] Discursos do jantar da embaixada britânica para o presidente Reagan, 28 de fevereiro de 1981: MTF docid=104581 (acessado no dia 31 de agosto de 2008).

[20] Douglas Brinkley (org.), *The Reagan Diaries* (Nova York, 2007), p. 5. Henderson, Diaries, p. 390.

[21] Reunião particular com a primeira-ministra Thatcher, da Grã-Bretanha, 28 de fevereiro de 1981: Office of the President, Folder "Feb. 27, 1981", Box 1, Ronald Reagan Library. Brinkley (org.), *Reagan diaries*, p. 5

* * *

THATCHER PARTIU DE Washington de bom humor. Os aplausos da mídia tinham sido de tal ordem que o governo Reagan foi obrigado a fazer uma mudança radical durante a sua visita. Quando ela chegou, o governo havia se distanciado. O ministro da Fazenda e o diretor da Receita Federal tinham salientado publicamente as diferenças entre os dois governos. Além disso, nos informes oficiosos, James Brady, o assessor de imprensa da Casa Branca, enfatizara que o governo, talvez até mesmo o presidente, estava preocupado e decepcionado com a política econômica "fracassada" de Thatcher. Brady chegou até a preparar um informe oficial para a imprensa que sublinhava as diferenças entre as políticas econômicas dos dois países. Se Thatcher era tóxica, o governo queria mantê-la a certa distância. Mas, no fim dessa visita oficial, a mensagem não poderia ter sido mais diversa. "Seria preciso um pé de cabra para separá-los", brincou Brady com os jornalistas no último dia. Quaisquer que fossem os problemas de Thatcher em casa, ela gozava de status de estrela no exterior. Algo que a Casa Branca de Reagan respeitava e compreendia.[22]

"A visita resultou em grande visibilidade para a sra. Thatcher, mais ainda do que a planejada e com uma cobertura da mídia mais favorável a ela e ao RU do que as circunstâncias permitiriam de fato", concluiu Henderson. "[Mas,] na volta, ela deparou com uma recepção de um tipo muito diferente no RU, onde o desemprego e as falências se acumulavam, e havia muita dúvida a respeito dela entre membros do seu governo e do seu partido no tocante às suas políticas. Acho que os aplausos que recebeu nos EUA podem ter ajudado a restaurar a confiança nela."[23] Na Câmara dos Comuns, ela fez um relato animador da viagem a Washington, dizendo que as relações anglo-americanas gozavam de boa saúde. O que se devia em grande parte, lembrou Thatcher aos parlamentares, "ao entendimento excelente que o presidente Reagan e eu tivemos antes mesmo de qualquer dos dois assumir as responsabilidades atuais".[24]

---

[22] Stephen Knott e Jeffrey Chidester, *At Reagan's Side: insiders' recollections from Sacramento to White House* (Lanham, 2009), p. 206.

[23] Henderson, *Diaries*, p.390.

[24] Declaração da primeira-ministra à Câmara dos Comuns (visita aos Estados Unidos), 2 de março de 1981: MTF docid=104585 (acessado no dia 31 de agosto de 2007).

A Reagan ela escreveu uma carta calorosa, agradecendo "a amabilidade das boas-vindas dadas a mim pelo senhor e pela sra. Reagan", acrescentando que "nossas conversas foram, para mim, de importância particular e duradoura". Naturalmente esperava "que não se passasse muito tempo" antes de se encontrarem de novo. A carta foi endereçada formalmente ao "Caro senhor presidente" e assinada "Margaret Thatcher"; mas, de próprio punho, a primeira-ministra acrescentou um elogio simpático: "Nunca teremos uma visita mais feliz."[25] O quanto ele estava perto da verdade ficou claro algumas semanas depois.

No dia 30 de março de 1981, John Hinckley deu seis tiros do lado de fora do Washington Hilton Hotel, ferindo o presidente e três membros de seu partido. Hinckley, que mais tarde foi considerado louco, não tinha nada contra Reagan: só quis fazer algo sensacional para impressionar a atriz Jodie Foster, por quem estava obcecado. Por uma coincidência bizarra, a família de Hinckley era amiga da família do vice-presidente George H. W. Bush, que se tornaria presidente se Reagan morresse. O que chegou mais perto de se tornar realidade do que a maioria das pessoas percebeu na época. Uma bala explosiva Devastator, atirada pela arma de Hinckley, alojou-se a milímetros do coração do presidente.

Imediatamente depois do atentado contra sua vida, Reagan mostrou uma das qualidades de um grande líder — elegância sob pressão —, que assegurou ao país que estava tudo bem. "Espero que todos vocês sejam republicanos", brincou ele com os cirurgiões prestes a operá-lo. Quando uma enfermeira perguntou o que ele estava fazendo, Reagan fez eco a W. C. Fields: "Elas por elas, eu preferia estar na Filadélfia." Essa coragem e esse senso de humor num momento desses, observou o comentarista Garry Wills, "mais do que qualquer outro acontecimento isolado, deu uma dimensão mítica à sua liderança, revelando seu caráter de uma forma que tornava quase impossível não gostar dele".[26]

Thatcher, incomodada com a notícia, escreveu imediatamente a Reagan. "Levei um choque ao saber do atentado contra sua vida, e muito aflita ao saber que o senhor foi ferido", disse ela. "Rezo para que os ferimentos não

---

[25] Thatcher a Reagan, 5 de março de 1981: MTF docid=109286 (acessado no dia 31 de agosto de 2007).

[26] Garry Wills, *Reagan's America: innocents at home* (Nova York, 1986), p. 2.

sejam graves." Mandou recomendações suas a Nancy e também à "sua equipe leal", que foi ferida no ataque.²⁷

Nas horas e nos dias seguintes à tentativa de assassinato, a Casa Branca transformou-se num ninho de cobras de egos e interesses rivais. A mais notória manifestação de insolência foi a do secretário de Estado Al Haig, que criou constrangimentos para si mesmo e para o governo com sua declaração de tirar o fôlego: "A partir de agora, sou eu quem manda aqui na Casa Branca." Na Sala da Situação, a atmosfera entre Haig, o ministro da Defesa, Caspar Weinberger, e o assessor de segurança nacional Richard Allen era extremamente tensa. James Baker, o chefe do Estado-maior, queixava-se de ter sido "deixado de fora". Quando Lyn Nofziger, assistente do presidente para questões políticas, assumiu a função de dar informes à mídia na ausência do assessor de imprensa, James Brady, que tinha sido baleado, levou um puxão de orelha de Baker. "Ele estava com medo de eu ganhar visibilidade", concluiu Nofziger. "Um cara sincero."²⁸

Nessa atmosfera febril, com linhas de comunicação embaralhadas, era mais importante ainda que de costume ter amigos nos lugares certos. Felizmente para Thatcher, Richard Allen era um admirador seu, e um dos motivos eram suas opiniões intransigentes a respeito da União Soviética. Ele garantiu que a carta da primeira-ministra, que mostrava interesse e preocupação com o presidente, estivesse no alto da pilha do primeiro arquivo de correspondência que Reagan leria ao retomar obrigações mais leves. E, para não dar ponto sem nó, ele entregou uma cópia da carta a Nancy Reagan. E deu um jeito de os britânicos saberem o que ele tinha feito.²⁹

Existiam ouvidos receptivos na Casa Branca em 1981, mas as relações anglo-americanas teriam sido muito diferentes se Reagan tivesse morrido e o vice-presidente George Bush houvesse assumido o poder em seu lugar. Certamente a relação com Thatcher, que nasceu realmente em 1989, quando Bush se tornou presidente, não foi nada harmônica. "Ele [Bush] nunca teve de refletir muito sobre suas ideias e lutar por elas quando estavam irremediavelmente fora de moda, como Ronald Reagan precisou fazer", diria

---

[27] Thatcher a Reagan, 30 de março de 1981: MTF docid=109228 (acessado no dia 31 de agosto de 1981).

[28] Knott e Chidester, *At Reagan's Side*, p. 77-9.

[29] Smith, *Reagan and Thatcher*, p. 50.

Thatcher. "Isso significava que grande parte de seu tempo era ocupado agora com leituras que poderiam lhe dar respostas a problemas que, para mim, vinham muito espontaneamente, porque nasciam das minhas convicções básicas." Thatcher, como Reagan, era uma política convicta. Bush, como John Major, o homem que acabou sucedendo Thatcher, era essencialmente um gerencialista, pouco à vontade com o que o 41º presidente definiu com uma expressão célebre: "a coisa da visão". Thatcher e Bush não tinham nenhuma química pessoal. Na verdade, o 41º presidente parecia ter uma aversão indisfarçável a ela. "Às vezes o presidente Bush ficava exasperado com o meu hábito de falar sem parar sobre questões que me fascinavam e achava que ele é que devia estar dirigindo a discussão", inferiu ela. Por fim, ela aprendeu a "mostrar deferência por ele durante a conversa e a não economizar elogios. Se essa atitude era necessária para assegurar os interesses e a influência da Grã-Bretanha, eu não hesitaria em parecer humilde." Mas isso estava muito longe da "posição especial que desfrutei em termos de conselhos e confiança durante o governo Reagan". Essa era a situação em 1989; poderia ter sido realidade oito anos antes.[30]

Felizmente para Thatcher e para as relações anglo-americanas, Reagan sobreviveu e logo estava escrevendo de novo para a primeira-ministra num tom caloroso e familiar. "Apesar da confusão dos eventos perturbadores de duas semanas atrás, pensamentos agradáveis a respeito de sua visita de fevereiro ainda estão fortes na nossa memória", disse-lhe ele no dia 27 de abril. "Além do prazer de renovar a nossa amizade, foi algo mais especial ainda termos podido nos conhecer melhor." Reagan garantiu-lhe que estava concentrado nas "políticas e nos programas importantes a que tínhamos dado início", e terminou a carta dizendo: "Espero vê-la novamente em julho em Ottawa."[31]

Antes daquela reunião de cúpula do G7, Reagan certamente caprichou no sentido de dar a impressão de um vigor e uma determinação renovados depois do atentado contra sua vida. No dia seguinte àquele em que escreveu para Thatcher, ele foi ao Congresso para realizar uma performance espetacular com a revelação de seu plano de recuperação econômica, que logo foi ape-

---

[30] Thatcher, *The Downing Street Years*, p. 782-3.
[31] Reagan a Thatcher, 27 de abril de 1981: National Security Affairs, Assistant to the President, Head of State file, Folder UK PM Thatcher cables (1), Box 34, Ronald Reagan Library.

lidado de "Reaganeconomics". "A ovação que ele recebeu foi simplesmente fenomenal", lembra Max Friedersdorf, membro da equipe da Casa Branca. "Um mês depois de ser baleado no peito, sua imagem, no que dizia respeito ao Congresso, era de super-homem... Foi uma maneira terrível de conseguir essa imagem, mas ela bem que funcionou a seu favor, pois ele conseguiu se recuperar completamente e também capitalizar o fato de ter havido uma tentativa de assassinato contra sua pessoa."[32] Esse acontecimento marcou o início da "Recuperação Reagan", que, entre 1981 e 1989, veria a inflação norte-americana cair de 12% para 4,5%, o índice Standard & Poor 500 subir de 130 pontos para 285, o desemprego cair de 7,5% para 5,7%, o índice de hipotecas cair de 13,1% para 9,3%, e o máximo em termos de redução de impostos, que caíram de 70% para 33%.[33] A natureza dessa recuperação continuaria em questão durante anos a fio,[34] e um dos motivos importantes foi ela ter implicado empréstimos federais maciços e gastos totais de quase US$ 2 trilhões. Mas a recuperação permitiu a Reagan cumprir a promessa de fazer pressão contra os soviéticos por meio de um programa sólido de rearmamento. Esse programa fora esboçado semanas depois de ele assumir a presidência, quando o orçamento quinquenal da defesa norte-americana foi aumentado em 10% ao ano, a um custo de US$ 1,46 trilhões.[35]

Nas questões de política externa, Reagan também mostrou uma nova assertividade ao tentar levar a União Soviética a quebrar, ao mesmo tempo que também procurava abolir todas as armas nucleares. Essas políticas se tornariam marcas registradas de seu governo. A nova abordagem pegou até mesmo seus próprios assessores desprevenidos. No dia 18 de abril, sentado no solário da Casa Branca, Reagan fez o rascunho de uma resposta pessoal a uma carta intransigente de Leonid Brezhnev, o líder soviético. Quando os funcionários do Departamento de Estado e do conselho de segurança nacional viram aquilo, levaram um choque. "Eu não acreditava no que os meus olhos estavam vendo", lembra Richard Pipes, o especialista em assuntos soviéticos do Conselho de Segurança Nacional, que mais tarde ajudou a estruturar o discurso do "Império do Mal" de Reagan. "Estava escrita num

---

[32] Knott e Chidester, *At Reagan's Side*, p. 84.
[33] Andrew Roberts, *A History of the English Speaking Peoples since 1900* (Londres, 2006), p. 523.
[34] Ver Wilentz, *The Age of Reagan*, p. 277-8.
[35] Richard Rhodes, *Arsenals of Folly: the making of the nuclear arms race* (Londres, 2008), p. 149.

espírito cristão de dar a outra face, simpática a ponto de pedir desculpas, cheia de um sentimentalismo piegas." Quando a carta revisada foi devolvida ao presidente, não continha praticamente nenhuma de suas palavras, mas ele assinou. Mas depois se sentou para escrever uma versão mais enxuta da sua carta original, insistindo com o líder soviético para que se juntasse a ele no "diálogo significativo e construtivo que vai nos ajudar a cumprir nossa obrigação conjunta de estabelecer uma paz duradoura". Depois deu ordens para que ambas as cartas fossem enviadas a Leonid Brezhnev. Com isso, enviou também uma mensagem inequívoca à sua própria equipe de política externa — de que, como presidente, ele não hesitaria em passar por cima deles, nem de assumir a estratégia grandiosa de seu próprio governo.[36]

Mas, enquanto a tentativa de assassinato dera uma direção e um foco mais precisos ao que Reagan pensava a respeito de questões externas e economia, também o deixou física e mentalmente enfraquecido. O público via um presidente com vigor renovado; seus assessores viam um setuagenário se recuperando de um ferimento grave, que pôs sua vida em perigo. "O que vi foi que, durante meses, ele estava doente", lembra Martin Anderson, assistente de desenvolvimento de políticas de Reagan. "Quer dizer, ele levou um choque tremendo e se encontrava em recuperação."[37]

Isso ficaria evidente na reunião de cúpula do G7.

* * *

Montebello, Ottawa. 19 de julho de 1981, domingo. Enquanto o helicóptero presidencial Marine One aterrissava, Ronald Reagan admitia sentir-se como "o menino novo da escola". Era a sua primeira reunião com líderes mundiais e, a partir do momento em que eles se encontraram para falar sobre amenidades e se conhecerem na maior cabana de toras de madeira do mundo, ele achou difícil entrar no clima. Este era um aspecto de Reagan que muitas vezes surpreendia os observadores. Quando o viam fazendo um discurso na TV ou cumprimentando seus partidários, era óbvio que ele estava sendo espontâneo. Mas, em recepções ou pequenos grupos, onde se esperava

---

[36] Martin Anderson e Annelise Anderson, *Reagan's Secret War: the untold story of his fight to save the world from nuclear disaster* (Nova York, 2009), p. 50-5.
[37] Knott e Chidester, *At Reagan's Side*, p. 83.

que o presidente fosse a alma da festa, ele parecia pouco à vontade, principalmente quando Nancy estava ausente. Poucos entendiam que, na verdade, Reagan era um homem reservado e tímido. Ali, entre a arrogância e os hiperegos dos líderes globais, muitos dos quais o consideravam um soldado frio e perigoso, Reagan parecia estranhamente constrangido.

"Meu nome é Ron." Suas primeiras palavras à mesa de conferências, que lembrava uma sessão de terapia em grupo, pareceram confirmar os receios de todos de que o novo presidente talvez não estivesse à altura do cargo. As tentativas que ele fez de mostrar um lado simpático e comunicativo apenas serviram para fazê-lo parecer fraco e incompetente. Dirigindo os trabalhos, o primeiro-ministro canadense Pierre Trudeau mal se dava ao trabalho de disfarçar seu desprezo. Até Margaret Thatcher, sentada ao lado de Reagan, estava visivelmente tensa. Mais tarde, ela diria que a decisão de usarem o primeiro nome uns dos outros aconteceu graças à "amabilidade descontraída" de Reagan. Na verdade, Thatcher detestava a informalidade, tanto de atitudes quanto de roupas, acreditando que "o público gosta mesmo que seus líderes pareçam sérios".[38] Mas, em Montebello, ela lutou corajosamente para se manter solidária com o presidente, referindo-se o tempo todo a ele como "Ronald", um nome que ele nunca usava. No encontro seguinte, ela já tinha aprendido a chamá-lo de "Ron". Ele a chamava de Margaret quando estava conversando com ela e de "Maggie" quando falava com a equipe da primeira-ministra.

Se Reagan teve de lutar com a linguagem da diplomacia internacional, também parecia estar lutando com o ritmo dos trabalhos. "A programação era intensa", queixou-se ele a seu diário. "Reuniões de plenário de manhã e à tarde — sempre precedidas por sessões com o meu pessoal —, depois jantares de negócios só com os dirigentes." Ele também sentiu incompatibilidade com aquele grupo. Trudeau, famoso por sua arrogância intelectual, torcia constantemente o nariz para o "caubói" Reagan. O novo presidente francês, François Mitterrand, ficou do lado de Trudeau o tempo todo e mostrou uma hostilidade profunda pela reaganeconomics.[39] Helmut Schmidt, o chanceler

---

[38] Thatcher, *The Downing Street Years*, p. 164.
[39] Mas Mitterrand tinha um ás na manga para o jogo com Reagan em Montebello. Ele revelou que os franceses tinham atraído para o seu lado um desertor da alta cúpula de Moscou e ofereceu as informações sigilosas aos norte-americanos. David Hoffman, *The Dead Hand* (Nova York, 2009), p. 34.

da Alemanha Ocidental, foi pior ainda para Reagan, que, em geral, preferia olhar para o lado bom da vida. "Ele estava muito deprimido e pessimista a respeito do mundo", observou melancolicamente o presidente. "O desanimado balançar de cabeça é quase perceptível."[40]

Reagan chegara a Ottawa alimentando grandes esperanças de conseguir "vender" aos aliados sua liderança em termos de política exterior, como conseguira fazer com o Congresso norte-americano a respeito de sua política econômica.[41] Tinha consciência de que a reação do mundo inteiro à sua eleição em 1980 tinha sido "recheada de nervosismo".[42] Agora, nesse ambiente desanimador — e um desafio para o presidente —, Margaret Thatcher parecia uma dádiva do céu — e ela sabia disso. À mesa de conferências, onde o lugar do "Reino Unido" era ao lado dos "Estados Unidos", ela se preocupou com ele, fazendo de tudo para deixá-lo à vontade. Durante as amenidades iniciais, ela demonstrou claramente sua lealdade dando um beijo no rosto de Reagan. Ninguém mais teve essa honra. Mais tarde, Mitterrand faria uma descrição célebre de Thatcher: "Olhos de Calígula e lábios de Marilyn Monroe." Mas aqueles lábios, assim como os de Marilyn, estavam reservados ao presidente norte-americano.

A política econômica de Reagan sofreu ataques constantes de Trudeau e Mitterrand durante toda a reunião de cúpula, o que deu o diapasão das reuniões futuras. Thatcher concordava com eles numa série de questões, principalmente sobre o patamar elevado das taxas de juros e as preocupações com a guinada anti-Europa que a linguagem norte-americana dera em relação às questões de defesa. Contudo, Thatcher verbalizou essas reservas somente em conversas particulares bilaterais com o presidente. Em público, Thatcher era feroz em seu apoio. "Ela e Reagan formaram uma dupla muito sólida", observou Trudeau desdenhosamente.[43]

A certa altura das sessões de Montebello, com Trudeau em meio a um ataque contra Reagan, Thatcher o interrompeu para lhe fazer uma censura que talvez só ela tivesse condições de fazer: "Pierre, você está sendo abominável. Pare de se comportar como se fosse um colegial!" Era a Thatcher

---

[40] Ronald Reagan, *The Autobiography: an american life* (Londres, 1990), p. 351-3.
Douglas Brinkley (org.), *The Reagan Diaries* (Nova York, 2007), p. 31.
[41] Bruce W. Jentleson, *Pipeline Politics* (Ithaca, 1986), p. 184.
[42] *New York Times*, 6 de novembro de 1980.
[43] Pierre Trudeau, *Memoirs* (Toronto, 1994), p. 222.

clássica, expressando-se com perfeição para podar a grandiloquência daquele canadense arrogante. Não é de admirar que, quando a reunião de cúpula terminou, um Reagan machucado tenha anotado agradecidamente em seu diário que "Margaret Thatcher é um baluarte e uma amiga de confiança dos Estados Unidos". E ele poderia muito bem ter acrescentado "e minha".[44]

Alguns dias depois de voltar da reunião de cúpula do G7, Reagan viu Nancy partir para uma visita a Londres para participar do casamento do príncipe Charles com lady Diana Spencer. Ainda sofrendo com os ferimentos, Reagan foi aconselhado a não se arriscar na longa viagem transatlântica. Ficou feliz por Nancy, que tinha verdadeiro fascínio pela realeza britânica, mas estava apreensivo com a viagem. "Eu me aflijo toda vez que ela fica mais de seis minutos fora do alcance da minha vista", escreveu ele em seu diário. Na Sala Oval para os informes matinais à imprensa, ele descobriu que "sua cabeça não estava ali". As telas de TV do mundo inteiro tinham sido dominadas por imagens perturbadoras de tumultos e cidades em chamas na Grã-Bretanha. No fim, Reagan teve de se consolar assistindo a reprises de *Os Waltons*.[45]

Para Thatcher, cultivar sua relação com Reagan em Montebello havia sido um êxito maravilhoso daquele verão. Em contraste com sua visita a Washington alguns meses antes, dessa vez foi Thatcher quem deu força ao presidente, ajudando-o a levar a bom termo a sua primeira reunião de cúpula. Isso revelou outra característica que até seus inimigos respeitavam: intrepidez num debate. Embora estivesse tranquilizando aliados ideológicos e atacando canadenses desajeitados, a liderança de Thatcher na Grã-Bretanha estava sofrendo um cerco da maior gravidade. Durante meses, o governo estivera dividido por discussões entre vários monetaristas econômicos e seus adversários.

Em março de 1981, Thatcher e Geoffrey Howe, seu ministro da Fazenda, fizeram o parlamento engolir um programa severo de combate à inflação que estava em pleno acordo com os princípios monetaristas de ambos. Mas ele gerou uma onda de indignação. Os oponentes ridicularizaram um programa "perversamente contraditório" numa época em que a Grã-Bretanha

---

[44] Brinkley (org.), *Reagan Diaries*, p. 3.
[45] Brinkley (org.), *Reagan Diaries*, p. 32.

enfrentava uma recessão e altas taxas de desemprego.[46] Comentaristas sérios declararam que Thatcher era incompetente. Uma carta foi enviada para a imprensa, assinada por 364 economistas importantes das maiores universidades do país, criticando as políticas da primeira-ministra, que, a seu ver, vão "aprofundar a depressão, erodir a base industrial de nossa economia e ameaçar sua estabilidade social e política". Estavam enganados a respeito da economia britânica, que começou a se recuperar depois da implementação do programa de 1981. Mas, durante algum tempo, as previsões de instabilidade social e política pareciam estar corretas. Começando em Brixton, na região sul de Londres, e depois se espalhando pelas áreas mais pobres da cidade, como Liverpool e Birmingham, houve uma série de tumultos violentos naquele verão, e coisa igual não era vista na Grã-Bretanha desde o século XIX. Imagens apavorantes de violência, saques e incêndios dominaram as notícias. "Aqueles pobres lojistas", lamentava Thatcher, a filha do quitandeiro. Para seus oponentes, esse comentário era prova do quanto a primeira-ministra estava fora do ar. Com o desemprego se aproximando dos 3 milhões, parecia que o tecido social da nação ia rasgar.[47] Era exatamente como a Guerra da Crimeia, resmungou um parlamentar conservador de segundo escalão, mas com uma diferença crucial: "Florence Nightingale está liderando o ataque da Brigada Ligeira."[48]

Na verdade, os tumultos daquele verão tiveram mais a ver com a tensão racial e policiais insensíveis do que com a política econômica. Muitas áreas de altos índices de desemprego, como Yorkshire, Newcastle e Glasgow, não se rebelaram. Mas ficou a impressão de que o problema estava levando a Grã-Bretanha na direção do abismo.[49] No dia 23 de julho, dois dias depois de Montebello, até os ministros de Thatcher entraram em pânico. Numa reunião de todo o gabinete realizada naquele dia, o ministro da Fazenda Geoffrey Howe, apresentou uma proposta de corte de £ 5 bilhões no orçamento das despesas públicas. Seus colegas ficaram indignados. "Chega!", gritou um deles. Ministro após ministro criticou a política, observando que

---

[46] Green, *Thatcher*, p. 69-70.

[47] Richard Vinen, *Thatcher's Britain: the politics and social upheaval of the 1980s* (Londres, 2009), p. 112-15.
John Campbell, *Margaret Thatcher: the iron lady* (Londres, 2003), p. 113.

[48] Citado em John Nott, *Here Today, Gone Tomorrow* (Londres, 2002), p. 198.

[49] Vinen, *Thatcher's Britain*, p. 131.

causaria desespero nos centros comerciais das cidades e significaria desastre eleitoral para o partido conservador. Era inevitável que alguém tediosamente citasse Churchill: "Por mais bela que seja a estratégia, de vez em quando é bom examinar os resultados." Até os mais leais a Thatcher entre os ministros, como John Biffen, admitiram a derrota.[50]

Para aqueles contrários à "lei seca" — os membros da esquerda do partido que a desprezavam — que participavam do governo de Thatcher, o verão de 1981 foi o momento escolhido para atacar. No dia 23 de julho, a primeira-ministra enfrentou uma rebelião maciça do seu gabinete, com o apoio à "lei seca" dado somente por seu mentor Keith Joseph, o ministro da Fazenda Geoffrey Howe e o inteligente e empreendedor Leon Brittan. Se houve algum momento em que seus oponentes poderiam tê-la detido, e talvez até ter lhe enfiado a faca, foi esse. Mas isso não aconteceu graças à relutância deles em ameaçar uma renúncia em massa caso Thatcher não recuasse. Esse fracasso foi uma advertência para ela não só a respeito de seu isolamento perigoso no gabinete como também a convenceu de que esses críticos internos careciam de firmeza. Ministros do governo como Quintin Hailsham estavam preparados para atacar, declarando que "A Dama [é] como Herbert Hoover e nos levaria a uma derrota tal que ficaríamos fora do governo por trinta anos".[51] Mas não estavam preparados para agir. Enquanto hesitavam, ela tomou providências contra eles. Algumas semanas depois daquela reunião crucial do gabinete em julho, Thatcher demitiu três dos membros contrários à "lei seca", inclusive um dos que tinham mais prestígio — Ian Gilmour —, e exilou outro — Jim Prior — para os ermos de um cargo governamental na Irlanda do Norte. E substituiu-os pelos fervorosos "thatcheretes" Cecil Parkinson, Nigel Lawson e Norman Tebbit.

Para os partidários de Thatcher, a batalha sobre o orçamento de 1981 e a rebelião dos contrários à "lei seca" logo mostraria atributos de talismã. Foi, declarou Ferdinand Mount, do Nº. 10 Policy Unity [grupo de legisladores que trabalha no número 10 de Downing Street, sede do governo britânico. Criado originalmente para assessorar Harold Wilson em 1974, passou por uma série de metamorfoses para se adequar às necessidades de vários

---

[50] O ministro que citou Churchill foi Ian Gilmour. Hugo Young, *One of Us* (Londres, 1989), p. 218-9.
[51] Clark, *Diaries: into politics*, p. 251.

primeiros-ministros, sendo composto por consultores políticos, funcionários públicos ou uma combinação de ambos], "o momento decisivo da administração econômica na Grã-Bretanha do pós-guerra".[52] No fundo, Thatcher acreditava que o progresso se dava por meio do confronto, de que é preciso haver reviravoltas e sobretudo que fazer a coisa certa era mais importante do que o consenso. Alguns anos antes, ela deixou atônito um diplomata britânico — *Sir* Anthony Parsons — com a intensidade de seu desprezo por aqueles que acreditavam no consenso político. "Eu os considero colaboracionistas, traidores", vociferou ela.[53]

Em retrospecto, o verão de 1981 parece ter sido o momento em que Margaret Thatcher assumiu o controle do governo. Mas não foi assim que a Casa Branca interpretou a situação na época. "Thatcher perdeu o poder", disse ao presidente o assessor de segurança nacional Richard Allen, resumindo os relatórios enviados pela embaixada norte-americana de Londres. "Sem uma liderança britânica parecendo ter uma ideia clara da direção a tomar, ou de como chegar a seu destino, é provável que haja uma certa turbulência política, com efeitos adversos sobre a confiabilidade do país enquanto aliado dos Estados Unidos." Allen concluiu que "uma visita sua [de Reagan] ao Reino Unido no ano que vem poderia fortalecer bastante tanto a determinação britânica quanto a própria Aliança Atlântica."[54]

Na Casa Branca, os receios sobre o desempenho de Thatcher foram intensificados pela frustração de que, apesar de todos os seus protestos em contrário, ela não estivesse disposta a aceitar a liderança de Reagan. Pois, se Thatcher desprezava o consenso, Reagan vinha tendo grande êxito com a atitude exatamente contrária. As marcas registradas de sua plataforma política — reduções de impostos e aumento dos gastos com a defesa — eram, à sua moda, tão controvertidas e geradoras de divisão quanto as políticas de Thatcher. Mas, enquanto ela avançava em meio à dissensão, ele construía pacientemente um novo consenso. Apelando para o grande público em geral e para os democratas conservadores do Sul em particular, Reagan conseguiu chegar a um programa bipartidário, do qual a medida mais notável foi a Lei

---

[52] Ferdinand Mount, *Cold Cream: my early life and other mistakes* (Londres, 2008), p. 238.

[53] Young, *One of Us*, p. 223.

[54] Allen ao presidente, 31 de julho de 1981: MTF docid=110522 (acessado no dia 31 de agosto de 2007).

de Recuperação Econômica, por meio da Câmara de Representantes controlada pelos democratas.

Grande parte do mérito disso foi do próprio Reagan, que deu muitos telefonemas e se encontrava regularmente com membros do Congresso. Só nas primeiras semanas no cargo, ele fez 69 reuniões com 467 membros da Câmara. A maioria desses parlamentares, mesmo que não apoiassem Reagan, saíam das reuniões ao menos gostando dele. O que facilitou para o presidente conseguir o que queria.[55]

Esse foi particularmente o caso do presidente do Congresso, "Tip" O'Neill. Esse homem brutal e prático não poderia ter menos semelhança com aquele presidente da república alegre e otimista, mas O'Neill reagiu bem às tentativas que Reagan fez para conquistá-lo, o que originou uma amizade cordial e proveitosa. Um dos primeiros jantares íntimos dos Reagan na Casa Branca foi oferecido a O'Neil e à sua mulher. No fim da noite, enquanto Nancy levava a sra. O'Neil para conhecer a residência, o presidente da República e o presidente do Congresso sentaram-se para tomar um uísque, contando piadas de irlandeses um para o outro e saboreando o momento. "Quando O'Neil foi embora naquela noite", comentou Max Friedersdorf, assessor do presidente para questões legislativas, "eu disse: 'As coisas serão um pouco mais fáceis do que eu pensava.' Ele [Reagan] conseguia encantar qualquer um. Entrou no elevador, desceu todos os andares e foi até a varanda com os O'Neil, e praticamente os enfiou dentro do carro. "Boa noite, Tip." Depois disso, O'Neill só o chamava de 'Ron'... E, quando Reagan ligava para ele... dizia 'Tip, é o seguinte...'".[56]

A estratégia sutil de Reagan de ter intimidade com os inimigos fazia um contraste enorme com a abordagem de Thatcher. Embora ela fosse solícita e atenciosa privadamente, quando se tratava de política, particularmente no início, sua atitude costumava ser de destruir e passar por cima de todos os obstáculos. O que fez dela uma personalidade controvertida, que causava divisões profundas tanto no parlamento quanto entre o povo. "Em geral, ela era desdenhosa e agressiva quando a opinião de alguém era diferente da dela", comentou o ministro da Defesa, John Nott. "Ela interrompia o outro constantemente e o questionava; mas, quando a vítima não se defendia

---

[55] Knott e Chidester, *At Reagan's Side*, p. 87.
[56] Knott e Chidester, *At Reagan's Side*, p. 88.

intelectualmente, ela era sarcástica. O que não a tornava benquista pelos colegas mais tímidos ou mais bem-educados, digamos assim." No fim, Nott concluiu: "Sempre gostei muito dela, mas acho que eu fazia parte de... uma minoria."[57]

O que se podia dizer do gabinete também se podia dizer do país. Só 23% dos eleitores achavam que Thatcher estava fazendo um bom trabalho. Depois de pouco mais de um ano e meio como primeira-ministra, ela era a pessoa mais impopular a ocupar o cargo desde que começaram as pesquisas de opinião.[58]

A impopularidade de Thatcher causava verdadeira consternação em Washington, e um dos principais motivos era, como Allen advertira o presidente, que a alternativa do Partido Trabalhista seria "prejudicial para os interesses de nossa segurança". Qualquer que tenha sido o desencanto com Thatcher, não existia nenhuma dúvida de que o Partido Trabalhista seria ainda pior para uma Casa Branca republicana.[59] Imediatamente após ler o bilhete de Allen, Reagan escreveu a Thatcher para lhe dar uma força. "Cara Margaret", começou ele, dirigindo-se a ela no tom familiar que usaria em todas as cartas futuras: "Foi um grande prazer estar com você outra vez em Montebello. Você desempenhou um papel muito importante em nossas discussões. Se não fosse você, ainda estaríamos redigindo o comunicado oficial." Mesmo que a visita da primeira-dama a Londres não tenha sido "oficial", nem uma questão política, ele deu a Thatcher o crédito de fazer grande esforço pessoal para garantir que "Nancy curtisse muito a festa de casamento do príncipe". E terminou com um floreio elegante: "Espero ter as relações mais íntimas possíveis entre nossos dois países. Você sabe, é claro, o valor que dou à nossa amizade pessoal." A carta, assinada "Ron", era o Reagan clássico: animadora, alegre, agradecida.[60]

A resposta de Thatcher marcou um novo tom informal na correspondência entre os dois. Ela agora o tratava de "Ron" e assinava "Margaret".

---

[57] Nott, *Here Today, Gone Tomorrow*, p. 20.
[58] Young, *One of Us*, p. 241.
[59] Allen ao presidente, 31 de julho de 1981: MTF docid=110522 (acessado no dia 31 de agosto de 2007).
[60] Reagan a Thatcher, 11 de agosto de 1981: National Security Affairs, Assistant to the President, Head of State file, Folder UK PM Thatcher cables (1), Box 34, Ronald Reagan Library.

Concordou que a reunião de Montebello tinha sido "muito boa mesmo", mas guardou sua prosa mais brilhante para a mulher mais próxima ao coração do presidente. "Foi maravilhoso Nancy passar mais ou menos uma semana conosco por ocasião do casamento do príncipe", escreveu Thatcher simpaticamente. "Ela causou furor em todos os lugares aonde foi — uma verdadeira 'embaixadora' do presidente dos Estados Unidos. Todos nós gostamos muito dela — e espero que ela também tenha gostado dessa festa tipicamente nossa." Thatcher havia realmente tomado providências para garantir que Nancy Reagan fosse recebida com toda a pompa e circunstância possíveis durante sua visita. A energia investida não foi um desperdício. "Nancy ainda fica radiante ao contar sua visita à Inglaterra para o casamento do príncipe", disse o presidente a Thatcher mais uma vez naquele outono. Era o tipo de conversa íntima que tinha grande valor para Thatcher e para os interesses nacionais britânicos.[61]

Reagan conseguiu dizer palavras simpáticas de amizade e incentivo a Thatcher; mas, em termos reais, nos meses seguintes o presidente só fez aumentarem as preocupações da primeira-ministra. No dia 1º de outubro, ele escreveu para lhe dar os primeiros avisos a respeito de mudanças no programa de modernização das armas nucleares dos Estados Unidos. Em 1979, o presidente Carter havia concordado em vender à Grã-Bretanha uma nova geração de mísseis balísticos lançados por submarinos, os Lockheed Trident C4, que substituiriam o sistema Polaris. Thatcher logo anunciou que a Grã-Bretanha ia comprar o novo sistema no decorrer de um período de dez anos por £ 5 bilhões — a mesma cifra que havia causado tanta controvérsia quando Howe cortou os gastos públicos em julho. Essa quantia representava 3,5% do orçamento total da defesa. E agora, em outubro de 1981, Reagan escrevia para dizer que os Estados Unidos tinham resolvido substituir o C4 por um novo míssil, o D5, que teria maior alcance, maior precisão e um número maior de ogivas. Na verdade, o D5, mais dispendioso, era totalmente desproporcional às necessidades de defesa da Grã-Bretanha; mas, com o C4 saindo de linha, a questão era saber se o Reino Unido ainda queria ter suas próprias armas nucleares.[62]

---

[61] Thatcher a Reagan, 20 de agosto e 1º de outubro de 1981: MTF docid=109290, 109291 (acessado no dia 31 de agosto de 2008).
[62] Michael Dockrill, *British Defence since 1945* (Oxford, 1988), p. 113-4. John Baylis, *Anglo-American Defence Relations* (Londres, 1984, 2ª ed.).

Para Thatcher, não havia a menor dúvida. "Esses planos vão aumentar muito a nossa capacidade militar no nível estratégico, e o governo do Reino Unido recebe de braços abertos a melhoria que eles representarão em termos da capacidade militar da aliança da Otan como um todo contra o pano de fundo da crescente ameaça soviética", respondeu ela a Reagan no dia 19 de outubro. "Também recebo de bom grado essa nova demonstração da decisão de seus governos de fortalecer nossa capacidade de defesa, bem como o incentivo que o programa vai representar para os russos tratarem com seriedade as negociações de controle de armas."[63]

A decisão norte-americana havia sido tomada sem grande consideração pela situação britânica, embora Thatcher tenha se apressado a se inserir na versão que dizia respeito ao resultado. Além disso, a oferta de participação no novo sistema reforçava a natureza "especial" da relação entre a Grã-Bretanha e os Estados Unidos no tocante à tecnologia nuclear e, por extensão, aquela entre o presidente e a primeira-ministra. Certamente não se tratava de uma reprise da situação de 1962, quando uma mudança similar de tecnologia quase deixou a Grã-Bretanha sem um sistema de armas nucleares. Agora não havia dúvida de que estavam deixando de oferecer novas armas à Grã-Bretanha. As negociações foram muito rápidas e, nesse ínterim, Reagan também dera a Thatcher uma vantagem eleitoral imprevista. Respondendo à força que havia entre suas fileiras em favor da Campanha de Desarmamento Nuclear (CDN), o Partido Trabalhista adotara uma política de desarmamento nuclear unilateral que corroeu de maneira fatal a sua pretensão de ser o próximo governo.

O programa de modernização de armas de Reagan fazia parte de uma estratégia global de fazer pressão contra a União Soviética. A política da *détente*, que dominara a estratégia norte-americana desde a década de 1960, ele considerava derrotista e achava que já tinha dado o que podia dar. Mesmo antes de entrar na Casa Branca, Reagan deixara Allen perplexo com um resumo incisivo de sua abordagem: "Minha ideia de política norte-americana em relação à União Soviética é simples, e alguns diriam que é simplista", disse ele. "É a seguinte: nós ganhamos e ela perde. O que acha disso?"[64]

---

[63] Thatcher a Reagan, 19 de outubro de 1981: MTF docid=109293 (acessado no dia 31 de agosto de 2007).

[64] Sean Wilentz, *The Age of Reagan* (Nova York, 2008), p. 151.

Tempos depois, Margaret Thatcher passaria a acreditar, a respeito da Guerra Fria, que "o Ocidente ganhou. Sobretudo Ronald Reagan a ganhou". Mas, naquela época, a primeira-ministra tinha muitas dúvidas a respeito da estratégia do presidente. Elas começaram a se manifestar a partir do final de 1981. Durante todo o outono daquele ano, houve uma controvérsia entre a Otan e o governo norte-americano sobre a direção a tomar em termos de estratégia nuclear. No final de outubro, numa reunião feita na Escócia entre o grupo de planejamento nuclear da Otan, a Alemanha Ocidental propôs uma "opção zero" para as armas nucleares intermediárias na Europa. Em essência, a proposta significava uma oferta à União Soviética na base de "se vocês desativarem as suas, nós desativamos as nossas". Em 1979, o chanceler Schmidt tinha desempenhado um papel crucial na decisão da Otan de adotar a "estratégia dupla," que dizia mais respeito à modernização do que ao controle das armas, defendendo um "acoplamento" da estratégia militar norte-americana com o sistema de defesa da Europa para enfrentar um possível uso dos mísseis SS-20 por parte dos soviéticos. Agora, sob a pressão da opinião pública em seu país, Schmidt estava solapando a modernização das armas nucleares, que tinha sido o núcleo da decisão de adotar uma estratégia dual. Esse era um problema que transcendia as considerações militares. Levantou questões sobre simbolismo e vontade política, solidariedade entre os signatários da aliança e a extensão em que a política da Otan poderia ser dirigida pela opinião política de cada país. Muitos temiam que o fato de as armas norte-americanas estarem prontas para o combate arrastasse a Europa para uma guerra nuclear com a União Soviética; outros se preocupavam com a possibilidade de "desacoplamento" da estratégia militar europeia e norte-americana. Foi um debate que atingiu o âmago da Aliança Atlântica.[65]

Thatcher ficou horrorizada com a "opção zero", que parecia solapar tanto o desempenho da Otan quanto o princípio de poder militar nuclear. Ela defendia o controle das armas e até a sua redução, mas resistia com unhas e dentes à ideia de sua abolição.[66] Em Washington, ela encontrou apoio em

---

[65] Robert Jervis, comentário de Thomas Risse-Kappen sobre a Opção Zero, *Political Science Quarterly*, vol. 104, nº 2 (verão de 1989), p. 336-337.
http://www.jstor.org/stable/2151588
Christoph Bluth, comentário de Thomas Risse-Kappen sobre a Opção Zero, *International Affairs (RIIA)*, vol. 65, nº 3 (verão de 1989), p. 554.
http://www.jstor.org/stable/2621771
[66] Smith, *Reagan and Thatcher*, p. 56-7.

Al Haig e no Departamento de Estado, pois ele acreditava que "querer a lua, a opção zero, poderia se voltar contra nós e em detrimento nosso". Contra eles e a favor da proposta alemã, estavam Caspar Weinberger e o ministério da Defesa. Como Haig, ele acreditava que os soviéticos rejeitariam a opção "zero a zero". "Mas, quer a rejeitem, quer a aceitem, eles vão ficar desconcertados. Sairemos bem na foto e seremos vistos como heróis."[67]

No fim, a decisão caberia a Reagan. As linhas divisórias estavam bem nítidas. De um lado, ele tinha Haig e Thatcher; do outro, Weinberger e Hans Dietrich Genscher, o ministro do Exterior da Alemanha. Numa reunião do CSN de 12 de novembro, Reagan deu o sinal verde para a "opção zero". "Al, não estamos dando um ultimato", disse ele a Haig, que se achava visivelmente irritado. "Vamos dizer a nossos aliados que estamos querendo 'zero' e que estaremos dispostos a negociar enquanto houver boa-fé; e iremos pedir o apoio deles." Weinberger foi enfático, certamente tendo Thatcher em mente ao responder com outra pergunta: "Por que os aliados rejeitariam uma proposta tão ousada e tão dramática?"[68]

Na semana seguinte, Reagan anunciou a nova política. "Os Estados Unidos estão preparados para cancelar a distribuição de mísseis Pershing II e Cruise lançados de bases terrestres se os soviéticos desmantelarem seus mísseis SS-20, SS-4 e SS-5", disse ele. "Esse seria um passo histórico. Com a concordância soviética, juntos poderíamos reduzir substancialmente a ameaça terrível de guerra nuclear que paira sobre os povos da Europa."[69]

Esse discurso foi o primeiro indício do interesse de Reagan não só em controlar a corrida armamentista, e até em reduzir a sua escala: ao eliminar toda uma categoria de armas, ele aspirava a um mundo sem ameaça nuclear. "Como o primeiro passo para a lua", prometeu ele, "esse seria um passo gigantesco para a humanidade".[70]

A importância desse discurso foi tão grande para Reagan que foi o primeiro pronunciamento transmitido ao vivo por satélite pelo governo norte-americano à Europa Ocidental. A data foi escolhida com o maior cuidado

---

[67] Anderson e Anderson, *Reagan's Secret War*, p. 67-8.
[68] Ibid.
[69] Ibid., p. 71.
[70] Comentários feitos para os membros do National Press Club, 18 de novembro de 1981. http://reagan2020.us/speeches/arms_reduction_and_nuclear_weapons.asp (acessado no dia 5 de janeiro de 2011).

para maximizar o impacto nos noticiários televisivos da Europa e roubar a cena do líder soviético, Leonid Brejnev, que estava prestes a começar sua visita à Alemanha Ocidental. Supõe-se que cerca de 200 milhões de pessoas de quarenta países, entre os quais a Grã-Bretanha, assistiram ao discurso televisionado. Que não agradou a todos. "Com o passar dos anos, tornou-se um axioma geral da diplomacia", queixou-se Hendrick Smith, o correspondente do *New York Times* ganhador do Prêmio Pulitzer, "que as propostas mais sérias a respeito das armas são feitas primeiro em particular".[71]

A reação de Thatcher ao discurso pareceu relativamente *blasé* quando lhe fizeram perguntas a respeito na Câmara dos Comuns. "Concordo irrestritamente com as declarações do presidente Reagan", disse ela impassivelmente à Câmara. "Espero que tenha uma resposta imediata da União Soviética. Não vejo muito sentido em ir além disso."[72] Pessoalmente, Thatcher tinha dúvidas sobre o acerto da "opção zero", mas não estava em posição de dizer a um presidente norte-americano o que ele podia ou não fazer com as próprias armas nucleares; o mais importante era que o RU pretendia manter as suas.

Para tranquilizar a primeira-ministra, Reagan enviou Caspar Weinberger para lhe fazer um resumo dos últimos acontecimentos. Ela estava, informou o ministro da Defesa ao voltar, "charmosa como de costume", e adorou saber que o presidente queria fazer uma visita oficial a Londres em junho. Seria um alívio para a Casa Branca. "A posição de Thatcher na Grã-Bretanha", observou Richard Allen, "está ficando mais vulnerável, e a possibilidade de uma derrota tóri, com o gabinete atual substituído por uma coalizão governamental, não está fora de cogitação". Uma visita presidencial ao RU era "a melhor forma possível de apoiar a sra. Thatcher".[73]

A oferta amenizou uma derrota diplomática de Thatcher. Ela teve certeza de que a "opção zero" era uma aberração numa política que, fora isso, caracterizava-se por um aumento visível do poder militar. Em sua primeira coletiva à imprensa no cargo de presidente, Reagan observou que a détente se tornara "uma via de mão única que a União Soviética usara para seus próprios fins".

---

[71] *New York Times*, 19 de novembro de 1981.
[72] Câmara dos Comuns, PMQs, 19 de novembro de 1981: MTF 104745 (acessado no dia 31 de agosto de 2008).
[73] Allen a Reagan, 9 de novembro de 1981; nota de Weinberger a respeito da reunião com Thatcher, 11 de dezembro de 1981: MTF docid=110524, 110635 (acessado no dia 31 de agosto de 2007).

Ele agora podia estar falando da abolição de armas de alcance médio, mas o que de fato fazia — mas não dizia — era aumentar a potência, a precisão e o alcance do arsenal nuclear norte-americano. Junto com o novo míssil balístico, o D-5 Trident, lançado de submarinos, Reagan seguia em frente com o novo bombardeiro B-1, que Carter havia cancelado antes, e com um novo míssil a ser lançado de uma base terrestre, o MX.[74]

Se Thatcher estava refreando a língua a respeito da "opção zero" na Europa, outros acontecimentos nesse continente, ocorridos no fim de 1981, provocaram sua primeira grande briga pública.

Em 13 de dezembro de 1981, poucos dias depois de Thatcher ter se encontrado com Weinberger, o governo comunista da Polônia instaurou a lei marcial. Cortou linhas telefônicas e impôs toques de recolher. As forças de segurança tomaram as ruas. O dirigente polonês, general Jaruzelski, declarou que o país estava "à beira do abismo". Na tentativa de recuperar o controle, ele tornou ilegal a Solidariedade, a nova e poderosa federação de sindicatos livres, com mais de 10 milhões de membros, e prendeu seus líderes. "Temos de amarrar as mãos dos aventureiros antes que eles lancem o país numa guerra civil", disse Jaruzelski.[75]

A reação de todo o mundo ocidental foi de indignação, e na Casa Branca não foi diferente. Numa reunião do CSN, realizada no dia 21 de dezembro, Reagan fez anotações em seu diário: "Eu disse a quem quisesse ouvir que essa pode ser a última chance que vamos ter na vida de ver uma mudança na política colonialista da União Soviética em relação à Europa Oriental." A menos que a lei marcial fosse suspensa, "devemos pôr os soviéticos e a Polônia de quarentena". Em 29 de dezembro, ele acompanhou essas palavras com atos, anunciando sanções contra a Polônia e a URSS, para deixar clara "a nossa indignação com o desrespeito aos direitos humanos na Polônia". Entre essas sanções estava a suspensão de negociações sobre a venda de cereais; proibição de voos da linha aérea soviética Aeroflot para os Estados Unidos; suspensão de uma série de acordos relativos às ciências, à tecnologia e à energia; e um embargo contra a remessa de produtos de alta tecnologia norte-americanos para a União Soviética, entre os quais estava o equipamen-

---

[74] David E. Hoffman, *The Dead Hand* (Nova York, 2009), p. 33.
[75] Bernard Wasserstein, *Barbarism and Civilization: a history of Europe in our time* (Londres, 2007), p. 619-20.

to crucial de instalação de oleodutos, necessário para a construção da rede de gasodutos da Sibéria.[76]

Nas reuniões críticas de 21/22 de dezembro, Reagan deixou claro que os Estados Unidos precisavam "dizer a nossos aliados da Otan e outros que se juntem a nós nessas sanções, senão correrão o risco de se indispor conosco". Weinberger garantiu-lhe com a maior confiança que "se você assumir a liderança... [os europeus] serão levados de roldão por nossas medidas".[77]

Era subestimar Thatcher, que nunca gostou de ser levada repentinamente para lugar nenhum. Quando as sanções foram anunciadas, ela ficou furiosa. Uma mensagem lhe fora enviada por Reagan dez dias antes, disse ela encolerizada, mas a decisão foi tomada "sem nenhuma outra consulta a nós". Em particular, a sua fúria, e a de seus aliados europeus, concentrou-se nas sanções que afetavam a rede de oleodutos da Sibéria. Companhias inglesas já tinham assinado contratos para fornecer o equipamento dos oleodutos, grande parte dos quais envolvia peças fabricadas nos Estados Unidos. Empregos vitais e mais de £ 200 milhões em negócios agora estavam correndo perigo. Era uma atitude política ingênua e arbitrária que tinha pouca ou nenhuma consideração pelas realidades de uma economia globalizada. "Não estamos mais numa época de concessões, e sim de uma conversa franca com nossos amigos americanos", declarou ela. "Resolvi procurar o presidente Reagan."[78]

Reagan estava tão preocupado que pediu a Al Haig que descesse em Londres, *en route* para o Oriente Médio, para conversar com Thatcher no ano-novo. O secretário de Estado teve uma recepção gélida — uma ironia do destino, uma vez que ele próprio tinha reservas quanto a essa política. "Acabo de passar uma hora e meia com a sra. Thatcher e vários colegas seus", reportou ele depois ao presidente. "Ela falou de suas preocupações com uma veemência inusitada."[79] "Seja qual for a opinião dos Estados Unidos", declarou a primeira-ministra, furiosa, "o custo das sanções é maior para a Europa do

---

[76] Brinkley (org.), *Reagan Diaries*, p. 57.
Lista das sanções: Paul Kengor, *The Crusader: Ronald Reagan and the fall of communism* (Nova York, 2006), p. 107.
[77] Brinkley (org.), *Reagan Diaries*, p. 57.
Minutas do CSN, 22 de dezembro de 1981: MTF docid=110968 (acessado no dia 31 de agosto de 2007).
[78] Thatcher, *Downing Street Years*, p. 253-4.
[79] Telegrama de Haig a Reagan: MTF docid=109312 (acessado no dia 31 de agosto de 2007).

que para os Estados Unidos. Haverá consequências terríveis para a Aliança Ocidental se vocês não voltarem atrás".

"A opinião dos Estados Unidos", retrucou Haig, "é de que os aliados não fizeram muita coisa".

Quando os ânimos se acalmaram, Thatcher sugeriu uma reunião urgente entre a Grã-Bretanha, os Estados Unidos, a Alemanha Ocidental, a França e a Itália para seus representantes pensarem numa série de medidas "rigorosas e verossímeis" contra a URSS com a qual "houvesse concordância entre os aliados". Haig prometeu transmitir o recado a Reagan, mas foi embora com uma advertência: "Para [o presidente] recuar, por menos que seja, da medida que [ele] tomou será necessária uma série de decisões muito mais rigorosas da parte de nossos aliados e, mesmo assim, seria perigoso politicamente."[80]

Assim que Haig foi embora, Thatcher escreveu uma longa carta a Reagan, apresentando em termos mais moderados suas objeções às sanções e pedindo uma reunião secreta dos aliados para discutir uma forma de prosseguir. Ela propôs que, se essa reunião chegasse a um consenso a respeito de outras sanções rigorosas, os Estados Unidos suspenderiam as sanções atuais às exportações das filiais da Europa Ocidental e não tomaria outras medidas unilaterais. "Um longo telegrama da primeira-ministra Thatcher a respeito da Polônia", anotou Reagan indulgentemente em seu diário naquela noite, sem entender o seu significado — o que lhe convinha. "Ela está fazendo de tudo para que os aliados sejam mais enérgicos em suas medidas."[81]

Na verdade, logo depois Reagan deixaria Thatcher com mais raiva ainda aumentando as sanções por meio de uma proibição de fornecimento de petróleo e tecnologia de gás à União Soviética que se aplicaria não só a companhias norte-americanas, mas também às suas filiais no exterior e a empresas que fabricavam peças de desenho americano sob licença.

"Temos de apoiar a liderança norte-americana", escreveu Thatcher com amargor, "mas isso não significa que os americanos podem tentar realizar seus objetivos sem levar em conta a opinião de seus aliados europeus".[82]

---

[80] Ibid.
[81] Página de rosto do telegrama de Haig a Reagan: MTF docid=109312 (acessado no dia 31 de agosto de 2007).
Brinkley (org.), *Reagan Diaries*, p. 65.
[82] Thatcher, *Downing Street Years*, p. 251, 256.

A desavença entre Reagan e Thatcher a respeito das sanções e dos oleodutos siberianos costuma ser apresentada como uma aberração em sua amizade, "arrufos de namorados" num casamento político feliz. Na verdade, ela estabeleceu um *modus vivendi* para o seu relacionamento. "A relação sincera que ela diz ter com o presidente Reagan, que eu sei ser menos íntima do que se supõe, pois os vi juntos", observou George Walden, principal secretário particular de Lord Carrington, "é algo que todo o mundo aceita porque convém à sra. Thatcher e à imprensa britânica, para não falar do próprio presidente, alimentar essa ilusão." Certamente Reagan sempre ficava satisfeito de ter Thatcher no grupo quando a posição dela se harmonizava com a estratégia geral do presidente em relação à Guerra Fria. Em outras ocasiões, quando discordavam, ele simplesmente a deixava de lado. No fim, ela continuou sendo sempre uma aliada secundária, um fato que, mais que a maioria dos outros, ela raramente esquecia.[83]

A maior parte do esforço diplomático de Thatcher foi investida na tentativa de influenciar a política de segurança nacional dos Estados Unidos e a estratégia mais abrangente da Otan. Mas planejar uma estratégia geral para a Guerra Fria era algo reservado aos presidentes norte-americanos. No final de 1981, Reagan tinha chegado ao plano que queria implementar. A diplomacia dos oleodutos seria parte da nova estratégia desenvolvida a partir daquele inverno com o objetivo explícito de vencer a Guerra Fria. Essa política se tornaria o tema de um debate acalorado nos anos seguintes ao colapso do comunismo, enquanto os defensores e os críticos discutiam sobre a extensão em que ele havia provocado o fim da União Soviética, ou se apenas tivera sorte.[84] Durante a década de 1980, parecia claro aos comentaristas de todas as tendências que, quando o presidente começou sua "política dos oleodutos" em 1981, tinha uma estratégia clara em mente. "Ao negar à União Soviética o acesso à tecnologia, ao crédito e aos mercados do Ocidente para o seu gás natural, Reagan tinha esperança de solapar o que considerava uma economia instável", resumiu um historiador da Guerra Fria: "Nesse caso, os soviéticos seriam obrigados a reduzir sua expansão militar e liberalizar seu regime. Os Estados Unidos, com o apoio de seus

---

[83] George Walden, *Lucky George: the memoirs of an anti-politician* (Londres, 1999), p. 213.
[84] Ver, por exemplo, ambos os lados da controvérsia apresentados por David Pryce-Jones em *The War that Never Was: the fall of the Soviet Empire, 1985-1991* (Londres, 1995), p. 105-6.

aliados, venceriam a Guerra Fria."[85] A política dos oleodutos fazia parte de uma estratégia mais abrangente de inverter o curso da Guerra Fria. Além de limitar o acesso à tecnologia ocidental, essa política incluiria uma expansão maciça da defesa, uma série de ações secretas dos serviços de espionagem e uma revisão da estratégia por meio de uma série de diretivas do serviço secreto de segurança nacional. O objetivo explícito dessa atividade era desafiar e solapar a União Soviética.[86] Mais tarde, a questão passou a ser: o que serviu de base a essa estratégia? Os críticos diziam que o governo foi motivado pela ideologia, e não por uma análise rigorosa. A liberação recente de documentos de órgãos de segurança nacional sugere que não foi isso o que aconteceu.

Alguns meses antes, durante a reunião de cúpula do G7 em Ottawa, em julho, François Mitterrand, o presidente francês, chamou Reagan de lado para lhe dar uma notícia incrível. A França havia recrutado um agente de alto nível, de codinome "Farewell" ["Adeus"], que fazia parte do diretório tecnológico do KGB. Mitterrand ofereceu o material para os Estados Unidos. Reagan aceitou agradecido (era um indício da relação complicada de Mitterrand com os Estados Unidos o fato de, tempos depois, ele começar a acreditar que "Farewell" tinha sido o tempo todo um plano da CIA, que o levou a demitir o chefe do serviço secreto francês, Yves Bonnet). Mas, em agosto de 1981, os franceses passaram de boa-fé, através do vice-presidente George Bush, mais de 4 mil páginas de documentos para a CIA. "Ler o material fez com que os meus piores pesadelos se tornassem realidade", disse Gus Weiss, um dos poucos homens da Casa Branca que leram o dossiê "Farewell". "Desde 1970, [o KGB] obtivera milhares de documentos e amostras de produtos em tal quantidade que parecia que os setores militar e civil da União Soviética estavam, em grande medida, fazendo suas pesquisas com base naquelas do Ocidente, principalmente dos Estados Unidos. Nossa ciência estava servindo de base para a segurança nacional dela."[87]

---

[85] Mark H. Lytle, "Reviewed Work: Pipeline Politics, by Bruce Jentleson," em *Journal of American History*, vol. 74, nº 3 (dezembro de 1987), p. 1103-1104.

[86] James Man, *The Rebellion of Ronald Reagan: a history of the end of the cold war* (Nova York, 2009), p. 30.

[87] Hoffman, *The Dead Hand*, p. 34-5.
A história do "Dossiê Farewell" contada por Hoffman está em http://www.cia.gov/library/center-for-the-study-of-intelligence/csi-publications/csi-studies/studies/96unclass/farewell.htm#ft6 (acessado no dia 28 de outubro de 2010).

Bem no alto da lista de compras dos soviéticos estava a tecnologia de petróleo e gás para a rede siberiana de oleodutos. Esse projeto gigantesco, que compreendia mais de 5.700 quilômetros entre a Sibéria e a Europa Ocidental, não era apenas uma rede de oleodutos para a União Soviética, era também uma linha vital de comunicações. As implicações do dossiê "Farewell" eram bem claras: os bilhões de dólares que a rede de oleodutos geraria com o fornecimento de gás para a Europa Ocidental era a maneira pela qual a União Soviética planejava recuperar a sua economia precária.

Isso deu um foco muito preciso à política de segurança nacional da Casa Branca. Reforçou a crença de Reagan de que estava na hora de pressionar a economia soviética. "Ficamos sabendo que [Reagan] ia tentar 'levar a melhor' sobre a URSS," lembra Weiss. O primeiro passo desse processo era impedir a realização do projeto de oleodutos. "Ele sabia que a União Soviética precisava muito de dinheiro vivo", disse Caspar Weinberger. "E sabia também que a construção da rede de oleodutos lhes daria esse dinheiro. E acreditava firmemente que não queríamos ajudá-los de forma alguma a obter dinheiro vivo."[88]

As minutas do Conselho de Segurança Nacional liberadas para o público deixam claro que, em outubro de 1981, o governo tinha, em princípio, "decidido impedir" a construção dos oleodutos da Sibéria. A declaração da lei marcial na Polônia dois meses depois forneceu o pretexto ideal para implementar essa decisão. Naquela mesma reunião, o secretário de Estado Haig deixou claro para o presidente que os Estados Unidos fariam "pressão sobre os aliados" e que, se ele estava querendo o apoio deles para sanções unilaterais, "Nós não o teremos!". Nesse caso, Reagan iria em frente de qualquer maneira. Em 9 de fevereiro de 1982, uma diretriz da Segurança Nacional (NSDD-24) formalizou a política de interromper a construção dos oleodutos, e incluía entre suas medidas fazer de tudo para limitar o papel da Europa Ocidental nessa construção.[89]

"Senhores", disse o presidente à sua equipe de política exterior em dezembro de 1981, "este ano nos concentramos em questões nacionais, e agora quero arregaçar as mangas e me dedicar à política externa, à defesa e aos ser-

---

[88] Kengor, *The Crusader*, p. 122.
[89] Minutas da reunião do CSN, 16 de outubro de 1981: MTF docid=110939 (acessado no dia 31 de agosto de 2007).
Kengor, *The Crusader*, p. 126.

viços de espionagem". A NSDD-24 foi uma das 120 diretrizes de segurança nacional que seriam formuladas em 1982. Elas constituiriam a espinha dorsal da política de segurança nacional do governo. A maioria foi estruturada sob a direção de um novo assessor de segurança nacional, William P. Clark ("O Juiz"), e essas diretrizes eram, disse Clark, "a estratégia [de Reagan] para acelerar o fim da União Soviética".[90]

Reagan envolveu-se pessoalmente com as diretrizes de segurança nacional. "Aquela não era uma oficina com um monte de elfos sentados ali fabricando sapatos para o rei", declarou Clark. "Ele era parte integrante do processo. Ele não ficava ali só assinando papéis — participava também da redação, da síntese, da discussão, da direção a tomar." Richard Pipes disse a mesma coisa de forma mais clara ainda. "Como alguém envolvido na formulação da política soviética", disse ele, "sou testemunha de que a direção dessa política foi dada pelo presidente, e não por sua equipe, e que foi vigorosamente implementada apesar das objeções de vários de seus ministros mais pacifistas".[91] Muitos tinham esperado que Reagan moderasse suas opiniões e abrandasse sua retórica ao assumir o poder em janeiro de 1981. Mas, embora seu governo tivesse como base personalidades moderadas como Alexander Haig e depois George Shultz para implementar sua política, o presidente ateve-se obstinadamente a seu programa, assegurando que a voz de radicais como Richard Perle e Fred Ikle não deixasse de ser ouvida no meio das discussões políticas.[92]

Uma das diretrizes mais importantes criadas no começo de 1982 foi a NSDD-32, que se tornou conhecida como "O Plano da Vitória". Ela apresentava como objetivo dos Estados Unidos "conter e inverter a expansão do controle e da presença militar soviética em todo o mundo [e...] conter e inverter a expansão da influência soviética no globo inteiro". Como observou Clark, "Temos de obrigar nosso principal adversário, a União Soviética, a enfrentar a crise provocada por seus problemas econômicos".[93] Depois dela veio a NSDD-66, segundo a qual seria política norte-americana demolir a econo-

---

[90] Paul Kengor e Patricia Clark Doerner, *The Judge: William P. Clark, Ronald Reagan's top hand* (San Francisco, 2007), p. 165.

[91] Kengor, *The Crusader*, p. 126-7, e mais genericamente sobre as diretrizes de segurança nacional, 2-120.

[92] Odd Arne Westad, *The Global Cold War* (Cambridge, 2005), p. 337.

[93] Kengor e Doerner, *The Judge*, p. 167.

mia soviética atacando "uma tríade estratégica" de recursos críticos — créditos financeiros, tecnologia avançada e gás natural. A diretriz era equivalente a "uma declaração secreta de guerra contra a União Soviética". A NSDD-75 dizia que os Estados Unidos não conviveriam mais com o sistema soviético e que procurariam mudá-lo de maneira fundamental. Reagan pretendia aproveitar todas as oportunidades para diminuir a influência soviética.[94]

Juntas, essas diretrizes de segurança nacional eram uma nova estratégia para derrotar a União Soviética. Com toda a certeza, como observou um crítico de Reagan, ela foi impulsionada pela ideologia e pela convicção pessoal do presidente de que os Estados Unidos estavam do lado certo da história. Mas também foi baseada numa análise rigorosa, e um dos fatores de peso foi a avaliação do dossiê "Farewell", que mostrava que os gastos militares inflacionados da União Soviética eram insustentáveis.

O "Plano da Vitória" foi uma medida ousada, que precisaria do apoio de outros dirigentes no mundo inteiro. Mas também era uma medida que Reagan estava determinado a implementar, mesmo que tivesse de enfrentar oposição de seus aliados. Em 1981/82, Reagan experimentaria várias estratégias para atrair aliados ocidentais para o seu lado, inclusive a invocação do prestígio norte-americano enquanto líder da aliança e um pacote econômico para ajudar a compensar as perdas associadas aos oleodutos siberianos. Mas, como um texto do Departamento de Estado deixou claro, o presidente estava enviando "uma mensagem importante a nossos aliados... a respeito da seriedade de propósito" e à direção futura da política. O presidente não só "enfrentaria a ira soviética", disse um funcionário à revista conservadora *Human Events*, "como também os urros de nossos aliados e dos interesses comerciais do Ocidente".[95]

Esses urros foram de angústia na Europa Ocidental. Os franceses falavam de "um divórcio progressivo" porque "não falamos mais a mesma língua". Helmut Schmidt, o chanceler da Alemanha Ocidental, simplesmente anunciou que "os oleodutos serão construídos". Normalmente essa declaração teria criado um dilema para Thatcher, para quem era quase um artigo de fé nunca criticar o presidente em público. Mas, nessa ocasião, a intensidade de sua raiva era tal que ela condenou claramente "uma nação muito pode-

---

[94] <http://www.heritage.org/research/lecture/ronald-reagan-and-the-fall-of-communism>
[95] Jentleson, *Pipeline Politics*, p. 184-5; 194.

rosa" que não está tendo a menor consideração pelos interesses econômicos e contratos legais do comércio britânico. Ela até participou de um protesto formal de toda a Comunidade Europeia contra "a interferência inaceitável" na soberania das nações.[96]

Essa foi uma experiência profundamente desestabilizadora para Thatcher, principalmente por causa das implicações que tinha para a sua política externa. Como o presidente, e ao contrário de seus aliados europeus, Thatcher acreditava que uma defesa forte sempre era mais importante que a détente. Mas também acreditava que uma defesa forte seria decorrência da força e da união da Otan e da aliança ocidental. A nova estratégia de Reagan mostrou-lhe que o presidente estava disposto a ignorar os interesses aliados, inclusive os dela, quando eles entravam em conflito com a política norte-americana. O resultado foi não só uma defesa britânica mais frágil, mas também uma aliança ocidental enfraquecida.

Nessa ocasião, Thatcher evitou por um triz o risco de ficar isolada, porque tanto a sua política quanto seus instintos coincidiam com os de seus aliados europeus. Mas não demoraria muito para que a mudança das prioridades globais imposta por Reagan ameaçasse deixá-la isolada no palco mundial enfrentando a mais grave crise política e internacional de seu governo.

---

[96] Jentleson, *Pipeline Politics*, p. 195.

CAPÍTULO 3

Um pedacinho de terra gelada

Câmara dos Comuns, Westminster, 2 de abril de 1982. ALAN CLARK, conservador de segundo escalão, só foi a Westminster naquele dia para pegar sua correspondência. Tinha de tomar o trem para ir até Plymouth, uma de suas zonas eleitorais, naquele fim de semana. Mas encontrou colegas parlamentares perplexos e chocados com a última notícia: as ilhas Falkland ou Malvinas, no Atlântico Sul, tinham sido invadidas. Para muita gente de fora de Westminster, a primeira reação à notícia foi "*que* ilhas?", seguida por uma rápida consulta ao atlas. Mas Clark, além de saber onde ficavam as tais ilhas, compreendeu o que significava aquela invasão. "Perdemos as Falkland", disse ele à sua mulher naquela noite. "Perdemos. Somos um país do Terceiro Mundo, não prestamos para nada."

Clark, um milionário formado pelo Eton College, era um sujeito atrevido que não se devia levar a sério. Provocador, libidinoso e muitas vezes gratuitamente ofensivo, exasperava até os amigos e os inimigos que fizera sem nenhum esforço, que eram muitos. Mas Clark era reconhecido como um dos maiores especialistas em defesa da Câmara e, como autor de *The Donkeys* [Os jumentos] — uma história iconoclasta dos generais britânicos que atuaram nas primeiras campanhas da Primeira Guerra Mundial —, mostrou talento para colocar a política contemporânea em sua perspectiva histórica.

E agora, em 1982, Clark estava achando que a crise das Falkland era um momento decisivo da história nacional britânica. "Poderia ser como algo que acontecia na década de 1930, de tempos em tempos", perguntou ele a seu diário, "naqueles fins de semana deliciosos em que ditadores como Hitler e

Musso[lini] resolviam tomar alguma coisa — Durazzo, Memel, Praga — e tudo quanto podíamos fazer era torcer as mãos em desespero e falar a respeito de 'má-fé'? Tenho a sensação horrível de que, para a Inglaterra, este é um passo rumo à mudança — para pior. Humilhação, com certeza, e não é impossível haver uma derrota militar. Um espectro que devia estar à nossa espreita, uma vez que estamos tão terrivelmente enfraquecidos desde Passchendaele, acho eu, nos últimos 65 anos."[1]

Para Clark era a história que vinha à mente; para outros, era farsa. Naquele mesmo dia, 2 de abril, outro homem formado em Eton, Douglas Hurd, vice-ministro do Exterior, encontrava-se no Trinity College, Cambridge, sua *alma mater*, dando uma festa para parlamentares alemães. "O garçom deixou cair no chão uma enorme travessa de *creme brulée*, o doce pelo qual a minha faculdade é célebre, criando uma confusão terrível", lembra ele. "Os maus presságios mostraram ser acurados."[2]

Foi um pressentimento que muitos tiveram, em Westminster em particular, onde, por um instante, parecia que a primeira-ministra ia cair. A Câmara dos Comuns foi convocada para uma reunião de emergência no dia 3 de abril, o primeiro debate realizado em um sábado desde a crise de Suez em 1956.

A Câmara dos Comuns moderna tinha sido testemunha de muitos momentos intensamente dramáticos desde sua inauguração em 1852, e os debates realizados durante a crise das Ilhas Falkland ocupariam entre eles um dos primeiros lugares em termos de importância. A sordidez e humilhação da situação na qual se encontrava o governo pareciam mais acentuadas ainda pela glória do ambiente. O magnífico Palácio de Westminster, obra de Charles Barry e Augustus Pugin, restaurado fielmente depois dos bombardeios da Segunda Guerra Mundial, proclamava o poder, a confiança, a prosperidade e a majestade da Grã-Bretanha de meados da era vitoriana. Talvez fosse a construção mais representativa da nação, simbolizada pelo Big Ben e sua torre, instantaneamente reconhecidos no mundo inteiro. Da sala de despachos da Câmara dos Comuns, Gladstone e Disraeli tinham governado um império e levado o homem "comum" para "o âmbito da constituição", Asquith participou friamente do jogo do "esperar para ver" e Churchill proclamara

---

[1] Alan Clark, *Diaries, 1972-1982: Into politics* (Londres, 2000), p. 310-11.
[2] Douglas Hurd, *Memoirs* (Londres, 2003), p. 311.

"o apogeu" da Grã-Bretanha. Com a riqueza de sua celebração do passado, esse palácio de encantamento gótico não era uma obra que convidasse a derrota. Na verdade, a Câmara dos Comuns quase parecia destinada a destruir os fracos. Os bancos verdes do governo e da oposição eram agrupados como adversários uns de frente para os outros. Não havia lugar para todos os parlamentares, de modo que os que não tinham onde se sentar ficavam se acotovelando nos corredores e atrás da cadeira do presidente da Câmara, criando uma atmosfera claustrofóbica e caótica. A convenção exigia gritos, zombarias e papéis agitados no ar. Da sala de despachos, o primeiro-ministro do momento ficava a uma distância "equivalente ao comprimento de duas espadas" do líder da oposição. Ambos ficavam atrás de uma linha que podiam tocar com a ponta dos pés, mas não podiam atravessá-la; porém, em todos os outros sentidos, era um duelo político de morte.

Ninguém pedia trégua, nem ela seria dada. E o golpe fatal era sempre desferido pelas costas. A qualquer momento, um primeiro-ministro podia ouvir de um de seus partidários do segundo escalão, como Leo Amery disse a Neville Chamberlain em maio de 1940: "Em nome de Deus, vai!"[3]

Chamberlain renunciou depois do debate de 1940 com Narvik, para abrir caminho para Churchill. A crise de Suez também acabara provocando a queda do primeiro-ministro. Na verdade, o paralelo com Anthony Eden e o canal de Suez era algo que a maioria dos parlamentares já estava fazendo enquanto se preparava para o debate de emergência sobre as Falklands. Membros de todas as tendências partidárias da Câmara ergueram a voz para condenar a invasão e punir o governo que havia permitido que ela acontecesse. "Para um governo tão irrestritamente patriótico", escreveu o historiador oficial da guerra, *Sir* Lawrence Freedman, "era exasperante ser castigado por uma oposição tão claramente à sua esquerda por perder território sob soberania britânica para uma ditadura militar de uma maneira tão surpreendente e tão convincente".[4]

A reação foi mais feroz do que teria sido se esse não fosse tão claramente um golpe dado pela própria mão. Em 1981, Thatcher pôs o monetarista John Nott no ministério da Defesa para cortar gastos. Nott tomara o par-

---

[3] Richard Aldous, *The Lion and the Unicorn: Gladstone vs. Disraeli* (Londres, 2006), p. 65-6.
[4] *Sir* Lawrence Freedman, *The Official History of the Falklands Campaign*, vol. II (Londres, 2005), p. 17.

tido da marinha contra o exército e, em 1981, uma revisão do orçamento da defesa impôs cortes à frota britânica de superfície. O futuro da Marinha Real estaria garantido pelos submarinos armados com Trident. O porta-aviões *Hermes*, que estava ficando obsoleto, iria para o ferro-velho, e o miniporta-aviões *Invincible* seria vendido para a Austrália. O que deixaria a Grã-Bretanha com apenas um miniporta-aviões, o *Illustrious*, na sua frota. O número de fragatas e torpedeiros seria reduzido em um terço. A capacidade dos estaleiros da marinha seria diminuída de forma significativa. A ferocidade desses cortes foi tamanha que o ministro da Marinha, Keith Speed, renunciou em protesto.[5]

Um dos efeitos colaterais desses cortes navais foi que o *Endurance*, o navio britânico que patrulhava o oceano Atlântico e as águas que ficavam nas proximidades dos polos com o objetivo de localizar icebergs e informar sobre sua movimentação com vistas à segurança da navegação — conhecido pelo nome afetuoso de "ameixa vermelha" por causa da pintura em vermelho vivo —, seria retirado da área. O Ministério do Exterior fizera advertências inúteis de que essa medida provavelmente seria interpretada pela Argentina como falta de interesse em proteger suas possessões no Atlântico Sul, que compreendiam todas as ilhas Falkland, uma centena de ilhas menores e os territórios dependentes das ilhas South Sandwich e South Georgia. Elas estavam em mãos britânicas desde 1833, e o título de sua propriedade remontava a 1690. Quando Thatcher assumiu o poder em 1979, disse privadamente aos ministros que estava "muito preocupada com aquela questão toda". Em novembro de 1980, Nicholas Ridley, ministro do Exterior, foi às ilhas Falkland propor uma solução que incluía um acordo segundo o qual a soberania sobre as ilhas seria cedida à Argentina, mas elas seriam arrendadas à Grã-Bretanha.

Quando os habitantes das ilhas — e mais tarde a Câmara dos Comuns — ficaram furiosos e rejeitaram essa mudança de status, essas propostas logo foram abandonadas. Apesar disso, no exterior ficou a impressão de que o governo britânico não estava nem um pouco empenhado em manter seu direito absoluto à soberania das ilhas. Na verdade, pareceu a muita gente que a Grã-Bretanha não via a hora de se livrar das Falkland.[6]

---

[5] Michael Dockrill, *British Defence since 1945* (Oxford, 1988), p. 115.
[6] Nicholas Ridley a Ian Gow, 11 de junho de 1980: MTF docid=112678; "A Grã-Bretanha apresenta quatro opções sobre as Falklands" (visita & proposta de arrendamento de Ridley), MTF docid=112605 (acessado no dia 31 de março de 2011). Gerald W. Hopple, "Intelligence

Também havia séculos que a Argentina reivindicava a posse das ilhas às quais chamava de "Las Malvinas". Buenos Aires declarava ter conquistado a soberania sobre as ilhas em 1816, com a independência da Espanha, que nunca renunciou à posse delas. Além disso, como as ilhas estavam na plataforma continental da Argentina, o governo também reivindicava a posse das ilhas de acordo com a Convenção da ONU sobre a Plataforma Continental, assinada em 1958. Não era tanto o valor estratégico das "Malvinas" que interessava à Argentina. Ele havia diminuído desde meados do século XX, quando as ilhas tinham dominado a rota naval em torno do cabo de Homos (Cape Horn). O interesse econômico era insignificante. O terreno das ilhas era açoitado pelos ventos e praticamente sem vegetação. A área de terra firme era de cerca de 7.500 quilômetros quadrados, menor que a da Irlanda do Norte. Mas, como disse um jornal londrino, "Tanto nas Falklands quanto na Irlanda do Norte, a política e a emoção pura e simples têm mais valor do que cálculos econômicos imparciais". O domínio britânico era uma humilhação nacional para a Argentina.[7]

Embora a junta autoritária que governava a Argentina tenha conseguido reprimir a oposição doméstica desde que assumiu o poder em 1976, a questão das Malvinas figurava em uma série de embaraçosos fracassos da política externa. Entre eles estava a perda da competição com o Brasil para se tornar a maior potência regional da América do Sul, e outra disputa territorial, dessa vez com o Chile, a respeito das ilhas do canal de Beagle. Como resposta a esses fracassos, em 1978 a junta deu início a um vigoroso programa de rearmamento, que incluía o compromisso de conseguir se capacitar para produzir armas nucleares. Em 1982, a Argentina estava testando seu primeiro míssil balístico. E esperava que tivesse capacidade operacional em 1984. Um resultado antecipado desse processo foi que a capacidade argentina de produzir armas nucleares, combinada aos cortes na defesa britânica na

---

& Warning: Implications and Lessons of the Falklands War" em *World Politics*, vol. 36, nº 3 (abril de 1984), p. 339-361. Stable URL: http://www.jstor.org/stable/2010378.
Peter J. Beck, resenha, "The Conflict Potential of the 'Dots on the Map' em *The International History Review*, vol. 13, nº 1 (fevereiro de 1991), p. 124-133. Stable URL: http://www.jstor.org/stable/40106326.
Denzil Dunnett, "Self-Determination and the Falklands" em *International Affairs* (Royal Institute of International Affairs 1944-), vol. 59, nº 3 (verão de 1983), p. 415-428. Stable URL: http://www.jstor.org/stable/2618795.
[7] *Independent*, 23 de fevereiro de 2010.

região, levaria inevitavelmente a uma transferência negociada da soberania sobre as Malvinas.[8]

O que mudou esse cálculo de longo prazo foi o surgimento, depois do ataque cardíaco do presidente Roberto Viola, do general Leopoldo Galtieri como chefe da junta em dezembro de 1981. Ele purgou o exército de seus cinco generais mais importantes e ordenou que fossem traçados planos imediatamente para os argentinos se apoderarem das Malvinas. A economia argentina estava quase quebrando, com uma dívida de mais de US$ 35 bilhões. A junta era profundamente impopular no país. Galtieri precisava de uma boa notícia para reforçar o regime. Estipulou uma data na qual a captura das ilhas Malvinas estivesse consumada — 25 de maio — o dia da independência da Argentina.[9]

No dia 19 de março de 1982, a bandeira argentina estava desfraldada em South Georgia. Logo depois, uma frota de invasão lançou-se ao mar na direção das Falklands. No dia 2 de abril, informaram que a bandeira argentina havia sido desfraldada no alto da Casa do Governo de Port Stanley, capital das ilhas Falkland. O governador e o representante da coroa, *Sir* Rex Hunt, tinham se rendido. Foram necessários somente "uns mil" soldados argentinos para realizar a tarefa.[10] Três dias antes, uma multidão se reunira na praça principal de Buenos Aires exigindo aos gritos a queda da junta. Galtieri apareceu, então, na sacada da Casa Rosada para receber os aplausos de uma multidão frenética que entoava o seu nome como se fosse um cântico.

Na Grã-Bretanha, o estado de espírito da Câmara dos Comuns durante um debate de emergência no dia seguinte era uma mistura de fúria e incredulidade. Thatcher estava obviamente nervosa ao se dirigir à Câmara — "visivelmente abatida", observou David Owen, o ex-ministro do Exterior. Seu tom de voz trazia ansiedade, e a maior parte do que ela falou foi muito rápido e pouco claro. Por um momento ela se saiu bem, falando em termos churchillianos, do povo das ilhas Falkland, que, "como o povo do Reino

---

[8] Richard C. Thornton, *The Falklands Sting: Reagan, Thatcher and Argentina's bomb* (Dulles, 1998), p. xiv-xvi.

[9] Thornton, *Falkland's Sting*, p. 74. Guillermo A. Makin, "Argentina Approaches to the Falklands/Malvinas: Was the Resort to Violence Foreseeable?" em *International Affairs* (Royal Institute of International Affairs 1944-), vol. 59, nº 3 (verão de 1983), p. 391-403. Stable URL: http://www.jstor.org/stable/2618793.

[10] Reagan, *An American Life*, p. 358.

Unido, é uma raça ilhéu". E continuou dizendo que "São poucos em termos numéricos, mas têm o direito de viver em paz, de escolher seu modo de vida e de determinar a quem devem lealdade. Seu modo de vida é britânico: sua lealdade é à Coroa. É desejo do povo britânico e dever do governo de Sua Majestade fazer todo o possível para garantir esse direito. É aí que concentramos nossas esperanças e nosso empenho e, acredito eu, a vontade de todos os membros da Câmara".[11]

Foi uma bela peça de retórica, mas só palavras não bastam. O que salvou Thatcher nesse dia foi ela ter tido condições de anunciar que uma força-tarefa estava pronta para partir para o Atlântico Sul. Mas ainda havia outras questões graves. Enoch Powell, a quem ela muito admirava, resumiu o que a Câmara estava sentindo. "A primeira-ministra, logo depois de assumir o cargo, recebeu o apelido de 'dama de ferro'", disse ele. "A alcunha nasceu no contexto das observações que ela fez sobre a defesa contra a União Soviética e seus aliados; mas não havia motivos para supor que a ilustre dama não gostasse ou, na verdade, não se orgulhasse desse apelido. Na próxima semana, ou na seguinte, em sua função aqui na Câmara, a nação e a ilustre dama vão saber de que metal ela é feita."[12]

Para restabelecer sua autoridade política, Thatcher foi auxiliada pela inteligência e pelo senso de dever de seu ministro do Exterior, Lord (Peter) Carrington. Ele compreendeu que tanto o público quanto os políticos exigiam um bode expiatório pela perda das Falkland. "A nação sente que houve uma calamidade", escreveu ele depois. "Devia haver alguém a quem culpar. A calamidade tinha de ser redimida, purgada. A pessoa que devia pagar por isso era o ministro titular. Que era eu." Thatcher, que gostava de Carrington e o respeitava, tentou convencê-lo a ficar, mas ele já tinha tomado sua decisão. "Minha renúncia vai pôr fim à busca por um bode expiatório", disse-lhe ele. "Vai servir à causa da unidade, ajudar a afastar os olhares do passado e voltá-los para o futuro imediato." Em nome daquela unidade partidária, Thatcher foi obrigada a nomear Francis Pym para o cargo, substituindo, refletiu ela, um liberal "divertido" por outro "lúgubre".

---

[11] Declaração da primeira-ministra, Câmara dos Comuns, 3 de abril de 1981: Margaret Thatcher Foundation, docid=104910 (acessado no dia 31 de agosto de 2007). John Campbell, *Margaret Thatcher, vol. 2: the iron lady* (Londres, 2003), p. 133.

[12] Margaret Thatcher, *The Downing Street Years* (Londres, 1993), p. 185.

Pym seria um espinho embaixo da unha de Thatcher durante toda a campanha das Falkland.[13]

Uma característica que Pym trouxe para o processo foi a experiência concreta de guerra. Na verdade, dos membros do Ministério da Guerra, Thatcher era a única que não tinha servido nas forças armadas da rainha. Pym ganhara uma condecoração militar na Itália durante a Segunda Guerra Mundial. William Whitelaw, o vice de Thatcher, tinha recebido uma condecoração militar do marechal de campo Montgomery em pessoa por feitos de coragem extraordinária na Normandia em 1944. John Nott, o ministro da Defesa, participara do serviço ativo na Malásia. O presidente do partido conservador, Cecil Parkinson, prestara serviço militar na Força Aérea Real.

Thatcher não teria receio de pedir conselhos a quem tinha mais experiência do que ela, se fosse preciso. E agora consultou um de seus predecessores no cargo de primeiro-ministro, Harold Macmillan, para ter acesso a seus conhecimentos de liderança em batalha e em tempos de guerra. Macmillan lutara nas trincheiras durante a Primeira Guerra Mundial, fora íntimo de Churchill durante a Segunda Guerra Mundial e era ministro da Fazenda na época da desastrosa crise do canal de Suez em 1956. Foi Macmillan, declarou Thatcher tempos depois, quem a aconselhou a formar o pequeno gabinete de guerra que se reuniria diariamente. Também foi ele quem a aconselhou a não incluir o ministro da Fazenda nesse grupo, talvez seu indício mais eloquente de que a assessoria que ele prestou ao primeiro-ministro Anthony Eden, quando ele próprio era o responsável pela pasta da Fazenda, não tenha sido de grande valia.

Thatcher não tinha formação militar, mas parecia ter uma compreensão instintiva de que seu papel era dar direção política à estratégia global da guerra. As táticas não lhe diziam respeito: ela as deixou a cargo dos militares. Robert Wade-Gery, o vice-primeiro-ministro, observou a respeito das relações dela com os chefes da equipe que: "Logo no início ela disse: 'Olha, vocês conduzem essa guerra, porque sabem o que fazer. Eu não sei, mas, quando precisarem de uma decisão política de qualquer tipo, procurem-me, se necessário às três da manhã, que eu a tomarei.' E ela estava falando sério.

---

[13] Lord Carrington, *Reflect on Things Past* (Londres, 1998), p. 370-1.

"Thatcher", conclui ele, "era, nesse sentido, uma líder militar incrivelmente competente, o que eu não achava que ela era".[14]

Se os militares, e a marinha em particular, corresponderam à confiança que Thatcher tinha neles, ela, por sua vez, respeitou as decisões que eles tomaram. Isso foi algo que, desde o início da crise ela compreendeu que teria de fazer. No dia 31 de março, depois de receber informações do serviço de espionagem de que uma invasão era iminente, Thatcher se reunira com assessores e ministros em sua sala na Câmara dos Comuns. O clima havia sido de desânimo e derrotismo. John Nott afirmou que a Grã-Bretanha não teria condições de recuperar as ilhas. Richard Luce, do Ministério do Exterior, aconselhou prudência para não piorar ainda mais uma situação que já não era nada boa. Thatcher estava atordoada. "Acho que todos nós [estávamos] achando que, na verdade, não poderia haver novamente uma guerra envolvendo o nosso país", lembra John Cole, o secretário particular da primeira-ministra. "Estávamos achando que a negociação era a resposta para tudo."[15]

Só quando *Sir* Henry Leach, o chefe da equipe naval, chegou a Westminster é que esse "momento sombrio" passou e o estado de espírito de Thatcher mudou. Sim, disse ele à primeira-ministra, ele tinha condições de convocar uma força-tarefa de torpedeiros, fragatas, barcaças para desembarque de soldados e navios de apoio, que seria liderada pelos porta-aviões *Hermes* e *Invincible*. Ela estaria pronta para partir em 48 horas. "Antes disso, eu estava revoltada e determinada", escreveu ela tempos depois. "Agora a minha revolta e determinação estavam combinadas a uma sensação de alívio e confiança."[16] Essa reunião, em que a prudência e a timidez política foram superadas pela autoridade tranquila dos comandantes militares, gerou um quadro de referências para a guerra de Thatcher.

Naquela mesma reunião, com a frota argentina navegando em direção às ilhas Falkland, Thatcher compreendeu que a maior chance de evitar um conflito era fazer aqueles navios darem meia-volta. "Agora, nossa única esperança eram os norte-americanos", escreveu ela, "amigos e aliados, e pessoas a quem Galtieri, se ainda estivesse se comportando de forma racional, daria

---

[14] Entrevista com Robert Wade-Gery: BDOHP, Churchill Archives Centre, Cambridge.
[15] Entrevista com John Cole, BDOHP, Cambridge Archives Centre, Cambridge.
[16] Thatcher, *The Downing Street Years*, p. 179.

ouvidos". Thatcher enviou uma mensagem urgente ao presidente, pedindo sua intervenção.

Reagan respondeu imediatamente. "Temos a mesma preocupação que vocês a respeito dos passos militares inquietantes que os argentinos estão dando, e lamentamos que as negociações não tenham conseguido resolver o problema", observou o presidente. "Por esse motivo, estamos entrando em contato com a cúpula do governo argentino para lhe pedir que não tome medidas militares que tornariam mais difícil ainda chegar a uma solução justa. A pedido seu, também estamos lhes pedindo garantias de que vão ser prudentes e não dar início a hostilidades." Reagan terminou com um toque pessoal para Thatcher: "Quero que você saiba o quanto valorizamos a sua cooperação diante dos desafios que ambos enfrentamos em muitas partes diferentes do mundo. Vamos fazer de tudo para ajudá-la neste caso."[17]

Thatcher ficou satisfeitíssima, mas seu alívio teve vida curta. Poucas horas depois, o presidente enviou outro telegrama: "Acabo de conversar longamente com o general Galtieri sobre a situação das Falkland", disse ele. "Expressei a ele a minha preocupação pessoal com a possibilidade de uma invasão argentina... O general ouviu o que eu tinha a dizer, mas não me deu nenhum indício de concordar com o meu ponto de vista. Na verdade, falou em termos de ultimatos e me deixou com a clara impressão de que havia tomado a direção de um conflito armado." Só as garantias pessoais do presidente lhe deram um certo ânimo. "Mesmo tendo uma política de neutralidade sobre a questão da soberania", prometeu-lhe, "não ficaremos neutros a respeito do problema que envolve o uso da força por parte da Argentina."[18]

Eram palavras resolutas; mas, na verdade, o clima no interior da Casa Branca era mais de confusão que de revolta. Pois ninguém estava compreendendo bem por que a Grã-Bretanha e a Argentina estavam chegando às vias de fato por causa de algumas ilhas espalhadas pelo Atlântico Sul.

A equipe da embaixada britânica estava na linha de frente dos esforços para fazer os norte-americanos levarem a questão mais a sério. O perigo, observou Peter Hall, chefe do serviço de espionagem britânica em Nova York, era a disputa "ser considerada apenas uma cena meio sem graça para Gilbert

---

[17] Reagan a Thatcher, 1º de abril de 1982: Margaret Thatcher Foundation, docid=109265 (acessado no dia 31 de agosto de 2007).

[18] Reagan a Thatcher, 1º de abril de 1982: Margaret Thatcher Foundation, docid=109401 (acessado no dia 31 de agosto de 2007).

e Sullivan". Na verdade, foi pior ainda. Jim Rentschler, o funcionário da Casa Branca responsável pela questão das Falkland, resumiu o problema em seu diário da seguinte forma: "Uma cena de opereta à Gilbert e Sullivan contada a Anthony Trollope por Alistair Cooke."[19]

Nos dias que antecederam a deflagração da guerra, a embaixada britânica em Washington ficara perplexa com a falta de vigor do apoio dado pelos norte-americanos. Pouco depois, esse sentimento se transformou em indignação quando Jeanne Kirkpatrick, a embaixadora dos Estados Unidos na ONU, participou de um jantar na embaixada argentina na noite da invasão das Falkland. "Foi como se eu tivesse ido à embaixada iraniana na noite em que 52 norte-americanos foram feitos reféns em Teerã", protestou Nicholas Henderson, embaixador britânico. Henderson achou os funcionários do Ministério do Exterior "imensamente distanciados", acrescentando melancolicamente: "Suponho que essa tenha sido a impressão dada um século atrás pelos diplomatas britânicos quando éramos uma grande potência e um país de segundo escalão pedia o nosso apoio."[20]

Não ajudou em nada que a atividade de relações públicas da Grã-Bretanha tenha demorado tanto para deslanchar. "No começo, os argentinos estavam conseguindo bastante espaço, o que começava a afetar o governo", lembra John Cole, secretário particular de Thatcher. "Portanto, tínhamos de acelerar a nossa campanha, e Nicholas Henderson, embaixador sediado em Washington, e Tony Parsons, o embaixador que estava em Nova York [na ONU], tornaram-se personalidades familiares nas telas de TV norte-americana, o que foi muito importante, porque, com essa e outras medidas, a atitude da mídia norte-americana mudou."[21]

---

[19] Entrevista com Peter Hall: British Diplomatic Oral History Programme, Churchill College Archive.
James Rentschler's Falklands Diary, 1 April-25 June, 1982, p. 2: Margaret Thatcher Foundation, "The Falklands War 1982" (acessado no dia 5 de março de 2010). O diário de Rentschler é uma fonte fascinante e de valor inestimável a respeito da política norte-americana durante a guerra. Ele aconselhou Reagan dentro da Casa Branca e viajou com Haig durante o período de "diplomacia de vaivém" deste último. Além disso, Rentschler escreve de uma forma tão vívida e direta que seu diário coloca o leitor dentro da sala.

[20] Nicholas Henderson, *Mandarin: the diaries of an ambassador, 1969-82* (Londres, 1994), p. 349-50. W. Michael Reisman, "The Struggle for the Falklands" em *The Yale Law Journal*, vol. 93, nº. 2 (dezembro de 1983), p. 287-317. Stable URL: http://www.jstor.org/stable/796308

[21] Entrevista com John Cole, BDOHP, Churchill Archives Centre, Cambridge.

Por mais cômica que uma disputa à Gilbert e Sullivan tenha parecido, o conflito entre a Grã-Bretanha e a Argentina atingiu o âmago do dilema da política externa enfrentado pelos Estados Unidos como superpotência com interesses globais e regionais. O país tinha suas relações atlânticas com a Grã-Bretanha — enraizadas na defesa e nos serviços de espionagem que trocavam informações — reforçadas pela mesma língua, cultura e experiência de terem travado juntos duas guerras mundiais e a Guerra Fria. Mas os Estados Unidos também tinham de ter uma visão "hemisférica", o que significava cuidar do próprio quintal. A questão dos políticos era se os Estados Unidos deviam se contrapor a um dos maiores e mais importantes países de seu próprio hemisfério — a Argentina —, principalmente quando esse país era uma peça tão vital na estratégia da Guerra Fria norte-americana na região.

A Argentina tinha histórico de relações difíceis com os Estados Unidos. Durante a década de 1930, ela questionou repetidas vezes a política e a hegemonia cultural norte-americana. Quando os Estados Unidos entraram na Segunda Guerra Mundial em 1941, a Argentina enfureceu Roosevelt por se manter neutra. Os temores a respeito de um fascismo argentino foram intensificados por um golpe militar em 1943, liderado por Juan Perón, entre outros. Só uma declaração de guerra de última hora contra as potências do Eixo em março de 1945 garantiu à Argentina o convite para participar da conferência inaugural da Organização das Nações Unidas em São Francisco algumas semanas depois. Em Washington, o ressentimento duraria muito tempo; a Argentina e os Estados Unidos nunca desfrutaram a sensação de travar juntos uma guerra, o que ajudava a manter as relações anglo-americanas.[22]

Apesar disso, considerações militares asseguraram que a Argentina, em 1982, seria vista como aliada-chave em uma grande batalha estratégica. A América Latina, de acordo com Jeanne Kirkpatrick, tinha se tornado "o lugar mais importante do mundo para nós". O governo Reagan investiria tanto energia quanto recursos na tentativa de reduzir a esfera de influência do comunismo e do socialismo. Em certos casos, como na Nicarágua, isso envolveria o uso da força militar para derrubar os governos de tendência esquerdista. Em outros, como em El Salvador, significava apoiar regimes

---

[22] George C. Herring, *From Colony to Superpower: US foreign relations since 1776* (Nova York, 2008), p. 556-7.

autoritários contra ameaças de esquerda. O comércio também desempenhou um papel vital nesses cálculos, pois os Estados Unidos queriam vencer a competição acirrada por mercados sólidos, como o Japão e a Europa Ocidental, que incluía a Grã-Bretanha.[23]

Desde o início o governo Reagan trabalhou vigorosamente para conseguir uma aliança entre os Estados Unidos e a Argentina. O presidente Viola chegou a Washington para uma visita oficial em março, poucas semanas depois de Thatcher. O governo anunciou que a visita terminaria com o isolamento da Argentina. A emenda Humphrey-Kennedy, que proíbe a venda de armas, seria anulada. Além disso, o governo deu a entender que cessaria suas críticas aos argentinos pelo desrespeito aos direitos humanos. Em troca, os Estados Unidos pediam ajuda a Buenos Aires em uma série de projetos internacionais, principalmente El Salvador e a força de paz do Sinai. Quando Viola mostrou ser menos acessível do que o esperado, o governo voltou-se para o general Galtieri, já identificado como o provável sucessor do presidente argentino, que estava doente. Galtieri fez duas visitas aos Estados Unidos em 1981, quando se encontrou com o vice-presidente George H. W., Bush e depois foi levado à Disneylândia pelo embaixador itinerante de Reagan, o general Vernon Walters. Tempos depois, no outono desse mesmo ano, quando Walters conversou com a junta em Buenos Aires perguntaram-lhe especificamente o que aconteceria caso a Argentina se apoderasse das ilhas Falkland. Os britânicos iam "ameaçar, bufar, protestar, e não [iam] fazer nada", respondeu Walters. Os Estados Unidos cuidariam do orgulho ferido da Grã-Bretanha. Era uma promessa que Galtieri levou a sério.[24]

A discordância de opiniões norte-americanas sobre a crise das Falkland — atlanticistas vs. hemisféricos — chegou ao auge no dia 7 de abril em uma reunião acalorada do Grupo de Planejamento da Segurança Nacional (GPSN), liderado pelo presidente. Jeanne Kirkpatrick, embaixadora dos Estados Unidos na ONU e especialista em questões argentinas, apresentou argumentos convincentes de que a questão-chave da crise do Atlântico Sul era a preservação do sistema interamericano e a viabilidade da "defesa hemisférica" proposta no Pacto do Rio, segundo o qual um ataque contra uma potência do hemisfério devia ser considerado um ataque contra todos os países do

---

[23] Herring, *Colony to Superpower*, p. 884-5.
[24] Thornton, *The Falklands Sting*, p. 62-67.

hemisfério. Os atlanticistas ficaram atônitos com essa abordagem. "Eu não poderia discordar mais profundamente da declaração de Jeanne", vociferou o almirante Bobby Inman, da CIA. "É a coisa mais absurda que já ouvi na vida!" E passou a evocar os vínculos de língua, aliança, tradição e interesse estratégico que os Estados Unidos tinham com a Grã-Bretanha. E também acrescentou uma advertência arrepiante: "Eu gostaria que vocês se lembrassem do problema que temos com a Argentina no front da não proliferação de armas nucleares", avisou ele. "Se deixarmos, hoje, os argentinos seguirem em frente com a agressão usando armamentos convencionais, quem poderá garantir que daqui a dez ou 15 anos eles não vão tentar de novo, mas dessa vez com armas nucleares?"[25]

Thatcher talvez tenha esperado que Reagan estivesse firmemente a favor de sua "mais íntima aliada", como ele mesmo dizia. Na verdade, ele não quis se comprometer. Certamente estava impaciente por uma decisão tomada na reunião do GPSN, uma vez que o Marine One estava de prontidão para transportá-lo para o Caribe, onde pretendia passar o feriado da Páscoa. Mesmo assim, relutava em influenciar a política em uma direção ou em outra, ainda esperando que a questão fosse resolvida. Para ajudar nesse sentido, o presidente aceitou a sugestão de Al Haig de que o próprio ministro devia visitar ambas as capitais rivais para negociar um acordo. Enquanto Reagan ia para a praia, Haig foi para o aeroporto a fim de dar início a uma exaustiva missão diplomática de duas semanas e mais de 4.500 quilômetros.

Thatcher, a par do que acontecia em Washington, não conseguia esconder a preocupação. "Infelizmente, as atitudes da sra. Kirkpatrick e de alguns outros membros do governo norte-americano [são], a essa altura, de importância considerável", observou ela. Mas a primeira-ministra estava inteiramente convencida de que, no fim do dia, o presidente a procuraria. Apenas quando Al Haig chegou a Londres ela começou a ter dúvidas sérias. "Eu certamente não [poderia] esperar que o apoio norte-americano fosse imediato e irrestrito — não foi", lembra John Cole, o secretário particular. "O estranho foi a determinação norte-americana em negociar um acordo."[26]

---

[25] *James Rentschler's Falklands Diary, 1 April-25 June, 1982*, p. 3: Margaret Thatcher Foundation, "The Falklands War 1982" (acessado no dia 5 de março de 2010).

[26] Entrevista com John Cole, BDOHP, Churchill Archives Centre, Cambridge.

Haig chegou ao Número Dez com um processo de três estágios para evitar a guerra das Malvinas (Falkland), que envolvia, em primeiro lugar, a retirada das tropas argentinas das ilhas; em segundo, o retorno do governo britânico sob uma autoridade internacional interina; e, em terceiro, uma retomada imediata das negociações sobre a questão da soberania.

Thatcher aceitou o conselho do embaixador Henderson de que Haig não devia ser recebido como um negociador, e sim como um amigo íntimo e um aliado. Houve conversas durante o jantar para tentar pôr em prática esse conselho e criar uma atmosfera mais amena, embora os norte-americanos tenham ficado surpresos por encontrar seus congêneres britânicos vestidos a caráter para o evento. Talvez fosse mesmo uma opereta à Gilbert e Sullivan, afinal de contas. Thatcher parecia estar dando uma atenção exagerada aos drinques; mas, a certa altura, como lembrete eloquente do que estava em jogo, mostrou a seus convidados dois retratos a óleo expostos especialmente para aquela ocasião. Um era de lorde Nelson, e o outro, do duque de Wellington.

Se os heróis de Trafalgar e Waterloo tivessem de algum modo deixado de enfatizar para Haig que a Grã-Bretanha estava decidida a manter sua posição e lutar, a retórica de Thatcher não deixou nenhuma dúvida. "Muito vago!", disse ela com desprezo depois de ouvi-lo. Com o rosto vermelho, a voz alta por causa da indignação, Thatcher soltou o verbo. "Não despachei uma frota para fazer um acordo nebuloso que não teria autoridade alguma", prosseguiu ela. "Autoridade interina! Para fazer *o quê?* Eu gostaria que se lembrasse de que, em 1938, Neville Chamberlain sentou-se *a essa mesma mesa* para discutir um acordo que se parece muito com esse que o senhor está me pedindo para aceitar; e, se eu aceitasse, seria repreendida na Câmara dos Comuns — e com toda a razão! A Grã-Bretanha simplesmente não vai aceitar uma agressão — essa é a lição de 1938."[27]

"Uma mulher durona", concluiu Jim Rentschler. Nesse ínterim, enquanto Thatcher saía pisando duro, Al Haig continuava sentado, batendo nervosamente os pés no chão e fumando um Merit atrás do outro. Para um homem que ainda se recuperava de uma cirurgia para pôr um marca-passo, os ci-

---

[27] *James Rentschler's Falklands Diary, 1 April-25 June, 1982*, p. 4: Margaret Thatcher Foundation, "The Falklands War 1982" (acessado no dia 5 de março de 2010).

garros provavelmente provocavam menos mal do que a saída intempestiva de Thatcher. Ao sair, Thatcher chamou o ministro de lado. "Espero de todo o coração que o senhor entenda o quanto apreciamos e agradecemos a sua presença aqui e que o tipo de candura que mostramos só é possível entre amigos muito íntimos", disse ela. "Com todos os demais, somos apenas *bem educados!*"[28]

De volta ao avião, Haig escreveu ao presidente um longo memorando no qual não tentou esconder sua consternação com a postura de Thatcher. "A primeira-ministra está no controle da situação", informou ele. "É evidente que está preparada para usar a força, mesmo admitindo que prefere uma solução diplomática. É rígida em sua insistência em voltar ao *status quo ante*, e, na verdade, parece determinada a só aceitar uma solução que envolva algum tipo de reparação." O único elemento positivo que Haig conseguiu ver foi na atitude de Francis Pym, o ministro do Exterior, que mostrou certa flexibilidade, mesmo que "não seja aprovada pela sra. Thatcher". Haig lamentou ter adotado de antemão um tom derrotista com a imprensa para evitar qualquer insinuação de que havia motivos para otimismo. "Na verdade, seja como for, há muito pouca base para otimismo."[29]

Reagan respondeu imediatamente para reafirmar seu desejo de encontrar uma solução para a crise. "O informe a respeito de sua discussão em Londres deixa claro o quanto vai ser difícil chegar a um acordo que deixe Maggie satisfeita e, ao mesmo tempo, passe na prova de 'equidade' com nossos vizinhos latinos", observou ele. "Como seria de esperar, não há muito espaço de manobra na posição britânica... É palpite meu em função da postura [britânica] que qualquer acordo com Thatcher vai levar tempo."[30]

A próxima parada de Haig foi Buenos Aires, onde ele garantira ao general Galtieri que os Estados Unidos estavam pressionando para que a Grã-Bretanha fizesse um acordo. "As demandas de Thatcher foram bem claras: vocês têm de se retirar antes de os britânicos considerarem a possibilidade de uma negociação", informou o ministro. "Eu disse a ela que tinha certeza

---

[28] Ibid.

[29] Haig a Reagan, 9 de abril de 1981: Margaret Thatcher Foundation, docid=109216 (acessado no dia 31 de agosto de 2007).

[30] Reagan a Haig, 9 de abril de 1981: Margaret Thatcher Foundation, docid=109219 (acessado no dia 31 de agosto de 2007).

de que os argentinos não aceitariam essa condição — e, para ser franco, acho que não devem mesmo. A posição britânica equivale a um ultimato."[31]

Essa crítica explícita à posição britânica foi uma tentativa deliberada de mostrar os Estados Unidos como um intermediário honesto. "Depois de 12 horas de vaivém — e altos e baixos — chegamos a um elenco de medidas que os argentinos *podem* ter condições de aceitar", disse um Haig exausto a Thatcher quando voltou a Londres no dia 12 de abril. "Digo 'podem' porque, depois que parti, eles reintroduziram demandas inaceitáveis, entre as quais o governo interino e a soberania garantida da Argentina."

Haig assegurou aos britânicos que aquilo não passava de uma jogada de Buenos Aires antes de apresentar suas conclusões à primeira-ministra: "O que eu trouxe aqui não é uma proposta norte-americana, mas vou lhe dizer com a maior franqueza que é razoável." E depois veio o *coup de grâce*. "Se a opção é entre estas medidas e a guerra, a posição dos Estados Unidos é clara." Este era um trunfo que ele tinha combinado com Reagan e que estava sendo guardado na manga para pressioná-la num estágio posterior. "A hora de uma possível intervenção pessoal sua com sra. Thatcher ainda não chegou", dizia o telegrama de Haig ao presidente. "Primeiro temos de ver como ela reage à solução provisória proposta... bem como o meu apelo de moderação militar por parte dos britânicos."[32]

Embora Thatcher achasse que a proposta norte-americana estava "cheia de furos", ela foi posta momentaneamente na defensiva pela declaração de Haig de que o elenco de medidas era melhor que a guerra. John Nott lembra que "Haig não parava de falar, defendendo suas propostas com certo vigor e habilidade". No fim, foi a incompetência diplomática e a duplicidade dos argentinos que permitiram a ela uma saída honrosa. Enquanto as discussões estavam em andamento, Haig foi chamado ao telefone. Os pensamentos íntimos que Costa Mendez revelara ao ministro quando ele embarcava no avião em Buenos Aires tinham sido publicados pelo *New York Times*. O acordo que

---

[31] Pauta de conversa, Galtieri: Denis Blair files, folder UK 1982 (03/01-04/30), Box 90233, Ronald Reagan Library.

[32] Pauta de conversa, Thatcher: Denis Blair files, folder UK 1982 (03/01-04-30), Box 90233, Ronald Reagan Library.
[James] *Rentschler's Falklands Diary, 1 April-25 June, 1982*, p. 9: Margaret Thatcher Foundation, "The Falklands War 1982" (acessado no dia 5 de março de 2010).

Haig levara a Londres não tinha valor. Quando Haig voltou à sala, a decepção e a falta de sono faziam-no parecer um "zumbi"— e um idiota.[33]

Os esforços de Haig no sentido de chegar a um acordo negociado haviam sido uma tentativa genuína de traçar uma rota que ligasse os aliados "hemisféricos" aos aliados "atlânticos" dos Estados Unidos. Mas, à medida que as conversações começaram a engatinhar e a crise passou a ganhar força no sentido da guerra, instaurou-se o desespero. E ele começou a pressionar a Grã-Bretanha para que fizesse mais concessões, em particular uma demanda de que as negociações não levassem a uma volta à situação anterior e que a força-tarefa devia ser detida.[34]

"Impensável!", disse Thatcher a Haig. A frota ser detida estava fora de questão. "Ela é a nossa garantia única. Não posso desistir a essa altura dos acontecimentos, simplesmente não se pode confiar em ladrões que tentaram roubar [nossa] propriedade. Não, Al. De jeito nenhum: a frota vai manter a sua rota!"[35]

De modo que um Haig completamente esgotado foi para o aeroporto no dia 13 de abril alquebrado e cabisbaixo. "A expressão do olhar dirigido para as câmeras por baixo daquele gorro irlandês de *tweed* não parece só triste, parece de velório", comentou Rentschler enquanto os dois saíam juntos de Downing Street.

Thatcher concordou. "Era visível que ele estava muito deprimido", observou ela, não sem uma pitada de simpatia.[36]

* * *

Câmara dos Comuns, 14 de abril de 1982. Margaret Thatcher retomara seu lugar entre os bancos de couro verde da Câmara para receber os aplausos dos dois grandes partidos da casa. Os parlamentares tinham ouvido em um silêncio respeitoso, mas sua palavra de ordem final teve força suficiente para

---

[33] Nott, *Here Today, Gone Tomorrow*, p. 291. Thatcher, *Downing Street Years*, p. 199. *James Rentschler's Falklands Diary, 1 April-25 June, 1982*, p. 10: Margaret Thatcher Foundation, "The Falklands War 1982" (acessado no dia 5 de março de 2010).

[34] Ibid.

[35] *James Rentschler's Falklands Diary, 1 April-25 June, 1982*, p. 9: Margaret Thatcher Foundation, "The Falklands War 1982" (acessado no dia 5 de março de 2010).

[36] Ibid. Thatcher, *Downing Street Years*, p. 199.

despertar aquelas expressões ruidosas de solidariedade e aprovação. A atitude dela havia sido resoluta, defendendo uma posição sobre as ilhas Falkland que era firme, ao mesmo tempo que mantinha o moral elevado. "Os olhos do mundo inteiro estão voltados nesse momento para as ilhas Falkland", concluíra ela. "Outros estão observando atentamente para ver se o que vai prevalecer é a força bruta ou o império da lei. Onde quer que haja agressão pura e simples, ela terá de ser vencida. O custo de hoje, mesmo sendo alto, deve ser comparado àquele que teríamos de pagar um dia se esse princípio fosse ignorado. É por isso que, por meios diplomáticos, econômicos e, se necessário, militares, devemos perseverar até a liberdade e a democracia serem restauradas para o povo das ilhas Falkland."[37] Foi mais uma mostra de talento dramático que de política de alto nível, mas ela captara perfeitamente bem o que a Câmara estava sentindo.

O objetivo de Thatcher fora "fazer ao mundo uma demonstração do apoio conjunto da Câmara dos Comuns". Enquanto ouvia o debate, ela refletia sobre um trabalho bem-feito. Onde há dez dias existia fúria e humilhação, agora parecia haver somente determinação e unidade. Aqueles poucos parlamentares — a maioria membros da ala trabalhista — que falaram contra a política do governo receberam vaias e outras manifestações de desprezo de ambos os lados da Câmara. "Está fadado a acontecer", Tony Benn anotou em seu diário no dia seguinte. "Não dá para esperar outra coisa nesse estágio inicial de fervor ufanista."[38]

Enquanto o debate continuava, Francis Pym passou um bilhete à primeira-ministra. O que Thatcher leu deixou-a perplexa. Al Haig estava ao telefone — queria anunciar, depois das denúncias argentinas a respeito de "jogo limpo", que o uso britânico de instalações norte-americanas na ilha de Ascension, onde a força-tarefa estava se reunindo agora, tinha de ser suspenso. Thatcher compreendeu imediatamente o significado daquilo. Era mais que uma manobra diplomática. Era uma ameaça direta a toda a sua estratégia militar para recuperar as Falkland.

---

[37] Declaração à Câmara dos Comuns: Margaret Thatcher Foundation, docid=104918 (acessado no dia 8 de março de 2010).

[38] Thatcher, *Downing Street Years*, p. 199. Tony Benn, *Diaries, 1940-1990* (Londres, 1995), p. 533.

Thatcher deixou seu lugar às pressas para falar com Haig. Procurando ganhar tempo, ela explicou que o debate estava em andamento e que telefonaria de novo dali a uma hora. Antes de encerrar a ligação, ela observou acidamente que muitos membros da Câmara dos Comuns haviam expressado naquela tarde muita indignação e decepção com a postura de "neutralidade" dos Estados Unidos. E desligou. Quando a primeira-ministra voltou, meia hora depois, imediatamente ficou claro para Haig que a indignação dela chegara a grandes alturas. "Os Estados Unidos já [estão] fazendo menos por nós do que merecemos", insistiu Thatcher. O governo britânico simplesmente não podia aceitar e não aceitaria ser tratado "em pé de igualdade com a junta". Havia chegado a hora de os Estados Unidos dizerem exatamente de que lado estavam.[39]

"A coisa está ficando feia, pessoal", disse Haig mais tarde à sua equipe. "Está ficando cada vez mais feia."[40]

No dia seguinte, do avião com destino a Buenos Aires, Haig deu a entender a Reagan que se aproximava o momento em que seria necessário o presidente intervir pessoalmente. "Devemos começar a nos preparar para o pior", avisou ele. "Nesse sentido, talvez precisemos muito em breve saber quais são as suas decisões sobre... pressionar a sra. Thatcher — se devemos, e quando — para que ela faça uma concessão significativa... Se devemos — ou se temos condições de — pressionar a sra. Thatcher até ela chegar a essa conclusão amarga — de que, aconteça o que acontecer, os britânicos não podem resistir ao curso da história, e que agora estão pagando o preço da hesitação anterior do Reino Unido a respeito da questão da soberania — com tudo o que isso significa para ela, para as nossas relações mútuas e para os nossos princípios, é algo que vai exigir uma reflexão cuidadosa."[41]

Cinco dias depois, agora de volta da Argentina, Haig prestou contas de sua missão ao presidente na Sala Oval. Nesse ínterim, o *New York Times* havia publicado uma matéria sobre a insatisfação generalizada dos britânicos com a posição norte-americana, um sentimento expresso por uma pesquisa de opinião segundo a qual, por esse motivo, 28% dos súditos de Sua Majes-

---

[39] Freedman, *Falklands*, vol. II, p. 157.
[40] *James Rentschler's Falklands Diary, 1 April-25 June, 1982*, p. 9: Margaret Thatcher Foundation, "The Falklands War 1982" (acessado no dia 5 de março de 2010).
[41] Ibid.

tade tinham agora uma visão mais negativa do presidente.[42] Mesmo assim, Reagan cumprimentou cordialmente o ministro: "Lar é o marinheiro, um lar no mar!" Haig confirmou ao presidente que "agora vem a parte delicada do problema. As pressões militares estão aumentando. A Grã-Bretanha pode desembarcar em South Georgia amanhã [e] os britânicos vão aumentar a pressão sobre nós para os apoiarmos publicamente." A questão de como proceder não era fácil. Os Estados Unidos queriam "manter uma postura de neutralidade". Francis Pym, o ministro do Exterior da Grã-Bretanha, estava voando para Washington, e Haig teria de fazer um esforço extremo para "identificar a decisão final dos britânicos". Mas não havia uma solução simples, concluiu o ministro. "Esse jogo é torturantemente difícil e pode muito bem ser impossível de ganhar", advertiu ele. "Mas toda vez que recalculo o custo que teria para nós a guerra no Atlântico Sul, não tenho como fugir à conclusão de que teríamos muito a perder, e em ambos os continentes."[43]

A crise das Falkland, anotou Reagan em seu diário naquela semana, "parece estar chegando à sua hora da verdade". Quando Pym chegou a Washington, recebeu uma pressão intensa de um ministro do Exterior dos Estados Unidos determinado a obrigar a Grã-Bretanha a fazer concessões. Haig identificara Pym como o único representante do "partido da paz" no gabinete de guerra de Thatcher. Se alguém houvesse de ser suscetível a uma solução diplomática, seria ele. Haig não se conteve. Ele ficara furioso na véspera, quando o embaixador Henderson o informou de que a operação para recuperar a South Georgia estava prestes a começar. E agora Haig avisou Pym de que, se a Grã-Bretanha insistisse em continuar no caminho da guerra, o Reino Unido "poderia muito bem ter de lutar sozinho". Muitos em Washington queriam que os Estados Unidos se mantivessem na reserva para mais uma tentativa de chegarem a um acordo de paz. Haig até duvidava que a Grã-Bretanha tivesse condições de chegar a uma vitória militar rápida ou satisfatória no Atlântico Sul. A opinião internacional se voltaria contra ela assim que fossem dados os primeiros tiros. E, mesmo que a Grã-Bretanha vencesse, a vitória teria o preço de ela ser obrigada a ter uma presença militar

---

[42] Freedman, *Falklands*, vol. II, p. 165.

[43] Enders a Haig, "Your meeting with the president, 20 April 1982": Denis Blair files, folder UK 1982 (03/01-04/30), Box 90233, Ronald Reagan Library.

permanente na região. Nada disso, insistiu Haig, seria tão satisfatório para a Grã-Bretanha quanto o acordo que estava sobre a mesa naquele momento.[44]

Anos depois, em seu livro *The Politics of Consent* [A política da aquiescência], Francis Pym incluiria uma caracterização incisiva da maneira pela qual muita gente via a diferença entre ele e a primeira-ministra. "Margaret Thatcher é corajosa e determinada", escreveu ele. "Fala em nome do povo britânico e é a primeira pessoa em décadas a ocupar o cargo de primeiro-ministro que tem peito para fazer o que é necessário para pôr o país de pé outra vez... Ela devolveu o orgulho e o senso de propósito à nação. Francis Pym é incompetente e negativo. É o epítome da disposição em fazer concessões que levou a Grã-Bretanha morro abaixo."[45]

Era um estereótipo, mas uma síntese do que o gabinete sentia ao se reunir no dia 24 de abril, depois que Pym voltou a Londres. Ele trazia consigo o rascunho das novas propostas de Haig, que o ministro do Exterior recomendava que fossem aceitas. Thatcher ficou abaladíssima. "Só posso descrever o documento que ele trouxe de lá como uma rendição condicional", lembra ela. "Al Haig tinha grande força de persuasão, e qualquer um que estivesse contra ele teria de enfrentá-lo, não de ceder à sua vontade." Se aquelas propostas fossem aceitas, disse Thatcher a William Whitelaw, vice-primeiro-ministro e colega mais próximo dela na crise durante todo o conflito, ela renunciaria.[46]

A reunião dos ministérios das forças armadas naquela noite foi decisiva. Pym, com o apoio dos diplomatas da pasta do Exterior, apresentou sua argumentação, dizendo que os termos propostos por Haig deviam ser aceitos. Foi um desempenho seguro, que ganhou mais autoridade ainda pelo fato de esses termos poderem ser identificados como um plano norte-americano. Thatcher contra-atacou com uma de suas principais características como primeira-ministra: domínio dos detalhes. Cinco horas tinham se passado desde a primeira conversa com Pym, e ela valorizara a sua argumentação com detalhes intrincados. Ela obrigou Pym a repassar o plano cláusula por cláusula, bombardeando-o com perguntas sobre o que cada uma delas significava

---

[44] Brinkley (org.), *Reagan Diaries*, p. 81. Freedman, *Falkland*, vol. II, p. 170.
[45] Francis Pym, *The Politics of Consent* (Londres, 1984), p. 1.
[46] Thatcher, *Downing Street Years*, p. 205-6.

realmente. No fim da reunião, lembra John Nott, havia no ar "algo como um impasse". E foi Nott quem acabou descobrindo a solução. Ele sugeriu que a Grã-Bretanha não fizesse nenhum comentário sobre o rascunho e que pedisse a Haig para apresentá-lo à Argentina antes. Se ela o aceitasse, então a questão poderia ser apresentada ao parlamento tendo essa aceitação por base. Essa "ideia luminosa", disse Nicholas Henderson mais tarde, foi um "recurso do qual Talleyrand teria ficado orgulhoso".[47]

Foi em muitos sentidos uma manobra arriscada, como o próprio Nott reconheceu. Como o acordo não concedia a soberania, todo o gabinete e a Câmara dos Comuns poderiam tê-lo aceitado, o que teria obrigado Thatcher a considerar a renúncia. Para sorte dela, como aconteceu durante todo o conflito, os argentinos sempre davam uma olhada nos dentes do cavalo que os norte-americanos estavam querendo lhes dar de presente. No dia 29 de abril, informaram Haig de que o plano era inaceitável. O ministro do Exterior teria uma última reunião infrutífera com Nicanor Costa Mendes, o ministro do Exterior da Argentina, para insistir na aceitação, observando que, se Buenos Aires adotasse o acordo, obrigaria a Grã-Bretanha a fazer o mesmo. Mas a partida terminara. A missão de paz de Haig tinha acabado, ao menos por enquanto.[48]

Naquele mesmo dia, Reagan presidiu uma reunião do Conselho de Segurança Nacional para discutir o que fazer em seguida. Jeanne Kirkpatrick fez uma última tentativa de evitar qualquer medida que viesse a prejudicar os interesses hemisféricos dos Estados Unidos. "Os argentinos vão fazer de tudo para evitar uma guerra", declarou ela. "Eles não querem a guerra, vão sair dela sem dificuldade. Eu até queria adiantar a notícia de uma reunião da ONU neste fim de semana para resolver a questão." O presidente respondeu ferinamente: "Não seria bom, depois de todos esses anos, se a ONU fizesse realmente alguma coisa para promover a paz?" No fim, Kirkpatrick sabia que estava travando uma batalha perdida. "Não havia a menor dúvida quanto à posição do presidente Reagan sobre esse problema, do começo ao fim", lembra ela, não sem uma certa amargura. A reunião do CSN concluiu que a política norte-americana adotaria agora "um viés explícito a favor do Reino Unido", que incluiria o fornecimento de material e uma série de "passos

---

[47] Nott, *Here Today, Gone Tomorrow*, p. 293.
[48] Freedman, *Falklands*, vol. II, p. 177-8.

concretos no sentido de reforçar a determinação norte-americana de não compactuar com o uso ilegítimo da força para resolver conflitos". Entre essas medidas estavam as sanções econômicas e a suspensão de todas as exportações militares para a Argentina.[49]

Reagan escreveu a Thatcher para informá-la a respeito da mudança para uma política em favor do Reino Unido. "Tenho certeza de que você concorda que é essencial agora deixar claro para o mundo inteiro que será feito de tudo para se chegar a uma solução justa e pacífica, e que foi apresentada ao governo argentino a opção de adotar essa solução ou partir para novas hostilidades", escreveu ele. Reagan concordou em não divulgar na íntegra a proposta de Haig "por causa das dificuldades que ela pode lhe trazer", e observou — seria uma impertinência? — que "vejo que, embora tenha detectado obstáculos intransponíveis na proposta, você também não a rejeitou". Mas, no fim, Reagan fez a Thatcher ao menos alguma concessão, observando que "não vamos deixar nenhuma dúvida de que o governo de Sua Majestade trabalhou conosco de boa-fé, e não lhe restou outra opção além de prosseguir com a ação militar baseada no direito à autodefesa". Ou como ele escreveu em seu diário pessoal: "Não acho que se deva pedir a Margaret Thatcher que conceda mais alguma coisa."[50]

Essa não era exatamente a vigorosa resposta rooseveltiana que Thatcher esperara, agora que a sua "casa" estava em chamas. Reagan não tentou sequer esconder sua convicção de que "uma solução estritamente militar não tem como perdurar no tempo. No fim, vai ter de haver uma solução negociada aceitável por ambas as partes. Caso contrário, todos nós vamos enfrentar uma hostilidade e uma insegurança intermináveis no Atlântico Sul".

Thatcher descreveu a intervenção de Reagan como "um apoio moral substancial para a nossa posição". Na verdade, estava longe de ser isso. A advertência do presidente não poderia ter sido mais clara: no fim, vai ser preciso haver um acordo negociado. É claro que ele se opunha ao uso da força como forma de resolver rixas internacionais. Mas será que valia mesmo

---

[49] *James Rentschler's Falklands Diary, 1 April-25 June, 1982*, p. 9: Margaret Thatcher Foundation, "The Falklands War 1982" (acessado no dia 5 de março de 2010).
The Falklands Roundtable, 2003: Ronald Reagan Oral History Project, Miller Center of Public Affairs, University of Virginia.

[50] Thatcher, *Downing Street Years*, p. 211.
Brinkley, *Reagan Diaries*, p. 80.

a pena entrar em guerra, perguntou ele aos repórteres, por causa daquele "pedacinho de terra gelada lá embaixo"?[51] Eis aí uma pergunta que Thatcher não queria ouvir. Exatamente como na questão da rede de oleodutos na Sibéria, Reagan pôs os interesses e projetos norte-americanos na frente daqueles de seu aliado britânico. Nessa ocasião somente, se ele tivesse êxito, o resultado seria quase certamente a queda de Thatcher.

* * *

QUALQUER QUE TENHA sido a decepção com Reagan, no final de abril de 1982 a posição política de Thatcher estava consideravelmente mais sólida do que estivera no início do mês. Por um breve momento, parecia que seu próprio partido a obrigaria a renunciar. Agora, a situação de seu país estava muito mais segura. Ela o unira em torno de sua decisão de enviar uma força-tarefa para o Atlântico Sul. Em casa e no exterior, "o partido da paz" perdera a força. A primeira ação militar da campanha tivera êxito, e o sinal para elevar o moral havia sido dado: "Tenho o prazer de informar Sua Majestade de que o White Ensign está voando ao lado do Union Jack em South Georgia. Deus salve a Rainha!" Uma "zona de exclusão total" de aproximadamente 3 quilômetros estava agora em vigor em torno das ilhas Falkland, com uma advertência às forças argentinas de que levariam tiros sem mais avisos caso entrassem naquela zona. Estava claro para todo o mundo, e para Margaret Thatcher em particular, que a fase diplomática da crise das Falkland terminara e que o conflito militar era iminente. "Eu me senti orgulhosa e eufórica", escreveu ela depois de uma ovação em um comício do partido conservador no dia 30 de abril, "mas também senti uma carga de responsabilidade quase esmagadora. Sabia que a força-tarefa entraria nas águas em torno das ilhas Falkland no dia seguinte".[52]

Com a força-tarefa em posição, Thatcher deve ter alimentado a esperança de que as dúvidas que tinha a respeito dos norte-americanos poderiam finalmente ser postas de lado. Aquelas haviam sido semanas desconcertantes para uma atlanticista tão instintiva quanto ela. As divisões no seio do

---
[51] Thatcher, *Downing Street Years*, p. 212. Freedman, *Falklands*, vol. II, p. 177-8.
[52] Thatcher, *Downing Street Years*, p. 212.

governo Reagan sobre o tipo de estratégia a adotar muitas vezes pegaram Thatcher de surpresa. Jeanne Kirkpatrick, com suas inclinações hemisféricas e sua doutrina de apoio aos regimes autoritários anticomunistas da região, tinha sido fácil de entender. "[Ela] estava muito envolvida com a política latino-americana", comentou secamente o embaixador da Grã-Bretanha na ONU, *Sir* Anthony Parsons.[53] Mas a atitude de Al Haig fora uma surpresa desagradável. Como antigo comandante da Otan, ele dera a impressão de ser a pessoa ideal para apoiar a posição da Grã-Bretanha perante a agressão argentina. Sua declaração de que os Estados Unidos eram "amigos de ambos" tinha sido um choque. Na época, o choque transformou-se em fúria cega. Quando Henderson informou Haig de que a operação para recuperar South Georgia estava prestes a começar, o ministro respondeu friamente ao embaixador que era dever dos Estados Unidos informar a Argentina. A longa crítica que ele ouviu foi duplamente eficiente no sentido de interromper esse processo, por ter sido feita por Henderson, um homem em geral muito bem-educado.[54]

Mesmo frustrada, a Grã-Bretanha também foi beneficiada em certo grau pela confusão e pelos interesses rivais no âmago do governo norte-americano. Quando Pym chegou a Washington para as conversas com Haig, que resultaram no plano "inaceitável" em função do qual Thatcher ameaçou renunciar, já tinha se encontrado antes com o assessor da segurança nacional, o juiz Bill Clark. Tomando o café da manhã no belo terraço da embaixada britânica em meio às flores das cerejeiras e das macieiras, Clark apresentou a ideia de que as Falkland poderiam ficar sob a tutela norte-americana. "Será que Pym gostaria de se encontrar com o presidente para discutir essa questão?", perguntou Clark. Nenhum ministro do Exterior da Grã-Bretanha recusaria fazer uma reunião na Sala Oval, de modo que Pym mostrou disposição para discutir a proposta. Logo depois, um Al Haig apoplético chegou para conversar com Pym. Sempre a prima-dona, o ministro estava indignado por Clark ter levantado a questão de uma tutela. "Não sou eu o responsável pelas negociações?", vociferou ele. Pym não ouviu nenhuma outra menção a Clark durante a visita, e não chegou a fazer a sua reunião na Casa Branca.

---

[53] Entrevista com *Sir* Anthony Parsons: British Diplomatic Oral History Programme, Churchill College Archives Centre.
[54] Thatcher, *Downing Street Years*, p. 204.

Em vez disso, voltou a Londres com a nova proposta de paz de Haig para enfrentar a ira de Thatcher.[55]

Felizmente para Thatcher, o homem que era o representante do governo durante o conflito das Falkland — Al Haig — não era o mais importante para assegurar que a Grã-Bretanha recuperasse essas ilhas. Caspar Weinberger, o ministro da Defesa, tinha travado uma guerra muito discreta, ao menos publicamente. Tempos depois, após a guerra, um Henderson já aposentado escreveria a ele para lamentar ter sido proibido de revelar os detalhes do papel de Weinberger durante o conflito. Pois enquanto Haig, que adorava aparecer na mídia, voava de um continente para outro em busca da paz, Weinberger simplesmente entrou na história para garantir que a Grã-Bretanha ganharia a guerra.

Caspar Weinberger foi a imagem invertida de Jeanne Kirkpatrick durante a crise das Falkland. Ele deixou claro desde o início que os interesses atlânticos superavam os hemisféricos. "Achei desde o começo — e não mudei de opinião depois — que essa era uma tentativa feita por uma ditadura militar corrupta de interferir nos direitos que tinham sido exercidos por um de nossos aliados mais antigos e mais caros", lembra ele, "e, entre outras coisas, um outro membro da Otan para com o qual temos obrigações contratuais de acordo com o tratado da própria Otan". Weinberger foi imediatamente contrário à mediação de Haig, não só por não gostar dele pessoalmente, mas também porque "Eu estava muito cético a respeito dos resultados, e também muito preocupado com a possibilidade de que, no decorrer da mediação, esquecêssemos alguns de nossos deveres básicos para com a Grã-Bretanha e do fato de ela ser uma signatária da Otan". Margaret Thatcher não poderia ter se expressado melhor.[56]

A visão pró-britânicos de Weinberger garantiu a Londres um apoio vital na área em que mais precisava dele: espionagem e material militar. Weinberger compreendeu que, em 1982, a Grã-Bretanha estava mal-equipada para travar uma guerra no Atlântico Sul. Não tinha um sistema de reconhecimento aéreo. As comunicações por satélite eram precárias. Os Harriers não dispunham de um equipamento eficiente de mísseis ar-ar. Não havia

---

[55] Henderson, *Diaries*, p. 454.
[56] The Falklands Roundtable, 2003: Ronald Reagan Oral History Project, Miller Center of Public Affairs, University of Virginia.

uma base britânica no Atlântico Sul. Weinberger identificara essas falhas e tomou providências para remediá-las, mesmo com Haig apresentando seu plano de paz. Primeiro Weinberger ofereceu a base aérea norte-americana de Wideawake, na ilha de Ascension, sobre a qual os Estados Unidos tinham um contrato de arrendamento de longo prazo com a Grã-Bretanha. Os suprimentos começaram a chegar aos montes para a força-tarefa, entre os quais, combustível para aviões, sistema de defesa antiaérea, e armas e munições de todos os tipos. O mais importante de tudo era o novo Sidewinder, que lançava mísseis de um avião em outro — a arma decisiva do conflito. Os equipamentos foram suplementados com informações dos serviços secretos e facilidades de comunicação. E, por incrível que pareça, Weinberger chegou a oferecer um porta-aviões do Atlântico Sul para a Grã-Bretanha. "É impossível exagerar", concluiu Henderson, "a contribuição de Weinberger à nossa causa."[57]

O apoio de Weinberger à Grã-Bretanha começou assim que a força-tarefa levantou âncora e se fez ao mar no começo de abril. Mas estava claro que o presidente tinha só uma leve ideia do que acontecia. "Apesar das reportagens em contrário publicadas pelo *Washington Post* e outros periódicos, mantivemos uma neutralidade oficial genuína durante esse período [até 29 de abril]", escreveu Reagan tempos depois. "Embora Londres tenha utilizado um de nossos satélites militares para se comunicar com sua frota enquanto esta se dirigia para as Falkland, isso foi feito em conformidade com um acordo que se achava em vigor desde uma data muito anterior à crise. Não fornecemos aos britânicos nenhuma outra assistência militar."[58]

A versão dos acontecimentos feita para suas memórias tem eco no diário pessoal de Reagan. "Estamos com um problema muito difícil, e a imprensa não ajudou em nada", escreveu ele no dia 14 de abril. "No que considero um ato de extrema irresponsabilidade — orquestrado por [Carl] Bernstein, do *Post*, foi feita uma acusação de estarmos ajudando a marinha britânica na disputa pelas Falkland. É claro que isso deixou os argentinos fora de si. A acusação é falsa. Estamos fornecendo à Inglaterra um canal de comunicações via satélite, mas isso faz parte de um procedimento rotineiro que já existia

---

[57] Descrição do apoio militar e dos serviços de inteligência norte-americanos: Henderson, *Diaries*, p. 442-4.
[58] Ronald Reagan, *An American Life* (Londres, 1990), p. 359.

antes da disputa. Cancelá-lo teria sido interpretado como apoio à Argentina. [Mas] ainda estamos em campo, tentando chegar a um tratado de paz..."[59]

Declarar que "a acusação é falsa" foi espantoso, dados o apoio militar e as informações secretas que Weinberger estava de fato dando à Grã-Bretanha. Ou o presidente mentia (até mesmo para seu diário) ou não tinha conhecimento sequer das principais medidas tomadas pela política de defesa de seu próprio governo. Dois anos depois, um Al Haig amargurado, agora fora do cargo, observaria que essa foi uma característica marcante da política do governo Reagan. "A Casa Branca era tão misteriosa quanto um navio fantasma", escreveu ele, exasperado. "A gente escuta o chiado do cordame e o ranger das madeiras e, às vezes, tem até um vislumbre da tripulação no convés. Mas quem é que estava no leme daquela embarcação?" No fim, concluiu Haig, "Era impossível saber".[60]

Certamente não era Haig, conforme se viu. Suas viagens de ida e volta em busca de paz para as Falkland seriam seu canto do cisne, ou melhor, uma derrota: Haig renunciou no final de junho. Os acontecimentos do Atlântico Sul fariam parte de uma mudança mais abrangente na política exterior do governo, mudança que veria o juiz Clark e o CSN assumirem o papel de liderança no sentido de tornar mais robusta a estratégia norte-americana da Guerra Fria.

Durante o conflito, essa mudança de direção não foi um grande consolo para Thatcher nem para os britânicos. Na verdade, à medida que a confusão aumentava, cresciam também a frustração e a raiva da primeira-ministra.

Se, em suas memórias, Reagan informou incorretamente que seu governo fez pouco ou nada para ajudar a Grã-Bretanha antes da deflagração das hostilidades, observou também que "assim que a guerra começou, depois de os argentinos terem recusado repetidas vezes propostas razoáveis para fazer um acordo, declaramos todo o apoio à Grã-Bretanha e lhe fornecemos toda a assistência que pudemos".[61] A realidade foi bem menos satisfatória para a Grã-Bretanha.

Thatcher estava prestes a enfrentar seus momentos mais melancólicos e mais controvertidos do conflito. E, quando precisou de Reagan, ele não compareceu.

---

[59] Brinkley (org.), *Reagan Diaries*, p. 79.
[60] James Chace, "The turbulent tenure of Alexander Haig", *New York Times*, 22 de abril de 1984.
[61] Reagan, *American Life*, p. 359.

CAPÍTULO 4

Mais vacilante
do que Jimmy Carter

Zona de exclusão total do Atlântico Sul. 4 de maio de 1982. "Uma manhã insípida, com poucos acontecimentos", escreveu em seu diário naquela noite o almirante Sandy Woodward, comandante em chefe do grupo de batalha das Falkland, "até as 14h15, quando um Exocet lançado de um Étendard atingiu o *Sheffield*, meu velho navio. Enquanto escrevo, dez horas depois, ele ainda está em chamas lá no mar..."

O avião Super Étendard, da marinha argentina, devia ter andado praticando com seus próprios navios para evitar com perfeição ser detectado pelos radares. Apenas dois dias antes, na primeira e mais controvertida ação militar da guerra, um submarino nuclear britânico usou torpedos Mark 8 para afundar o porta-aviões argentino *Belgrano*, com a perda de 368 vidas. O ataque ao *Sheffield* foi uma resposta direta. No dia 4 de maio, dois aviões partiram furtivamente de sua base no Rio Grande e conseguiram se reabastecer em pleno ar. Quando chegaram a uma distância de 14 quilômetros do destróier britânico, cada um deles lançou um Exocet e, em seguida, bateu em retirada. Os mísseis levaram um minuto para atingir o *Sheffield*. Um deles errou o alvo, mas o outro acertou o navio bem no meio, mas não explodiu. O incêndio provocado pelo impacto do projétil foi suficiente para matar vinte homens e ferir gravemente outros 26. Logo foi dada a ordem de abandonar o navio, e deixaram o *Sheffield* naufragar. Ele foi a primeira embarcação britânica a ser posta a pique por ação inimiga desde a Segunda Guerra Mundial.[1]

---
[1] Descrição do naufrágio do *Sheffield*, navio da frota de Sua Majestade: Sandy Woodward, *One Hundred Days: the memoirs of the Falklands battle group commander* (Londres, 1992), p. 1-22;

O naufrágio do *Sheffield*, observou o ministro da Defesa John Nott, afetou todos "que estavam na guerra de verdade". A mulher do almirante Woodward recebeu a notícia em Londres. "A partir daquele momento", lembra ela, "parei de achar que a marinha argentina era algo parecido com uma opereta cômica à Gilbert e Sullivan". Todos pareciam achar que o conflito das Falkland não era algo que saíra de *HMS Pinafore* parecia algo com que todos concordavam.²

Essa atitude impregnou a Casa Branca também, onde a reação ao naufrágio do *Belgrano* e do *Sheffield* foi de espanto e horror. "O exemplo desses dois adversários lembra cada vez mais o caso de uns desordeiros que se atracam espasmodicamente nas ruas uns com os outros, cegos pela fúria provocada pelo próprio sangue derramado", escreveu James Rentschler — o assessor de segurança pública — em seu diário. Um artigo redigido pelo CSN intitulado *The Falkland Islands: What Now? What Next?* [As ilhas Falkland: E agora? E depois?] foi menos pitoresco, mas sua falta de compreensão do que estava acontecendo era igualmente óbvia. "O naufrágio do *Belgrano* e do *Sheffield* leva o conflito do Atlântico Sul para um estágio alarmantemente novo e talvez desesperado, um estágio que destaca ainda mais os fatores estratégicos negativos que os Estados Unidos vão enfrentar com uma frequência cada vez maior se as hostilidades persistirem", declara sem rodeios o artigo. "Estamos numa situação em que só um ato de sanidade mental pode agora salvar os próprios adversários em luta de mais perdas, e salvar também interesses norte-americanos mais abrangentes."

Avaliar a situação britânica e seu impacto sobre a estratégia dos Estados Unidos foi particularmente difícil. "A continuidade do bloqueio britânico com ação militar esporádica", observou o artigo, "vai resultar num retrocesso grave de todas as nossas políticas neste hemisfério à medida que as posições latino-americanas se fortalecem, ao mesmo tempo que limita o âmbito de ação da Marinha Real, que está a uma distância de quase 13 mil quilômetros de suas responsabilidades junto à Otan". Mas os Estados Unidos tinham um ás escondido na manga: "Agora que passamos para o lado da Grã-Bretanha, nosso apoio à sra. Thatcher ganhou muita força", concluiu o artigo. "Somos *de facto* um aliado nesse empreendimento e podemos usar essa condição para

---

Lawrence Freedman e Virginia Gamba-Stonehouse, *Signals of War: the Falklands Conflict of 1982* (Londres, 1990), p. 289.
² Nott, *Here Today, Gone Tomorrow*, p. 309.

impor nossos interesses de formas que nos estavam interditadas antes por nosso papel de 'árbitros imparciais'."[3]

O artigo serviu para concentrar a atenção na Casa Branca. Embora o ministro do Exterior Al Haig ainda estivesse tentando ressuscitar o seu plano de paz, dessa vez com a ajuda do Peru, o "Juiz" William Clark, o assessor de segurança nacional, chegou à conclusão de que estava na hora de usar sua autoridade pessoal junto à primeira-ministra britânica para obrigá-la a fazer um acordo. Naquele mesmo dia, 4 de maio, Reagan enviou uma carta a Thatcher com um apelo pessoal para ela fazer concessões. Já houve perda de vidas, lembrou ele. Estava na hora de parar com aquela história.[4]

A reação de Thatcher ao ler a carta foi de choque misturado com raiva Ela recebera a notícia do naufrágio do *Sheffield* poucas horas antes. Havia sido um momento sombrio e ela estava arrasada. E agora lá estava o seu aliado mais confiável insistindo numa política de "apaziguamento". Essa "pressão constante no sentido de enfraquecer nossa posição" era simplesmente inaceitável. Ela se sentou imediatamente para escrever uma resposta pessoal a Reagan sem fazer nenhum rodeio para expressar o quanto estava decepcionada e irritada. Essa carta, disse ela tempos depois, "talvez tenha revelado demais a minha frustração". Tendo perdido a calma e sendo aconselhada insistentemente por seus assessores a não solapar sua relação com o presidente, ela depois "abrandou o tom antes de enviá-la". Mas até essa resposta com mais nuances continuava sendo claramente uma censura. Thatcher se queixava das tentativas norte-americanas de intimidar a Grã-Bretanha para esta aceitar um acordo, e apelou para o presidente por ele ser "a única pessoa capaz de entender o significado do que estou tentando dizer". É claro que ela queria um acordo de paz e pretendia trabalhar com Haig para chegar a ele. Mas os Estados Unidos e a Grã-Bretanha, como amigos e aliados, defendiam os mesmos princípios de liberdade e democracia. Com certeza o presidente compreendia que não poderia haver uma solução de longo prazo para a crise das Falkland que não "implicasse claramente o direito à autodeterminação". Era uma questão de princípio para ela e para a Grã-Bretanha.

---

[3] *The Falkland Islands: What Now? What Next?*, 4 de maio de 1982: *James Rentschler's Falklands Diary, 1 April-25 June, 1982*, p. 27-8, Margaret Thatcher Foundation, "The Falklands War 1982" (acessado no dia 5 de março de 2010).

[4] Bremmer a Clark, 4 de maio de 1982: Denis Blair files, folder UK 1982 (05/01-07/31), Box 90223, Ronald Reagan Library.

Diversas vezes os habitantes das ilhas Falkland tinham deixado claro o seu desejo de continuar sob o poder britânico. E ela não os abandonaria.[5]

Antes de responder, Reagan ficou refletindo sobre aquela carta durante quase uma semana. Nesse ínterim, as negociações relativas a uma solução pacífica tinham sido transferidas para a ONU, onde o secretário-geral Pérez de Cuéllar se queixava da falta de flexibilidade da Grã-Bretanha. Esta andara bombardeando as ilhas Falkland por mar e ar, e tinha afundado o navio argentino *De Los Estados* e uma traineira, a *Narwal*. Era evidente que a campanha estava se intensificando. Dessa vez, Reagan tentou fazer uma pressão mais pessoal sobre a primeira-ministra telefonando, em vez de escrever. "Liguei para a primeira-ministra Thatcher", anotou ele em seu diário. "Conversei com Margaret, mas acho que não consegui persuadi-la a não partir para outras ações militares".[6]

Era um resumo ameno de uma conversa desagradável. Finalmente a máscara de cordialidade caiu. Reagan disse a Thatcher que, se era verdade o que diziam os boatos sobre a Grã-Bretanha estar preparando um ataque à Argentina continental, este ataque deixaria os Estados Unidos numa posição política dificílima. Ela garantiu a ele que não era isso o que estava para acontecer, pois os danos políticos internacionais seriam grandes demais. Reagan ficou aliviado, mas lembrou a primeira-ministra de que sua ação militar e a intransigência que mostrava já estavam prejudicando a reputação da Grã-Bretanha. "Certamente era hora de se abster de toda e qualquer ação militar", insistiu ele, "para dar à ONU uma chance de mostrar serviço". Isso foi demais para Thatcher. "A Argentina atacou nossos navios ontem", respondeu ela. "Não podemos adiar opções militares só por causa das negociações." Afinal de contas, tinham sido as ações militares que haviam levado a Argentina de volta à mesa de negociações.[7]

Isso pode ser verdade, respondeu Reagan, mas não a preocupava que o mundo estivesse considerando tal batalha uma luta entre Davi e Golias, com a Grã-Bretanha no papel de Golias. "Isso não pode ser verdade a uma distância de quase 13 mil quilômetros", retorquiu Thatcher. E depois fez uma ironia com o presidente, perguntando se ele gostaria que algum norte-ameri-

---

[5] Thatcher, *Downing Street Years*, p. 217. Freedman, *Falklands*, vol. II, p. 328.
[6] Brinkley, *Reagan Diaries*, p. 84.
[7] Thatcher, *Downing Street Years*, p. 221.

cano vivesse sob uma ditadura brutal como a da junta argentina, observando que muitas famílias das Falkland viviam lá havia muito tempo e desempenhavam um papel, e enfatizando a importância estratégica das ilhas. "E se o canal do Panamá fosse fechado algum dia?", perguntou ela. Aí então os Estados Unidos compreenderiam o valor daquele "pedacinho de terra gelada" do Atlântico Sul.[8]

"Foi uma conversa difícil; mas, no frigir dos ovos, foi útil", refletiu ela anos depois. "O fato de nosso aliado mais confiável — e alguém que já tinha demonstrado ser um de meus amigos políticos mais íntimos — poder ver as coisas por esse ângulo é prova das dificuldades que enfrentamos."

Posteriormente, Thatcher pode ter visto Reagan como um de seus mais íntimos amigos políticos, mas nessa ocasião ela ficou furiosa com ele e se sentiu completamente abandonada. Ficou "pasma" com a atitude do presidente e "horrorizada" com sua sugestão de propor à Grã-Bretanha que recuasse.

"Temo que nossas relações [com os Estados Unidos] se deteriorem nas próximas semanas", declarou preocupado o embaixador britânico, Nicholas Henderson. "Não consigo imaginar Reagan fazendo com que ela corra para atender o telefone..."[9]

O que tornava tudo mais inexplicável ainda para Thatcher era que a atitude de Reagan contrastava muito com a de François Mitterrand, o presidente socialista da França. Mitterrand dera-lhe um apoio inequívoco desde o início. Jacques Attali, que havia sido seu assessor militar, escrevera que o presidente havia ligado para ela no dia seguinte à invasão, para lhe dizer: "Estou do seu lado". Segundo Attali, que fez as vezes de intérprete, "ela ficou perplexa, não esperava uma coisa dessas".[10]

"Lembro de ter estado em Downing Street na tarde de sábado, depois da invasão argentina", lembra John Cole, o secretário particular da primeira-ministra, "e, na verdade, ele foi o primeiro estadista estrangeiro a telefonar e dizer, 'Você tem o meu apoio. Isso é importante'. Foi importante".[11]

---

[8] Ibid.
[9] Nicholas Wapshott, *Ronald Reagan e Margaret Thatcher: a political marriage* (Nova York, 2007), p. 178.
[10] *Sunday Times*, 20 de novembro de 2005: MTF docid=110663 (acessado no dia 14 de janeiro de 2011).
[11] Entrevista com John Cole, BDOHP, Cambridge Archives Centre, Cambridge.

"Em muitos aspectos, Mitterrand e a França foram os nossos maiores aliados", escreveu John Nott, o ministro da Defesa, depois da guerra. Antes a França havia fornecido aviões Mirage e o Super Étendard à Argentina. A marinha argentina estava equipada com mísseis Exocet fabricados na França. Mas agora Mitterrand instruiu o ministro da Defesa de seu país no sentido de dar à Grã-Bretanha acesso ao Super Étendard e aos Mirage com o objetivo de treinamento. Os franceses também deram informações técnicas detalhadas sobre o funcionamento dos Exocet. "Seguiu-se então uma operação extraordinária em nível mundial", disse Nott, para impedir que a Argentina adquirisse outros Exocet. Essa operação envolveu os serviços de espionagem da Grã-Bretanha e da França, que trabalharam juntos para encontrar mísseis Exocet e desativá-los.[12]

Isso não quer dizer que não houve momentos de tensão anglo-francesa. Segundo o psicanalista de Mitterrand, Ali Magoudi, Mitterrand falou em suas sessões naquele mês de maio da exasperação com a primeira-ministra. "Que mulher difícil, essa Thatcher!", exclamou ele. "Com seus quatro submarinos nucleares em missão no Atlântico Sul, ela ameaça lançar armas atômicas contra a Argentina — a menos que eu lhe forneça os códigos secretos que deixam cegos e surdos os mísseis que vendemos aos argentinos. Margaret me deu instruções muito precisas ao telefone... Fui obrigado a ceder. Ela dispõe deles agora, dos códigos. Se os nossos clientes descobrirem que os franceses desativam as armas que vendem, esse fato não vai melhorar muito as nossas exportações. Como você reagiu a uma mulher tão intransigente?", perguntou Magoudi. "O que você esperava?", respondeu o presidente exasperado. "É impossível vencer uma briga contra a síndrome insular de uma inglesa descontrolada."[13]

O almirante Henry Leach, chefe da equipe naval durante o conflito, negou posteriormente a declaração sobre armas nucleares, dizendo que "não consideramos a possibilidade de um ataque nuclear e nem sequer fizemos nenhum exercício preparatório para esse tipo de ação". Nesse caso, Thatcher primou na arte do blefe. Mesmo assim, por mais acrimoniosas que tenham sido as conversas, Thatcher tinha claro para si que os franceses eram "abso-

---

[12] John Nott, *Here Today, Gone Tomorrow* (Londres, 2002), p. 305.
[13] *Sunday Times*, 20 de novembro de 2005: MTF docid=110663 (acessado no dia 14 de janeiro de 2011).

lutamente leais" em seu apoio. "Eu teria muitas discussões acaloradas com o presidente Mitterrand anos depois", escreveu ela, "mas nunca esqueci a dívida que tínhamos com ele por seu apoio pessoal durante toda a crise das Falkland".[14]

Coube a seu ministro da Defesa fazer a comparação óbvia. "Apesar de toda a amizade de Margaret Thatcher com Ronald Reagan, ele continuou sendo um norte-americano da Costa Oeste olhando para o sul — para a América Latina — e para oeste — para o Pacífico", observou Nott. "Às vezes eu me perguntava se ele sequer sabia onde ficava a Europa, ou se isso tinha alguma importância para ele. Houve uma pressão incrível da Casa Branca e do Ministério do Exterior para negociarmos um acordo. Foi uma coisa imensamente prejudicial. Os norte-americanos não conseguiam entender que, para nós, qualquer acordo negociado teria soado como derrota."[15]

À sua moda, a crise das Falkland — uma farsa imperialista para muitos norte-americanos — acabou mostrando a profundidade dos sentimentos de humilhação dos Estados Unidos que ainda persistiam depois do fracasso de sua própria aventura imperialista no Vietnã. Reagan chegara ao poder em 1980 com a promessa de dispersar as sombras criadas pela síndrome do Vietnã. Mas, em muitos aspectos, sua política de defesa era um exemplo dela. Ao longo dos seus oito anos no poder, o governo canalizaria mais de 2 trilhões de dólares para os gastos com defesa. Entre 1980 e 1990, os gastos com defesa expressos em porcentagem do PNB subiram de 4,9% para 5,2% e equivaliam a aproximadamente um quarto dos gastos federais durante a maior parte dessa década. O objetivo dessa intensificação da defesa, que já começara no governo do presidente Carter, era intimidar os inimigos dos Estados Unidos a tal ponto que uma guerra com os norte-americanos se tornaria impensável. Por trás dessa ideia estava uma compreensão pós-Vietnã com a qual havia concordância além das fronteiras políticas — o desejo profundo de evitar mandar tropas para lutar — e em casa, nos sacos plásticos que trouxeram corpos de soldados. Essa política seria explicitada no ano seguinte pelo ministro da Defesa Weinberger, segundo o qual os Estados Unidos só deviam lutar quando pudessem vencer sem perda significativa de vidas. "Descobrimos que há limites para o quanto nosso espírito, nosso

---

[14] Ibid.
[15] *Telegraph*, 13 de março de 2002.

sangue e nosso bolso podem ser malbaratados para cumprir nossos deveres de manter a paz e a liberdade", explicou ele num discurso sobre "Os Usos do Poder Militar". As ideias apresentadas aí passaram a ser conhecidas como a Doutrina Weinberger e, mais tarde, se tornariam a base da Doutrina Powell, que foi o alicerce da estratégia militar norte-americana até o 11 de Setembro. Com o horror pessoal de Reagan pela guerra e pela violência acrescentados a esses ingredientes, não é difícil entender por que sua atitude em relação a Thatcher durante a crise das Falkland foi de irritação e falta de respeito. Vê-la aceitar calmamente a perda de um destróier como o *Sheffield* o teria deixado perplexo. A ideia da quantidade de sangue que ainda poderia ser derramado era inaceitável. Era claramente o dever de um amigo e aliado afastar Thatcher da beira do abismo.[16]

As tensões aumentaram à medida que o conflito das Falkland passou de batalhas aéreas e navais para guerra em terra firme. No dia 21 de maio, tropas britânicas desembarcaram nas proximidades do porto de San Carlos e logo construíram ali uma cabeça de ponte. Uma semana depois, essas forças tomaram as posições defendidas pelo inimigo em Darwin e Goose Green. Num confronto sangrento, os britânicos perderam 17 homens; as forças argentinas perderam dez vezes esse número e bem mais de mil soldados foram feitos prisioneiros. No dia 29 de maio, as forças britânicas tinham feito a capital — Port Stanley — render-se.

À medida que a guerra se intensificava e chegavam mais informes de baixas, a ansiedade reinante no governo Reagan transbordou. "Há agora uma necessidade imediata e urgente de uma nova medida dramática por parte dos Estados Unidos", gritava um artigo hiperbólico do CSN intitulado *UK-Argentine War* [Guerra RU-Argentina], "para evitar perdas maciças de ambos os lados, com consequências graves para todo o mundo livre (enfraquecimento da Otan, desmantelamento de sistemas financeiros internacionais etc.)".[17] Muitos países latino-americanos, liderados pela Venezuela, estavam aproveitando todas as oportunidades, tanto pública quanto privadamente,

---

[16] James T. Patterson, *Restless Giant: the United States from Watergate to Bush vs. Gore* (Nova York, 2005), p. 200. "The Use of Military Power", 28 de novembro de 1984 http://www.airforce-magazine.com/MagazineArchive/Pages/2004/January%202004/0104keeper.aspx (acessado no dia 24 de março de 2011).

[17] "UK-Argentine War", sem data: Denis Blair files, folder UK 1982 (05/01-07/31), Box 90223, Ronald Reagan Library.

para atiçar os receios norte-americanos de ter na sua porta um continente fervendo de ressentimento e ódio. "Não preciso dizer", observou o embaixador norte-americano em Buenos Aires, "que uma batalha sangrenta pelas ilhas, que leve à derrota da Argentina, produziria consequências graves para os interesses dos Estados Unidos aqui e no resto da América Latina".[18]

Por incrível que parecesse, agora aquele "pedacinho de terra gelada lá embaixo" ameaçava colocar em perigo toda a estratégia de Reagan para a América Latina — identificada pelo governo como "a região mais importante do mundo para nós".[19]

Dentro da Casa Branca, a ansiedade manifestou-se publicamente em informações dadas pelo *Washington Post* de que Reagan talvez fosse obrigado a cancelar sua visita à Grã-Bretanha em junho. Essa iniciativa tinha sido organizada no ano anterior como forma de mostrar apoio a Thatcher em um momento de grande instabilidade política e social. Agora havia o receio de que o glamour dos banquetes oficiais e passeios a cavalo nos terrenos do castelo de Windsor com a rainha fizessem um contraste muito violento com o horror da guerra. E também poderiam acirrar ainda mais a hostilidade latino-americana. A Casa Branca negou oficialmente essa interpretação dos fatos no *Post*, mas até falar do cancelamento da visita foi mais um tiro que saiu pela culatra da Grã-Bretanha.

No final de maio, o governo Reagan havia chegado à conclusão de que o melhor meio de acabar com aquela guerra seria introduzir o próprio presidente na jogada. "A única dimensão que ainda resta aos Estados Unidos para chegarem a um acordo de paz", observou um artigo do CSN sobre a estratégia das Falkland, "é a intervenção pessoal do presidente".[20]

A organização dessa empreitada coube a Haig. "Está ficando canja lá embaixo", disse o ministro a Henderson, referindo-se a um filme célebre dos Irmãos Marx. Haig explicou que Reagan telefonaria à primeira-ministra para informá-la de que os Estados Unidos iam pedir um cessar-fogo para evitar uma batalha sangrenta e a derrota completa das forças argentinas. Henderson concordou que seria bom os dois líderes conversarem. "Eu disse

---

[18] Freedman, *Falklands*, vol. II, p. 511.
[19] Herring, *Colony to Superpower*, p. 884-5.
[20] "Falklands Strategy on the eve of British invasion", sem data: Denis Blair files, folder UK 1982 (05/01-07/31), Ronald Reagan Library.

que, normalmente, eu achava que essas conversas telefônicas entre chefes de Estado acabavam criando problemas e azedume, como já havia acontecido antes com uma ligação de Reagan, mas... eu também achava que um telefonema não faria mal a essa altura", lembra ele. "Eu não podia estar mais enganado."[21]

Reagan ligou para Thatcher no dia 31 de maio. Começou com charme e "polindo" o ego da primeira-ministra. "Eu queria lhe dar os parabéns pelo que você e seus jovens estão fazendo lá embaixo", disse ele. "Você assumiu grandes riscos e mostrou ao mundo inteiro que uma agressão não provocada não compensa." Depois ele começou a esboçar "algumas de nossas ideias sobre a forma de capitalizar os êxitos que você teve com a iniciativa diplomática". É claro que a Argentina poderia pôr tudo a perder, mas "eu acho que um esforço no sentido de mostrar que ainda estamos todos dispostos a fazer um acordo... solaparia o esforço dos... esquerdistas da América do Sul que estão procurando ativamente explorar a crise. Bem, estou pensando nessa proposta..."

Antes de Reagan dizer qual era a sua proposta, Thatcher o interrompeu de maneira ríspida.

— Isso é democracia e uma ilha nossa — advertiu ela —, e a pior coisa que poderia acontecer à democracia seria fracassarmos agora.

— Sim... — começou Reagan.

Thatcher o interrompeu de novo.

— Ron, não vou entregar... Não vou entregar essa ilha agora. Não posso desperdiçar a vida e o sangue dos nossos soldados e entregar as ilhas para um [grupo de] contato. Não é possível.

— Margaret, mas eu pensei que parte dessa proposta...

— Você com certeza não está me pedindo, Ron, depois de termos perdido alguns dos nossos melhores homens, você com certeza não está dizendo que, depois da retirada da Argentina, nossas forças e nosso governo fiquem imediatamente ociosos? Eu tive de percorrer distâncias imensas e mobilizar metade do meu país. Simplesmente tenho de ir em frente.

— Margaret, eu...

— Eu me pergunto se lá alguém compreende, eu gostaria de lhes perguntar. Suponha que o Alasca fosse invadido... Bom, você pôs o seu pessoal todo

---

[21] Henderson, *Diaries*, p. 466.

lá para recuperá-lo e alguém lhe sugere que um grupo de contato poderia intervir... você não permitiria uma coisa dessas!

— Não, não, mesmo que, Margaret, eu tenha de dizer que não acho que o Alasca esteja em uma situação parecida — disse Reagan.

— Mais ou menos, está sim — retrucou ela.

— É, bem, ahn, ahn... Bem, Margaret, sei que estou te atrapalhando...

Reagan, vacilando e incapaz de dizer uma palavra sequer, desligou o mais rápido que pôde.[22]

Quando Thatcher terminou a ligação, estava tomada por uma fúria cega e temerária. Pediu a seu secretário particular que chamasse o embaixador britânico em Washington ao telefone. Não se preocupou sequer em usar a linha segura. Henderson atendeu e levou um sermão daqueles porque "ela não foi avisada" a respeito do que o presidente poderia lhe dizer. Mas o verdadeiro foco da raiva era o próprio presidente. Estava "consternada", repetia ela incessantemente, "consternada com a atitude dele". Como ele tinha a coragem de propor "outra iniciativa de paz" a essa altura dos acontecimentos?, perguntava ela. Estava "chateadíssima". As propostas a tinham "horrorizado". "Não havia absolutamente nenhuma possibilidade do que eles estão pensando", continuou ela. "Estávamos dispostos a negociar antes, mas não agora. Perdemos muito sangue e sangue da melhor qualidade. Eles não percebem que se trata de uma questão de princípios. Não podemos trocar nossos princípios por conveniência."

Thatcher não ia mais tolerar uma coisa dessas — era preciso dizer ao presidente que parasse de lhe telefonar.

Enquanto Henderson ouvia, seu secretário particular lhe entregou um bilhete que dizia que Al Haig queria lhe falar com urgência. Ele percebeu na mesma hora que o ministro de Estado devia ter recebido uma transcrição da conversa do presidente com a primeira-ministra. Henderson também se deu conta — assim como Thatcher — que o ministro de Estado logo estaria lendo a transcrição daquela conversa feita em uma linha insegura. O pobre

---

[22] Conversa reconstituída a partir de "Reagan phone call to Thatcher (urges ceasefire), 31 May 1982; *Times*, 8 de março de 1992: Margaret Thatcher Foundation, docid=110526 (acessado no dia 31 de agosto de 2007). E também *James Rentschler's Falklands Diary, 1 April-25 June, 1982*, p. 34: Margaret Thatcher Foundation, "The Falklands War 1982" (acessado no dia 5 de março de 2010).

embaixador deve ter estremecido quando Thatcher expressou todo o seu desprezo pela nova iniciativa rotulando-a de "haiguismo puro".

Henderson mal havia acabado de pôr o telefone no gancho quando Haig ligou. O ministro nem tentou esconder o seu desagrado, nem o do presidente, com o que acabara de acontecer.

— A opinião está se voltando contra você — avisou ele.

— Quer dizer, a opinião do Congresso e da mídia? — inquiriu Henderson.

— Não — respondeu Haig sem papas na língua. — A minha e a do presidente.

Depois ofereceu à Grã-Bretanha tanto a cenoura quanto o chicote.

— Estamos do seu lado, não se engane quanto a isso, estamos do seu lado — disse Haig —, mas não podemos aceitar a intransigência.

Se Thatcher continuasse adotando aquela abordagem dogmática, os Estados Unidos seriam obrigados a reavaliar sua posição.

— Podemos contar com vocês no Conselho de Segurança da ONU? — perguntou Henderson.

— Talvez não — replicou Haig. — Vocês têm de ajudar os argentinos a encontrar uma saída que não seja a mais total humilhação.[23]

Embora houvesse irritação no governo pela maneira pela qual Thatcher falara com o presidente, também havia constrangimento. "Como sempre", queixou-se um membro da equipe do CSN, ninguém da Ala Ocidental tinha lhes pedido para dar a Reagan um informe substantivo antes de ele dar o telefonema. Por causa disso, "O presidente acabou parecendo ser mais vacilante ainda do que Jimmy Carter".[24]

Se, no passado, a tática de Reagan tinha sido dar a Thatcher tempo para esfriar o ânimo antes de mais uma tentativa de fazer pressão, essa alternativa estava fora de questão naquele momento. Os dois líderes se encontrariam na reunião de cúpula do G7 em Versalhes dali a alguns dias. Para diminuir a tensão, foi marcado um encontro particular entre eles para 4 de junho, ao qual ninguém mais estaria presente. Haig achava que esse havia sido "um erro crasso", mas sua opinião foi ignorada pelo presidente. A essa altura, já tinha ficado claro para Haig que ele havia sido substituído pelo juiz Clark

---

[23] Conversas de Henderson com Thatcher e Haig: Henderson, *Diaries*, p. 466-7.
[24] *James Rentschler's Falklands Diary, 1 April-25 June, 1982*, p. 34: Margaret Thatcher Foundation, "The Falklands War 1982" (acessado no dia 5 de março de 2010).

na função de principal assessor do presidente em termos de política externa Isso gerou um clima horrível entre a delegação norte-americana em Versalhes. "Haig está nervoso, está com um mau humor que eu nunca tinha visto", observou um membro da equipe ao ver o ministro "dar uma dura" nos subordinados. Enquanto isso, Clark estava circulando por ali, solapando Haig; dizendo aos assessores, "Não sei o que deu no Al, adoro ele... mas, ultimamente..." Haig, por outro lado, estava constantemente ameaçando renunciar. "Pro inferno! Não aguento mais!", gritou ele para um assessor. "Estou indo embora. É isso." Parecia cada vez mais difícil lançar uma ponte sobre o abismo pessoal entre os dirigentes do serviço de segurança nacional e da política externa.[25]

Depois da débâcle do telefonema, Clark e a turma da segurança nacional assumiram a liderança para preparar Reagan para a reunião com Thatcher. "Agora", avisaram eles, "o lance é fazer a Dama de Ferro entender que nós *não* vamos apoiar um estado de guerra permanente com o Atlântico Sul".[26]

No lado britânico, estava claro que o ressentimento de Thatcher continuava virulento. Cito um informe de Henderson: "Olhando bem nos meus olhos, ela disse que seria muito razoável na conversa com o presidente *desde que eu consiga o que quero.*" Flexibilidade, concluiu Henderson tempos depois, "era uma palavra quase tão odiosa para a primeira-ministra quanto magnanimidade".[27]

Thatcher chegou a pé para seu encontro com o presidente na embaixada norte-americana, percorrendo o Faubourg St. Honoré sob a luz quente do sol. "Ela parece maravilhosa entrando no pátio", comentou Henderson com admiração. A primeira-ministra foi recebida com a maior cordialidade pelo presidente antes de ser introduzida sozinha numa sala privada.

Reagan enfatizou o quanto os Estados Unidos admiravam sua "coragem" e sua campanha militar "extraordinária". "Nós a apoiamos nessa empreitada porque você tem razão", disse Reagan. Mas, em seguida, deu o recado desagradável. "Mas o conflito não terminou e, em nossa opinião, não vai terminar

---

[25] *James Rentschler's Falklands Diary, 1 April-25 June, 1982*, p. 34: Margaret Thatcher Foundation, "The Falklands War 1982" (acessado no dia 5 de março de 2010).

[26] Pauta de conversa para a reunião Reagan/Thatcher de 4 de junho de 1982: *James Rentschler's Falklands Diary, 1 April-25 June, 1982*, p. 34-5: Margaret Thatcher Foundation, "The Falklands War 1982" (acessado no dia 5 de março de 2010).

[27] Henderson, *Diaries*, p. 469-70.

mesmo que haja um êxito militar estrondoso da Grã-Bretanha. Agora está na hora de nos concentrarmos na próxima fase do problema." Em particular, os Estados Unidos exigiam flexibilidade. "Para ser franco", disse o presidente, "estou preocupado com uma situação que pode levar a um estado de guerra permanente entre a Argentina e seu país... O fato inegável é que os Estados Unidos têm muitos investimentos de risco no hemisfério e é provável que venha a ter muitos mais. Por esse motivo, não acreditamos que uma ocupação militar das Falkland, prolongada indefinidamente, seja de nosso interesse". Reagan concluiu com um apelo: "Não acho que estamos querendo muito ao lhe pedir para levar cuidadosamente em conta os nossos interesses." Ele sabia que os dois continuariam "conversando irrestrita e francamente sobre essa questão".[28]

Thatcher respondeu expressando seus agradecimentos pelo apoio norte-americano, mas também observou que a Argentina não havia feito nenhum esforço para chegar a uma solução negociada. Agora a Grã-Bretanha já estava além dos gestos de boa vontade. O único acordo que a interessava era "um cessar-fogo irrevogavelmente vinculado à retirada argentina em 14 dias". A recuperação da posse das ilhas, declarou ela, estava em conformidade com a melhoria da posição do Ocidente na América Latina. Quanto às ilhas em si, a Grã-Bretanha estava pronta para discutir um arrendamento de longo prazo, que incluiria um grau maior de autogestão, mas só depois que as coisas voltassem ao normal.[29]

Sem taquígrafos presentes, não houve registro do desenrolar da conversa. Mas o que parece claro é que Reagan reconheceu que não haveria iniciativas britânicas enquanto Port Stanley não fosse recapturada. Imediatamente após a reunião, ele reafirmou seu apoio à Grã-Bretanha, o que foi interpretado por muita gente como um "sinal verde" para a batalha por Port Stanley.

Mas essa interpretação simplificava demais as coisas. Como observou o presidente François Mitterrand, o anfitrião da reunião de cúpula do G7: "Queríamos declarar nossa solidariedade à Grã-Bretanha que, conforme

---

[28] Inusitadamente, não havia nenhum taquígrafo presente, embora ambos os líderes tenham dito depois que se ativeram estritamente à sua pauta. Pauta de conversa para a reunião de Reagan/Thatcher, 2 de junho de 1982: *James Rentschler's Falklands Diary, 1 April-25 June, 1982*, p. 34-5: Margaret Thatcher Foundation, "The Falklands War 1982" (acessado no dia 5 de março de 2010).

[29] Freedman, *Falklands*, vol. II, p. 530-1.

se viu, foi vítima de agressão tanto contra seus interesses quanto contra o orgulho nacional... A Grã-Bretanha precisa recuperar os seus direitos, entendendo-se por isso que devemos fazer de tudo, depois que esses direitos forem recuperados, para que a paz triunfe sobre a guerra." Mitterrand havia sido um aliado que deu apoio à Grã-Bretanha durante todo o conflito, mas sua visão refletia aquela dos outros líderes do G7, inclusive Reagan: quando a guerra terminasse, a Grã-Bretanha deveria mostrar flexibilidade.[30] "Magnanimidade em face da vitória tornou-se sua palavra de ordem", observou John Nott. "Corajosamente, Margaret Thatcher aguentou firme — e precisou de um exercício maciço da vontade para resistir a essas pressões, mas ela conseguiu."[31]

A reunião privada entre Reagan e Thatcher no dia 4 de junho foi uma tentativa de ajudar os dois líderes a superar sua *froideur* pessoal antes da visita oficial do presidente a Londres, que estava próxima. Quaisquer que tenham sido os benefícios no sentido de diminuir a irritação de Thatcher com a política norte-americana, eles não se estenderam nem até o final do dia.

Em Nova York, na ONU, a Espanha e o Panamá tinham apresentado uma nova resolução pedindo "um cessar-fogo imediato nas ilhas". Na hora da votação do Conselho de Segurança, tanto a Grã-Bretanha quanto os Estados Unidos vetaram a moção. Mas, imediatamente depois disso, Jeanne Kirkpatrick, a embaixadora norte-americana na ONU, fez uma declaração extraordinária, dizendo à imprensa que teria mudado o seu voto se os estatutos permitissem uma coisa dessas. "Meu governo me pediu para fazer [isso] constar das atas", anunciou ela para incredulidade geral. Parece que Al Haig havia chegado à conclusão, na última hora, que os Estados Unidos deviam bajular os países da América Latina abstendo-se de votar, em vez de vetar a moção. Mas Kirkpatrick recebeu a ordem tarde demais.

De certa forma, a confusão favoreceu a Grã-Bretanha. "O rancor que poderíamos ter despertado por usar nosso poder de veto foi desviado pela declaração espantosa da sra. Kirkpatrick", observou Anthony Parsons, o embaixador britânico. "Essa revelação deixou o Conselho e a mídia perplexos e eu consegui escapar da sala quase sem ser percebido pela mídia, enquanto os microfones e as câmeras engolfavam a sra. Kirkpatrick."

---

[30] Freedman, *Falklands*, vol. II, p. 531-2.
[31] Nott, *Here Today, Gone Tomorrow*, p. 291.

A Grã-Bretanha reagiu com fúria à substância do que aconteceu no Conselho de Segurança. Henderson deu uma alfinetada no vice de Haig, Walter Stoessel, observando que este não informara com muita antecedência o ministro do Exterior, Francis Pym, de que os Estados Unidos iam vetar a resolução. O engano chegou a parecer premeditado, dada a ameaça de Haig a Henderson alguns dias antes de que a Grã-Bretanha não devia considerar como favas contadas o apoio norte-americano na ONU. Nas primeiras horas do dia 5 de junho, o pobre ministro do Exterior dos Estados Unidos ligou para Pym para informá-lo de que seu país havia se abstido, mas telefonou de novo dez minutos depois para lhe dizer que tinha vetado a moção.[32]

Para Thatcher, ficou difícil saber o que era pior: a duplicidade ou a incompetência. Ela com certeza não hesitou na hora de expressar sua "consternação" aos assessores diante de mais um exemplo de prevaricação norte-americana.[33] Naquele mesmo dia aconteceu aquilo que ela chamou de "uma continuação mais constrangedora ainda". Enquanto os líderes do G7 se sentavam para o almoço no Palácio de Versalhes, um jornalista norte-americano se aproveitou do fato de Reagan e Thatcher estarem ao lado um do outro para fazer uma pergunta embaraçosa sobre o veto. "Para minha grande surpresa", lembra Thatcher, "ele disse que não sabia de nada a respeito. Ninguém o informara". Houve muita gente respirando fundo entre os profissionais da mídia ali reunidos.

E então o repórter se voltou imediatamente para a primeira-ministra para ver a sua reação. "Eu não tive a menor intenção de enfiar o dedo na ferida de um amigo", lembra Thatcher, "de modo que tudo que eu disse foi que eu não dava entrevistas enquanto estava almoçando".[34]

Foi uma resposta perfeita para uma pergunta incendiária. Reagan foi salvo pelo gongo. Quaisquer que fossem as diferenças de Thatcher com o presidente, em geral as palavras ríspidas eram reservadas para as conversas particulares, não pronunciadas em público.

***

---

[32] Votação na ONU: Freedman, *Falklands*, vol. II, p. 528-30.
[33] Henderson, *Diaries*, p. 471.
[34] Thatcher, *Downing Street Years*, p. 232.

Castelo de Windsor, 8 de junho de 1982. Ali estava a imagem do que a Casa Branca vinha planejando há tanto tempo: o presidente Reagan e a rainha Elizabeth lado a lado, ambos a cavalo, passeando pelos terrenos do castelo de Windsor. "Carter não teria feito uma coisa dessas!", exclamou Mike Deaver, o vice-chefe da equipe.[35] Aquelas foram semanas de conversações intermináveis a respeito daqueles poucos minutos equestres: que tipo de cavalo o presidente montaria, que sela usaria, devia usar um chapéu? Houve certa preocupação em Londres de que um astro do cinema que brilhara como caubói podia não ser tão maravilhoso assim na vida real: será que o presidente não acabaria fazendo papel de bobo ao lado da rainha, que sabia montar muito bem? Afinal de contas, havia certo precedente com os Reagans aqui. Durante a visita de Nancy para o casamento do príncipe Charles no ano anterior, houve muitos comentários a respeito de seu comportamento numa partida de polo em que o príncipe jogava. A primeira-dama chegou, as sirenes apitando, com um longo cortejo de limusines com janelas de vidro fumê. E lá foi ela para o campo encharcado nos seus saltos doze e seu tailleur Adolf vermelho-vivo de 1.200 dólares. "Espero que a gente não a perca de vista!", brincou o comentarista da BBC enquanto aqueles saltos mergulhavam no chão enlameado, "e que ela não caia e quebre os cabelos!" O comentário atribuído à rainha foi menos engraçado. "Aquela mulher dos diabos!", uma criada da casa real afirma que ela teria deixado escapar essa frase durante a visita.[36]

Nessa ocasião, tudo havia sido planejado nos mínimos detalhes. O presidente parecia fazer parte do grupo, com uma concessão para a roupa britânica tradicional com seu casaco de *tweed* e outra para o seu espírito despreocupado de caubói na camisa aberta no pescoço. A rainha usava um lenço na cabeça, a sua marca registrada. Nenhum dos dois estava de capacete, para grande irritação da equipe de segurança. Na verdade, Reagan era um cavaleiro experiente, tendo tido fazendas na Califórnia desde a década de 1950. Mas, ainda em nome da segurança, o responsável pelas estrebarias da rainha deu a ele um cavalo que "parecia possante, e era, mas se comportava como um cordeiro".[37] Reagan disse à rainha uma de suas frases favoritas e repetidas

---

[35] Henderson, *Diaries*, p. 434.
[36] Kitty Kelley, *Nancy Reagan* (Londres, 1991), p. 303-5.
[37] Henderson, *Diaries*, p. 435.

muitas e muitas vezes, de autoria de Churchill: "há algo no exterior de um cavalo que é bom para o interior de um homem". O cavalo beneficiou-se de outro costume célebre de Reagan quando cavalgava: um punhado de balas de goma.

Mais de seiscentos profissionais da mídia apareceram para assistir ao passeio a cavalo. As imagens correram o mundo. "Reagan não passa de um astro do cinema fazendo o papel de rei, e a rainha é como uma estrela de cinema num filme sobre a Grã-Bretanha", queixou-se Tony Benn, o parlamentar socialista, a seu diário. "No momento, acho constrangedor viver na Grã-Bretanha." Os norte-americanos, por outro lado, estavam satisfeitíssimos. "O Palácio de Buckingham fez realmente de tudo para agradar os Reagans", observou James Kuhn, assessor pessoal do presidente.[38]

Reagan compreendia como um astro de Hollywood o fascínio que a família real britânica exercia sobre a imaginação norte-americana. Muitos conterrâneos seus, entre os quais Nancy Reagan, ficaram empolgados com o casamento do príncipe de Gales com lady Diana Spencer. Agora o público estava no maior entusiasmo com a chegada iminente do primogênito do casal (o príncipe William). Havia muita "excitação" a respeito desse assunto, disse Reagan à rainha. Aos olhos britânicos, esse interesse parecia estranho, vindo de uma república cujo documento fundador tinha descrito o monarca como "um tirano". Mesmo assim, a atração pela monarquia britânica era há muito tempo uma característica dos Estados Unidos independentes, quaisquer que tenham sido os insultos dirigidos contra Jorge III durante a revolução. Numa sociedade que admira tanto a fama, a família real britânica, com toda a sua riqueza, glamour e escândalos dados no decorrer dos séculos, era uma novela hipnótica de capítulos inumeráveis que fazia todas as outras celebridades parecerem ter apenas seus "quinze minutos" de glória.[39]

Theodore Roosevelt, o 26º presidente, descreveu certa vez o papel do comandante supremo como o de um "rei eleito". Certamente Reagan não tinha problema algum em maximizar seu status de quase rei, nem nada do que o exercício do cargo implicava. Tip O'Neill, o presidente da Câmara, acreditava que boa parte da popularidade de Reagan se devia à compreensão de

---

[38] Tony Benn, *The End of an Era: diaries, 1980-1990*, p. 227. Entrevista com James Kuhn, 7 de março de 2003: Ronald Reagan Oral History, Miller Center, University of Virginia.

[39] Frank Prochaska, *The Eagle and the Crown: Americans and the British monarchy* (New Haven, 2008), p. xii, 182-3.

que os norte-americanos queriam "um ar de autoridade na Casa Branca".[40] As limusines voltaram, assim como o "Hail to the Chief" [a "Saudação ao chefe"]. As festas da Casa Branca de Reagan eram espetaculares, a começar com Frank Sinatra na comemoração inaugural de gala.[41] Depois da parcimônia cinzenta de Carter, da deselegância de Ford, do desleixo de Nixon, da vulgaridade de Johnson, aquela do tipo "estou na privada", o público norte-americano parecia ansioso por uma volta ao glamour fácil de "Camelot". Na verdade, o que ele teve foi algo mais próximo da corte do primeiro presidente, George Washington — outra figura "de sorte" ridicularizada frequentemente que, mesmo assim, conseguiu personificar a dignidade do Estado e conquistou o afeto do povo.

Thatcher adotaria ela mesma parte desse estilo mais presidencial no decorrer de seu mandato. Suas roupas ficaram mais modernas e o Rover P5 a seu serviço ("o Rolls-Royce do pobre") foi substituído por um Jaguar elegantíssimo. No entanto, a vida de um primeiro-ministro britânico não tinha o conforto institucionalizado da vida de um presidente. Quando Thatcher chegava para as reuniões em capitais estrangeiras, não chegava com uma comitiva enorme e, em geral, era acompanhada somente por alguns funcionários públicos. Vivia modestamente — muito mais do que estava acostumada a viver como mulher de um milionário — "em cima da loja" do número 10 de Downing Street. Era um flatzinho minúsculo e sem graça, "na verdade, um poleiro", que a fazia se lembrar "da minha infância em Grantham" como filha de um quitandeiro. Era o tipo de acomodação, observou um secretário particular, "que eu duvido que muitos conselhos administrativos teriam oferecido a alguém que estivesse pedindo asilo. Pouca coisa tinha mudado desde a época de Disraeli, que havia se queixado de que sua mulher "não conseguia dar um jeito em Downing Street, lá é tudo tão esquálido e decadente..." Ali também não havia uma empregada doméstica, de modo que a sra. Thatcher fazia de tudo para organizar seu cotidiano de uma forma que lhe permitisse preparar o café da manhã para Denis todo dia ("Se você quer que eu cozinhe o seu ovo, *vem agora*", ouviam-na gritar de vez em quando). Os telefonemas eram atendidos por qualquer pessoa que estivesse perto do aparelho no mo-

---

[40] Prochaska, *The Eagle and the Crown*, p. xiv, 184.
[41] Nigel Hamilton, *American Caesars: lives of the US presidents from Franklin D. Roosevelt to George W. Bush* (Londres, 2010), p. 352.

mento. Quando Reagan ligou para os Thatchers depois que seu filho Mark se perdeu no deserto do Saara, seu telefonema foi atendido por alguém que estava ajudando a primeira-ministra a escolher uma roupa. Era grande o contraste com os tons de voz contidos e o serviço impecável prestado por mais ou menos 70 empregados e equipe doméstica que atendiam o presidente na Casa Branca.[42]

O equilíbrio e a elegância que Reagan mostrara ao passear com a rainha também enfatizaram outra diferença importante em relação a Thatcher. Enquanto ele era tanto chefe de Estado quanto chefe do governo, ela era só chefe do governo: as mordomias de ser "a primeira cidadã" do país ela nunca pôde desfrutar. Em qualquer situação oficial, o/a primeiro/a-ministro/a sempre vinha depois na ordem de precedência, atrás não só de vários membros da família real como também de dois arcebispos e do ministro da Fazenda. Além disso, como previa a constituição britânica *de facto*, os primeiros-ministros eram postos constantemente em seu devido lugar pela maquinaria do Estado: mesmo que um líder de partido conseguisse maioria esmagadora nas urnas, ainda teria de esperar um convite da rainha para o "beija-mão" e para formar um governo; os primeiros-ministros tinham de prestar contas a ela toda semana; as tropas que enviavam para a batalha faziam a ela o juramento de lealdade. E era a rainha quem usava a coroa.

Elevado acima da política de uma forma que Thatcher não estava, Reagan podia desfrutar e explorar a deferência mostrada a um chefe de Estado. Era recebido com a saudação "Hail to the Chief" onde quer que fosse. As pessoas levantavam-se sempre que ele entrava em uma sala. Os militares batiam continência para ele. Os repórteres chegavam a aplaudir o que ele dizia e evitavam fazer perguntas capciosas quando ele se encontrava no exterior. No único momento do ano em que ele tinha de prestar contas ao legislativo, os parlamentares o recebiam aplaudindo-o de pé. Por esse motivo, Reagan nunca entendeu realmente a arena darwiniana que era a Câmara dos Comuns. Não havia para Reagan o equivalente das *Prime Ministers Questions* [Per-

---

[42] John Campbell, *Margaret Thatcher, vol. II: the iron lady* (Londres, 2003), p. 25-7. Thatcher, *Downing Street Years*, p. 21-23. *Time*, 15 de agosto de 1977. "The Secret World of Whitehall: behind the black door," BBC 4, posto no ar no dia 23 de março de 2011. Richard Aldous, *The Lion and the Unicorn: Gladstone vs. Disraeli* (Londres, 2006), p. 190. Uma paródia engraçada da vida no flat do número 10 de Downing Street pode ser vista em *Yes Prime Minister*, episódio 1, série 1, que foi ao ar no dia 9 de janeiro de 1986, enquanto Thatcher era primeira-ministra. Thatcher gostava da série e já tinha aparecido antes no papel dela mesma num episódio especial.

guntas ao Primeiro-Ministro], aquele ritual realizado duas vezes por semana durante o qual os parlamentares faziam perguntas sobre qualquer assunto. Tony Blair, que a sucedeu no cargo, escreveria mais tarde que as PMQs foram "a experiência mais demolidora, mais exasperante, mais nauseante, mais aterrorizante e mais amedrontadora de minha vida como primeiro-ministro, sem dúvida". Thatcher achava que era a verdadeira prova de sua autoridade política. "Nenhum chefe de governo de nenhum lugar do mundo tem de enfrentar esse tipo de pressão rotineira", observaria ela a Reagan muito a propósito. "Nenhum chefe de governo... tem de prestar contas como um primeiro-ministro britânico."[43]

Na ocasião em que Reagan enfrentou realmente os parlamentares britânicos, viu-os em seu melhor ângulo. Depois de seu passeio a cavalo em Windsor, ele foi para a Galeria Real do palácio de Westminster para participar de uma sessão conjunta do parlamento. Lá ele fez um ataque virulento e inesperado contra a União Soviética. "Acredito que agora estamos num momento decisivo", declarou ele. "Num sentido irônico, Karl Marx estava certo. Hoje somos testemunhas de uma grande crise revolucionária, uma crise em que as demandas da ordem econômica estão em conflito direto com as demandas da ordem política. Mas a crise está acontecendo não no Ocidente livre, não marxista, e sim no lar do marxismo-leninismo, a União Soviética. É a União Soviética que está se opondo à maré da história negando a liberdade humana. E também está com enormes dificuldades econômicas."

Reagan passou então a pintar o quadro da batalha à frente, em que as armas mais poderosas seriam as ideias. "O que estou descrevendo agora é um plano e uma esperança para a marcha da liberdade e da democracia a longo prazo, que vai deixar o marxismo-leninismo na lata de lixo da história à medida que esta abandonar outras tiranias que sufocam a liberdade e impedem a autoexpressão do povo", declarou ele. "... O determinante último da luta que agora está sendo travada no mundo não vai ser bombas e foguetes, e sim um teste de vontades e ideias — um julgamento da determinação espiritual: os valores que temos, as crenças que acalentamos, os ideais aos quais nos dedicamos."[44]

---

[43] Thatcher, *Downing Street Years*, p. 41.
[44] Discurso de Reagan, Royal Gallery, Westminster, 8 de junho de 1982: Margaret Thatcher Foundation, docid=109421 (acessado no dia 31 de agosto de 2007).

O discurso de Reagan que fala da "lata de lixo da história" — a frase foi um empréstimo inteligente de uma expressão cunhada por Trotsky — talvez tenha sido o mais profético de todo o seu mandato presidencial. O momento não foi escolhido ao acaso. Poucas semanas antes, Reagan assinara o *Plan to Prevail* — uma diretriz (NSDD-32) do CSN —, a culminação daquela mudança da política de segurança nacional que levou à derrota da União Soviética ordenada pelo presidente na virada do ano. O discurso de Westminster foi uma importante expressão pública dessa política.

No mês anterior ao discurso, os "reaganautas" e os "pragmáticos" do governo lutaram pelo texto do presidente. O rascunho inicial foi escrito por Tony Dolan, um repórter que ganhara o Prêmio Pulitzer e um protegido de William F. Buckley, um escritor conservador. Dolan já era desprezado por muitos assessores tarimbados e funcionários do Ministério do Exterior como o criador da retórica mais direitista de Reagan. Com esse discurso em particular, Reagan surpreendeu Bill Clarke exigindo ver um rascunho muito claro antes de ele ser diluído. O próprio presidente corrigiu muita coisa no texto e acrescentou várias passagens novas com a própria caligrafia. Esses acréscimos pessoais incluíam uma frase sobre "a marcha da liberdade e da democracia que vai pôr o marxismo-leninismo na lata de lixo da história". Dois dias depois, Dolan enviou um memorando ao presidente para informar sobre a sua "discordância vigorosa" dos esforços dos pragmatistas no sentido de abrandar o tom do discurso. Reagan o apoiou. "Eu [estava] espantado com o fato de nossos líderes nacionais não terem adotado filosófica e intelectualmente os princípios do marxismo leninismo", explicou Reagan mais tarde. "Estávamos sempre tão preocupados com a possibilidade de ofender os soviéticos se tocássemos em uma questão tão básica. Bem, e daí? O pensamento marxista-leninista é um armário vazio. Todo mundo sabia disso na década de 1980, mas ninguém falava no assunto. Resolvi articular algumas dessas questões."[45]

Tempos depois os historiadores veriam o discurso da Royal Gallery como talvez a declaração mais cabal que Reagan jamais dera sobre sua visão da política exterior.[46] Poucos comentaristas eram da mesma opinião na época. A maior parte da mídia ocidental repudiou o discurso como "projeção que

---

[45] Robert C. Rowland e John M. Jones, *Reagan at Westminster* (College Station, 2010), p. 39-46, 87.

[46] Rowland e Jones, *Reagan at Westminster*, p. 105.

beira o delírio".⁴⁷ A reação britânica variou entre a indiferença e a hostilidade pessoal. Para o jornal centro-esquerdista *Guardian*, Reagan havia mostrado que era apenas um idoso simpático que, "quando a crise explode", deixam-no cochilando. "Muito pouco se pode concluir das palavras do presidente", concluiu ele, porque elas refletem somente "a sua impotência benevolente e inútil". A reação da mídia norte-americana foi o mutismo. *The New York Times* resumiu a questão observando que, "caracteristicamente", Reagan deixou de "mostrar como chegar lá, ou dar aos russos uma série plausível de opções políticas". Mesmo os que gostaram do discurso, como Helen Thomas, correspondente veterana da Casa Branca, queixaram-se de ele ter sido "pouco específico". O âncora da NBC, Tom Brokaw, simplesmente achou o discurso "ingênuo". Quanto aos políticos de plantão, ouviram uma figura de proa dizer que "todo mundo ficou menos interessado na substância do que nos dispositivos eletrônicos que mostram as falas em programas de televisão usados por Reagan para ele dar a impressão de que estava falando de improviso".⁴⁸

A franqueza da retórica de Reagan, para não falar do seu "ponto" eletrônico, ajudou a mascarar outra característica impressionante do discurso do presidente: do que ele não falou. Pois, num discurso de quase 5 mil palavras, somente cinco frases foram a respeito da guerra que a Grã-Bretanha estava travando nas Falkland e que chegava ao clímax. E, embora tenha havido uma oportunidade de prestar uma homenagem pessoal a Thatcher para elogiar a defesa de seus princípios ou sua liderança corajosa, ela não foi aproveitada. Na verdade, o discurso, além de uma piada rápida no início, foi notável por sua falta de comentários a respeito de Thatcher e da revolução conservadora que ambos estavam realizando. O protocolo poderia ter exigido evitar a política partidária num discurso ao parlamento, mas a falta da menor menção à mesma jornada que ambos estavam fazendo foi um indício claro da frieza que se instaurara nas relações entre os dois. Durante a visita do presidente, Thatcher foi a anfitriã de um almoço oficial em Downing Street, do qual ela teve de sair cedo para participar de uma sessão de Perguntas à Primeira-Ministra na Câmara dos Comuns, e fez uma reunião rápida com ele durante o café da manhã. Fora isso, Thatcher pouco viu o presidente. Em suas memórias, a visita mereceu duas frases. Foi o final da campanha da guerra

---

[47] Lou Cannon, citação de Paul Kengor, *The Crusader* (Nova York, 2007), p. 143.
[48] Rowland e Jones, *Reagan at Westminster*, p. 90-95.

das Falkland e, em particular, o afundamento — naquele dia — do navio *Sir Galahad*, que transportava tropas, que "ficou gravado na minha lembrança".[49]

Não poderia haver dúvida, concluiu Nicholas Henderson, de que a atitude norte-americana recente sobre as Falkland "teve efeitos deletérios por aqui". Mesmo que estivesse esperando para cumprimentar o presidente, mais uma vez Thatcher "falou consternada para mim [Henderson] sobre a questão". Estavam muito longe aqueles primeiros dias felizes de sua visita a Washington em 1981, quando "os seus problemas serão os nossos problemas".[50]

A irritação com Reagan foi posta de lado temporariamente durante a euforia da vitória nas Falkland. O ataque a Port Stanley tinha começado ao raiar do dia 11 de junho, sexta-feira. Houve uma luta particularmente violenta no monte Longdon, no monte Tumbledown e em Wireless Ridge, onde as forças argentinas resistiram ferozmente em posições privilegiadas. Quando as forças britânicas venceram essa resistência em Tumbledown, elas tiveram condições de atacar a guarnição argentina de Port Stanley. Às 23h59 do dia 14 de junho, o comandante argentino, o general Mario Menéndez, rendeu-se ao general de divisão Jeremy Moore, da Marinha Real. No total, 255 membros das forças britânicas e 649 membros das tropas argentinas morreram na campanha, assim como três civis que moravam nas ilhas Falkland.[51]

No dia 15 de junho, Thatcher foi à Câmara dos Comuns anunciar a rendição da Argentina. "Assim termina a Questão das Falkland — que começou com tanto desespero e humilhação", anotou o tóri Alan Clark em seu diário. Quando estava saindo da sala, ele deu de cara com Thatcher atrás da cadeira do presidente da Câmara. "Primeira-ministra, só a senhora conseguiria uma coisa dessas!", disse-lhe. "Conseguiu [a vitória] sozinha e seu lugar na história já está garantido." Thatcher pareceu "um pouco espantada... e atordoada com o triunfo". Mas ela não teve dúvidas de que ele falou pela maioria do partido conservador e da nação.[52]

Dois dias depois, durante as Perguntas à Primeira-Ministra de 17 de junho, Enoch Powell voltou a uma questão que ele tinha levantado no início da crise. Naquela ocasião, ele observara que logo todos eles sabe-

---

[49] Thatcher, *Downing Street Years*, p. 233.
[50] Henderson, *Diaries*, p. 472.
[51] *Guardian*, 15 de junho de 1982.
http://www.raf.mod.uk/falklands/rollofhonour.html (acessado no dia 17 de fevereiro de 2011).
[52] Clark, *Diaries: into politics*, p. 333.

riam "de que metal ela era feita". Agora, com a elegância retórica pela qual era admirado por ambos os partidos da Câmara, Powell perguntou se a primeira-ministra "sabia que, a essa altura, as conclusões tiradas por um analista público sobre uma certa substância submetida recentemente a estudo já haviam sido recebidas e que eu consegui uma cópia do relatório? Ele mostra que a substância testada consiste em ferro da melhor qualidade, que tem uma flexibilidade excepcional, que é extremamente resistente ao uso, ao desgaste e à tensão e que pode ser usada com vantagem para todos os objetivos nacionais?"[53]

A essa altura, a Câmara veio abaixo. Os parlamentares gritavam e acenavam com suas cópias da ordem do dia.

"Concordo com todas as palavras que ele disse!", respondeu Thatcher com o rosto corado pela vitória.

A neblina da Guerra Fria significava que não restavam muitos conflitos que fossem ter resultados claros; poucos líderes de países ocidentais eram cumprimentados pela nação em desfiles triunfais: agora Thatcher colhia todos esses louros.

Em 1982, foi a "Dama de Ferro", e não o presidente, quem pôs em prática a estratégia de "Nós vencemos, eles perdem".

* * *

Washington, 19 de junho de 1982, sábado. Nicholas Henderson só tinha umas poucas semanas antes de deixar o cargo de embaixador britânico nos Estados Unidos e se aposentar do serviço diplomático. Já tinha sido persuadido a não se aposentar uma vez, para assumir o cargo em Washington. A vitória nas Falkland tinha sido um final merecidamente feliz de uma carreira de grande distinção. Seu perfil público tinha sido muito elogiado durante o conflito e, em geral, diziam que ele havia travado uma "boa" guerra. Tinha havido muito ceticismo em Washington sobre aquela empreitada no Atlântico Sul. Agora, na vitória, dizia ele, havia "admiração e aplauso", com as pessoas o abordando nos restaurantes e nas ruas para dizer o quanto estavam

---

[53] PMQs [PPM = Perguntas à Primeira-Ministra], 17 de junho 1982: docid=104970 (acessado no dia 24 de março de 2010).

satisfeitas com o triunfo britânico. Mas esse não era um sentimento que parecia existir no interior da Casa Branca.

Henderson tivera um certo pressentimento de que haveria insatisfação no encontro com Al Haig para discutir a situação das Falkland depois do conflito. Haig já estava dando "sinais de inquietação" ao querer que a Grã-Bretanha desse início o quanto antes ao processo de envolver a Argentina no futuro das ilhas. Em particular, estava preocupado com a declaração da primeira-ministra na Câmara dos Comuns ao anunciar a recaptura de Port Stanley, que ele achou "alta demais em termos de decibéis". Como o presidente escrevera na carta enviada a Thatcher no dia 18 de junho, uma paz justa "a meu ver, deve incluir o aumento da segurança do Atlântico Sul a longo prazo, a mitigação da hostilidade argentina e melhoria das relações de ambos os nossos países com a América Latina".[54]

Para fazer as coisas andarem, Al Haig sugerira para muito breve uma reunião entre o presidente e a primeira-ministra. Thatcher devia voar para Nova York na semana seguinte para dar uma palestra na ONU sobre desarmamento. Por que não dar uma esticada até Washington e também visitar o presidente? — perguntara Haig. Henderson mandou um telegrama para Londres. Thatcher concordou em fazer a reunião. Tudo foi organizado. Até Henderson receber um telefonema chocante do "Juiz" Clark, o assessor de segurança nacional.

O presidente, disse Clark a Henderson sem papas na língua, está cada vez menos sintonizado com a Grã-Bretanha em geral e com a primeira-ministra em particular. Por isso ele estava cancelando a reunião entre Reagan e Thatcher. Henderson ficou atônito. "O convite já foi feito", disse ele a Clark, "com a autoridade de Haig, baseada, segundo ele me disse, numa conversa com o presidente". Clark fez uma pausa. "Isso é muito constrangedor", disse ele devagar. "Sim" respondeu Henderson, sem facilitar em nada uma saída elegante de Clark. "O que recomenda?", perguntou Clark, evidentemente irritado. "A primeira-ministra havia sido convidada", disse-lhe Henderson. A ideia não tinha sido dela. Se os norte-americanos iam retirar o convite, devia haver "um motivo plausível para o cancelamento". Vinte e quatro horas se passaram sem que Henderson tivesse nenhuma outra notícia. E, para com-

---

[54] Reagan a Thatcher, 18 de junho de 1982: MTF, docid=109363 (acessado no dia 31 de agosto de 2007).

plicar ainda mais as coisas, Downing Street tinha confirmado a agenda da primeira-ministra. Por fim, Henderson ligou para Mike Deaver, que controlava a programação do presidénte, para ter uma resposta, qualquer que fosse. "Deaver respondeu, não sem uma certa elegância, que, como as coisas tinham ido muito longe e a sra. T. tinha de fato sido convidada, não havia alternativa além de consumar a visita."[55]

Henderson atribuiu a tentativa de cancelar a reunião com Thatcher à relação disfuncional entre o Ministério do Exterior e a Casa Branca. Que, em parte, levou dali a uma semana à renúncia de Haig, que perdera a batalha para ser o "vigário" da política externa. Mas ela também indicava o esfriamento geral das relações entre Reagan e Thatcher. A Casa Branca estava começando a se cansar de reprimendas constantes.

A relutância em se encontrar com a primeira-ministra tinha algo a ver com um ressentimento pessoal com o tom que Thatcher estava adotando em suas conversas com o presidente. Havia até uma pitada de ciúme. Afinal de contas, Thatcher agora estava colhendo os louros da vitória na mídia norte-americana por sua determinação de não permitir que a Grã-Bretanha fosse humilhada. Já fazia muito tempo que um presidente norte-americano não participava de um desfile triunfal depois de uma vitória militar. "A primeira-ministra foi a pessoa mais paparicada do cenário internacional", observou John Cole, seu secretário particular. "Todos os países queriam que ela os fosse visitar, e a política externa britânica tornou-se viva e bem-sucedida outra vez." Afinal de contas, havia sido a primeira-ministra, e não o presidente, cujos atos recentes "falaram muito sobre a firmeza e a determinação do Ocidente".[56]

As diferenças entre os dois líderes iam além de uma discordância a respeito das ilhas Falkland, que continuavam sendo, a despeito de qualquer importância hemisférica maior, um "pedacinho de terra gelada". Essa discordância anglo-americana específica atingia o cerne da estratégia de Guerra Fria de Reagan. Numa reunião feita no dia 18 de junho, alguns dias antes da chegada de Thatcher, o presidente sofreu uma pressão intensa de alguns membros importantes do governo no sentido de abandonar sua política de sanções contra a rede de oleodutos da União Soviética. No fim de um debate

---

[55] Henderson, *Diaries*, p. 476-9.
[56] Entrevista com John Cole, BDOHP, Churchill Archives Centre, Cambridge.

acalorado, com o presidente claramente em minoria, Reagan fez um resumo e deu a conhecer sua decisão. "Bem, eles podem ter a porcaria da sua rede de oleodutos", disse ele. Todo mundo que estava na sala relaxou. E aí, depois de uma pausa, o presidente falou de novo. "Desde que não seja com equipamento norte-americano, nem com tecnologia norte-americana!" Depois de fazer essa declaração, ele se levantou, e antes que os outros tivessem se recuperado da surpresa, saiu da sala.[57]

"O governo está dividido", escreveu Reagan em seu diário mais tarde. "Determinei que não abriríamos mão das sanções. Não houve o menor indício por parte dos soviéticos de que eles mudariam seu *modus operandi* perverso."[58]

A decisão de manter as sanções mostrou a firmeza do presidente. Também foi uma vitória de Clark e do CSN sobre Haig. Ela ajuda a explicar por que, imediatamente depois de perder o debate, Haig quis a presença de Thatcher na Sala Oval — e por que Clark tentou evitá-la. Pois, no interior da aliança ocidental, não havia oponente mais forte a essas sanções do que Thatcher. Grande parte de sua oposição girava em torno da firma de engenharia John Brown, que tinha 279 milhões de dólares em contratos para a construção dos oleodutos com os soviéticos e dependia de rotores fornecidos pela empresa norte-americana GE. A primeira-ministra insistira pessoalmente com o presidente em pelo menos duas ocasiões para que as sanções fossem suspensas. Mais genericamente, observa o resumo do Ministério do Exterior sobre a reunião com Thatcher, "os britânicos têm estado entre os críticos mais ferinos dos esforços norte-americanos no sentido de aplicar nossas leis e regulamentos em jurisdições estrangeiras. Os britânicos têm leis oficiais que impedem companhias do RU de cumprir leis norte-americanas quando tentamos impô-las a eles e vão usá-las, se necessário."[59]

Fervendo de raiva do presidente por causa das Falkland e com a hostilidade que estava sentindo naquele momento por causa das sanções aos oleodutos, Thatcher chegou à Casa Branca no dia 23 de junho pronta para a briga. A reunião foi um desastre.[60] Talvez como reação à reunião bilate-

---

[57] Kengor, *The Crusader*, p. 150.
[58] Brinkley, *Reagan Diaries*, p. 89.
[59] Resumo da reunião Thatcher/Reagan, 22 de junho de 1982: MTF, docid=110520 (acessado no dia 31 de agosto de 2007).
[60] Há uma descrição vívida da reunião na Casa Branca em Henderson, *Diaries*, p. 479.

ral mais recente entre os dois em Versalhes algumas semanas antes, dessa vez o presidente se protegeu com um grupo maior, do qual faziam parte Clark, Haig e o vice-presidente Bush, assim como vários membros do CSN. Thatcher chegou apenas com seus assessores.

Quando Reagan levantou a questão das ilhas Falkland, Thatcher interrompeu o presidente antes de ele terminar de falar. "Eu gostaria de lhe dar uma ideia da situação atual", disse ela. O seu resumo não recuou diante de detalhes sórdidos. O moral caíra tão baixo que os oficiais argentinos insistiram em ficar com as pistolas para se proteger dos próprios homens. Ela descreveu a triste condição dos argentinos que haviam sido capturados: desnutridos, descalços, sofrendo de diarreia. "Não deixamos passar nada", lembra Henderson. "[O presidente] fez outra tentativa de interrompê-la, talvez para fazer uma advertência contra a intransigência e a favor da magnanimidade, uma palavra que os norte-americanos não paravam de tentar introduzir no vocabulário da sra. Thatcher, mas sem êxito." A primeira-ministra não lhe deu nenhuma deixa, simplesmente continuou falando a respeito da batalha e dos sacrifícios.

Reagan tentou recuperar a iniciativa voltando-se para as sanções aos oleodutos. "Essa também era uma questão de princípio", disse ele à primeira-ministra. Imediatamente depois dos acontecimentos da Polônia em dezembro do ano anterior, ele tinha avisado os soviéticos de que, a menos que fossem tomadas certas medidas, como a libertação de Lech Walesa, as sanções seriam ampliadas. Agora ele estava "tomando providências para concretizar sua ameaça", disse o presidente. Quanto às queixas específicas dos britânicos, era lamentável, mas não havia a menor chance de o equipamento norte-americano para os oleodutos ser fornecido à John Brown mesmo que ele fizesse parte de um contrato anterior a dezembro de 1981. E então Reagan deu um golpe violento: o governo havia entrado em contato com o pessoal da John Brown Ltd e ele estava "muito satisfeito" com essa decisão.

Se o grupo numeroso que Reagan reunira era uma tentativa infeliz de intimidar ou subjugar Thatcher, deu errado. "Os olhos da sra. Thatcher fulguravam e ela lançou um ataque feroz à decisão do presidente", lembra Henderson (que estava presente). "Olha", disse ela, "nós honramos nossos contratos, dissemos que entregaríamos [a encomenda]. Vocês agora fazem o favor de não entender isso, principalmente depois que vocês, dos Estados Unidos, vão vender trigo para a União Soviética." A essa altura, "O Juiz" levantou-se da cadeira, foi até a mesa do presidente e pegou uma folha de papel timbrado da Casa Branca. "Espero que a primeira-ministra reconheça que a decisão do presidente se baseou em princípios inabaláveis", escreveu ele. E depois entregou-a ostensivamente a Henderson. Era uma reprimenda inequívoca: Thatcher havia passado dos limites.[61]

Depois de passada uma hora, Reagan, que tinha de sair para o compromisso seguinte, não conseguira dizer palavra, nem contra nem a favor. Pela segunda vez em questão de semanas, Thatcher obrigara o presidente a manter silêncio, quando não a concordar com ela. Dias depois, quando um repórter fez a Reagan uma pergunta sobre a rede de oleodutos, observando que até Thatcher discordava dele, o presidente fez uma defesa intransigente das sanções. "Entendo que é duro [para a Grã-Bretanha]", disse ele, mas "a União Soviética, que agora está precisando muito de dinheiro por causa de seus próprios atos, pode receber qualquer coisa entre 10 e 12 bilhões de dólares por ano em pagamentos em dinheiro vivo em troca da energia quando a rede de oleodutos estiver pronta — o que eu posso supor, se ela der continuidade à sua política atual, vai ser usado para ela se armar ainda mais contra o resto de nós e contra nossos aliados e, desse modo, impor um custo maior aos armamentos para o resto do mundo". Algumas semanas depois, Reagan se expressaria de forma mais incisiva ainda. "Eles estão contra a parede", disse ele a respeito dos soviéticos. A rede de oleodutos lhes daria "dinheiro vivo sonante" graças a "clientes que pagam em dinheiro", como a Grã-Bretanha. As sanções seriam mantidas.[62]

O que Thatcher achava difícil de engolir era pedirem à Grã-Bretanha que sacrificasse seus princípios num momento em que os próprios Estados Unidos estavam preparados para ser mais flexíveis no tocante às exportações. Ao levantar a questão da venda do trigo norte-americano para os soviéticos em sua conversa com Reagan, Thatcher enfatizara uma incoerência embaraçosa na estratégia do governo. Há muito tempo que Reagan falava de pôr a União Soviética "de quarentena", mas seu governo derrubara o embargo ao trigo introduzido em janeiro de 1980 pelo presidente Carter. Diversas explicações foram apresentadas para justificar essa reviravolta, inclusive que o embargo

---

[61] Entrevista com a BBC, 1º de setembro de 1982: MTF, docid=104815 (acessado no dia 25 de março de 2010).

[62] Kengor, *The Crusader*, p. 152-3.

atingia tão duramente os agricultores norte-americanos quanto a economia soviética. No início da década de 1980, a agricultura norte-americana estava passando por seu pior declínio desde a depressão dos anos 1930. As exportações para a União Soviética equivaliam a 6,2% do total da produção de cereais. Era um mercado que não poderia ser sacrificado sem um custo significativo. Mas o custo político era igualmente importante. O embargo contribuíra para a derrota de Carter na eleição presidencial de 1980, quando os eleitores do Meio-Oeste se vingaram. Em abril de 1981, Reagan cumpriu uma promessa da campanha e suspendeu o embargo. O ministro do Exterior Al Haig tinha se oposto a essa decisão, sem compreender que, para Reagan, este era um imperativo político que suplantava a estratégia da Guerra Fria. Em 1983 — um ano antes de concorrer em outra eleição presidencial —, Reagan assinaria outro contrato com os soviéticos que incluía a promessa de não repetir o embargo aos cereais.[63]

Thatcher era realista em matéria de política, mas via a política norte-americana como hipocrisia. Logo depois de sua reunião na Casa Branca, ela pôs sua raiva para fora. Thatcher fez a Reagan uma crítica pública ferina, chamando a atenção, em termos pouco característicos, para a decepção que ela teve. Entrevistada pela BBC, fez objeções claras às sanções norte-americanas aos oleodutos. "Conversei com o presidente Reagan a respeito quando me encontrei com ele porque vocês sabem quão profundamente eu estava preocupada", disse ela. Esta foi uma observação que ainda estava dentro dos limites de uma discordância política. Mas, quando lhe perguntaram se o presidente havia ido longe demais, Thatcher levou a rixa para um novo patamar:

> Bem, não fiz segredo nenhum disso. Assinamos um contrato, fechamos um negócio, nós o honramos, a menos que haja um motivo de força maior. Se ele tivesse dito bem no início, antes dos contratos terem sido feitos, "olha, nenhuma tecnologia ou licença norte-americana será permitida", não teríamos feito nenhum contrato. Mas isso não foi dito desde o início e não acho que agora seja a hora certa de dizer isso, e é natural nos sentirmos... [pausa]... principalmente... [pausa] *profundamente* feridos por um amigo. Eu gostaria de dizer uma coisa. A

---

[63] Bruce W. Jentleson, *Pipeline Politics: the complex political economy of east-west energy trade* (Ithaca, 1986), p. 176-7.

Grã-Bretanha tem sido uma amiga leal dos Estados Unidos e vai continuar sendo, a aliança precisa ser mantida porque é do nosso interesse; mas, a partir dessa base, temos de ser muito francos com os nossos amigos norte-americanos.[64]

Era uma linguagem extraordinária de Thatcher. As pausas diziam tudo. Ela estava relutante em criticar o presidente nesses termos diretos e pessoais; mas, em uma época em que ela foi acusada várias vezes de ser o *poodle* de Reagan, essa foi uma ocasião em que Thatcher parecia determinada a mostrar os dentes e as garras. Seus comentários foram reforçados pela ação: a John Brown Ltd entregou as turbinas à União Soviética no final de agosto, desafiando as sanções norte-americanas. Isso era provocar a Casa Branca, que reagiu promulgando "interdições" às empresas norte-americanas envolvidas, proibindo-as de fechar qualquer outro contrato com essa empresa britânica que tivesse alguma relação com os oleodutos siberianos, o que levou a John Brown Ltd à falência. "Não há como evitar que essa rixa contamine outros aspectos das nossas relações", John Louis, o embaixador norte-americano em Londres, advertiu Washington.[65]

Alguns dias depois da entrevista de Thatcher à BBC, Caspar Weinberger, o ministro da Defesa, foi despachado para o outro lado do Atlântico para entabular conversas urgentes com a primeira-ministra. Londres estava com uma dívida de gratidão com ele por sua política pró-britânica durante a guerra das Falkland. Se alguém tinha crédito a usar em favor do presidente, era "Cap". "O senhor foi absolutamente maravilhoso", assegurou-lhe Thatcher naquela reunião de 8 de setembro. "Ela não tinha palavras para lhe agradecer pela ajuda generosa e imediata." Por sua vez, o ministro foi "muito lisonjeiro" e "só tinha elogios" a fazer à "disciplina e liderança" que Thatcher mostrara.

Entretanto, como revelam as minutas da reunião, promover a amizade entre os dois países não foi o único motivo das conversas. "Voltando finalmente à questão dos oleodutos..." observaram eles com uma espécie de aversão ao que de fato se seguiu. "O único problema real aqui é a questão da John Brown", disse Thatcher a Weinberger. Sua esperança fervorosa era que,

---

[64] Entrevista com a BBC, 1º de setembro de 1982: MTF, docid=104815 (acessado no dia 25 de março de 2010).

[65] Louis ministro do Exterior, julho de 1982: Denis Blair files, folder UK 1982 (05/01-07/31), Box 90233, Ronald Reagan Library.

qualquer que fosse a ação dos Estados Unidos, "seria tão mínimo que ela poderia ignorar. Precisava desesperadamente de uma solução que salvasse as aparências". Se a John Brown Ltd e quatro ou cinco outras firmas falissem, advertiu ela, haveria uma grande ira popular contra "o seu melhor amigo", os Estados Unidos.

Weinberger contra-atacou deixando claro que a questão dizia respeito a mais de uma companhia. As sanções eram a pedra de toque da nova estratégia de pressionar a União Soviética. Houve "pouco progresso no sentido de relaxar medidas opressivas" na Polônia. Também havia "preocupação com a grande quantidade de dinheiro vivo que seria canalizada para os soviéticos se a rede de oleodutos fosse terminada". Era óbvio que os Estados Unidos queriam encontrar "uma fórmula com a qual diminuir nossas diferenças". Mas também era vital "não ajudarmos os militares soviéticos, que sempre pareciam ter a prioridade dos recursos financeiros de seu país".

O encontro terminou sem uma solução. Thatcher rejeitou cabalmente a proposta prática de Weinberger de os Estados Unidos garantirem que companhias como a John Brown "consigam encomendas substitutas" como forma de compensação. "O presidente quer genuinamente ajudar a encontrar uma solução satisfatória", disse-lhe o ministro, "e não quer prejudicar os negócios britânicos". Thatcher respondeu educadamente que "esperava que houvesse uma saída". Quase como se tivesse acabado de lhe ocorrer, ela acrescentou as amenidades de praxe, dizendo que, fossem quais fossem as diferenças entre eles, ela continuava tendo "grande admiração" pelo presidente, que considerava "uma pessoa humana, honesta e franca".[66]

O problema dos oleodutos seria mantido em fogo baixo durante todo o ano de 1982 e no ano seguinte, até um acordo desajeitado ser feito entre os Estados Unidos e seus aliados europeus. Os Estados Unidos permitiriam que a construção de uma linha de oleodutos (mas não das duas planejadas originalmente) tivesse continuidade em troca de restrições europeias mais rigorosas às exportações de tecnologia e a empréstimos com juros baixos à União Soviética. O CSN estimou que essas medidas privariam os soviéticos de pelo menos 10 bilhões de dólares de renda anual, de um total de 32 bilhões de dólares de renda em dinheiro vivo. Este seria um golpe violento

---

[66] Memorando da conversa entre Weinberger e Thatcher, Office of the Secretary of Defense, 8 de setembro de 1982: MTF, docid=110636.

contra os soviéticos e um golpe que garantiria que a política de Reagan, da forma expressa pela diretriz NSDD-66, "causasse tanta tensão" na economia soviética que "ela vai implodir", e continuasse intacta mesmo diante das ressalvas de peso feitas pelos aliados europeus, entre os quais Thatcher.[67]

Se a discordância sobre os oleodutos parecia sugerir um esfriamento entre Reagan e Thatcher, as diferenças que continuavam existindo a respeito das ilhas Falkland confirmavam-no. No final de outubro, o governo argentino apresentou uma nova resolução à ONU. Ela reafirmava os princípios da constituição da ONU de evitar o uso da força, de levar em conta o cessar *de facto* das hostilidades e a intenção dos dois lados de não repeti-las, e declarava que os interesses dos habitantes das ilhas deviam ser levados em consideração. As referências a resoluções anteriores do colonialismo foram habilmente retiradas. "O Ministério do Exterior", escreveu Paul Bremer a Bill Clark no dia 30 de outubro, "recomenda que o presidente [escreva] à primeira-ministra sublinhando nosso desejo de ver a disputa entre a Argentina e o Reino Unido resolvida pacificamente e afirmando que consideramos o esboço argentino moderado o suficiente para não prejudicar a posição de nenhuma das partes da disputa."[68]

Alguns dias depois, Reagan enviou uma longa carta a Thatcher explicando por que seu governo apoiaria a resolução argentina apresentada na ONU. "Entendo perfeitamente bem que as negociações não são aceitáveis por você, depois de pagar tão caro em sangue e finanças para reagir contra a invasão argentina", começou ele tranquilizadoramente. "Não temos a menor intenção de pressioná-la — ou que outros a pressionem — para se sentar à mesa de negociações enquanto não estiver preparada. Igualmente não temos a intenção de assumir uma atitude sobre o teor da questão que seja de alguma forma prejudicial à sua posição no tocante a questões de soberania e autodeterminação."

"Margaret, meu país sempre a apoiou e sempre vai apoiar na hora de derrotar qualquer tentativa de resolver o problema das Falkland pela força", disse-lhe Reagan. Mas sua posição era clara: "Você sabe que sempre fomos neutros sobre a questão da soberania. E sempre fomos a favor de uma solu-

---

[67] Kengor, *The Crusader*, p. 161, 184-5.
[68] Bremer a Clark, 30 de outubro de 1982: MTF, docid=109269 (acessado no dia 29 de março de 2010).

ção pacífica do problema por meio de negociações. Sei muito bem que foram os argentinos que interromperam as negociações atacando as ilhas. Mas não acho que este seja, em si, motivo para não apoiar uma solução na mesa de negociações em algum momento do futuro. É difícil para os Estados Unidos assumir qualquer outra posição." Por esse motivo, ele havia "informado a Argentina... que apoiaremos [a resolução]".

Reagan termina com um apelo. "Sinto muitíssimo discordarmos nessa questão e, de minha parte, vou fazer tudo o que estiver a meu alcance para garantir que não haja abusos no tocante a essa resolução", escreveu ele. "Você pode ter certeza de que os Estados Unidos vão continuar fiéis aos princípios que temos em comum e que orientaram ambos os nossos países durante a crise das Falkland até a sua conclusão bem-sucedida."[69]

O tom da carta de Reagan tentou evitar a irritação previsível de Thatcher. A reação dela não foi cara a cara: expressou-se indiretamente numa reunião entre George Shultz, o novo ministro do Exterior, e o novo embaixador britânico nos Estados Unidos, *Sir* Oliver Wright. Foi a primeira ocasião em que os dois se encontraram. "Seu embaixador, sob ordens dela, passou-me um sermão como o que passaria um sargento em um recruta do campo de treinamento do corpo de fuzileiros navais", lembra Shultz (ex-fuzileiro naval). "Achei que a sra. Thatcher estava errada opondo-se a nós por assumirmos uma posição razoável sobre um problema crítico em nossas vizinhanças", concluiu ele, "e Wright errou ao elogiá-la tanto".[70]

Shultz assumira o Ministério do Exterior em julho de 1982 como uma manifestação de calma depois da volatilidade emocional da era Haig. Ele havia sido íntimo de Reagan na Califórnia e durante a campanha presidencial. Muitos ficaram surpresos por ele não ter sido nomeado ministro do Exterior em 1981. Ele possuía um estilo impassível que também sugeria, de forma um pouco ameaçadora, a dureza por trás da fachada. Era um fuzileiro naval da marinha dos Estados Unidos, jogou futebol por Princeton e era professor de economia no MIT. Como ministro da Fazenda de Nixon, ele havia sido testemunha e sobrevivera ileso à pior crise política da história norte-americana

---

[69] Reagan a Thatcher, 2 de novembro de 1982: MTF, docid=109269 (acessado no dia 29 de março de 2010).
[70] George Shultz, *Turmoil and Triumph: my years as secretary of state* (Nova York, 1993), p. 152-3.

moderna. Em resumo, George Shultz não era um homem que se intimidava facilmente.

Algumas semanas depois de seu encontro com o embaixador Wright, Shultz foi a Downing Street para discutir a questão com Thatcher em pessoa. Ela lançou um ataque furioso, declarando que, por princípio e por razões estratégicas, os Estados Unidos tinham de dar à Grã-Bretanha um apoio mais sólido sobre a questão das Falkland. "E se o canal do Panamá fosse fechado", perguntou ela de novo, "exigindo que os navios dessem 'a volta ao continente', como na época dos veleiros? Nesse caso, a localização das Falkland nas rotas marítimas do Atlântico Sul seria vital." Uma possibilidade "muito remota", pensou Shultz. Embora ele tenha concordado com a decisão de apoiar a Grã-Bretanha durante o conflito, agora a prioridade do presidente era reparar os danos causados aos interesses norte-americanos na América Latina. "Ela ouviu", lembra Shultz, "mas sem simpatia".[71]

"Todo ministro do Exterior norte-americano da história recente teve, desde o começo, que pensar bem no item 'relação especial' entre a Grã-Bretanha e os Estados Unidos", diria Shultz tempos depois. A reunião em Downing Street tinha sido sua primeira experiência com Thatcher desde que assumira o cargo e, mesmo admirando a clareza intelectual e moral da primeira-ministra, ele foi embora prevendo problemas. "Eu estava preocupado com a possibilidade de o presidente ficar alarmado com a reação de Margaret Thatcher", refletiu Shultz, "mas achei que ele também estava ficando meio cheio dos ares imperiais dela".

O novo ministro do Exterior havia considerado ponto pacífico Reagan e Thatcher serem "almas gêmeas". Agora a relação entre os dois era apenas mais um problema em cima da sua mesa superlotada.

---

[71] Ibid.

CAPÍTULO 5

Outra ilha, outra guerra

Fazenda de Ronald Reagan na Califórnia. 1º de março de 1983.
Vossa Majestade a Rainha Elizabeth II, diga-se a verdade, não estava achando graça. Sua visita à Golden State a convite do presidente tinha sido repleta de dificuldades e mal-entendidos. Tinha havido furor em San Diego por causa do protocolo. E depois, em um porta-aviões norte-americano serviram-lhe lagosta, apesar de sua célebre aversão a frutos do mar. Mas o pior de tudo foi o clima ensolarado da Califórnia ter sido substituído por terríveis tempestades no Pacífico, que levaram chuva, ventanias e até um furacão. No Rancho del Cielo de Reagan, que ficava no alto de uma montanha perto de Santa Barbara, tudo agora estava envolto numa neblina espessa, de modo que as vistas maravilhosas dali não podiam ser enxergadas em parte alguma. O Casal Real, disse Jim Kuhn, um assessor pessoal do presidente, tinha querido muito "que a viagem desse o mais certo possível". E agora, depois de um almoço à Texas-México, que consistiu em *enchilladas*, pimentões recheados e *frijoles refritos*, a rainha reapareceu, observou um repórter britânico, "como se tivesse torcido para um perdedor nas corridas de Newmarket". Quando ela pegou um pouco de chuva, Reagan ficou consternado. "Eu sabia antes de irmos que tínhamos exportado muitas de nossas tradições para os Estados Unidos", observou a rainha laconicamente, "mas não tinha me dado conta de que o clima era uma delas."[1] Os céus, ao que tudo indica, não estavam satisfeitos com aquela "relação especial".

---

[1] "The Queen makes a royal splash": revista *Time*, 14 de março de 1983. Entrevista com James Kuhn, 7 de março de 2003: Ronald Reagan Oral History, Miller Center, University of Virginia.

Se o Casal Real não ficou muito bem impressionado por ser arrastado pelos Reagans no meio da chuva e do vento, também viu, em primeira mão, o lado de astro do presidente. Para comemorar 31 anos de casamento, Ron e Nancy foram convidados a passar a noite a bordo do iate real *Britannia*. Depois de um pequeno jantar oferecido pela rainha, mais de oitenta convidados chegaram para uma recepção. Kuhn lembra-se de ter ficado perplexo porque, enquanto a rainha e o príncipe Phillip recebiam numa sala "onde havia só um punhado de pessoas", a sala adjacente onde estavam os Reagans "se encontrava lotada de gente, todo mundo em volta do presidente, da sra. Reagan, e mais de um... esticava o pescoço tentando vê-lo". Não há dúvida de que esses convidados teriam gostado de poder dizer que haviam conhecido a rainha, mas todos sabiam muito bem quais os chefes de Estado que eram *primus inter pares*.[2]

Ver o poder exercido tão cruamente deve ter frustrado ainda mais a realeza com o estilo despreocupado de governar de Reagan. Na manhã seguinte, Mike Deaver, o vice-chefe da equipe, abordou Reagan depois do café da manhã para lhe dar uma cópia do discurso que o presidente deveria fazer mais tarde naquele mesmo dia. Era a primeira vez que Reagan punha os olhos no texto, de modo que Deaver lhe disse para prestar atenção a um nome estrangeiro particularmente difícil de pronunciar e numa leve modificação na política relativa à Nicarágua. "Ótimo, obrigado, Mike", respondeu ele educadamente. Os assessores da rainha ficaram assombrados. Alguém contou a história a ela, observando que jamais ousariam lhe pedir que fizesse um discurso que ela ainda não tivesse lido. "E eles me chamam de monarca constitucional!", observou a rainha ferinamente.[3] Do outro lado do Atlântico, muitos achavam que Reagan era apenas uma "figura decorativa" no governo; os dias seguintes mostrariam o quanto esse parecer estava equivocado.

Uma semana depois, em 8 de março de 1983, Reagan fez um dos discursos mais importantes e mais controvertidos da Guerra Fria. O texto original foi escrito por Tony Dolan, o membro da Casa Branca que, no ano anterior, fizera o rascunho do discurso feito por Reagan em Westminster, no qual ele

---

[2] Entrevista com James Kuhn, 7 de março de 2003: Ronald Reagan Oral History, Miller Center, University of Virginia.
[3] Geoffrey Smith, *Reagan and Thatcher* (Nova York, 1991), p. 107.

falava da "lata de lixo da história". Depois o próprio Reagan trabalhara muito nesse texto, principalmente no sentido de eliminar ambiguidades e acrescentar a sua convicção pessoal a respeito de um colapso iminente da União Soviética. "Agora e sempre, o império soviético é um império do mal...", dizia o primeiro rascunho. Reagan apagou "Agora e sempre". A revisão talvez tenha sido o seu texto mais famoso.[4]

O discurso de Reagan que falava do "império do mal", feito na convenção anual da Associação Nacional dos Evangélicos, pegou quase todo mundo de surpresa, inclusive sua própria equipe de segurança nacional. "Se tivesse sido um discurso importante relacionado com a política externa", lembra Aram Bakshian, o diretor de redação de discursos, "o CSN e o Ministério do Exterior teriam se concentrado mais nele, e é possível que ele tivesse chamado a atenção."[5] Exatamente como na sua primeira coletiva com a imprensa depois de assumir a presidência, quando disse que os soviéticos "mentiriam, enganariam e roubariam para conseguir o que querem", Reagan extrapolara os limites da linguagem diplomática tradicional para deixar clara sua repulsa visceral pelo sistema soviético.

Duas semanas depois, o presidente reforçou suas palavras com atos. Num discurso televisionado no dia 23 de março, Reagan apresentou "uma visão do futuro que oferece esperança". Esboçou um novo programa "de reagir à terrível ameaça de mísseis soviéticos com medidas que são defensivas". Era a Iniciativa de Defesa Estratégica, "uma providência que contém a promessa de mudar o curso da história". O alcance dessa ambição era claro. "Faço um apelo à comunidade científica que nos deu as armas nucleares", declarou Reagan, "para dirigir seus talentos para a causa da humanidade e da paz mundial; para nos dar os meios de tornar essas armas impotentes e obsoletas." Esta foi uma frase que ele acrescentou de próprio punho.[6]

"Não fiz previsões otimistas", escreveu Reagan em seu diário mais tarde. "Disse que levaria vinte anos ou mais, mas tínhamos de conseguir. Foi bom."[7]

---

[4] Stephen Knott e Jeffrey Chidester, *At Reagan's Side* (Lanham, MD, 2009), p. 95.
[5] Ibid.
[6] Discurso SDI [Strategic Defense Iniciative] de Reagan feito no dia 23 de março de 1982. http://www.reagan.utexas.edu/archives/speeches/1983/32393.htm (acessado no dia 30 de março de 2010).
[7] Douglas Brinkley (org.), *The Reagan Diaries* (Nova York, 2007), p. 140.

O compromisso de Reagan com a Iniciativa de Defesa Estratégica [IDE] em geral e com a necessidade de tornar as armas nucleares obsoletas em particular foi um choque para figuras de proa de seu próprio governo. "Ele não havia falado sobre isso com ninguém antes", lembra Kenneth Adelman, diretor do órgão de controle de armas e desarmamento dos Estados Unidos. "Eu sabia que Shultz meio tinha sido pego de surpresa por ele, Weinberger também, talvez eles tenham sabido mais ou menos uns dois dias antes. Mas foi chocante." Em particular, o discurso confirmava para Adelman o quanto exatamente Ronald Reagan se opunha às armas nucleares. "O fato era que ele não suportava armas nucleares; ele queria se livrar das armas nucleares", lembra ele. "Nunca conheci um falcão tão antinuclear. Aquilo simplesmente fazia parte da constituição psíquica de Reagan."[8]

Shultz ficou furioso por não ter sido consultado sobre a IDE, e um dos principais motivos era que cabia a ele justificar a iniciativa aos aliados. Poucos meses depois, os aliados da Otan deviam aceitar armas nucleares norte-americanas em seu território. "Shultz achava que a equipe da Casa Branca ignorava essas realidades diplomáticas", escreveu Jack Matlock, que havia sido nomeado assessor especial do presidente para questões europeias e soviéticas naquele ano. "Os consultores do presidente para assuntos de segurança nacional pareciam mais interessados em bloquear as medidas destinadas a melhorar as relações com Moscou do que em promover um diálogo."[9]

Certamente a liderança soviética reagiu à IDE com algo próximo do terror. "Todo funcionário soviético que encontramos estava correndo por todo lado como barata tonta", escreveu James Buchan, o correspondente do *Financial Times*, "falando nos termos mais assustadores e lúgubres de uma guerra quente de verdade — de travar guerra, de guerra nuclear." Na verdade, este pânico foi causado pela informação de que a IDE era uma escalada tecnológica da Guerra Fria que estava simplesmente além de sua capacidade de neutralizar.[10]

Na Europa, muita gente ficou com a sensação desconcertante de que a IDE era agora algo que tinha acabado de sair de um filme B de Hollywood, não uma estratégia de defesa praticável. "[A IDE] foi extremamente ridícu-

---

[8] Knott e Chidester, *At Reagan's Side*, p. 101-2.
[9] Jack Matlock, *Reagan and Gorbachev* (Nova York, 2004), p. 61.
[10] Rhodes, *Arsenals of Folly*, p. 158.

larizada no lado [europeu] do Atlântico", lembra *Sir* Oliver Wright, o embaixador britânico, "mas eu consegui persuadir a sra. Thatcher a levá-la a sério."[11] Embora a reação inicial de Thatcher tenha sido de ceticismo, o que lhe chamou a atenção foi a ciência envolvida num projeto tão ambicioso. "Esta era uma daquelas áreas em que só uma boa compreensão dos conceitos científicos implícitos permite tomar as decisões políticas certas", observou ela depois, sem fazer menção a *Sir* Oliver. "Não se pode confiar naqueles generalizadores calmos e relaxados do Ministério do Exterior — para não falar daqueles desordeiros ministeriais sob sua responsabilidade. Eu, ao contrário, estava em meu elemento." Logo esta cientista formada em Oxford estava recusando convites para escrever artigos sobre as possibilidades técnicas. "Nada pode deter a ciência", disse ela a quem duvidava. "Ela não vai parar por ser ignorada!"[12]

Mas o entusiasmo intelectual de Thatcher não escondia sua oposição cabal à investida da nova estratégia de Reagan. "Embora eu seja muito a favor de os norte-americanos implementarem a IDE", disse ela, "não concordo com a opinião do presidente Reagan de que ela era um meio de livrar inteiramente o mundo de armas nucleares. Esse me parecia um sonho impossível de realizar — não é possível desinventar o conhecimento da fabricação dessas armas." Reagan repudiara a destruição mútua garantida como LOUCURA, literalmente; mas, para Thatcher, era a base da estratégia britânica para se proteger dos soviéticos. Ela discordava profundamente da opinião do presidente de que a IDE seria um passo importante na direção de um mundo sem armas nucleares, uma vez que, disse ela, esta era uma coisa que "não era possível nem sequer desejável". E a ideia de que os norte-americanos, quando tivessem a IDE, dariam a tecnologia para a União Soviética era pior ainda. Ela ficou simplesmente "horrorizada ao pensar que os Estados Unidos estariam dispostos a jogar fora uma liderança tecnológica obtida a duras penas dando livre acesso a ela internacionalmente".[13]

A hostilidade de Thatcher contra a nova direção tomada pela estratégia nuclear norte-americana foi abrandada pela sua conclusão de que ela não representava uma ameaça imediata. A IDE era um projeto de pesquisa, não um

---

[11] Entrevista com *Sir* Oliver Wright: BDOHP, Churchill College Archives Centre.
[12] Margaret Thatcher, *The Downing Street Years* (Londres, 1993), p. 463.
[13] Ibid.

sistema pronto para ser usado. O próprio Reagan dissera que levaria vinte anos ou mais para terminar. Mais tarde, as preocupações de Thatcher adquiririam um foco muito mais preciso; mas, nessa fase inicial, ela se contentou em apoiar o presidente. Na verdade, reconhecia a vantagem tática dessa postura. Insistia em manter um "controle pessoal rigoroso" sobre as discussões a respeito da IDE na Grã-Bretanha, extremamente consciente de que um "mal irreparável" poderia ser causado à relação entre a Grã-Bretanha e os Estados Unidos se "a frase ou até mesmo o tom errado" fosse adotado. Essa era nitidamente uma política da qual o presidente gostava muito. Ela havia sido ridicularizada no mundo inteiro, acusada de ser "divagação delirante" de um canastrão de Hollywood na melhor das hipóteses e, na pior, de militarização do espaço — "Guerra nas estrelas". Thatcher estava decidida a não juntar sua voz ao coro de vaias.

Depois de um período de irritação e discórdia entre Reagan e Thatcher no decorrer de todo o ano de 1982, a questão das armas nucleares ajudou a restaurar certo equilíbrio em suas relações. Além da IDE, que roubara a cena na mídia naquela primavera, também estava em pauta uma questão mais imediata de armas nucleares, para a qual o presidente precisava do apoio britânico.

Desde a década de 1970, os soviéticos desfrutaram uma vantagem em relação a armas nucleares de alcance médio (ANM) na Europa depois do surgimento de seu míssil SS-20 Pioneer. O SS-20 tinha um alcance de mais de 4.500 quilômetros e poderia atingir Londres ou Paris com facilidade. E havia mais de duzentos desses mísseis apontados na direção dessas duas cidades. Em resposta, em 1979 a Otan resolveu espalhar 108 Pershing II de uma ogiva e 464 mísseis *cruise* lançados de bases terrestres na Europa, com capacidade de atingir a União Soviética. O Pershing II era uma arma apavorante. Conseguia atingir uma velocidade de quase 8 na escala Mach — quase 10 mil quilômetros por hora — e era equipado com um sistema de orientação de alta precisão. Os mísseis *cruise*, lançados de bases terrestres, conseguiam burlar os radares. Se essa era "a vara" balística, os Estados Unidos a combinaram com a "cenoura" do desarmamento. Em 1981, Reagan tinha oferecido a chamada "opção zero-zero" para eliminar toda a categoria de mísseis de alcance médio. As divisões entre os aliados ocidentais sobre a "opção zero-zero" tinham sido abrandadas parcialmente por seu repúdio por parte dos soviéticos. A distribuição das armas estava programada para ser realizada no final de 1983.[14]

---

[14] A descrição dos mísseis SS-20 e Pershing II foi extraída diretamente de David E. Hoffman, *The Dead Hand: the untold story of the cold war arms race and its dangerous legacy* (Nova York, 2009), p. 60-1.

Como preparativo para essa medida, Reagan tinha mandado o vice-presidente George W. Bush para a Europa Ocidental no início de 1983 para conversar com os aliados. Depois disso o presidente escreveu para os líderes ocidentais, entre os quais Thatcher, para expressar seu desejo de "continuar de uma forma que vai ser extremamente favorável para você no sentido de manter a programação das ANMs — parece-me que sua posição atual — de compromisso com a opção zero-zero como o resultado ótimo e mais moral — reforçada pela disposição evidente de considerar qualquer alternativa razoável, é o mais longe que devemos ir neste momento".[15]

Thatcher era cética a respeito da opção zero-zero, pois temia que ela deixasse a Europa Ocidental indefesa contra as forças convencionais superiores da União Soviética. Tentou modificar essa política, sugerindo ao vice-presidente Bush que o Ocidente tomasse uma nova iniciativa no sentido de definir um número finito de ANMs acima de zero — controle das armas em lugar de sua abolição. Reagan escreveu-lhe naquele mesmo mês para dizer que havia "considerado [essa alternativa] numa certa medida", mas achava que ela "poderia ser explorada" pelos adversários, principalmente na Alemanha, onde a coalizão de centro-direita estava prestes a enfrentar uma eleição. "Não estou inclinado sequer a mencioná-la agora", escreveu Reagan, acrescentando diplomaticamente que, "apesar disso, valorizo muito profundamente o seu conselho a respeito disso, e gostaria de saber o que pensa tanto sobre o aspecto do teor dessa questão quanto da melhor hora para tratarmos dela".[16]

Thatcher pode ter sido cautelosa sobre a opção zero-zero; mas, no fim, acabaria por aceitá-la numa barganha. Seu cálculo era que a intransigência soviética sempre tornaria improvável um acordo. Era mais importante para ela garantir que a distribuição do Pershing II acontecesse. Essa questão veio à baila numa reunião de cúpula turbulenta do G7 em Williamsburg, Virginia, em maio de 1983.

A essa altura, Reagan era um personagem muito mais tranquilo no palco mundial do que "o menino novo da escola" que havia lutado em Ottawa dois anos antes. Como anfitrião em Williamsburg, ele ignorou o procedimento de costume, segundo o qual era feito de antemão um esboço do comunicado

---

[15] Reagan a Thatcher, 16 de fevereiro de 1983: Assistant to the President for National Security Affairs, Head of State File, folder: United Kingdom, Prime Minister Thatcher — cables 1, box 34, Ronald Reagan Library.
[16] Ibid.

final; depois os líderes discutiam sobre a sintonia fina da redação durante alguns dias. Em vez disso, ele apresentou uma pauta de discussões substantivas, e o comunicado final se basearia nas conversas que tinham acontecido. Se Reagan queria tirar os outros líderes de sua zona de conforto, conseguiu. Para Thatcher, essa foi uma medida bem-vinda: ela sempre adorava uma boa briga.

Durante o jantar da primeira noite, as conversas começaram de maneira promissora. Reagan estava em boa forma, tendo passado a noite anterior assistindo ao filme *A noviça rebelde*. Os líderes discutiram a estratégia nuclear e o desarmamento em termos gerais e também falaram mais especificamente sobre a distribuição dos mísseis Pershing II pela Europa Ocidental. Tudo parecia bem num debate calmo e racional. Mais tarde, Reagan deu ao ministro do Exterior Shultz notas detalhadas para ajudar os assessores a preparar o rascunho da declaração coletiva. Os líderes retomariam os trabalhos no meio da manhã do dia seguinte. Reagan esperava estar com tudo pronto na hora do almoço.

Só depois que o texto apareceu é que os problemas começaram. "Nós nos reunimos na manhã de domingo e do nada tanto [François] Mitterrand quanto [Pierre] Trudeau disseram que não apoiariam uma declaração desse tipo", anotou Reagan em seu diário. "A discussão ficou muito acalorada..." George Shultz lembra que Reagan ficou extremamente "aborrecido... a certa altura, jogou o lápis longe num gesto de exasperação". Thatcher apoiou vigorosamente o presidente. Ela ficou em primeiro plano, observou Reagan, ao "enfrentá-los", e estava claro que ela adorou o papel de punho de ferro na luva de pelica do presidente. "Aguentamos firme", escreveu Reagan com admiração, "a certa altura eu achei que Margaret ia pôr Trudeau de castigo num canto."[17]

Mais tarde Reagan observaria que a questão foi "resolvida, a cordialidade restaurada e sem vencedores e perdedores".[18] Este sentimento era apenas magnanimidade na vitória. Houve nitidamente um perdedor em Williamsburg: o presidente francês, François Mitterrand. Durante toda a reunião de cúpula, lembra Shultz, Mitterrand foi "amargo e imperial". Agora que a

---

[17] Brinkley (org.), *Reagan Diaries*, p. 156. George Shultz, *Turmoil and Triumph: my years as secretary of state* (Nova York, 1993), p. 355-6.
[18] Ibid.

declaração formal já estava em contagem regressiva, foi Mitterrand quem ficou de castigo, e não foi posto de castigo por Thatcher. William Clark, o assessor de segurança nacional dos Estados Unidos, chamou de lado o chefe da equipe do presidente francês, Jacques Attali, e ameaçou-o de modo inequívoco. Desde a década de 1970, a França vinha se beneficiando da assessoria norte-americana informal a respeito de suas armas nucleares. A política, conhecida como "orientação negativa", tinha visto especialistas norte-americanos em armas nucleares darem dicas a seus congêneres franceses sobre tecnologia para eles saberem se estavam no caminho certo. Fora uma forma inteligente de ajudar um aliado sem transgredir realmente as normas de segurança nacional. "A menos que vocês concordem com a declaração", disse Clark a Attali sem rodeios, o presidente o autorizara a dizer que a orientação negativa teria fim. Mitterrand achava que o governo norte-americano estava favorecendo a "modernização" (distribuição) em detrimento da "negociação" na abordagem "dupla" ao controle de armas. Suas propostas na reunião de cúpula do G7 tinham sido uma tentativa de restaurar esse equilíbrio; mas, diante da opção apresentada por Clark, Mitterrand capitulou logo. Reagan conseguiu sua declaração unificada. "Nossas nações expressam o grande desejo de logo chegarmos a um acordo equilibrado sobre as ANMs", dizia ela. "Se isso não acontecer, as negociações vão determinar o grau da distribuição das armas. Todos sabem que, se isso não acontecer, os países envolvidos vão dar seguimento à distribuição planejada de sistemas norte-americanos na Europa a partir do final de 1983."[19]

Se as reuniões de cúpula internacionais eram um jogo no qual não se ganhava nem se perdia, então, se Mitterrand estava em baixa, Thatcher estava claramente em alta. Ela ainda era irritante, e um dos principais motivos era criticar o presidente. No jantar da primeira noite, realizado na mansão que havia sido do governador da época da colônia, Reagan voltou-se teatralmente para Thatcher com um grande sorriso e disse: "Margaret, se um de seus antecessores tivesse sido um pouco mais inteligente..." Thatcher o interrom-

---

[19] Shultz, *Turmoil and Triumph*, p. 356.
Confronto Clark/Attali: Geoffrey Smith, *Reagan and Thatcher* (Nova York, 1991), p. 110-11.
Sobre Mitterrand: Frederic Bozo, *Mitterrand, the End of the Cold War, and German Reunification* (nova York, 2009), p. 4.
Declaração sobre segurança, reunião de cúpula de Williamsburg, 1983: http://www.g7.utoronto.ca/summit/1983williamsburg/security.html (acessado no dia 1º de abril de 2010).

peu no meio da frase: "Eu sei, eu é que seria a anfitriã desta reunião." Mas Reagan deixou passar em branco a falta de humor da primeira-ministra, e um dos motivos foi que, em reuniões como essa, ele achou as outras virtudes dela providenciais. Enquanto a nova redação da distribuição de mísseis estava sendo feita, Thatcher se mostrava um aríete muito bom para usar contra os outros líderes. "Alguns ministros europeus defendiam uma declaração capciosa", lembra David Gergen, assessor de imprensa de Reagan. "Levaram-na para Thatcher. Ela estava do outro lado da sala, e eu me lembro de quando ela deu uma olhada naquela coisa, atravessou a sala, jogou fora o pedaço de papel e disse a um dos ministros alemães e ao italiano: 'Impossível. Não vou assinar isso', e obrigou-os a mudar a declaração." Gergen ficou "impressionadíssimo. Muitos norte-americanos tinham a maior admiração e respeito por ela".[20]

Essa admiração e respeito poderiam intimidar o grupo que cercava Reagan e até revelar as reservas de seus membros sobre a capacidade do presidente. "Margaret Thatcher... achou que o presidente estava mal preparado para a reunião de cúpula de Versalhes [1982] e criticou ferinamente sua equipe", observou o ministro do Exterior George Shultz, que não se envolvera com esses preparativos. Estava determinado a evitar repetir o mesmo desempenho de Williamsburg. Shultz conseguiu a atenção do presidente "fazendo um ensaiozinho". Vários funcionários da Casa Branca foram escolhidos para representar o papel dos líderes do G7, e o presidente fazia papel dele mesmo com seus assessores. "Eu não conhecia o moço que fez o papel da primeira-ministra da Inglaterra — Margaret Thatcher", anotou Reagan em seu diário. "Quando falei com ele, disse que o vestido era lindo." Não há dúvida de que o presidente praticou a frase "se um de seus antecessores tivesse...". Se o resto da frase houvesse agradado, "ela" teria dito...

Shultz achava que o presidente adorara "o drama e a graça" dessa reunião de cúpula simulada. "Prendemos a atenção dele, que foi se envolvendo cada vez mais", lembra Shultz. "Quando você consegue fazê-lo entrar num clima operacional, ele começa a prestar atenção de uma forma mais agressiva." Deve ter dado satisfação a Shultz ouvir Thatcher, ao sair da reunião de cúpula, elogiar privadamente "o desempenho soberbo de Reagan na direção dos trabalhos".[21]

---

[20] Smith, *Reagan and Thatcher*, p. 107, 111.

[21] Douglas Brinkley (org.), *The Reagan Diaries*, vol 1 (Nova York, 2009, texto integral), p. 230. Shultz, *Turmoil and Triumph*, p. 353. Thatcher a Reagan, 29 de maio de 1983: MTF

O próprio Reagan também estava satisfeito, observando que "parece que a primeira-ministra Thatcher" planejava presidir a reunião de cúpula do G7 em Londres ao longo das mesmas linhas "que usamos em Williamsburg".[22]

Após ter feito tantas críticas a Reagan depois de Versalhes, Thatcher se apressou em escrever imediatamente após Williamsburg a fim de expressar sua admiração. Elogiou Reagan "por conduzir as conversas formais para um resultado positivo", e foi exagerada, quase efusiva, ao manifestar a esperança de que as conversas "dessem aos Estados Unidos, e a você pessoalmente, incentivo e apoio em seu papel de líder da Aliança Ocidental. Nós, na Grã-Bretanha, estamos profundamente agradecidos aos Estados Unidos e a seu presidente". Thatcher chegou até a reconhecer em Reagan o uso de uma tática que ela própria nunca conseguiu dominar. "Ele conseguiu tudo o que queria da reunião de cúpula, ao mesmo tempo que fazia todos os outros sentirem que tinham conseguido ao menos parte do que *eles* queriam", ponderou ela, " e fez tudo isso com uma jovialidade incrível." Reagan era de fato "um mestre da política".[23]

Quando o presidente respondeu, quase 15 dias depois, havia outra notícia a discutir: Thatcher ganhara uma eleição geral.

* * *

MARGARET THATCHER DESPENDERA a maior parte de seu primeiro mandato com críticas, achando que certamente perderia a eleição seguinte. Aumento vertical do desemprego, tumultos nas ruas, um governo dividido: essas e outras questões contribuíram para fazer de Thatcher a pessoa mais impopular a exercer o cargo de primeiro-ministro desde que as eleições tiveram início. No verão de 1981, o embaixador norte-americano em Londres fizera um resumo exagerado da "preocupante incerteza política, social e econômica" da Grã-Bretanha. "Thatcher perdeu o controle do leme político", Richard Allen, o assessor de segurança nacional nessa época, informou ao

---

docid=110963 (acessado no dia 31 de agosto de 2007). Entrevista com George Shultz, 18 de dezembro de 2002: Ronald Reagan Oral History, Miller Center, University of Virginia.
[22] Brinkley, *Reagan Diaries*, vol. 1, p. 347.
[23] Thatcher a Reagan, 2 de junho de 1983: MTF, docid=109329 (acessado no dia 31 de agosto de 2007).
Thatcher, *Downing Street Years*, p. 300-1.

presidente. E agora, menos de dois anos depois, Thatcher saboreava uma vitória estrondosa, e dava aos conservadores sua maioria mais expressiva na Câmara dos Comuns durante todo o século XX.

Os comentaristas discutiram sobre a extensão em que o "fator Falkland" ajudara Thatcher. Certamente houve outros ingredientes: o "suicídio" confesso do partido trabalhista da oposição, o choque de egos no novo Partido Social-Democrata e uma aparente aceitação pública de que o desemprego alto era o remédio desagradável que tinha de ser engolido para restaurar a saúde da economia. Mas era inegável que fora o papel de Thatcher durante o conflito das Malvinas que passara a representar uma verdade maior a respeito de sua liderança: ela era uma "rainha guerreira", uma líder de visão e coragem, pisava com firmeza o caminho em que os outros temiam pôr os pés e conseguia a vitória na menos promissora das circunstâncias. Falou-se muito que a Grã-Bretanha havia recuperado o orgulho. Admiradores de direita e de esquerda concordavam que algum tipo de obstáculo emocional e psicológico havia sido transposto: pela primeira vez em mais de uma geração, a Grã-Bretanha parecia estar se desviando da rota de um declínio inevitável.[24]

Do outro lado do Atlântico, não houvera sombra de dúvida de que Reagan quisera a vitória de Thatcher. "Desejo todo o sucesso do mundo na eleição, e que ganhe outro mandato para continuar pondo em prática as corajosas políticas presididas por princípios, a que você já deu início", escreveu-lhe ele no início de sua campanha, sem se dar ao trabalho de falar das amenidades de costume no sentido de evitar até mesmo dar a impressão de interferir nas questões democráticas de um aliado. Com seus assessores ele foi mais explícito ainda. "... O principal para ela é ser reeleita!", exclamou ele quando lhe perguntaram que papel Thatcher representaria na reunião de cúpula de Williamsburg, que acontecera durante a campanha eleitoral. "Concordo com a análise dele", observou Thatcher secamente quando lhe falaram sobre a observação do presidente.[25]

Quaisquer que tenham sido as irritações e decepções que Reagan teve de suportar de Thatcher durante os dois anos anteriores, principalmente durante a crise das Falkland, não havia dúvida de que ele considerava a alternativa

---

[24] Sobre a vitória de Thatcher na eleição, ver Richard Vinen, *Thatcher's Britain* (Londres, 2009), p. 126-33; 151-3.
[25] Thatcher, *Downing Street Years*, p. 299.

muito pior. Michael Foot, o líder do partido trabalhista, era exatamente o tipo de socialista antiquado que Reagan desprezava. Particularmente preocupante era a política de defesa de Foot, que incluía um compromisso de desarmamento unilateral. Essa era uma ameaça direta e imediata à estratégia de Guerra Fria do presidente, e um dos principais motivos era Foot ter prometido interromper a distribuição de mísseis *cruise* na Grã-Bretanha naquele mesmo ano.

Embora Reagan não tivesse feito absolutamente nenhuma menção à reeleição de Thatcher em seu diário pessoal, ele certamente parecia ansioso para reforçar e reenergizar sua relação com ela. Os telefonemas e a correspondência nos dias e nas semanas que sucederam a vitória transbordavam de satisfação. "Como lhe falei por telefone, estou satisfeitíssimo", disse-lhe ele efusivamente uma semana depois da eleição. "Sua vitória esmagadora é com certeza um alento para a Aliança Ocidental."

No dia seguinte, ele escreveu mais uma vez para lhe dar "parabéns de novo por sua vitória estrondosa e merecida". E, quatro dias depois, ele começou uma terceira carta observando que "eu não poderia deixar passar a ocasião da visita do ministro Weinberger [a Londres] sem pedir a ele que lhe transmitisse mais uma vez os meus parabéns pela sua esplêndida vitória eleitoral".[26]

Todo mundo gosta de ser associado ao êxito. Para Reagan, que estava considerando sua candidatura para um segundo mandato no ano seguinte, era óbvio que ele queria aplaudir longa e entusiasticamente os feitos de Thatcher na Grã-Bretanha. Afinal de contas, seria uma defesa da "revolução conservadora" transatlântica. Quando a primeira-ministra sugeriu um encontro dos dois em Washington, Reagan concordou imediatamente. Todos sabiam que esse encontro seria tão importante em termos simbólicos quanto em termos práticos. "A visita da primeira-ministra Thatcher a Washington vai marcar o início efetivo de seu segundo mandato", observou John Louis, o embaixador norte-americano em Londres. "A data foi escolhida intencionalmente. A amizade com os Estados Unidos é crucial para sua política externa, e a viagem destina-se em parte a enfatizar esse ponto no momento em que começa seu segundo mandato. Como nos disse um assessor de política exter-

---

[26] Reagan a Thatcher, 15, 16 e 20 de junho de 1983: MTF, docid=109273; 109330; 109331 (acessado no dia 31 de agosto de 2007).

na de seu governo, *a própria viagem é a mensagem*."²⁷ William Clark repetiu essa opinião ao presidente. "A sra. Thatcher continua entre seus aliados mais fortes", observou ele. "Os Estados Unidos são cruciais para a política externa da Grã-Bretanha, e a visita dela pretende 'dar o chute inicial' de seu segundo mandato. Num certo sentido, a própria viagem é a mensagem."²⁸

Margaret Thatcher passara grande parte de seu primeiro mandato na defensiva. Depois de obter uma vitória esmagadora nas urnas, ela estava determinada a passar para a ofensiva. Tinha planos ambiciosos em casa, centrados na privatização e na reforma sindical. E, no exterior, Thatcher estava decidida a capitalizar o novo espírito de autoconfiança que o conflito das Falkland dera à Grã-Bretanha — e a ela.

Em particular, Thatcher voltara os pensamentos para a Guerra Fria e o papel que a Grã-Bretanha poderia desempenhar em relação à União Soviética. No dia 8 de setembro, algumas semanas depois de partir de Washington, ela participou de um seminário de dois dias sobre esse tema em Chequers. Um grupo de ministros, oficiais e especialistas em União Soviética — escolhido a dedo — analisou a deterioração das relações da Guerra Fria, que tivera uma demonstração horrível sete dias antes com a derrubada de um avião comercial da Coreia do Sul, que matou 269 passageiros, pelos soviéticos. Yuri Andropov, o general-ministro soviético, acusou Reagan de "provocação insidiosa que envolveu um avião sul-coreano arquitetada pelos serviços secretos norte-americanos". Na verdade, suas próprias fitas gravadas mostraram um erro do piloto, que tinha levado inadvertidamente o avião a sobrevoar território soviético. O voo KE007 foi derrubado segundos depois de sair do espaço aéreo neutro. "Esse incidente ilustrou vividamente a verdadeira natureza do regime soviético", escreveu Thatcher a Reagan. "Sua rigidez e insensibilidade, suas neuroses a respeito de espionagem e segurança, sua falsidade e sua aparente incapacidade de entender — quanto mais aplicar — as regras normais da conduta civilizada entre nações foram uma lição objetiva para aqueles que acreditam que só boa vontade e razão serão suficientes para garantir nossa segurança e a paz mundial."²⁹

---

²⁷ Louis a Shultz, 15 de setembro de 1983: MTF, docid=109408 (acessado no dia 31 de agosto de 2007).

²⁸ Clark a Reagan, 19 de setembro de 1983: MTF, docid=110602 (acessado no dia 31 de agosto de 2007).

²⁹ Thatcher a Reagan, 15 de setembro de 1983: MTF, docid=109227 (acessado no dia 27 de janeiro de 2011).
Richard Rhodes, *Arsenals of Folly: the making of the nuclear arms race* (Londres, 2008), p. 162-3.

A derrubada do KE007 deu uma sensação maior ainda de urgência ao seminário de Thatcher em Chequers. "Um sucesso notável", observou depois um assessor, "[foi] convencer a primeira-ministra de que havia muito pouca chance de desestabilizar a União Soviética." Foi a partir desse momento, lembra Thatcher, que ela começou a alimentar a crença de que a Grã-Bretanha tem de "procurar descobrir quem é o homem mais promissor da geração de líderes soviéticos em ascensão e cultivar as relações com ele e apoiá-lo". O professor Archie Brown, um especialista de Oxford em União Soviética, identificou o membro mais jovem do Politburo, Mikhail Gorbachev, como "a opção mais promissora, tanto do ponto de vista dos cidadãos soviéticos quanto do mundo externo".[30] *Sir* Geoffrey Howe, o novo ministro do Exterior, passou a acreditar que "nosso seminário de setembro em Chequers foi, portanto, mais importante do que supúnhamos", e um dos principais motivos foi a gênese "da maior façanha dela em questões internacionais" — a relação com Mikhail Gorbachev.[31]

Thatcher ficou visivelmente revigorada com o seminário de Chequers e com o desenvolvimento de suas ideias sobre a estratégia da Guerra Fria. Sua próxima viagem a Washington, durante a qual ela receberia o Winston Churchill Foundation Award [Prêmio da Fundação Winston Churchill], seria o ambiente ideal para um discurso importante sobre essa questão. Para evitar que o texto fosse censurado pelo Ministério do Exterior, Thatcher convocou uma série de especialistas de fora para ajudar na redação. Numa reunião particular em Chequers para debater o discurso, ela mostrou "o prazer óbvio com aquele acontecimento, e seu entusiasmo". Era claro que "agora ela estava a mil por hora" sobre a questão. Houve muitos debates sobre a situação que a União Soviética estava vivendo naquele momento e, em particular — o que se tornaria o ponto principal do discurso —, sobre a Guerra Fria enquanto batalha de ideias que podia ser ganha. Mas o que surpreendeu os assessores reunidos no retiro rural da primeira-ministra foi a hostilidade de Thatcher para com a política norte-americana em geral e para com Reagan em particular.

Só muito tempo depois é que Thatcher reconheceria que o discurso de Reagan em Westminster tinha marcado o início de uma nova investida da

---

[30] David E. Hoffman, *The Dead Hand* (Nova York, 2009), p. 88-9.
[31] Thatcher, *Downing Street Years*, p. 452.
Geoffrey Howe, *Conflict of Loyalty* (Londres, 1994), p. 316-7.

política norte-americana da Guerra Fria. Na época, com a batalha pelas Falkland chegando ao clímax, sua atenção estava em outro problema. "Acho que não me passou pela cabeça que o presidente estava fazendo um aguerrido discurso ideológico que mudaria a política ocidental", explicou ela em Chequers. "Reagan fez gracejos e leu as próprias palavras de uma forma tão melíflua, com uma expressão tão naturalmente doce no rosto que eu não entendi bem a importância tremenda do que ele estava dizendo."[32]

Agora Thatcher entendera, e não estava satisfeita. Em particular, ela temia que essa mudança da política norte-americana não levasse em conta as prioridades e os interesses aliados. Essa suspeita foi reforçada pelos discursos mais recentes de Reagan sobre o "império do mal" e a IDE. "É revoltante sugerir que os norte-americanos estão sozinhos nesse lance", disse ela a um grupo perplexo de assessores. "Estamos todos no mesmo barco: todos fazemos parte dele, e é um grande erro dos norte-americanos exagerarem no exercício do poder e insinuar que somos meros satélites."

"Os norte-americanos devem ter se comportado com muito pouca delicadeza se conseguiram alienar Margaret Thatcher, uma política mais pró-americana do que qualquer colega seu em toda a Europa", refletiu um de seus especialistas em soviéticos. "Há muita tensão entre os dois governos, e a causa dessa tensão parece ser, ao menos na visão britânica, o estilo arrogante dos norte-americanos nas relações com seus aliados."[33]

Quando Thatcher chegou a Washington para sua reunião com o presidente no dia 29 de setembro, foi recebida com a pompa militar habitual e cordialidade pessoal. Mas as anotações do próprio Reagan sobre o que ele ia falar deixaram claro que os norte-americanos não estavam preparados para uma discussão de longo alcance sobre a estratégia da Guerra Fria. Depois de tratar de uma série de assuntos transatlânticos específicos, Thatcher não demorou em levar a conversa a girar em torno da "estratégia que devemos adotar em relação à União Soviética em geral nos próximos anos". Ela explicou ao presidente que andara "pensando muito nessa questão" e falou-lhe a respeito dos seminários de Chequers. A chave, disse-lhe ela, era estabelecer "uma relação realista" com os soviéticos. Afinal de contas, prosseguiu ela —

---

[32] George Urban, *Diplomacy and Disillusion at the Court of Margaret Thatcher: an insider's view* (Londres, 1996), p. 39.

[33] Urban, *Diplomacy and Disillusion*, p. 39-40.

numa pré-estreia de uma frase que usaria em seu discurso para a Churchill Foundation no dia seguinte — "Vivemos todos no mesmo planeta".[34]

A frase de Thatcher mostrava um fosso que estava se abrindo entre eles sobre a forma de tratar a União Soviética. Porque, apesar de todas as suas credenciais transatlânticas e sua retórica antieuropeia ocasional, a ideia de Thatcher a respeito da relação entre defesa e détente era geralmente muito mais próxima daquela de seus aliados continentais que da de Reagan. A visão do "império do mal" infernal dedicado à expansão totalitária era vista muitas vezes como grosseiramente unidimensional do outro lado do Atlântico. Reagan rejeitara explicitamente a détente como política falida, mas as capitais da Europa Ocidental, entre as quais Londres, ainda a viam como um "yin" essencial para o "yang" da defesa violenta. Essa era a base racional para a distribuição de mísseis Pershing e *cruise* no continente, ao mesmo tempo que repudiava as sanções contra os oleodutos siberianos. Os norte-americanos achavam esses argumentos contraditórios. Mas, como disse um funcionário da embaixada britânica em Washington, embora os europeus — e principalmente a sra. Thatcher — não ignorassem a ameaça soviética, sentiam uma necessidade urgente de controlar "o hábito norte-americano de reagir exageradamente".[35]

A resposta do presidente a Thatcher deixou claras as suas diferenças sobre a União Soviética e a Guerra Fria. O Ocidente, declarou Reagan, tinha de lembrar que os soviéticos nunca seriam influenciados pela "pura razão". Se vissem que os Estados Unidos tinham a vontade e o dinheiro para continuar reforçando suas defesas, a atitude soviética mudaria inevitavelmente, porque a URSS sabia que ia ficar para trás. Os russos, em sua opinião, estavam perto de seu limite econômico. Acabariam tendo de "pedir arrego". Parece um pouco com aquele velho cartum sobre Brejnev, disse o presidente a Thatcher: "Eu gostava mais da corrida armamentista quando éramos os únicos participantes!"[36]

---

[34] Informe do CSN ao presidente (visita da primeira-ministra Thatcher), 19 de setembro de 1983: MTF, docid=110602 (acessado no dia 31 de agosto de 2008).
Thatcher, *Downing Street Years*, p. 323-4.
[35] Bruce W. Jentleson, *Pipeline Politics: the complex political economy of East-West energy trade* (Ithaca, 1986), p. 220-1.
[36] Ibid.

Mas o que tudo isso significava em detalhe era algo que Thatcher queria saber, irritada pela falta de pormenores de Reagan. Ela continuava insistindo com ele sobre "a necessidade de considerar de que maneira exatamente devemos tratar os soviéticos quando eles encararem a realidade e voltarem para a mesa de negociações num estado de espírito mais razoável".

"[Somos] pessoas muito diferentes", refletiu Thatcher, aborrecida, depois que a reunião terminou. "Ele tem uma visão acurada do quadro estratégico, mas deixou os detalhes táticos para outros. Eu estava consciente de que devíamos organizar nossas relações com os comunistas numa base cotidiana de uma forma tal que os acontecimentos nunca fugissem ao controle."[37]

Se ela soubesse o que Reagan estava realmente maquinando, teria ficado mais irada que aborrecida. "Se as coisas esquentarem cada vez mais e o controle de armas continuar sendo problema", disse o presidente a George Shultz alguns dias depois, "talvez eu deva procurar [líder soviético] Andropov e propor a eliminação de todas as armas nucleares."[38]

Mas, no fim, não foi o controle das armas, mas sim a ação militar numa outra ilhota, dessa vez no Caribe, que aumentaria irreversivelmente a tensão anglo-americana.

* * *

Cabana Eisenhower, Augusta National Golf Club. 22 de outubro de 1983, sábado. Pouco antes das 4 da manhã. Ronald Reagan sempre admitiu jovialmente que não era bom jogador de golfe, e essa viagem a Augusta não lhe granjearia nenhum prêmio. "Eu me saí melhor aqui do que em Andrews [base da força aérea], mas ainda não fui bem", anotou ele melancolicamente em seu diário. "Acho que é preciso jogar mais do que quatro vezes em quase três anos." Mas Reagan adorava a luz do sol e o ar livre, de modo que quando sua viagem ao famoso lar do Masters Tournament [Torneio dos Mestres] foi planejada pelo ministro do Exterior George Shultz, ela parecera uma escapada bem-vinda de Washington. No entanto, antes mesmo de ir para a cama na noite de sexta-feira, Reagan sabia que aquela tinha pouca probabilidade de ser a viagem relaxante pela qual todo mundo esperara. O presidente

---

[37] Thatcher, *Downing Street Years*, p. 323-4.
[38] Shultz, *Turmoil and Triumph*, p. 372.

foi acordado pouco antes das 4 da manhã, o que não foi nenhuma surpresa. Havia uma decisão a tomar.

O homem encarregado de dar informações ao presidente nas primeiras horas do dia foi Bud McFarlane, que exatamente uma semana antes tomara de William Clark o cargo de assessor de segurança nacional. Ex-fuzileiro naval que havia servido no Vietnã, McFarlane ocupara antes cargos secundários no conselho de segurança nacional durante o governo de Nixon e de Ford, e havia sido um assessor-chave da política externa de Reagan desde a eleição presidencial de 1980. Alguns dias depois de assumir o novo cargo, McFarlane foi uma aquisição de última hora do grupo de golfe — sendo o raciocínio que causaria menos estranheza na mídia se McFarlane fosse junto do que terem de cancelar a viagem na última hora, como o presidente teria preferido. E agora, nas primeiras horas da manhã de sábado, Reagan (ainda de pijama), Shultz e McFarlane reuniram-se na sala de visitas da segura Cabana Eisenhower, que havia sido construída para "Ike" quando ele se tornou presidente em 1953. "Estávamos ao telefone com Wash[ington] sobre a situação de Granada", escreveu Reagan depois em seu diário. "Eu tinha autorizado uma invasão imediata em resposta a um pedido feito por outras seis nações caribenhas, entre as quais Jamaica & Barbados."[39]

Alguns dias antes, um grupo marxista de linha ultrarradical do governo de Granada — uma ilha do leste do Caribe, com uma população de aproximadamente 100 mil pessoas — deu um golpe de Estado violento e fuzilou o primeiro-ministro Maurice Bishop (ele próprio um marxista). Isso fez soar alarmes nos Estados Unidos imediatamente. Os serviços secretos mostraram que a URSS e Cuba tinham construído instalações militares na ilha, entre as quais uma faixa de aterrissagem de aviões com 300 metros de comprimento, e que estavam estocando material. Reagan já havia feito advertências sobre o perigo estratégico da ilha no discurso televisionado que ele fez no dia 23 de março de 1983, embora esse aspecto tenha sido eclipsado pelo anúncio da Iniciativa de Defesa Estratégica no mesmo discurso.

Poucas semanas depois de Reagan assumir o poder em 1981, os neoconservadores do governo modificaram a política norte-americana no sentido de uma estratégia mais ofensiva no hemisfério com base numa avaliação dos perigos que as revoluções do Caribe e da América Central representavam

---

[39] Brinkley, *Reagan Diaries*, vol. I, p. 278.

para os Estados Unidos. O próprio Reagan via a região como um campo de batalha crucial para deter a expansão comunista, e falou muitas vezes do "envolvimento concreto da União Soviética, de Cuba, da OLP e até de Kadhafi, da Líbia, e outras nações do bloco comunista" com o encorajamento da revolução e do terrorismo na região. Antes mesmo do golpe de outubro, Reagan já estava preocupado com Granada, que poderia se transformar em uma outra "Cuba" na porta dos Estados Unidos. No verão, ele dera ordens ao vice-presidente Bush para traçar planos de emergência. Agora que o pior já havia acontecido, Reagan estava disposto a seguir em frente. "Manda bala", ordenou ele quando os vizinhos da Organização dos Estados do Caribe Oriental (Oeco) pediram ajuda militar aos Estados Unidos. "Ele foi inequívoco. Não podia esperar", lembra McFarlane a respeito daquela decisão de invadir Granada, tomada nas primeiras horas de 22 de outubro em Augusta. Quando um assessor da Casa Branca em Washington tentou aconselhar cautela ao presidente, dizendo que haveria inevitavelmente "uma reação política violenta" a uma invasão norte-americana, ele foi ignorado. "Sei disso", respondeu-lhe o presidente. "Não posso aceitar uma coisa dessas."[40]

Se o golpe de Granada foi recebido em Washington com um sentimento de urgência, a reação na Grã-Bretanha foi muitíssimo mais despreocupada. Granada era ex-colônia britânica e membro da Comunidade das Nações. A Rainha Elizabeth II era a chefe de Estado da ilha. *Sir* Paul Scoon, o governador-geral e representante de Sua Majestade, continuava residindo na ilha. Mas, ao tratar com antigas colônias como Granada, sempre houve grande relutância na Grã-Bretanha, principalmente por parte do Ministério do Exterior, que não queria ser visto como um órgão que estava interferindo nas questões internas de uma nação soberana, principalmente uma nação negra. A acusação de neocolonialismo ou, pior ainda, de racismo estava sempre à espreita em segundo plano. E, a bem da verdade, essa ilhota não parecia ter muita importância vista a milhares de quilômetros de distância de Londres. Ao contrário das ilhas Falkland, Granada não tinha o menor valor estratégico para a Grã-Bretanha. E também não fora invadida por uma potência estrangeira. Geoffrey Howe, o ministro do Exterior britânico, mal sabia onde ela ficava, esse "lugar chamado Granada, uma ilha-Estado do Caribe, a res-

---

[40] Kengor, *The Crusader: Ronald Reagan and the fall of communism* (Nova York, 2006), p. 191-2. Odd Arne Westad, *The Global Cold War* (Cambridge, 2005), p. 339, 344-5.

peito da qual, antes deste momento eu só tinha informações vagas". Logo ela ficaria gravada na sua memória. O capítulo de sua autobiografia sobre a crise teria um título inequívoco: "HUMILHAÇÃO EM GRANADA".[41]

Para Howe, essa humilhação derivou principalmente de ter sido deixado na mão pelo colega norte-americano, George Shultz. No dia 24 de outubro, segunda-feira, dois dias depois de Reagan ter dado o sinal verde para a invasão de Granada, Howe respondeu a uma pergunta na Câmara dos Comuns feita pelo porta-voz da oposição, Denis Healey, assegurando que o novo regime de Granada não representava um perigo iminente para os cidadãos britânicos da ilha, nem para o governador-geral. "Granada é um país independente", garantiu à Câmara o ministro do Exterior. "Nossos interesses, e o que estamos preparados para fazer a respeito deles, têm de ser determinados pelo reconhecimento desse fato." Quando interrogado sobre uma possível invasão norte-americana, Howe garantiu à Câmara que ele "estava no contato mais íntimo possível com os governos dos Estados Unidos e do Caribe" e "não tinha motivo para pensar que uma intervenção norte-americana fosse provável". Todas as forças navais dos Estados Unidos na região, explicou ele, "estão ocupando essa posição única e exclusivamente por causa da exigência que pode surgir de resgatar sua própria comunidade — de tamanho bem razoável — em Granada".[42]

Menos de quatro horas depois da declaração de Howe, um telegrama urgente chegou a Londres de parte do presidente Reagan. Foi o primeiro aviso que Thatcher recebeu de que uma ação militar era iminente. "Cara Margaret", começou o telegrama, "nos últimos dias, segui bem de perto o turbilhão político de Granada":

> Sei que você se preocupa, como eu, com o impacto que matar a liderança lá teve sobre nossos amigos do hemisfério ocidental, principalmente sobre o governo democrático dos Estados caribenhos de língua inglesa. A perspectiva de que o grupo manchado de sangue, que parece ser a única autoridade na ilha, perpetue-se no poder também levanta questões sobre o bem-estar do próprio povo de

---

[41] Howe, *Conflict of Loyalty*, p. 324.
[42] Denis Healey, *The Time of My Life* (Londres, 2006), p. 508.
Howe, *Conflict of Loyalty*, p. 328.
Hansard, 24 de outubro de 1983: http://hansard.millbanksystems.com/commons/1983/oct/24/grenada (acessado no dia 14 de abril de 2010).

Granada, bem como de nossos compatriotas que residem lá... As nações da Oeco decidiram por unanimidade fazer um esforço conjunto em termos de segurança para restaurar a paz e a ordem em Granada e pediram formalmente aos Estados Unidos apoio e participação. Sei que um pedido semelhante estava para ser feito ao governo de Sua Majestade. Estou escrevendo para informá-la de que estou pensando seriamente em atender ao pedido dos membros da Oeco.

Reagan concluiu perguntando a Thatcher qual era "sua opinião a respeito dessas coisas" e prometendo "informá-la antecipadamente caso nossos homens participem da força de segurança conjunta que foi proposta..." Num momento de crise como esse, observou Reagan, "dá uma certa tranquilidade saber que posso contar com seus conselhos e seu apoio a respeito dessas questões importantes".[43]

Thatcher ficou alarmada com essa mudança de tom. Durante as 48 horas anteriores, o contato informal com Washington havia sugerido que uma invasão militar não estava sendo considerada. Agora ficava claro que ela passara a constar da agenda do presidente. Por sorte, Thatcher devia participar naquela noite de um jantar de despedida oferecido a John Louis, o embaixador norte-americano que estava de partida. Ela instruiu seus assessores para que fizessem o rascunho de uma resposta ao presidente manifestando sua firme oposição à intervenção. Depois saiu para o jantar, onde chamou Louis de lado e pediu-lhe explicações. "Alguma coisa está acontecendo", disse-lhe ela ameaçadoramente. Ele jurou que não sabia de nada, o que era verdade, conforme se verificou, e não uma prestidigitação diplomática. Mais tarde, ainda durante o jantar, Thatcher recebeu um bilhete, que lhe pedia que voltasse imediatamente a Downing Street. Havia chegado outra mensagem do presidente.[44]

Quando Thatcher leu a carta, não conseguiu acreditar no que estava diante dos seus olhos. "Cara Margaret," começava ela, "numa mensagem anterior que lhe mandei hoje, eu expressava o desejo de mantê-la informada sobre a resposta dos Estados Unidos a um pedido formal feito pela [Oeco] de apoiar e participar de um esforço coletivo de segurança para restaurar a paz,

---

[43] Reagan a Thatcher, 24 de outubro de 1983: MTF, docid=109428 (acessado no dia 31 de agosto de 2007).
[44] Thatcher, *Downing Street Years*, p. 331.

a ordem e a democracia em Granada. Decidi responder positivamente a esse pedido... Vou informá-la a respeito dos próximos acontecimentos na medida em que forem ocorrendo."[45]

Geoffrey Howe e Michael Heseltine, o ministro da Defesa, foram convocados para o Número 10, onde, numa salinha do andar superior, Thatcher mostrou-lhes a carta. "Fiquei indignado", lembra Heseltine. Howe ficou mudo de espanto, mas logo viu as implicações mais abrangentes. "Que diabos a gente deve pensar de uma relação, especial ou não, em que uma mensagem pedindo os benefícios de um conselho é seguida imediatamente de outra que deixa brutalmente claro que aquele conselho estava sendo considerado algo de somenos importância?"[46]

Pouco depois da meia-noite do dia 25 de outubro, terça-feira, uma hora depois de receber a carta de Reagan, uma resposta em termos vigorosos foi enviada a Washington. "A ação será vista como intervenção nas questões internas de uma pequena nação independente por parte de um país ocidental, por menos atraente que seja o seu governo...", escreveu Thatcher. "Não posso dizer que não estou profundamente perturbada pelo seu último comunicado. Você pediu minha opinião. Eu a dei e espero que, mesmo nessa fase tardia, você a leve em conta antes que os acontecimentos sejam irrevogáveis."[47]

A fúria de Thatcher chegou a ponto de ela concluir que um comunicado por escrito não bastava. Precisava conversar com Reagan pessoalmente. Vinte minutos depois de enviar a carta, ela estava na "linha direta" — a conexão telefônica segura com a Casa Branca — e pediu para falar com o presidente.

Lá em cima, na residência da família na Casa Branca, Reagan estava numa reunião com dirigentes do Congresso na Sala Oval Amarela para informá-los sobre a ação militar iminente em Granada. George Shultz, o ministro do Exterior, Caspar Weinberger, o ministro da Defesa, bem como o presidente da liderança conjunta, o general Vessey, tinham acabado de começar seus informes quando foram interrompidos. "No exato momento em que estavam começando", lembra Howard Baker, o líder da minoria no Senado, "um dos mordomos da Casa Branca entrou e disse ao presidente, numa voz bem alta

---

[45] Reagan a Thatcher, 24 de outubro de 1983: MTF, docid=109429 (acessado no dia 31 de agosto de 2007).
[46] Michael Heseltine, *Life in the Jungle* (Londres, 2000), p. 259.
[47] Thatcher, *Downing Street Years*, p. 331.

e firme, porque ele [Reagan] não ouvia muito bem, e todo mundo escutou. Ele disse: 'Sr. Presidente, a primeira-ministra está ao telefone.'"

Reagan pediu licença e foi à sala vizinha atender ao telefone. "Mas, como é típico de muita gente que não ouve bem", continuou Baker, "ele também falava em voz alta. Dava para ouvi-lo com toda a clareza. Ele disse: 'Margaret'", pausa longa. "Mas, Margaret", e repetiu essas palavras umas três vezes, e depois voltou bem humilde e falou: "A sra. Thatcher tem grandes reservas a respeito disso." Caspar Weinberger e o general Vessey, ambos envolvidos numa amarga luta pelo poder com Shultz e o Ministério do Exterior, também se opunham ao plano de invadir Granada, e devem ter ficado animados ao saber que a primeira-ministra estava bombardeando o presidente sobre essa questão. Mas a contribuição dela não teve impacto sobre a política. Reagan foi em frente assim mesmo.

"Pensei muitas vezes — creio que Margaret Thatcher era a única pessoa capaz de intimidar Ronald Reagan, eu acho que ela consegue, sim", refletiu Baker mais tarde. "Ele fazia amizade com todo mundo."[48] Nessa ocasião, o presidente, se não ficou intimidado, ao menos ficou humilde. Pois a situação era muito pior do que imaginava até mesmo a primeira-ministra. "No meio da reunião, Margaret Thatcher telefonou", escreveu Reagan em seu diário naquela noite. "Ela estava chateada e achava que a gente não devia fazer uma coisa dessas. Não consegui lhe dizer que já havia começado."[49]

Algumas horas depois de sua conversa ao telefone, Reagan respondeu à carta de Thatcher, apresentando seus motivos para a invasão. A carta dava a impressão de ser uma fórmula, e foi obviamente extraída de um comunicado geral aos aliados dos Estados Unidos. Três considerações tinham mostrado ter pesado bastante na decisão de intervir: preocupação com "o bem-estar de nossos cidadãos" em Granada; o pedido de apoio da Oeco, "com uma expressão tão clara da vontade das nações da região que eu acharia difícil explicar a elas, ou a outras que dependem de nós, por que não agimos"; e, por fim, "os interesses de segurança nacional dos Estados Unidos, que eram interesses mais amplos... Granada entrara recentemente no bloco soviético",

---

[48] Entrevista com Howard Baker, 24 de agosto de 2004: Ronald Reagan Oral History Project, Miller Center of Public Affairs, University of Virginia.

[49] Brinkley (org.), *Reagan Diaries*, vol. I, p. 279.

o que significava que "a alternativa a uma ação decisiva de nossa parte pode muito bem equivaler a permitir que os cubanos imponham um regime cujos atos seriam mais prejudiciais ainda aos nossos interesses".

Só no fim é que Reagan fala diretamente com Thatcher, embora sua intenção de incluí-la na história não a tenha consolado muito. "Agradeço seus comentários", começou ele. "Também me preocupo com seus interesses, mas acredito que eles têm um peso menor do que os fatores apresentados anteriormente. Espero que, à medida que prosseguirmos, em cooperação com as nações da Oeco, tenhamos a cooperação ativa do governo de Sua Majestade e, em particular, que o governador-geral venha a exercer seus poderes constitucionais de formar um governo provisório que restaure a democracia em Granada e facilite a partida rápida das forças estrangeiras."[50]

Thatcher ficou deprimida com a medida tomada pelo presidente. "Fiquei consternada e humilhada com o que aconteceu", escreveu ela tempos depois. "Na melhor das hipóteses, fizeram o governo britânico parecer impotente; na pior, demos a impressão de ser desonestos." Apenas um dia antes Geoffrey Howe estivera na Câmara dos Comuns desmentindo condescendentemente os rumores a respeito de uma invasão norte-americana. Agora enfrentava o constrangimento de ter de explicar como foi que aconteceu de um membro da Comunidade das Nações ter sido invadido pelo aliado mais próximo da Grã-Bretanha sem a menor cerimônia. Tratava-se de "uma humilhação imperdoável a um aliado", resumiu o trabalhista Denis Healey quando questionou Howe ao ter a palavra no Parlamento naquele mesmo dia. "O povo britânico", sugeriu ele, "não vai gostar do espetáculo de sua primeira-ministra permitir que o presidente Reagan pise em cima dela."[51]

Thatcher dificilmente discordaria, mas não foi só a humilhação que a incomodou. As medidas tomadas por Reagan haviam exposto uma linha divisória ideológica entre eles. Ela estava convencida de que um país tinha o direito de se defender contra uma agressão, como a Grã-Bretanha fizera

---

[50] Reagan a Thatcher, 25 de outubro de 1983: MTF, docid=109430 (acessado no dia 31 de agosto de 2007).
[51] Thatcher, *Downing Street Years*, p. 331.
Hansard, 25 de outubro de 1983: http://hansard.millbanksystems.com/commons/1983/oct/25/grenada (acessado no dia 14 de abril de 2010).

contra a Argentina durante o conflito das Falkland, e que devia contar com o apoio dos aliados numa empreitada dessas. Mas ela também acreditava que invadir um país para efetivar uma "mudança de regime" era simplesmente loucura. "Nós, das democracias ocidentais, usamos a força para defender nosso modo de vida", explicou Thatcher durante uma entrevista por telefone ao BBC World Service no dia 30 de outubro. "Não temos o costume de invadir territórios soberanos independentes... Se tivermos de aprovar uma nova lei segundo a qual sempre que o comunismo governar contra a vontade do povo, mesmo que essa seja uma questão interna, os Estados Unidos vão invadir, aí, sim, teremos guerras muito terríveis mesmo no mundo."[52]

Thatcher também achava que a invasão levantara novas questões de peso sobre a "relação especial". No contexto da época, elas tinham implicações para toda a estratégia da Grã-Bretanha em relação à Guerra Fria. No conselho que dera a Reagan nas primeiras horas de 25 de outubro, Thatcher observara que uma invasão de Granada estava fadada a ter efeitos adversos na Câmara dos Comuns, que estava prestes a debater a questão de "colocação de mísseis *cruise* nesse país". Afinal de contas, explicou ela, "o argumento era que, se os norte-americanos não tinham nos consultado a respeito de Granada, por que consultariam em relação ao uso dos mísseis *cruise*?". Claro, naquela tarde de sua primeira Perguntas à Primeira-Ministra depois da invasão, Enoch Powell, cujas contribuições ela sempre temia, levantou a questão que estava na cabeça de todos, inclusive na dela. "Será que a primeira-ministra vai aprender a lição", queria ele saber, "de que nenhuma proposta que possa ser feita pelos Estados Unidos — tanto sobre o uso que eles podem fazer dos mísseis estacionados na Grã-Bretanha quanto sobre a consulta que precederia esse uso — oferece confiança?" Uma pesquisa de opinião pública divulgada alguns dias depois mostrou que três quartos das pessoas que responderam às perguntas não confiavam nos Estados Unidos, achando que eles não con-

---

[52] Smith, *Reagan and Thatcher*, p. 131.
Tony Thorndike, "The Grenada Crisis", em *The World Today*, vol. 39, nº 12 (dezembro de 1983), p. 468-476. Stable URL: http://www.jstor.org/stable/40395465. John Quigley, "The United States Invasion of Grenada: Stranger than Fiction," em *The University of Miami Inter-American Law Review*, vol. 18, nº 2 (inverno, 1986/1987), p. 271-352. Stable URL: http://www.jstor.org/stable/40176207.

sultariam ninguém antes de apertar o botão nuclear que ativava os mísseis *cruise* estacionados na Grã-Bretanha.[53]

Do outro lado do Atlântico, ao contrário, o governo dos Estados Unidos estava satisfeito e orgulhoso com o sucesso da operação. As forças norte-americanas tinham se apoderado inteiramente da ilha dias depois da invasão. O valor estratégico da ilha podia ser limitado, mas o simbolismo de sua captura deu impulso à estratégia mais ofensiva de Reagan para a Guerra Fria. "Granada mostrou que é possível", comentou um reaganauta. "Provou que a ousadia e a determinação podem derrotar os comunistas." A NSDD-75, assinada pelo presidente no dia 17 de janeiro de 1983, dizia que o "foco principal" da política externa norte-americana seria "conter e com o tempo inverter o expansionismo soviético". O presidente temera que um legado de derrotismo da Guerra do Vietnã tornasse a opinião pública preconceituosa contra uma estratégia contrarrevolucionária. Assim como a Guerra das Falkland para Thatcher, o sucesso em Granada deu a Reagan uma vitória importante no sentido de promover a autoconfiança, oferecida como símbolo de uma nova direção da estratégia norte-americana: a reação contra o comunismo.[54]

Só depois é que o governo se deu conta da extensão em que aquele sucesso humilhara Margaret Thatcher e prejudicara as relações anglo-americanas. "A sra. Thatcher e Geoffrey Howe foram prejudicados em seu país pelo que parece a muitos do RU ter sido nossa incapacidade de consultar adequadamente o governo de Sua Majestade", disse o ministério de Shultz a McFarlane. Todos precisavam entender que a vida tinha se tornado "mais difícil para nossos aliados mais fiéis".[55]

Em uma tentativa de dar uma força a Thatcher, Reagan telefonou-lhe no dia 26 de outubro. Não poderia ter escolhido pior hora. Ela atendeu o telefone em sua sala da Câmara dos Comuns, tendo sido arrancada de um violento

---

[53] Thatcher, *Downing Street Years*, p. 332.
Hansard, 25 de outubro de 1983: <http://hansard.millbanksystems.com/commons/1983/oct/25/engagements> (acessado no dia 14 de abril de 2010).
[54] Westad, *Global Cold War*, p. 339, 345.
James Mann, *The Rebellion of Ronald Reagan* (Nova York, 2009). Eldon Kenworthy, "Grenada as Theater" em *World Policy Journal*, vol. 1, nº 3 (primavera de 1984), p. 635-651. Stable URL <http://jstor.org/stable/40208958>.
[55] Hill a McFarlane, 2 de novembro de 1983: MTF, docid=110647 (acessado no dia 31 de agosto de 2007).

debate de emergência sobre Granada. "Eu não estava nos meus melhores dias", lembrou ela depois.[56]

— Alô, Margaret Thatcher falando — começou ela, gélida.

Reagan tentou apelar para o charme:

— Se eu estivesse aí — brincou ele — daria um jeito de saber se você estava disposta a me receber.

— Não há necessidade disso — respondeu ela ainda sem a menor cordialidade.

Reagan estava acostumado a ser interrompido por Thatcher. Ser tratado com tanta indiferença era algo novo. E, momentaneamente, ele pareceu entrar em pânico. Apelando visivelmente para sua "pauta", o presidente começou a fazer um relatório longo e detalhado dos eventos que desembocaram na invasão de Granada. "Lamentamos muito o constrangimento que lhe causamos, e eu gostaria de lhe dar a nossa versão dos fatos", começou ele. "Fui acordado às 3 da manhã, quando eu devia estar de férias curtindo um campo de golfe lá na Geórgia..."

Reagan continuou gaguejando formalidades ininterruptamente durante 2 ou 3 minutos, tropeçando com frequência nas frases preparadas de antemão. Explicou que seu governo tinha uma "base precária, um vazamento aqui", e estava "preocupadíssimo por causa do problema aqui — e não aí, em absoluto —, mas aqui". Esse foi o motivo pelo qual ele não teve condições de conferenciar com ela. "Mas quero que você saiba que não há, de nossa parte, nenhum sentimento de falta de confiança do seu lado", disse a Thatcher num tom tranquilizador. "É aqui do nosso lado."

Por fim, depois que o monólogo de Reagan terminou, Thatcher falou. Reagan deve ter esperado o famoso tratamento de gritos e ranger de dentes. Mas ela não lhe deu confiança.

— Tenho plena consciência das sensibilidades — disse ela em voz baixa.

— A ação está em andamento agora, e só nos resta esperar que tenha êxito.

Reagan tentou de novo, dessa vez apresentando outra longa atualização preparada antes sobre o que estava acontecendo em Granada.

— Está indo muitíssimo bem — começou ele. — Os dois grupos que desembarcaram lá tomaram imediatamente os dois aeroportos. Depois conse-

---

[56] Thatcher, *Downing Street Years*, p. 332.

guimos tomar aquela escola de medicina, St George's Medical School, onde temos uns oitocentos estudantes. Seguimos em frente, mas ainda há combates. Todas aquelas várias centenas de operários cubanos de construção civil que estavam lá deviam ser militares ou reservas, porque, como eu lhe disse, ficamos sabendo que um grupinho havia chegado antes de podermos tomar uma providência. Eles deram a nítida impressão de ser cubanos eminentes porque estavam sendo tratados com muita deferência. Descobrimos que eram um comando militar, e a oposição que ainda resta, segundo as últimas informações que temos aqui — em uns três pontos da ilha —, é liderada por esses cubanos. Eles são as principais forças de combate, não as forças granadinas. Já capturamos 250 deles.

Reagan fez mais uma pausa.

— Vamos esperar que isso termine logo, Ron, e que você consiga restaurar a democracia — replicou Thatcher. E não disse mais nada.

Sem se dar por achado, Reagan tentou voltar a conversa para a solidariedade dos Aliados.

— Estamos com muitas esperanças de que seja breve, e aí seu papel vai ser muito importante, pois vamos tentar devolver Granada à democracia de acordo com a constituição que vocês lhe deixaram — explicou ele. — O líder que foi assassinado [Bishop] e, claro está, aqueles que o assassinaram, abandonaram essa constituição.

Aí já foi demais para Thatcher. Quase a despeito de si mesma, ela não conseguiu deixar essa última observação passar em branco.

— Bem, eu temo que a constituição tenha sido suspensa em 1979 — disse ela a Reagan, quase como se estivesse falando com uma criança ávida por saber, mas desinformada.

— Sim, foi quando Bishop deu o seu golpe e assumiu o poder — continuou Reagan, sem perceber o tom irônico de Thatcher.

E a conversa continuou nessa toada. Toda vez que o presidente levantava várias questões e fazia comentários sobre as personalidades envolvidas, Thatcher respondia laconicamente. Mesmo quando Reagan tentou invocar a herança comum dos Povos de Língua Inglesa — "amigos e parentes" — a primeira-ministra não se deixou envolver.

Por fim, Reagan fez uma última tentativa de se desculpar com Thatcher por tê-la posto numa situação política tão embaraçosa.

— Peço-lhe desculpas por qualquer constrangimento que tenhamos lhe causado — disse Reagan —, mas entenda, por favor, que foi apenas por causa do medo de nossa própria fraqueza aqui com relação ao sigilo.

— Foi muita gentileza sua telefonar, Ron — respondeu Thatcher com a clara intenção de não aceitar o pedido de desculpas. No fim, ela simplesmente pediu licença para desligar. — Tenho de voltar ao debate na Câmara — disse ao presidente. — É uma situação meio delicada.

— Tudo bem — replicou Reagan com uma jovialidade que parecia imprópria naquela situação. — Parta para cima deles! Devore todos eles vivos!

— Até logo — disse Thatcher.

E foi tudo.[57]

* * *

EM WASHINGTON, a reação à conversa entre Reagan e Thatcher, e à atitude da Grã-Bretanha de forma mais geral, foi de preocupação e indignação, principalmente porque ela parecia ser muito mal-agradecida.

"Fiquei irritado", afirmou o ministro do Exterior George Shultz. "Demos o maior apoio para a sra. Thatcher durante a crise das Falkland." Quaisquer que tenham sido os motivos para ela se opor à intervenção em Granada, "ela não mostrou nenhuma preocupação particular pela 'relação especial' entre a Grã-Bretanha e os Estados Unidos".[58]

A mesma frustração foi sentida na Sala Oval. "[Reagan] estava visivelmente insatisfeito", lembra Mike Deaver, o vice-líder da equipe. Bud McFarlane sabia que "o presidente estava muito decepcionado". E era uma decepção pessoal com Thatcher. "O presidente Reagan", resumiu Shultz, "achava que ela estava completamente errada. Ele lhe dera apoio nas ilhas Falkland. Sentia-se inteiramente coberto de razão a respeito de Granada. Ela discordava cabalmente da visão dele. Ele ficou profundamente decepcionado."[59]

Quando *Sir* Anthony Kershaw, presidente do comitê eleito para tratar das

---

[57] Telefonema de Reagan a Thatcher (gravação da conversa), 26 de outubro de 1983: MTF, docid=109426 (acessado no dia 31 de agosto de 2007).

[58] Shultz, *Turmoil and Triumph*, p. 336.

[59] Smith, *Reagan and Thatcher*, p. 126. Shultz, *Turmoil and Triumph*, p. 340.

questões internacionais na Câmara dos Comuns, teve a oportunidade de perguntar ao presidente, em Washington, por que ele não notificou a primeira-ministra de antemão, a resposta veio sem preâmbulos: "Porque eu não queria que ela dissesse não."[60]

Ambos os lados do Atlântico suspeitavam um do outro. Para Thatcher, ela desencadearia uma crise de confiança não só em Reagan, mas na própria natureza do credo anglo-americano.

---

[60] Entrevista com Kenneth Adelman, 30 de setembro de 2003: Ronald Reagan Oral History, Miller Center, University of Virginia.

CAPÍTULO 6

É ASSIM QUE AS GRANDES POTÊNCIAS SE COMPORTAM

A INVASÃO DE GRANADA PELOS NORTE-AMERICANOS EM OUTUBRO de 1983 deixou Margaret Thatcher perplexa. E, por outro lado, sua reação a ela foi um choque maior ainda para os intelectuais que a cercavam. Certamente George Urban, o diretor da Radio Free Europe, de Munique, e assessor de Thatcher para questões soviéticas, não tinha se dado conta do impacto de Granada sobre a primeira-ministra até receber uma carta alarmante de Hugh Thomas, o diretor do Centre for Policy Studies (CPS) [Centro de Estudos de Política — CEP].

Algumas semanas antes, Thomas procurara Urban para perguntar se ele devia falar sobre a União Soviética na reunião anual do CPS, que seria presidida pela primeira-ministra em pessoa. "Por causa da presença dela", observou Urban entusiasmado em seu diário, "sempre atraímos a nata do elemento espiritual-intelectual do partido conservador, com quem a interação era estimulante e muitas vezes prazerosa."[1] Mas, no dia 15 de dezembro, Thomas escreveu novamente a Urban, dessa vez para falar de um problema. "Eu acho, para o bem ou para o mal, que a primeira-ministra está namorando a ideia de algum tipo de aproximação com a União Soviética", explicou ele, "e que ela não quer ser sabotada, por assim dizer, por afirmarmos essas coisas mais explicitamente. E ela também ainda não digeriu a raiva que ficou do governo norte-americano por causa de Granada, e isso tem de ser levado em conta".

---

[1] George Urban, *Diplomacy and Disillusion at the Court of Margaret Thatcher* (Londres, 1996), p. 64.

Urban entendeu imediatamente o significado daquilo. "Eu poderia dizer coisas na reunião anual que sem dúvida chegariam a ouvidos soviéticos", observou ele, "e prejudicaria a liberdade de manobra da primeira-ministra se, na verdade, fosse haver uma 'nova abordagem' ao Kremlin na esteira de Granada". Logo depois, quando Urban se encontrou com Thomas em Londres, todo o significado de Granada para Margaret Thatcher veio à tona: a primeira-ministra estava pensando em uma "plataforma de lançamento de uma espécie de anglo-gaullismo". Se a Grã-Bretanha ia deixar de ser uma aliada especial segundo os parâmetros tradicionais, talvez fosse uma vantagem para ela ser uma aliada de segunda classe, como a França.[2]

Os intelectuais do CPS que cercavam Thatcher estavam preocupados com a nova direção da política; outros, dos demais grupos, se mostravam mais otimistas. Dentro do ministério do Exterior, um texto de planejamento escrito para *Sir* Geoffrey Howe, o responsável por essa pasta, expressava o temor de que, quando se tratasse do uso da força, agora os Estados Unidos eram uma ameaça maior do que a União Soviética. O governo Reagan, dizia esse texto, "acredita que ela [a força] deu certo em Granada — e deu. O risco é pensar que ela também pode ser aplicada com êxito em outras situações do Terceiro Mundo".

O próprio Howe simpatizava com essa ideia. Certamente reconhecia que Granada mudara algo importante. Ele separou e guardou um recorte de jornal de uma coluna escrita por Malcolm Rutherford, o principal comentarista político do periódico *FT*, que tinha feito uma advertência: "Os governos britânicos andaram vivendo num paraíso de idiotas ao pensar primeiro em Washington e depois na Europa. No futuro, deverá ser o contrário." O ministro do Exterior concordava e reconhecia que aquele era um bom momento para mudar o jogo. "Eu não tinha dúvidas", comentou ele, "de que devíamos basear cada vez mais o nosso planejamento estratégico na premissa de que Granada, e não as Falkland, constituía a melhor prova dos instintos norte-americanos." Thatcher concordou com ele.[3] "Os norte-americanos são piores que os soviéticos", disse ela a um primeiro-ministro irlandês atônito, Garret FitzGerald, em uma reunião de cúpula anglo-irlandesa realizada em Chequers pouco tempo depois: "Persuadiram o governador [de Granada]

---

[2] Urban, *Diplomacy and Disillusion*, p. 64-5.
[3] Geoffrey Howe, *Conflict of Loyalty* (Londres, 1994), p. 336-7.

a fazer um convite retroativo para invadir [a ilha] depois de o levarem para bordo de um navio de guerra norte-americano." Aquilo não era melhor do que as invasões soviéticas "fraternais" da Hungria e da Tchecoslováquia. Com Brian Crozier, o assessor dos serviços secretos, Thatcher foi mais direta ainda. "Aquele sujeito!", ela exclamou, referindo-se a Reagan. "Depois de tudo o que eu fiz por ele, ele nem sequer me consultou."[4]

As relações entre Reagan e Thatcher pioraram ainda mais com os acontecimentos do Líbano. Em 23 de outubro, domingo, no dia seguinte àquele em que o presidente deu o sinal verde para a invasão de Granada, Reagan foi acordado outra vez no meio da noite, agora com a notícia devastadora de um ataque terrorista. Um homem-bomba, em um caminhão Mercedes de 18 toneladas carregado de explosivos equivalentes a mais de 12 mil toneladas de TNT, entrara no quartel onde estavam os fuzileiros navais dos Estados Unidos em Beirute. Era o centro nervoso da Força Multinacional estacionada no Líbano desde o verão de 1982, na esteira de uma invasão de Israel. A Força Multinacional era constituída de soldados norte-americanos, franceses, italianos e britânicos. Nesse dia, 242 norte-americanos e 38 franceses perderam a vida. Essas mortes representaram a maior perda de vidas norte-americanas por ação inimiga em um único dia entre o fim da Segunda Guerra Mundial e o 11 de Setembro. "Essa foi", escreveu Reagan em seu diário, "uma notícia trágica."[5]

As consequências do bombardeio de Beirute acabariam se tornando mais uma fonte de tensão entre Reagan e Thatcher, mas também foi mais um fator para aumentar a fúria de Thatcher contra Reagan por causa de Granada. O presidente, depois de receber a notícia do ataque terrorista do dia 23 de outubro, escreveu imediatamente a Thatcher. "Não há dúvida de que os perpetradores dos últimos bombardeios de Beirute tentaram mais uma vez solapar nossa vontade e o senso de propósito coletivo", disse-lhe ele, "enquanto trabalhávamos para apoiar o governo legítimo do Líbano em suas tentativas de assegurar um futuro mais estável e pacífico." Mas o crucial foi que, apesar de lhe escrever sobre o Líbano, o presidente continuou escondendo de Thatcher a invasão iminente de Granada, para a qual dera o sinal verde na

---

[4] John Campbell, *Margaret Thatcher*, vol. II (Londres, 2003), p. 278.
[5] Andrew Roberts, *A History of English-Speaking Peoples since 1900* (Londres, 2006), p. 540. Douglas Brinkley, *The Reagan Diaries*, vol. I (Nova York, 2009), p. 278

noite anterior. Quando ela descobriu essa omissão, sua raiva e sensação de exclusão só fizeram aumentar.[6]

Temendo outra iniciativa norte-americana unilateral, Thatcher pediu a Reagan para "pensar bem" antes de tomar medidas de represália contra o ataque a bomba em Beirute. Era vital, insistiu ela, que "nenhuma medida intempestiva fosse tomada" e que os representantes da Força Multinacional tivessem a oportunidade de discutir uma resposta coordenada na próxima reunião da Otan em dezembro. Os norte-americanos não deviam agravar a crise atacando o Irã e a Síria mesmo que ambos os países estivessem implicados no terrorismo da região.

A carta de Thatcher provocou revolta em Washington. No dia 4 de novembro, o ministro do Exterior Shultz deixou claro para Bud McFarlane, o assessor de segurança nacional, que a Casa Branca devia responder a Thatcher de uma forma que "não deixe a menor dúvida sobre as intenções norte-americanas de tomar medidas de autodefesa contra os perpetradores do ataque a bomba". Os Estados Unidos esperavam que "os aliados lhes dessem retaguarda firme nesse momento delicado".[7] Essa mensagem foi entregue em duas cartas do presidente. Na primeira, ele disse a Thatcher que "qualquer medida seria uma questão de autodefesa, não de vingança". Na segunda, ele a informava de que agora estava "inclinado" a realizar uma ação militar limitada, mas decidida. Sem se deixar intimidar, Thatcher respondeu a essas duas cartas rápida e negativamente. "Eu queria apresentar francamente a ele a minha visão", lembra ela mais tarde. "Minha mensagem foi o mais clara possível: que eu não acreditava que uma ação de represália fosse aconselhável."[8]

Mais uma vez, como no caso de Granada, o conselho de Thatcher não pesou muito. No dia 4 de dezembro, um avião da Sexta Frota da Marinha dos Estados Unidos lançou um ataque contra defesas sírias antiaéreas no Líbano. Essa ação teve o apoio da França, que lançou um ataque aéreo contra posições da Guarda Revolucionária Iraniana no vale de Bekaa do Líbano. "Era o resultado", disse Richard Allen, o mais importante assessor de segurança

---

[6] Reagan a Thatcher, 23 de outubro de 1983: MTF, docid=109278 (acessado no dia 31 de agosto de 2007).

[7] Resumo da correspondência de Thatcher; Hill a McFarlane, 4 de novembro de 1983: MTF, docid=109364 (acessado no dia 31 de agosto de 2007).

[8] Resumo da correspondência Reagan/Thatcher: Thatcher, *Downing Street Years*, p. 333.

nacional de Reagan, de "uma aliança com Mitterrand que fora além das expectativas de todos".[9] Tempos depois, o presidente francês disse a Thatcher, meio constrangido, que os ataques aéreos foram feitos "por insistência dos norte-americanos".[10] Os ataques combinados deram início à escalada de um conflito que veria o colapso do governo libanês dois meses depois — o que deixou o país no caos — e à "redistribuição" subsequente da força multinacional em navios ao largo da costa antes de uma retirada final em março de 1984.

"A intervenção norte-americana no Líbano — por mais bem-intencionada que tenha sido — foi claramente um fracasso", concluiu Thatcher. Muitos norte-americanos concordaram. "Os Estados Unidos", disse a Weinberger o coronel Colin Powell, um assessor militar da cúpula, enfiaram "a mão em uma caixa de marimbondos de mil anos com a expectativa de que nossa mera presença pacificasse os marimbondos". Essa intervenção só fez aumentar a impressão crescente de confusão e amadorismo bem-intencionado que cercava a política norte-americana no Oriente Médio. Essa falta de habilidade acabaria prejudicando Reagan durante o "Irã-Contras" — o escândalo mais lesivo de seu mandato.[11]

Até os aspectos práticos de retirar as Forças Multinacionais de Beirute foi uma fonte de tensão e mal-entendidos entre Reagan e Thatcher. Haviam sido traçados planos para uma retirada organizada. Thatcher deixou a decisão sobre as forças britânicas a cargo do comandante das operações locais, mas aí chegou uma mensagem da Casa Branca no dia 7 de fevereiro, dizendo que o presidente falaria na televisão naquela noite sobre a retirada. Thatcher notificou imediatamente o comandante britânico de que todo e qualquer elemento-surpresa estava prestes a desaparecer. Mal essa mensagem acabava de ser enviada quando chegou outro telegrama do presidente a Downing Street: ele resolvera cancelar seu discurso na televisão. Thatcher ficou lívida outra vez e, apesar da pressão norte-americana, recusou-se a adiar a retirada britânica. Conforme se viu, foi uma decisão acertada. "A despeito da

---

[9] Entrevista com Richard Allen, 28 de dezembro de 2002: Ronald Reagan Oral History, Miller Center, University of Virginia.
[10] Thatcher, *Downing Street Years*, p. 334.
[11] http://www.rand.org/pubs/conf_proceedings/CF129/Thatcher, *Downing Street Years*, p. 334. George C., Herring, *From Colony to Superpower: US foreign relations since 1776* (Nova York, 2008), p. 875.

mensagem anterior que lhe enviei", escreveu-lhe no dia seguinte um Reagan constrangido, "tive de divulgar nossos planos ontem à noite, em parte para evitar um novo vazamento de informações sobre o plano que todas as redes de rádio e TV teriam transmitido no noticiário da noite".[12] A equipe do CSN avisou o presidente que haveria "um alarido inevitável por conta [dos acontecimentos] de hoje".[13]

A discordância em relação ao Líbano chegou ao auge no exato momento em que Thatcher estava implementando sua nova estratégia soviética. A indiferença norte-americana às suas opiniões parecia confirmar a convicção da primeira-ministra de que a Grã-Bretanha precisava de uma abordagem mais independente nas questões internacionais. Um mês antes, ela dera um passo inicial ousado. Thatcher fez sua primeira visita ao bloco oriental em uma viagem de três dias à Hungria — considerada um dos governos mais flexíveis do Pacto de Varsóvia. Imediatamente depois ela informou a Reagan que iria mudar de método. "Estou ficando convencida de que temos mais probabilidade de fazer progresso em uma negociação detalhada de controle de armas se primeiro criarmos uma base mais ampla de entendimento entre o Oriente e o Ocidente", disse-lhe ela. "Mas não tenho nenhuma ilusão de que vai ser fácil conseguir isso. Será um processo lento e gradual, durante o qual nunca devemos baixar a guarda. De todo modo, acredito que essa tentativa precisa ser feita." Por mais cautelosa que tenha sido a forma de expressão, era um sinal claro para o presidente. Thatcher estava adotando uma nova estratégia diplomática que implicava uma ênfase maior na détente.

Granada desempenhara um papel importante na visão de Thatcher, mas uma nova informação espantosa recebida pelo serviço secreto inglês (SIS) também teve peso: o mundo, ao que tudo indicava, escapara por um triz de um ataque nuclear alguns meses antes. Em novembro de 1983, a Otan realizara um dos seus exercícios anuais de guerra — o *Able Archer-83*. Só depois da conclusão do exercício é que o serviço secreto inglês ficou sabendo, por meio do agente duplo Oleg Gordievsky, que Moscou acreditara genuina-

---

[12] Reagan a Thatcher, 8 de fevereiro de 1983: MTF, docid=109342 (acessado no dia 19 de abril de 2010).
[13] Kemp a McFarlane, 8 de fevereiro de 1984: Folder, United Kingdom Prime Minister Thatcher (8305659-8306168), Box 35, Assistant to the President for National Security Affairs, Head of State file, Ronald Reagan Library.

mente que essa atividade poderia ser uma fachada para um primeiro ataque contra a União Soviética. O que realmente alarmou os britânicos foi a informação de que um avião soviético "capaz" de transportar armas nucleares ficou em estado de alerta em uma pista de pouso e decolagem da Alemanha Oriental durante o *Able Archer*. Para Thatcher, isso só confirmou sua convicção de que uma situação hipertensa precisava ser acalmada. "Chegou a hora de ir além da retórica do império do mal", disse Charles Powell, seu secretário particular para questões internacionais.[14]

Thatcher enfatizou imediatamente a sua independência dos Estados Unidos aceitando um convite para participar do funeral do líder soviético Yuri Andropov, que morrera no dia 9 de fevereiro. Para reforçar a importância do que ela estava fazendo, a primeira-ministra também escolheu a data do funeral para passar algumas das informações dadas por Gordievsky para os Estados Unidos. Foi um belo exemplo da utilidade do "poder da espionagem" na relação anglo-americana. Quando Robert Gates, o vice-diretor do serviço de inteligência da CIA, viu o relatório, chegou à conclusão de que era "aterrador".[15]

O objetivo da viagem de Thatcher a Moscou não era fazer progressos com o substituto medíocre de Andropov. "Não me impressionou nem um pouco", ela comentou desdenhosamente depois de conhecer Konstantin Chernenko no dia 14 de fevereiro, refletindo sarcasticamente que as botas novas forradas de pele compradas para a ocasião provavelmente seriam necessárias de novo — em breve. Mas seu seminário em Chequers no outono anterior tinha desembocado em um plano de procurar "agentes da mudança" no interior do sistema soviético. O professor Archie Brown dissera-lhe para prestar atenção a dois homens com boas perspectivas de êxito no Politburo soviético: Grigory Romanov e, em particular, Mikhail Gorbachev. Quando ela conversou com Gorbachev durante o funeral, ele ficou imediatamente receptivo às suas propostas. Ele notará que, enquanto outros líderes ocidentais tinham ficado conversando entre si durante a passagem do cortejo, a Dama de Ferro mantivera, assim como a liderança soviética, um silêncio respeitoso. Sentindo a

---

[14] Gordon S. Barrass, *The Great Cold War: a journey through the hall of mirrors* (Stanford, 2009), p. 303-5.
[15] Richard J. Aldrich, *The Hidden Hand: Britain, America and the cold war* (Londres, 2001). Barrass, *The Great Cold War*, p. 305.

boa vontade dele, Thatcher aproveitou a oportunidade e convidou-o para ir a Londres. Ele deu a entender que estaria disposto a ir.

E assim foram lançadas as sementes de uma nova "relação especial" para Thatcher. E foi uma relação que, com o tempo, deixaria ainda mais tensa a "relação especial" mais antiga com seu "amigo" da Casa Branca.[16]

* * *

Nos meses seguintes a Granada e ao Líbano, a relação entre Reagan e Thatcher ficou à deriva, caracterizada agora por um sentimento de irritação combinado com indiferença. Em uma certa medida, essa última foi uma questão devida às circunstâncias. Ambos os líderes estavam ocupados com outras coisas. Para Reagan, havia a questão da reeleição. Certamente não havia dúvida de que chegaria facilmente à vitória se tanta gente se perguntava se ele não estaria velho demais para um segundo mandato. Durante toda a primavera e o verão de 1984, Thatcher esteve envolvida em uma batalha feroz com o poderoso Sindicato Nacional dos Mineiros, que — ela nunca esquecia — desempenhara um papel muito importante na queda do governo conservador em 1974. Assim como a guerra das Malvinas foi o momento mais marcante de Thatcher no palco político mundial, as greves dos mineiros de 1984 definiriam o espírito do thatcherismo no front nacional.[17]

No entanto, por mais preocupados que estivessem nos meses seguintes à invasão de Granada, estava claro que não havia grande vontade de fazer as pazes em nenhum dos lados do Atlântico. Na verdade, os observadores tinham começado a comentar o tom evidentemente frio que impregnara a relação. "Eisenhower e Eden, Kennedy e Macmillan, Johnson e Wilson, Nixon e Health, Reagan e Thatcher: o casamento anglo-americano sempre começa bem, mas depois tropeça e acaba em cara feia e reprimendas", concluiu *The Economist* em uma reportagem de duas partes ("Fale alguma coisa, nem que seja adeus") sobre o estado das relações anglo-americanas. Os dois anos anteriores viram essas relações passarem por "seus testes mais dramáticos

---

[16] Thatcher, *Downing Street Years*, p. 457-8.
[17] Considerações sobre os piquetes de Orgreave, 30 de maio de 1984: MTF, docid=105691 (acessado em 26 de abril de 2010).

desde Suez". No fim, concluiu o periódico, Washington demonstrara "que as superpotências não precisam de aliados, só de chefes de torcida".[18]

Enquanto o prestígio de Thatcher minguava, o do presidente francês François Mitterrand se encontrava em ascensão. No final de março, ele fez uma grande turnê pelos Estados Unidos, que incluiu "duas rodadas de conversas privadas e muita diversão com o sr. Reagan". Eles constituíam um "par estranho", mas o presidente parecia ter um novo melhor amigo. Os oficiais norte-americanos estavam ansiosos por deixar bem claro que "Os Estados Unidos podem contar com a França". A censura à Grã-Bretanha era muito evidente.[19]

Charles Wick, o diretor da US Information Agency [Agência de Informações dos Estados Unidos] e velho amigo do presidente, ficou preocupado com os boatos de um cisma a ponto de escrever para Bud McFarlane e apresentar-lhe uma avaliação sombria. Uma "nova frieza" surgira na Grã-Bretanha no tocante às relações com os Estados Unidos, advertiu ele. Os mal-entendidos recentes cobraram um preço alto. "A queda da opinião favorável aos Estados Unidos é essencialmente o resultado de uma série de acontecimentos que ocorreram durante a segunda metade de 1983", explicou ele, "que ressuscitou os comentários britânicos sobre nossa incapacidade de ouvir conselhos e sobre o fato de não merecermos confiança e sermos agressivos."

Em Washington, George Shultz avisara Reagan que "a 'relação especial' passou a estar sob grande tensão" desde a última vez em que o presidente e a primeira-ministra se encontraram em setembro. McFarlane concordava com Shultz que o novo fosso nas relações exigia "atenção". Talvez a próxima viagem do presidente a Londres oferecesse uma oportunidade de "enfatizar valores e experiências comuns" aos membros da Aliança Atlântica.[20]

No fim, foram tanto as duras realidades políticas quanto o afeto que levaram Reagan e Thatcher a voltar às boas. Uma reunião de cúpula do G7 em Londres estava marcada para junho de 1984. À medida que esse evento se aproximava, ambos os líderes reconheceram que o outro era vital para os seus

---

[18] *Economist*, 3 e 10 de março de 1984; *US New and World Report*, 19 de março de 1984.

[19] *Economist*, 31 de março de 1984.

[20] Wick a McFarlane, 21 de março de 1983: MTF, docid=110641 (acessado no dia 31 de agosto de 2007).
Shultz a Reagan, 14 de maio de 1984: Folder, The President's Trip to Europe, Box 91427, Executive Secretariat, NSC, Trip file, Ronald Reagan Library.

interesses. Thatcher, na condição de anfitriã, queria um êxito que enfatizasse sua estatura global. Ela poderia esperar — e até gostar — de batalhas teatrais com líderes da ala esquerda, como Pierre Trudeau e François Mitterrand. No entanto, até mesmo uma insinuação de frieza ou, pior ainda, de crítica por parte de Reagan, seria imediatamente vista pela mídia e por seus inimigos políticos como mais um indício de uma influência decrescente. A reunião de cúpula poderia muito bem ser a sua primeira oportunidade de censurar o presidente ao vivo a respeito de Granada, mas era importante ela mesma resistir a essa tentação e esquecer o passado.

E Reagan também precisava disso. Com as eleições presidenciais marcadas para dali a alguns meses, era crucial que a reunião de cúpula do G7 presidida por Thatcher fosse um grande sucesso que sublinhasse as credenciais de Reagan como líder do mundo livre. Mais importante ainda — era vital que a reunião do G7 não se transformasse em um ataque à política econômica dos Estados Unidos. Em particular, Reagan estava vulnerável às taxas altas de juros e ao déficit orçamentário, que vinha saindo do seu controle. A própria Thatcher tinha falado em termos enérgicos com Reagan em reuniões anteriores do G7 sobre os perigos do déficit. Agora os Estados Unidos esperavam que Thatcher engolisse essas preocupações. Enquanto estivesse presidindo a reunião, ela teria de defender Reagan dos ataques da esquerda e assinar um comunicado final que evitasse qualquer insinuação de crítica à política econômica norte-americana. "A primeira-ministra tem consciência da conjuntura política dos Estados Unidos", declarou tranquilizadoramente um informe de membros do CSN para Reagan, "e não vai tentar constranger o presidente".[21]

O preço de Thatcher por esse apoio era um acesso maior. Os dois líderes fizeram uma reunião bilateral em Downing Street no dia 5 de junho, que — McFarlane avisara ao presidente — "reflete o desejo da sra. Thatcher, expresso publicamente, de trocas de opinião mais frequentes e de alto nível com o governo norte-americano no ambiente mais informal possível".[22] A

---

[21] Briefing Book, "United Kingdom": Folder, The President's Trip to Europe, Box 91429, Executive Secretariat, NSC, Trip file, Ronald Reagan Library.
Avaliação das necessidades políticas de Reagan e Thatcher na reunião de cúpula de Londres: Geoffrey Smith, *Reagan and Thatcher* (1991), p. 139-40.

[22] Briefing Book, "Working dinner hosted by Prime Minister Thatcher": Folder, The President's Trip to Europe, Box 91429, Executive Secretariat, NSC, Trip file, Ronald Reagan Library.

informalidade dessas conversas foi acompanhada imediatamente por um ato conjunto de comemoração no dia seguinte, quando ambos os líderes viajaram para a Normandia para participar das cerimônias que celebravam o 40º aniversário do Dia D. Essas cerimônias tocaram Reagan profundamente, pois ele achou o dia "uma experiência emocionante" e disse ter tido "dificuldade para chegar até o final do meu discurso". Quando jovem, Reagan havia se apresentado como voluntário para o exército norte-americano, mas foi recusado por causa da surdez em um ouvido e da vista fraca. Sempre sentiu vergonha porque "tudo quanto eu realizei na guerra foi fazer voar uma mesa" e sempre mostraria grande humildade pessoal quando estava perto de veteranos de guerra. A cerimônia com "os rapazes que ajudaram a acabar com a guerra" em Pointe de Hoc, o local da batalha decisiva dos desembarques da Normandia, foi para ele uma ocasião particularmente tocante. Foi um lembrete eloquente da fortaleza norte-americana e de uma história comum da solidariedade e do sacrifício dos aliados em uma batalha para libertar a Europa.[23]

A reunião do G7 começou em Londres no dia seguinte. Apesar do "namoro" em Washington poucas semanas antes, Reagan acabou sendo posto na defensiva econômica na maior parte do tempo por François Mitterrand, apoiado por Trudeau. Thatcher desembainhou a espada e correu em defesa de Reagan. "Margaret presidiu as reuniões de forma brilhante", anotou Reagan em seu diário. "Mais protestos de Pierre e François", acrescentou ele depois. "Havia sangue no chão — mas não era nosso."[24]

A certa altura, em meio a tensões extremas, Trudeau lançou um ataque violento contra Thatcher por seu comportamento "opressivo e antidemocrático" ao presidir a reunião. "Fiquei horrorizado com a grosseria dele e com a maneira insultuosa com que falou com ela", lembra Reagan, que dava muito valor à cortesia pessoal, "mas ela o ignorou, manteve a calma e nunca se deixou intimidar." Mais tarde, quando estavam saindo juntos da sala, Reagan expressou sua revolta: "Ah, as mulheres sabem quando os homens estão sendo infantis", disse ele.[25]

---

[23] John O'Sullivan, *The President, the Pope and the Prime Minister: three who changed the world* (Nova York, 2006), p. 247-8.
[24] Douglas Brinkley (org.), *Reagan Diaries*, vol. I (Nova York, 2009), p. 354-5.
[25] Ronald Reagan, *An American Life* (Londres, 1991), p. 354.

Naquela noite, no palácio de Buckingham, um presidente aliviado recitou de cor para a rainha-mãe *The Shooting of Dan McGrew*, o que fez a família real e os líderes mundiais reunidos ali rirem a bandeiras despregadas. Enquanto observava, Thatcher refletia com certa satisfação que todos os vestígios de frieza recente na relação anglo-americana pareciam ter desaparecido. Apesar disso, aprendera uma lição: sua confiança na troca de opiniões entre os dois lados do Atlântico nunca mais seria a mesma.

Quando Reagan voltou a Washington, escreveu a Thatcher em termos cordiais para lhe agradecer pela forma com que presidira a reunião do G7. "Quero expressar por carta o que já lhe disse em Londres", começou ele. "Admiro o trabalho de mestra que você fez ao organizar e presidir a reunião de cúpula deste ano. Graças à sua liderança, a reunião foi um sucesso estrondoso."[26]

O mais importante foi que os pequenos gestos habituais de amizade e solidariedade que tinham caracterizado a relação, mas que estiveram ausentes nos últimos meses, também começaram a voltar. Algumas semanas depois da reunião do G7, Reagan escreveu a Thatcher só para lhe dizer que andara pensando nela durante aqueles dias difíceis da greve dos mineiros. "Nas últimas semanas, pensei muito em você com uma empatia considerável ao acompanhar as atividades dos sindicatos dos mineiros e dos estivadores", escreveu ele. "Sei que eles apresentam uma série de questões complicadas para o seu governo. Eu só queria que você soubesse que meus pensamentos estão com você enquanto você trata dessas questões importantes; estou confiante, como sempre, de que você e seu governo vão se sair bem dessa situação." Este era o texto da carta na íntegra. Não havia negócios a discutir, só votos de boa sorte.[27]

Algumas semanas depois, Thatcher retribuiu. Quando Sandra Day O'Connor apareceu em Downing Street — a primeira mulher do Supremo Tribunal de Justiça dos Estados Unidos a visitar a primeira mulher a exercer o cargo de primeiro-ministro na Grã-Bretanha — Thatcher deu a ela uma mensagem para transmitir ao presidente enquanto ele se aproximava

---

[26] Reagan a Thatcher, 19 de junho de 1984: MTF, docid=109345 (acessado no dia 31 de agosto de 2007).
[27] Reagan a Thatcher, 18 de julho de 1984: Folder, United Kingdom Prime Minister Thatcher (8305659-8306168), Box 35, Assistant to the President for National Security Affairs, Head of State file, Ronald Reagan Library.

das eleições. "Cruzei os dedos das mãos, cruzei os dedos dos pés, cruzei tudo em mim!", disse ela. Ninguém duvidaria.[28]

Conforme se viu, Thatcher precisava mais de sorte do que Reagan. Nas primeiras horas do dia 12 de outubro de 1984, em sua suíte no Grand Hotel de Brighton, a primeira-ministra acabara de dar os últimos retoques no seu discurso para a conferência do partido conservador. Quando estava prestes a ir para a cama, ouviu uma batida na porta. Robin Butler, seu principal secretário particular, entrou pedindo mil desculpas, mas tinha um último texto a ser aprovado. Enquanto Thatcher o lia, uma explosão terrível sacudiu o quarto. "Um carro-bomba!", ela exclamou antes de correr para o quarto ao lado para ver se estava tudo bem com o marido, Denis. "Aquilo me tocou", disse Butler tempos depois, "porque foi um daqueles momentos em que não é possível fingir."

Depois que os serviços de segurança chegaram e tiraram os Thatcher do edifício, ficou evidente que a explosão havia sido mais que a de um carro-bomba. "Acho que foi uma tentativa de assassinato, e você?", perguntou ela a Ronnie Millar, o redator de seu discurso. Na verdade, tinha sido uma tentativa do IRA Provisório de assassinar todos os ministros do governo. Uma bomba de mais ou menos 50 quilos havia sido plantada ali semanas antes. Um total de cinco pessoas mortas e 34 feridas. Enquanto Thatcher era elogiada por sua calma diante do ataque, imagens de TV ao vivo transmitidas depois da explosão deixaram claro o quanto a primeira-ministra estivera perto da morte. Se não tivesse sido momentaneamente detida por Butler e houvesse entrado no banheiro, que desmoronou, é muito provável que Thatcher tivesse ficado gravemente ferida ou morrido. Sua boa estrela a protegeu naquele dia, mas nenhum primeiro-ministro britânico jamais voltaria a sentir-se despreocupado. "Hoje tivemos azar", dizia a declaração apavorante do IRA, "mas lembrem-se de que só temos de ter sorte uma vez; vocês têm de ter sorte sempre."[29]

---

[28] Fielding a Reagan, 16 de agosto de 1984: Folder, United Kingdom Prime Minister Thatcher (8305659-8306168), Box 35, Assistant to the President for National Security Affairs, Head of State file, Ronald Reagan Library.

[29] John Campbell, *Thatcher*, vol. II (Londres, 2003), p. 430-1.
"Sobre esse dia", 12 de outubro de 1984: http://news.bbc.co.uk/onthisday/hi/dates/stories/october/12/newsid_2531000/2531583.stm (acessado no dia 27 de abril de 2010).

Reagan estava a pleno vapor na sua campanha eleitoral quando soube da notícia. "Liguei para Margaret Thatcher do trem para falar da explosão da bomba do IRA em Brighton", anotou ele no seu diário, acrescentando que a bomba "quase a pegou". Reagan disse à primeira-ministra que havia lhe mandado uma mensagem particular sobre "o covarde atentado a bomba", mas ele também "queria lhe dizer pessoalmente o quanto deploramos esse ataque horrível". Esse foi, na opinião de Bud McFarlane, "um belo gesto".[30]

Os comunicados do presidente também deixaram evidentes sua sensação de alívio e sua revolta. Felizmente, disse ele a Thatcher, assim que "a notícia do ataque a Brighton chegou a mim" foi "seguida imediatamente pela melhor notícia que poderia haver — que você escapou ilesa". Agora ele já sabia "dos mortos e feridos, e principalmente dos ferimentos atroizes [sic] a seus colegas, Norman Tebbit e John Wakeham". Reagan mandou suas condolências, dizendo a Thatcher "que os pensamentos e as simpatias de todos os norte-americanos estão com você e com as famílias daqueles atingidos por esse ato bárbaro". E também oferecia ajuda prática. "No contexto de nossa relação especial", garantiu ele à primeira-ministra, "dei ordens para que meus especialistas estejam a postos para trabalhar com os seus para auxiliar no processo de levar os perpetradores à justiça." Fiel à sua palavra, Reagan escreveu novamente antes do final do mês que "identificamos quatro homens que são especialistas em dispositivos de efeito retardado para explosivos terroristas. Dei ordens para que esses homens estejam à disposição para conferenciar com os seus especialistas nesta área."[31]

Thatcher estava agradecida, mas não só pelas palavras de simpatia. A bomba, disse ela a Reagan, havia sido detonada por um "dispositivo de efeito retardado". Eles eram difíceis de detectar, e toda ajuda que os Estados Unidos pudessem dar seria bem-vinda. O presidente disse a Thatcher "que, trabalhando juntos, poderemos negar mais rapidamente essa tática brutal àqueles que usariam o terrorismo para atacar os alicerces da democracia".[32]

---

[30] Brinkley, *Reagan's Diaries*, vol. I, p. 390. Telefonema de Reagan a Thatcher, 12 de outubro de 1984: MTF, docid=109352 (acessado no dia 31 de agosto de 2007).

[31] Reagan a Thatcher, 12 de outubro de 1984: MTF, docid=109351 (acessado no dia 31 de agosto de 2007).

[32] Reagan a Thatcher, 26 de outubro de 1984: Folder, United Kingdom Prime Minister Thatcher (8290407-8390524), NSC Executive Secretariat, Head of State file, Ronald Reagan Library.

Em 6 de novembro de 1984, algumas semanas depois do ataque terrorista em Brighton, a democracia em ação viu Ronald Reagan reeleito presidente em uma vitória esmagadora sobre Walter Mondale. Venceu em 49 dos cinquenta estados norte-americanos. Thatcher ficou satisfeitíssima. Quaisquer que fossem as dificuldades com Reagan, ela não queria ver o vice-presidente de Jimmy Carter na Casa Branca. Reagan ao menos estava do lado certo dos anjos — a ala direita. "Que vitória!", telegrafou ela a Reagan ao saber da notícia. "Não tenho palavras para lhe dizer o quanto estou satisfeita. Vai ser um grande tônico e tranquilizante para todos os amigos dos Estados Unidos, que continuam tendo a maior confiança na liderança de sua nação."

Exatamente como fizera depois da eleição de Reagan em 1980, e depois da sua própria reeleição em 1983, Thatcher começou imediatamente a criar condições para fazer logo uma visita a Washington. "Agora estamos ambos em nosso segundo mandato e enfrentamos muitos desafios formidáveis", disse-lhe ela. "Minha maior esperança é podermos continuar trabalhando em uma associação tão íntima quanto conseguimos nos últimos quatro anos, e trocar ideias privadamente e com a maior franqueza a respeito de todos os principais problemas internacionais."

Com essa finalidade, ela queria organizar não um, mas dois encontros nos próximos meses. George Shultz, lembrou ela a Reagan, "fez a sugestão interessante de um pequeno seminário entre nós, com atenção particular para as questões do controle de armas, bem no início do seu novo mandato". Era uma ideia que ela "certamente estava disposta a pôr em prática". No entanto, "mais de imediato", se Reagan fosse passar o Natal na Califórnia, "eu poderia parar lá por uma hora ou duas" ao voltar de uma viagem à China. "Seria bom conversarmos", disse ela, vibrante.[33]

Aparentemente, o tom solícito da mensagem de Thatcher não parecia muito diferente de seus pedidos anteriores. Mas, na verdade, mascarava sua visão mais fria e calculista da relação com o presidente. "Tenho a nítida impressão de que a Aliança Atlântica é o mais importante de tudo", disse ela a seus assessores, "mesmo que eu também tenha a impressão de que os norte-americanos nos prestaram um desserviço com a invasão de Granada.

---

[33] Thatcher a Reagan, 7 de novembro de 1984: MTF, docid=109368 (acessado no dia 31 de agosto de 2010).

Mas acabei achando que é assim que as grandes potências se comportam. A moralidade não faz parte do quadro. Quanto mais a piedade." Para uma parlamentar tão autoconfiante, este foi um reconhecimento eloquente das frustrações de um sócio minoritário.[34]

Reagan concordou com o pedido de Thatcher, com a sugestão de encontrarem "uma data conveniente para ambos no início de 1985". Não haveria viagem para a Califórnia, pois ele só estaria lá depois do Natal. Thatcher, que não se deixava intimidar facilmente — uma pessoa que se fazia de desentendida diante de uma insinuação — ofereceu-se imediatamente para ir a Washington em lugar da Califórnia e acabou conseguindo um convite para ir a Camp David, um prêmio por sua perseverança.

O convite para ir ao retiro do presidente em Maryland parecia representar um novo começo das relações de Reagan com Thatcher. "Tenho a coragem de dizer que quase sinto como se eu fosse um cabo eleitoral seu", disse Reagan se autodepreciando, acrescentando que "esperava dar continuidade às mais íntimas trocas de ideias. Na verdade, trata-se de uma promessa".[35] Mas as palavras cordiais foram reforçadas por atos, inclusive uma demonstração revoltante de favoritismo em relação a Thatcher. Foi uma intervenção que deixou clara a determinação pessoal de Reagan de pôr uma pedra em cima de qualquer ressentimento por causa de Granada. O resultado deixou perplexos muitos membros de seu governo.

Durante bem mais de um ano, Thatcher vinha insistindo com o presidente para ele interromper uma investigação antitruste proposta pelo Ministério da Justiça dos Estados Unidos para saber se o preço fixado pela British Airways (BA) e outras linhas aéreas da Europa tinham levado injustamente a Laker Airways à falência em 1982. Além disso, os curadores da massa falida da Laker Airways haviam entrado com um processo particular antitruste que investigaria os prejuízos maciços provocados por linhas aéreas, entre as quais a BA. Thatcher escreveu pela primeira vez ao presidente sobre essa questão durante a prévia da eleição geral de 1983, quando estava apreensiva com a possibilidade de ela pôr a perder seus planos públicos e notórios de privatizar a BA. "Eu gostaria de discutir com você pessoal e urgentemente

---

[34] Urban, *Diplomacy and Disillusion*, p. 86.
[35] Reagan a Thatcher, 13 de novembro de 1984: Folder, United Kingdom Prime Minister Thatcher (8290407-8390524), NSC Executive Secretariat, Head of State file, Ronald Reagan Library.

a minha preocupação profunda com a investigação antitruste proposta...", disse-lhe ela. "A questão é urgente, e é por isso que estou entrando em contato com você imediatamente. Estou ansiosíssima por causa dela e espero que você tenha condições de tratar dela pessoalmente e muito em breve." Em um contexto eleitoral, o uso da palavra "pessoal" — como quem pede um favor — foi absolutamente explícito: Thatcher queria que Reagan interrompesse a investigação.[36]

Reagan não estava em condições de ajudá-la em 1983. William Clark, o assessor de segurança nacional, tinha avisado que "seria um erro suspendê-la". Reagan deu a notícia a Thatcher como quem pede desculpas. "Você sabe que dou muito valor à nossa relação pessoal e à cooperação singular entre nossos países sobre questões importantes", explicou ele. "Mas, nesse caso, sinto que não tenho liberdade de ação suficiente para sanar as suas preocupações."[37]

A investigação continuou assombrando os planos de privatização de Thatcher durante todo o período 1983/1984. Ela nunca perdia a oportunidade de levantar a questão com o presidente toda vez que os dois se encontravam. Seu argumento era que a investigação consistia em uma tentativa ilegal, unilateral e descabida dos Estados Unidos de regulamentar a aviação internacional. As anotações de Reagan para a reunião do G7 em Londres deixa claro que esse era um dos maiores pontos de atrito na relação entre os dois países.[38]

A investigação também provocara divisões no interior do próprio governo Reagan. O Ministério da Justiça achava que era preciso "investigar e processar efetivamente". O Ministério do Exterior pensava que "esses arranjos são duvidosos" e se preocupava com a possibilidade de que eles tornassem as relações entre a Grã-Bretanha e os Estados Unidos "cada vez mais controvertidas".[39]

---

[36] Thatcher a Reagan, 29 de março de 1983: MTF, docid=109327 (acessado no dia 31 de agosto de 2010). Thatcher, *Downing Street Years*, p. 283.

[37] Reagan a Thatcher, 6 de abril de 1983; Clark a Reagan, 28 de março de 1983: MTF, docid=109328 (acessado no dia 29 de abril de 2010).

[38] Briefing Book, "United Kingdom": Folder, The President's Trip to Europe, Box 91429, Executive Secretariat, NSC, Trip file, Ronald Reagan Library.

[39] Informe do ministério do Exterior, "US-UK aviation relations": Folder, UK Prime Minister official visit Dec. 1984, Box 91440, VIP visits, NSC Executive Secretariat, Ronald Reagan Library.

A questão veio à tona na Sala Oval dez dias depois da eleição presidencial. A procuradora-geral adjunta Carol Dinkins achava que a justiça devia dar continuidade ao processo e fazer acusações criminais de infrações antitruste. George Shultz achava que isso seria um desastre para a Aliança Atlântica. "A PM Thatcher continua intransigente", anotou Reagan em seu diário. "George acha que nossas relações com o RU são mais importantes que o processo. Depois de ouvir ambas as partes, fiquei do lado das relações exteriores — processo encerrado."[40] Foi uma decisão chocante, uma decisão que enfatizava a influência crescente de Shultz sobre o presidente, bem como Thatcher ter voltado às boas graças de Reagan. O *Financial Times* diria depois que o ministério da Justiça fora incapaz de provar qualquer conspiração para fixar preços predatórios em rotas transatlânticas com o objetivo de arruinar a Laker.[41] A maior parte dos especialistas achava que a Laker teria ido à falência mesmo sem a guerra de preços com a BA.[42] Mas, na época, a reação do ministério da Justiça foi de revolta. Seus membros se recusaram a cooperar com a embaixada britânica para anunciar a decisão e deixou vazar para a imprensa que esta havia sido uma intervenção política direta do presidente. Poucos meses depois, Carol Dinkins renunciou e saiu do governo.

Com um novo mandato eleitoral no bolso — e quase exatamente um ano depois de ter atacado Granada com tanta violência — Ronald Reagan, com um gesto público muito controvertido, deu a Margaret Thatcher um sinal de que continuava acreditando firmemente na sua relação especial. Parecia o prelúdio perfeito para sua reunião no retiro do presidente em Camp David, na encosta da montanha, em dezembro.

Mas, se o presidente esperava gratidão, enganou-se redondamente. "Eles nos agradeceram depois que o senhor retirou as acusações", queixou-se o embaixador Price ao presidente pouco tempo depois, "mas, até agora, não temos nada nas mãos além de um saco vazio". A frustração do embaixador ia mais longe ainda. "Durante meu primeiro ano em Londres, encontrei-me com a primeira-ministra talvez umas 15 vezes", escreveu ele.

---

[40] Brinkley, *Reagan Diaries*, vol. I, p. 397.
[41] *FT*, 19 de janeiro de 1985; Edmund Dell, "Interdependence and the judges: civil aviation and antitrust" em *International Affairs* 61, no. 3 (1985), p. 367.
[42] James Patrick Hanlon, *Global Airlines* (Oxford, 1999), p. 213.

"Em toda reunião, ela fala praticamente o tempo todo... Está na hora de ela ouvir um pouco."[43]
Este se tornaria um refrão familiar.

* * *

MESMO QUE NO inverno de 1984 tanto a Grã-Bretanha quanto os Estados Unidos tenham tentado deixar para trás a questão de Granada, estava claro que ainda havia um mal-estar na relação. Para Thatcher, aceitar que é assim "que as grandes potências se comportam" combinou-se com uma sensação aguda de decepção pessoal com o próprio presidente. Ele era o homem mais poderoso do mundo e, mesmo assim — e que ninguém nos ouça —, ela não considerava Reagan um igual no plano intelectual.[44] Nada exemplificava melhor esse fosso — nem o poder limitado da primeira-ministra britânica — do que a nova relação que ela travou alguns dias depois de se encontrar com Reagan em Camp David.

Na manhã de 16 de dezembro, Thatcher deu as boas-vindas a Mikhail Gorbachev, do Politburo soviético, em Chequers, onde exercia o seu cargo na zona rural. Essa visita foi "o passo seguinte em minha estratégia de estabelecer relações mais íntimas — nos termos certos — com a União Soviética". Antes disso, Thatcher havia feito outro seminário com os especialistas em União Soviética, preparando-se para o que eles alertaram que seria uma troca de ideias dinâmica. Gorbachev fazia parte da nova geração — um dos "filhos do 20º Congresso do Partido" que muitos esperavam que atingisse o objetivo de Krushev de "socialismo com rosto humano". Sabia-se que lia muito, inclusive estudos ocidentais sobre a União Soviética, e, como foi um protegido de Andropev, era tido como um realista político durão. Em 1984, ele chegara ao cargo de encarregado da ideologia — na verdade, o número 2 do partido e o provável favorito para ser o próximo líder soviético.[45]

---

[43] Price a Reagan; Sommer a McFarlane, 20 de dezembro de 1984: Folder, UK Prime Minister official visit Dec. 1984, Box 91440, VIP visits, NSC Executive Secretariat, Ronald Reagan Library.

[44] Como *Sir* Nicholas Henderson deixou claro a Tony Benn: Tony Benn, *Free at Last: diaries 1991-2001* (Londres, 2002), p. 211.

[45] Barrass, *The Great Cold War*, p. 313-15.

Gorbachev chegou à Grã-Bretanha com uma fama sedutora de reformador. Não decepcionou. "No segundo em que ele entrou no grande salão de Chequers, todos souberam que ali estava um tipo completamente diferente de líder soviético", lembra o secretário particular Charles Powell. "Ali estava um homem transbordante de energia, um largo sorriso no rosto, com disposição para o debate." Depois do almoço com vários ministros, Thatcher e Gorbachev retiraram-se sozinhos, acompanhados apenas por Geoffrey Howe, o taciturno ministro do Exterior, além de Powell e um tradutor. As conversas foram reveladoras para ambos os protagonistas. "Sua personalidade não poderia ser mais diversa do ventriloquismo maquinal do *apparatchik* soviético comum", lembra Thatcher. "Ele sorria, ria, usava as mãos para dar ênfase às palavras, modulava a voz, seguia o fio de um argumento até o fim e era um grande debatedor... Ele não parecia nem um pouco embaraçado ao entrar em áreas controvertidas da alta política." O contraste com Reagan, que sempre lia suas anotações preparadas de antemão e não estava disposto a, — ou era incapaz de — conduzir a estratégica *tour d'horizon* política que a primeira-ministra adorava, não poderia ser mais chocante. "Eu me vi gostando dele", refletiu Thatcher. Palavras que ela não usava com frequência.[46]

Geoffrey Howe observava assombrado a transformação de Thatcher. Seu tom arrogante — usado muitas vezes por frustração, quando ela sentia estar diante de alguém fraco ou apagado — tinha desaparecido. Seus olhos reluziam de entusiasmo enquanto ela entrava em um debate intelectual e político do mais alto nível. "Margaret estava em sua melhor forma", lembra ele. "Fluente, mas comedida, cuidadosa, mas brilhante, e convincentemente sincera." Ela também tinha uma "cola": o agente duplo Oleg Gordievsky lhe fornecera um perfil de Gorbachev para essa reunião. O momento em que os britânicos perceberam que Gorbachev era alguém diferente foi quando ele citou lorde Palmerston, o primeiro-ministro do século XIX, que disse: "As nações não têm amigos ou aliados permanentes, têm apenas interesses permanentes." Thatcher e seu ministro do Exterior acharam isso "extraordinário", não porque Gorbachev conhecia a frase e podia citá-la, mas "pela maneira precisamente efetiva com que ela foi usada". Não é de admirar que, quando ela saiu da reunião e falou com a BBC, Thatcher fez uma declaração

---

[46] Thatcher, *Downing Street Years*, p. 459-61. Entrevista com Charles Powell, BDOHP, Churchill College Archive Centre.

famosa a respeito de Gorbachev: "Podemos fazer negócios um com o outro." A primeira-ministra havia finalmente encontrado alguém à sua altura, e estava adorando.[47]

O momento mais difícil para Thatcher em Chequers foi quando Gorbachev a pressionou em relação à Iniciativa de Defesa Estratégica. O político soviético sabia que Thatcher era íntima de Reagan. Na verdade, Charles Powell observou que os soviéticos pareciam ter deduzido que Thatcher era "alguém que tanto poderia convencer o presidente Reagan a negociar com eles quanto, de certo modo, ajudar a explicá-los ao presidente".[48] Gorbachev, que sabia que a primeira-ministra tinha suas próprias ressalvas à IDE, esperava que ela convencesse Reagan a arquivar este novo programa.[49] Esta foi uma questão que ele levantou publicamente no dia seguinte, num almoço oferecido por Geoffrey Howe. "A União Soviética está preparada... para avançar até a proibição completa e, por fim, a eliminação das armas nucleares", declarou ele. Mas "eu gostaria de enfatizar que, na atual conjuntura, é particularmente importante evitar a transferência da corrida armamentista para o espaço sideral. Se isso não acontecer, seria irreal alimentar esperanças de acabar com a corrida armamentista nuclear".[50] Quando Gorbachev tentou retomar a questão com Thatcher em Chequers, ela foi pouco receptiva. "Não perca o seu tempo", advertiu ela, "tentando me convencer a dizer a Reagan: 'Não vá em frente com a IDE.' Isso não nos levará a parte alguma."[51] Mas, a despeito do repúdio violento de qualquer possibilidade de ela transmitir a Reagan uma mensagem de Gorbachev sobre a IDE, na verdade era exatamente isso que ela pretendia fazer.

Em Washington, o namoro soviético com Margaret Thatcher através de Gorbachev foi seguido imediatamente de uma carta pessoal de Chernenko a Reagan no dia 20 de dezembro. A mensagem era tão clara quanto fora

---

[47] Geoffrey Howe, *Conflict of Loyalty* (Londres, 1994), p. 358-9.
Entrevista com a BBC, 17 de dezembro de 1984: MTF, docid=105592 (acessado no dia 31 de agosto de 2007).
Barrass, *The Great Cold War*, p. 314.
[48] Entrevista com Charles Powell, BDOHP, Churchill College Archive Centre.
[49] Michael Lucas, "SDI and Europe" em *World Policy Journal*, vol. 3, nº 2 (primavera de 1986), p. 219-249. Stable URL: http://www.jstor.org/stable/4020901
[50] Martin Anderson e Annelise Anderson, *Reagan's Secret War* (Nova York, 2009), p. 191.
[51] Smith, *Reagan and Thatcher*, p. 149.

em Londres. "Recentemente o senhor falou em mais de uma ocasião... em favor de tomar o caminho que levaria, com o tempo, à liquidação das armas nucleares, de forma cabal e em toda parte", escreveu o líder soviético. "Nós, evidentemente, recebemos essa ideia de braços abertos." Mas havia uma condição. "Para ser bem franco: o surgimento e a disponibilidade de sistemas nucleares de ataque tornariam impossível realizar negociações sérias sobre a limitação e redução de armas estratégicas."

Era um ultimato que Reagan esperava. Apenas três dias antes, em uma reunião com o Grupo de Planejamento da Segurança Nacional (GPSN), o presidente interrompera um longo informe de McFarlane para declarar que "a IDE é o principal alvo da União Soviética" nas conversas sobre desarmamento. "Ela está se sentando à mesa de negociações para tratar da questão da IDE", previu ele. "Precisamos continuar com nosso programa de pesquisa da IDE, aconteça o que acontecer."[52] Mais tarde, em particular, ele comentou que "eu vou defender a posição de que não podemos recuar, seja o que for que os soviéticos nos ofereçam."

Mas o primeiro teste de sua determinação não viria dos soviéticos. Viria de Thatcher.

* * *

Camp David, 22 de dezembro de 1984. "O sábado começou claro e brilhante", escreveu Reagan entusiasmado naquele dia, "o que foi ótimo, porque a PM Margaret Thatcher estava chegando para uma visita". Na verdade, o tempo quase a impediu de ir.

Chegar a Washington exigiu um esforço hercúleo da primeira-ministra britânica. Depois de sua reunião com Gorbachev no domingo em Chequers, ela partiu no dia seguinte para Pequim, onde assinou um acordo com o governo chinês sobre o futuro de Hong Kong. Depois de uma visita à própria Hong Kong, para garantir a seu povo que o acordo não era um conto do vigário britânico, ela atravessou o Pacífico e a América continental para chegar a Washington. Essa viagem extraordinária, inspirada por sua determinação em se encontrar com o presidente norte-americano recém-eleito, significou

---

[52] Anderson e Anderson, *Reagan's Secret War*, p. 186-9.
Brinkley, *Reagan Diaries*, vol. 1, p. 409.

55 horas de viagem.⁵³ Não que a primeira-ministra, célebre por dormir apenas quatro ou cinco horas por noite, estivesse dando algum sinal de esmorecimento da sua energia. Numa parada para reabastecer o avião em Hickman, uma base da força aérea no Havaí, ela insistiu em descer para conhecer Pearl Harbour. Enquanto funcionários aturdidos batalhavam para encontrar um carro, ela os despediu com um aceno, tirou uma lanterna da bolsa e mergulhou na escuridão para encontrar a baía sozinha. A pouco menos de um quilômetro dali, à beira d'água, ela localizou o memorial — o *Arizona* — e ficou ali um tempo refletindo sobre "a data que vamos viver na infâmia", e talvez na adolescente de 16 anos que ela era na época.⁵⁴

Depois de passar o equivalente a mais de dois dias no ar, Thatcher jamais permitiria que uma questão trivial como o tempo a impedisse de se encontrar com Reagan. Uma neblina cerrada na área de Washington, D.C. obrigou seu avião a se desviar da base da força aérea de Andrews e aterrissar no aeroporto internacional Dulles. Dessa vez, foi a equipe da embaixada que ficou atarantada correndo de Andrews para Dulles para recebê-la. Quando os diplomatas chegaram lá, Thatcher já estava à sua espera. "Não se preocupem", disse-lhes ela. "Já tomei todas as providências." A Thatcher típica — intimidadoramente sensata e ponderada.⁵⁵

O tempo que obrigou Thatcher a se desviar de sua rota quase arruinou sua viagem a Camp David. Depois do café da manhã com o vice-presidente George Bush, os dois finalmente ficaram sabendo que o Marine 2 havia sido liberado para transportá-los até Maryland, onde se encontrariam com o presidente. Quando Thatcher chegou, o retiro do presidente na montanha estava banhado pela luz do sol.

Foi um esforço assombroso por parte de Thatcher ir a Camp David só para ficar algumas horas cara a cara com o presidente. Mas, para o sócio majoritário, as coisas estavam muito mais tranquilas. Ele andava para lá e para cá pelo gramado — sem paletó, acariciado pelo vento e cheio de vida — em seu *buggy* de golfe enquanto o helicóptero aterrissava. E enquanto Thatcher descia os degraus, ele foi na sua direção sorrindo, abraçou-a ca-

---

⁵³ Campbell, *Thatcher*, vol. II, p. 288-9.
⁵⁴ Smith, *Reagan and Thatcher*, p. 151.
⁵⁵ Geoffrey Smith, que estava viajando com a mídia, faz uma descrição maravilhosa da viagem de avião de Thatcher e da visita a Camp David em: Smith, *Reagan and Thatcher*, p. 151.

rinhosamente e deu-lhe um beijo no rosto. "Às vezes eu achava que estava dirigindo ...*E o vento levou*", comentou sarcasticamente Bernard Ingham, o assessor de imprensa da primeira-ministra. Depois o presidente apontou seu carrinho de golfe, acomodou Thatcher no banco do passageiro e entrou nele com um salto. Acenando alegremente para a mídia reunida ali, Reagan fez meia-volta e acelerou, enquanto Thatcher olhava para ele com um misto de afeto e preocupação. "Cuidado!", gritou um membro da equipe de imprensa da Casa Branca. "Pode deixar!", gritou ele também em resposta.[56]

Antes de sua chegada, a atitude do governo em relação à visita de Thatcher tinha sido bem relaxada. McFarlane informara o presidente de que a reunião fora marcada porque a primeira-ministra estava "obviamente ansiosa" por restabelecer sua posição bem no início do segundo mandato. Apesar de um grande número de fatores "irritantes", insinuou ele, a relação continuava essencialmente "íntima, saudável e especial". Thatcher, ao contrário, parecia um pouco ansiosa demais. "Andamos discutindo com os ingleses a possibilidade de a sra. Thatcher encontrar-se com o senhor de novo em fevereiro", queixou-se McFarlane. "Pensamos originalmente que a reunião de Camp David seria suficiente, mas ela vem aos Estados Unidos em fevereiro para uma turnê de palestras, e faz questão de se encontrar de novo com o senhor."[57]

George Shultz também informou o presidente de que Thatcher estava vindo "para enfatizar os laços íntimos que ela espera continuar tendo com o senhor em seu novo mandato". Mas lembrou ao presidente que Thatcher, sendo quem era, "vai querer uma troca de ideias franca". E uma delas será, sem dúvida alguma, a questão do controle de armas. "Em geral Thatcher nos apoia", avisou Shultz, "mas tem críticas a fazer à IDE."[58]

McFarlane previra corretamente que Thatcher ia querer fazer de Gorbachev e da IDE o centro de suas conversas com o presidente. Com seu *buggy* de golfe, Reagan levara Thatcher direto para o chalé presidencial, o Aspen Lodge, onde Nancy os aguardava. O que foi mais do que simples

---

[56] *United Press International*, 22 de dezembro de 1984. Reportagem de Norman Sandler; Bernard Ingham, *Kill the Messenger* (Londres, 1991), p. 260.

[57] McFarlane a Reagan, 21 de dezembro de 1984: Folder, UK Prime Minister official visit Dec. 1984, Box 91440, VIP visits, NSC Executive Secretariat, Ronald Reagan Library.

[58] Shultz a Reagan, 20 de dezembro de 1984; McFarlane a Reagan, 21 de dezembro de 1984: Folder, UK Prime Minister official visit Dec. 1984, Box 91440, VIP visits, NSC Executive Secretariat, Ronald Reagan Library.

cortesia. "A experiência passada", observou Peter Sommer, do CSN, ensinou que Thatcher sempre queria "uma reuniãozinha a sós com o presidente" antes de começar qualquer conversa formal, e essa viagem a Camp David não foi diferente.[59] Na verdade, Thatcher estava tão determinada a conseguir alguns momentos a sós com o presidente que, em lugar de Denis, ela levou Robin Butler, seu principal secretário particular, para essa sessão inicial. Suas instruções explícitas eram ocupar-se da sra. Reagan e fazer de tudo para que ela não interrompesse essa primeira oportunidade importante de conversar com o presidente. Seja como for, Nancy era uma artista consumada demais como esposa de um político para não saber quando se manter a distância. Butler ateve-se a fazer anotações sobre a reunião.[60]

Thatcher começou dando os parabéns a Reagan por sua "vitória fantástica" nas urnas.[61] "A vitória", disse ela, "foi mais impressionante ainda dado que ele havia mudado tão significativamente a política norte-americana. A vitória com uma margem tão grande era um endosso das [suas] políticas e um apelo claro para que elas tivessem continuidade." Thatcher fez chover elogios sobre o presidente, que os recebeu com seu característico humor encabulado. Certamente tinha sido "uma honra vencer com uma margem dessas", disse-lhe ele, mas Reagan sabia o que queria pedir a Papai Noel no Natal: "Minnesota!" Foi o único estado onde ele perdeu.

Thatcher nunca teve um talento excepcional para falar de amenidades, e não demorou para que fizesse a conversa se voltar para a política. E ela jogou imediatamente o seu trunfo na mesa. Tinha conhecido o próximo homem a dar as cartas no Politburo uma semana antes. Agora ela queria contar tudo sobre ele ao presidente. Gorbachev era um "russo inusitado", explicou ela, "no sentido de ser muito menos contido, mais charmoso, mais aberto à discussão e ao debate". Sem muito tato, dada a dependência que Reagan tinha delas, ela acrescentou que o russo "não se atinha a anotações preparadas de antemão". Em termos de substância, Thatcher tinha a impressão de que Gorbachev era

---

[59] Sommer a Kimmitt, 3 de dezembro de 1984: Folder, UK Prime Minister official visit Dec. 1984, Box 91440, VIP visits, NSC Executive Secretariat, Ronald Reagan Library.
[60] Smith, *Reagan and Thatcher*, p. 152.
[61] Todas as citações a respeito da reunião de Camp David baseiam-se nas anotações norte-americanas sobre a reunião. Encontro com a Primeira-Ministra Thatcher, Camp David, 22 de dezembro de 1984: MTF, docid=109185 (acessado no dia 31 de agosto de 2007).

"um defensor da reforma econômica". Ele certamente estava "preocupado" com a precariedade do desempenho econômico da União Soviética.

Mas a Dama de Ferro estava ansiosa por sublinhar ao presidente que não houvera corrosão em suas opiniões a respeito da Guerra Fria. Na verdade, lembrou-lhe ela, "quanto mais charmoso o adversário, tanto mais perigoso". Por isso ela avisara Gorbachev, nos termos mais diretos possíveis, que "não adiantava tentar separar a Grã-Bretanha dos Estados Unidos. Essa manobra nunca daria certo". A primeira-ministra lembrara a Gorbachev que ela e Reagan "se conheceram muito tempo antes" de assumirem os cargos que exercem agora. Separá-los era simplesmente "impossível". Ela também enfatizou que "o presidente é um homem respeitável que deseja sinceramente melhorar as relações com a União Soviética".

Se Thatcher estava tentando seduzir Reagan, não deu certo. Ele não fez absolutamente nenhum comentário em resposta à sua análise do caráter de Gorbachev. Em vez disso, voltou-se quase imediatamente para o xis da sua desavença com a própria Thatcher — a Iniciativa de Defesa Estratégica —, um aviso oportuno para ela recuar. Os soviéticos tinham se comportado "muito mal" nas batalhas propagandísticas dos últimos meses. Agora estavam voltando à mesa de negociações de Genebra, onde se falava de desarmamento, para tentar recuperar parte da sua iniciativa. Mas o medo de Reagan era que simplesmente se quisesse usar essas conversas como um "fórum de propaganda" para atacar a IDE, dizendo que ela significava transformar o espaço exterior em arma. Mas essa nunca foi a sua intenção. A nova tecnologia seria colocada "em mãos internacionais". E havia um propósito maior, disse a Thatcher um Reagan exaltado. "A nova Iniciativa de Defesa Estratégica também tem um contexto moral", explicou ele. "Temos de procurar formas de construir uma paz mais estável. Nosso objetivo é reduzir e por fim eliminar as armas nucleares."

Thatcher ficou horrorizada. Mais uma vez o fosso entre os conceitos de defesa e détente dos EUA e do RU ficou em evidência. Dias antes em Chequers, a primeira-ministra admitira para Gorbachev que ela "não concordava" com o desejo de Reagan de "livrar inteiramente o mundo das armas nucleares", e acreditava que este era "um sonho impossível".[62] Ela ficou abalada ao ouvir o presidente falar em termos tão francos. E, em um momento

---

[62] Thatcher, *Downing Street Years*, p. 462.

pouco característico, ela entrou em pânico e deixou escapar um ultimato de Gorbachev, que "[me] falou: 'Diga a seu amigo, o presidente Reagan, para não prosseguir com as armas espaciais.' Ele insinuou que, se você concretizar a IDE, os russos vão criar a sua, ou, mais provavelmente, criarão novos sistemas ofensivos superiores à IDE".

Foi um momento estranho. Reagan não disse nada. Thatcher começou a falar a respeito de seu interesse "em saber mais sobre a IDE". Mas ambos sabiam o que havia acontecido. "Thatcher entregara a mensagem", observou Martin Anderson, um membro do conselho consultivo de espionagem internacional.[63]

Em um momento raro de brusquidão, Reagan simplesmente interrompeu Thatcher e disse que "estava na hora de se juntarem aos outros no Chalé de Louro". A reunião privada terminara. Mas Thatcher mal começara. "Nas três horas em que ela esteve aqui", comentou Anderson a respeito da reunião de Camp David, "pareceu que sua principal missão era conseguir que Reagan arquivasse a IDE."

Se Thatcher mostrou pouco tato durante a reunião, também não mostrou medo. O presidente estava acompanhado pelo seu vice, pelo ministro do Exterior, pelo assessor de segurança nacional e por uma falange de funcionários. A primeira-ministra estava sozinha, a não ser por três assessores, que não disseram palavra durante toda a sessão. Depois das amenidades iniciais, Thatcher foi novamente direto ao ponto. É claro que "o programa de pesquisa norte-americano IDE deve prosseguir", começou ela, mas não se deve permitir que ele comprometa a segurança. "As armas nucleares", disse ela ao presidente, "não serviram só para evitar uma guerra nuclear; elas também nos deram quarenta anos de uma paz sem precedentes na Europa. Seria uma imprudência abandonar um sistema de dissuasão que evitou tanto a guerra nuclear quanto a guerra convencional." E disse sem rodeios a Reagan: "Temos algumas preocupações reais sobre o impacto da IDE sobre a dissuasão."

Depois desse longo prelúdio de Thatcher, o presidente finalmente conseguiu falar. Enfatizou de novo que "a pesquisa é promissora e a IDE pode ser praticável". E reiterou seu propósito geral em termos simples. "Meu objetivo último é eliminar as armas nucleares", disse ele. A IDE era a melhor forma de alcançar esse objetivo. Ela não ofereceria apenas um sistema defensivo

---

[63] Anderson e Anderson, *Reagan's Secret War*, p. 193.

internacional a longo prazo; mais imediatamente, faria pressão sobre os soviéticos, que "devem estar preocupados com o nosso poder econômico. Vai ser particularmente difícil para eles continuarem gastando somas tão vastas em defesa". De modo que a estratégia do presidente era clara: "Temos de negociar com eles a partir de uma posição de força. Mas também sabemos que, em uma guerra nuclear, não haveria vencedores."

Reagan ficara profundamente abalado com o suposto fato de o *Able Archer-83* ter escapado por um triz de provocar uma calamidade. O relatório sobre esse exercício militar da Otan concluíra sinistramente que ele marcou o início da "luta política e estratégica mais perigosa da década". Segundo Bud McFarlane, o presidente tinha ficado "muito tocado" ao ler os resumos dos relatórios de Gordievsky, o que reforçou sua convicção de que era preciso fazer alguma coisa não só para reduzir as tensões com a União Soviética, mas também — o que era muito mais ambicioso — acabar com a Guerra Fria e com a ameaça de aniquilação nuclear.[64]

Thatcher lhes passara aqueles relatórios do serviço secreto, mas suas conclusões foram diferentes. Com toda essa conversa de abolir as armas nucleares, a primeira-ministra não conseguiu mais segurar a língua. Com certeza, contrapôs ela, a dissuasão é a melhor forma de conseguir isso, e "A força é a nossa melhor forma de dissuasão".

Reagan concordou, mas continuou dizendo que também era importante "convencer os soviéticos de que não queremos lhes fazer nenhum mal".

Sim, contra-atacou Thatcher, mas era por isso que "o certo é enfatizar o equilíbrio militar, e não a superioridade". A história ensinou uma lição simples: "O equilíbrio nos dá segurança." A premissa implícita ficou suspensa no ar: a IDE corria o risco de destruir esse equilíbrio e, por conseguinte, era uma ameaça à segurança. Pesquisa era uma coisa; estar pronto para uma guerra, outra bem diferente. Mais uma vez, Thatcher estava argumentando em favor da necessidade de enfatizar a *détente* a expensas da defesa.

Como Reagan estava ficando cada vez mais exasperado, pediu a McFarlane que explicasse melhor a IDE. O assessor de segurança nacional falou sem rodeios de "nossa incapacidade de ser páreo para a expansão ofensiva dos soviéticos", motivo pelo qual o presidente estava explorando "outras opções"

---

[64] Barrass, *The Great Cold War*, p. 305.

— É prudente e responsável o presidente realizar a pesquisa da IDE — disse McFarlane.

— A IDE, tal como a entendo, sugere uma superioridade norte-americana inerente — retrucou Thatcher.

— A dissuasão, tal como a conhecemos hoje, pode vir a não satisfazer nossas necessidades futuras — replicou McFarlane.[65]

Era a confirmação dos piores temores de Thatcher. Tentando ganhar tempo, ela sugeriu que "alguém fosse a Londres para [me] dar um informe de técnicos norte-americanos de alto nível sobre os programas de defesa estratégica dos Estados Unidos e da União Soviética". Aliviado por ter encontrado uma saída, Reagan "concordou com um aceno da cabeça e disse que estava na hora do almoço".

Não, para Thatcher não estava. Enquanto o presidente se levantava da cadeira, a primeira-ministra lhe disse que "gostaria muito" de discutir mais algumas coisas antes do almoço e começou um longo discurso. Depois de uma sessão já desgastante, para Reagan aquilo foi simplesmente demais. Quando Thatcher parou de falar, ele a ignorou pela segunda vez naquele dia. Ele com certeza estava "ansioso por fazer progressos". Mas não agora. "Hora do almoço", disse ele. Nem nesse momento Thatcher relaxou. O tom cansado da minuta da reunião capta a atmosfera. "Durante o coquetel antes do almoço", diz ela, "o presidente, a sra. Thatcher e o embaixador Price" continuaram as discussões "demoradamente".

Quando as sessões formais foram retomadas, Reagan e Thatcher entabularam uma conversa mais genérica a respeito de questões internacionais e econômicas. Só quase no fim da sessão é que eles retornaram à questão da IDE. Houve discussões entre os altos funcionários à margem das conversas dos dois líderes, grande parte das quais coreografadas por George Shultz. E agora, nas conversas dos protagonistas, o ministro do Exterior explicou que o objetivo da iniciativa era manter e fortalecer a capacidade de dissuasão. "A IDE não é um afastamento da dissuasão", disse ele claramente. Parecia uma contradição gritante com o que McFarlane afirmara antes.

E então Thatcher tirou da bolsa uma declaração sucinta que pretendia fazer à imprensa ao partir. "Foi preparada por nossas respectivas equipes",

---

[65] McFarlane a Reagan, 21 de dezembro de 1984: Folder, UK Prime Minister official visit Dec. 1984, Box 91440, VIP visits, NSC Executive Secretariat, Ronald Reagan Library.

disse ela ao presidente. Havia quatro pontos específicos, e ela os leu em voz alta: "(1) o objetivo dos Estados Unidos e do Ocidente é manter o equilíbrio, isto é, não chegar à superioridade, ao mesmo tempo que levamos em conta os incrementos soviéticos; (2) o teste e o uso de recursos associados à IDE, em vista das obrigações previstas em tratado, seria uma questão a ser negociada; (3) o propósito geral é manter, e não enfraquecer, a capacidade de dissuasão; e (4) as negociações Oriente-Ocidente devem ter por objetivo obter segurança com quantidades menores de sistemas ofensivos."

"Concordamos com esses pontos", replicou Reagan com indiferença, acrescentando esperar que eles "abrandassem as notícias de desavenças entre nós". Suas únicas alterações substantivas eram que a dissuasão devia ser "fortalecida" em vez de "mantida", e que ele preferia deletar a palavra "teste" da frase "o teste e o uso de recursos associados à IDE".

Thatcher, que estivera tão ansiosa para discutir a questão da IDE, agora mudou de assunto na mesma hora, provavelmente para evitar que o presidente mudasse de ideia. Depois de mais uma rápida troca de amenidades, as conversas chegaram ao fim, com Reagan dizendo amavelmente a Thatcher "gostei muito" da discussão e "espero vê-la novamente em fevereiro". Thatcher, por sua vez, agradeceu ao presidente pela "calorosa recepção de antes do Natal", e esperava que eles se encontrassem "em breve". O único indício de tensão se manifestou em uma conversa final com o assessor de segurança nacional. "Olhando para o sr. McFarlane", diz a minuta da reunião, "ela reiterou o desejo de um informe técnico em Londres". McFarlane, certamente com um toque de sarcasmo, replicou que tinha "interesse em dar-lhe o informe pessoalmente".

Fora uma reunião difícil, mas Reagan parecia satisfeito. "O principal tópico foi nossa Pesquisa de Defesa Estratégica ("Guerras nas estrelas")", anotou o presidente em seu diário em um tom indiferente. "Acredito que [nós] acalmamos algumas das preocupações dela. E depois ela [Thatcher] se pôs a caminho da Ingl."[66]

Thatcher realmente acreditava que o presidente fizera mais do que apenas acalmar suas preocupações. Ela saiu de Camp David pensando que a Grã-Bretanha conseguira de Reagan concessões importantes para a Europa Ocidental a respeito de seu projeto favorito. "Foi intensamente político",

---

[66] Brinkley, *Reagan Diaries*, vol. I, p. 411.

lembra Charles Powell. "Ela realmente o fez mudar de ideia." Thatcher concordara em apoiar a IDE publicamente. Em troca, Reagan fizera a concessão de nunca abandonar o princípio mais abrangente da dissuasão, nem de usar a IDE unilateralmente. Além disso, o presidente concordara com Thatcher em anunciar essas propostas publicamente na sua coletiva com a imprensa. "Um bom dia de trabalho", concluiu satisfeita a primeira-ministra.[67]

Em um sentido, os britânicos tiveram a sorte de suas ressalvas sobre a importante distinção entre a IDE enquanto iniciativa de pesquisa e enquanto sistema pronto para ser usado coincidirem com aquelas de George Shultz. O ministro do Exterior se envolvera em uma luta interna longa e amarga sobre a IDE com Caspar Weinberger, do Ministério da Defesa. À medida que se aproximavam as negociações de Genebra com os soviéticos, Shultz foi ficando cada vez mais determinado a fazer com que a IDE ao menos constasse da pauta como parte das negociações. Weinberger era intransigente na sua posição de que isso não devia acontecer. Shultz reconhecera que a visita de Thatcher lhe oferecia uma oportunidade. Para garantir que a posição do Ministério do Exterior prevaleceria, seus assessores trabalharam junto aos britânicos para produzir o documento que saiu de Camp David. "Foi uma declaração excelente", concluiu o ministro, "ela fazia uma diferença entre pesquisa e uso de defesa com base no espaço sideral e me dava um espaço para manobrar em Genebra. Como o presidente assinara embaixo, minhas instruções seriam um reflexo do acordo a que se havia chegado".

Esse é um exemplo clássico da maneira pela qual os membros do governo poderiam usar Thatcher para obter vantagens durante disputas políticas internas. Thatcher sabia disso e muitas vezes tirou proveito da situação. Passara a admirar Shultz genuinamente, um homem que era ao mesmo tempo durão e adepto do jogo diplomático. Ele já tinha derrotado o "juiz" Clark, um homem que apoiava Reagan havia muito tempo e que renunciara em 1983 por pura frustração no exercício de seu cargo de assessor de segurança nacional. Agora "Cap", outro velho amigo de Reagan, já estava na defensiva. Apesar do fato de os britânicos terem dado sinais claros de que a IDE seria o principal tópico a ser tratado em Camp David, Shultz (que como ministro do Exterior havia coordenado a visita) manobrou para manter Weinberger fora

---

[67] Thatcher, *Downing Street Years*, p. 468. Entrevista com Charles Powell, BDOHP, Churchill College Archives Centre, Cambridge.

da reunião não o informando que a IDE seria o item substantivo da pauta. Quando o ministro da Defesa soube do acontecido ficou furioso e exigiu que o presidente divulgasse um informe para esclarecer que os soviéticos não teriam direito a vetar a IDE nas negociações sobre armas em Genebra.

Weinberger conseguiu a sua declaração, mas não precisava ter se preocupado. Como Thatcher e Shultz logo descobririam, o presidente continuava tão comprometido como sempre com o seu sonho da IDE e com a abolição de todas as armas nucleares. Logo Reagan estaria enfrentando um líder soviético que, exatamente como ele previra, estava disposto a "pedir arrego". O resultado abalaria profundamente Thatcher e a "relação especial".

CAPÍTULO 7

Não é boa ouvinte

Dia da Posse. 21 de janeiro de 1985, segunda-feira. "Grande dia, mas muito frio", escreveu Ronald Reagan em seu diário. Lá fora, as temperaturas tinham caído rapidamente a muitos graus abaixo de zero. O enregelamento parcial dos dedos e das orelhas levava 10 minutos. "Não há por que infligir esse risco a todas as pessoas que teriam de ficar ao ar livre no frio durante horas", escreveu o presidente.[1] De modo que o desfile foi cancelado. A cerimônia propriamente dita foi adiada e transferida para o Capitólio dos Estados Unidos, o edifício do Congresso norte-americano, onde a elite de Washington se reuniria embaixo daquela abóbada magnífica — quase 30 metros de diâmetro que se elevavam a uma altura vertiginosa de 540 metros. Na véspera, numa cerimônia discreta na Casa Branca, Reagan fizera o juramento do cargo na data — 20 de janeiro — prevista pela 20ª emenda. Hoje, ao contrário, uma carreata sofisticada de mais de cinquenta veículos, entre os quais duas limusines Lincoln presidenciais idênticas — numa delas seguiam o comandante em chefe e a primeira-dama —, percorreu a Pennsylvania Avenue rumo ao Capitólio, para Reagan fazer seu segundo discurso de posse.[2]

O rascunho havia sido escrito pelo próprio presidente. E, sobre política exterior, ele mostrou a mesma sinceridade que fora a marca registrada de seu primeiro mandato. Sua franqueza, combinada à importância da ocasião, colocou o segundo discurso de posse de Reagan entre os mais relevantes de

---

[1] Douglas Brinkley, *The Reagan Diaries* (na íntegra), vol. 1 (Nova York, 2009), p. 418.
[2] Edmund Morris, *Dutch: a memoir of Ronald Reagan* (Londres, 2000), p. 510-11.

todos os que ele fez. "Queremos a eliminação total, um dia, das armas nucleares da face da Terra", declarou ele sem rodeios. "Será que há tanto lógica quanto moralidade", perguntou ele, "em acreditar que, se um lado ameaça matar dezenas de milhões de membros do nosso povo, nosso único recurso é ameaçar matar dezenas de milhões do povo dele?" Além desse cálculo estava o objetivo ao qual atrelara seu segundo mandato. "Vamos nos encontrar com os soviéticos", prometeu ele, "esperando poder chegar a um acordo sobre a forma de livrar o mundo da ameaça da destruição nuclear." E os Estados Unidos intensificariam seu envolvimento com a Iniciativa de Defesa Estratégica, "um programa de pesquisa para encontrar, se pudermos, um escudo de segurança que destrua os mísseis nucleares antes de eles atingirem seu alvo". O objetivo dessa estratégia dupla era claro: "tornar as armas nucleares obsoletas".[3]

Reagan, como fez tão frequentemente em discursos importantes sobre política internacional, apresentou em termos simples e diretos os objetivos de sua estratégia. Queria envolver a União Soviética num processo de desarmamento radical que procuraria reduzir e eliminar as armas nucleares. Financiaria um programa de pesquisa que poderia, a longo prazo, oferecer um escudo protetor contra ataques nucleares. O objetivo dessa abordagem dupla era claro: dar fim à proposta de dissuasão e passar da destruição mútua certa para a sobrevivência mútua garantida.[4]

As aspirações do segundo discurso de posse foram recebidas em Downing Street com um desdém mal disfarçado. Margaret Thatcher nunca se dera muito ao trabalho de esconder sua discordância das esperanças que o presidente acalentava de existir um mundo sem ameaça nuclear. Poucas semanas antes, ela até reconhecera para Mikhail Gorbachev que "não compartilhava 'o sonho impossível' de Reagan de um mundo sem armas nucleares". Houve algumas trocas de palavras ásperas com Reagan sobre esse assunto em Camp David antes do Natal. Depois, Bud McFarlane, o assessor de segurança nacional em pessoa, voara para Londres para lhe dar um informe técnico atualizado tanto sobre a IDE quanto sobre as conversas preliminares de George Shultz com o ministro do Exterior da União Soviética, Andrei

---

[3] Segundo discurso de posse de Reagan: http://avalon.law.yale.edu/20th_century/reagan2.asp (acessado no dia 10 de maio de 2010).
[4] Lawrence Freedman, *The Evolution of Nuclear Strategy* (Londres, 2003), p. 395.

Gromiko. "Sou grata ao sr. McFarlane por seu informe abrangente", escreveu Thatcher a Reagan pouco tempo depois. "Agora temos uma ideia clara da maneira pela qual você espera que as próximas negociações se desenrolem. Estou na maior expectativa em relação a outras discussões com você sobre essas questões da maior importância... quando eu for a Washington no mês que vem." Era óbvio que ainda havia muito o que conversar.[5]

Nas semanas anteriores à visita de Thatcher em fevereiro, o governo Reagan fez de tudo para agradar a primeira-ministra. Sempre que havia chance, era organizado um grande número de demonstrações públicas da singularidade daquela relação. A mais visível delas foi, como em 1981, o presidente e a primeira-dama aceitarem um convite para jantar na embaixada britânica. "Sua presença", explicou McFarlane, "seria... um sinal muito positivo sobre o estado das relações anglo-americanas."[6]

Também antes da visita, Weinberger, o ministro da Defesa, foi a Londres dar a Thatcher mais um informe técnico sobre a IDE, dizendo o quanto ele desejava "agradecer-lhe especialmente" por aquela oportunidade valiosa.[7] Como tinha uma formação científica, Thatcher estava particularmente interessada na pesquisa em andamento para determinar até que ponto "uma defesa efetiva contra mísseis balísticos" era praticável. No entanto, essa mesma formação fazia dela uma cética instintiva. Em primeiro lugar, não houvera nenhuma definição precisa do que exatamente significava "efetiva" no contexto de defesa contra mísseis balísticos. Membros da Organização da Iniciativa de Defesa Estratégica (Oide) falavam de "uma defesa de várias camadas destinada a parar os mísseis em sua fase de arranque e as ogivas na metade de sua trajetória". Com o tempo, elas poderiam parar efetivamente cerca de 80% da frota de mísseis soviéticos. Thatcher, assim como os especialistas dos Estados Unidos e do resto do mundo, queria saber como essa defesa funcionaria. Será que a defesa contra mísseis compreenderia armas de energia dirigida, como *lasers* e feixes de partículas, ou armas de energia ciné-

---

[5] Thatcher a Reagan, 14 de janeiro de 2010: MTF, docid=109361 (acessado no dia 31 de agosto de 2010).

[6] McFarlane a Deaver, 31 de janeiro de 1985: MTF, docid=110541 (acessado no dia 31 de agosto de 2007).

[7] Weinberger a Thatcher, sem data [29 de janeiro de 1985]: MTF, docid=109362 (acessado no dia 31 de agosto de 2007).

tica, que usariam a força do impacto? Que tipos de sensores e computadores seriam necessários? Qual seria o papel da tomada de decisão individual?[8]

Em 1985, Weinberger e outros "falcões" da IDE no governo estavam começando a falar de avanços genuínos. "Estamos fazendo mais progressos do que prevíamos", declarou ele. "As barreiras que víamos ao progresso estão se dissolvendo." Os membros da Oide eram mais cautelosos, mas deram informes sobre "maravilhas técnicas" e "experimentos espetaculares", entre os quais "um feixe de *laser* de baixa potência que fez o ônibus espacial se desviar de sua trajetória, um *laser* químico que atingiu um modelo de foguete de lançamento Titan em tamanho natural e uma arma a uma hipervelocidade — considerada uma plataforma de lançamento — que destruiu a estrutura de um míssil em condições simuladas".[9]

Todo esse esforço do governo não poderia diminuir a apreensão crescente de Thatcher com o rumo da política norte-americana, principalmente no tocante à questão da estratégia nuclear. "Ela estava profundamente preocupada com o fato de o presidente Reagan ver a IDE como um substituto das armas nucleares", lembra Charles Powell, o secretário particular da primeira-ministra. Os informes técnicos sobre a IDE dados por Weinberger e McFarlane só confirmaram seu temor de que os testes sairiam do laboratório antes do previsto. "Um mundo sem armas nucleares", reiterava ela, "não era possível nem mesmo desejável."[10] Sua apreensão só fez aumentar quando Reagan, depois de seu discurso de posse, fez o discurso sobre o Estado da União [um discurso anual feito pelo presidente dos Estados Unidos ao Congresso, no qual fala não só a respeito da situação do país como também apresenta seu plano de governo — para o qual precisa da cooperação dos parlamentares — e as prioridades nacionais], no qual declarava que "nenhum de nós tem um sonho maior do que ver o dia em que as armas nucleares vão ser banidas da Terra para sempre". O fato de uma declaração dessas coincidir com a retomada iminente das negociações sobre desarmamento em Genebra com os

---

[8] Frances FitzGerald, *Way Out There in the Blue: Reagan, Star Wars and the end of the cold war* (Nova York, 2000), p. 371. Ver também Harold Bloom, "Is SDI Technically Feasible?" em *Foreign Affairs*, vol. 64, nº 3, *America and the World 1985* (1985), p. 435-454. Stable URL: http://www.jstor.org/stable/20042669.
[9] FitzGerald, *Way Out There in the Blue*, p. 372.
[10] Margaret Thatcher, *The Downing Street Years* (Londres, 1993), p. 462-3. Entrevista com Charles Powell, BDOHP, Churchill College Archive Centre.

soviéticos, em março, só intensificou a ansiedade de Thatcher. Quando estava para partir para Washington, a primeira-ministra chegou à conclusão de que os Estados Unidos eram capazes de utilizar a política de dissuasão da Europa Ocidental como elemento de barganha com os soviéticos, deixando a Europa "indefesa" contra o poderio do Exército Vermelho.

Parte do problema da primeira-ministra era que estava ficando cada vez mais difícil encontrar o lugar certo onde se inserir no meio das divisões políticas no seio do governo. Em dezembro de 1984, em Camp David, ela conseguira manipular a luta interna entre Weinberger e Shultz a respeito da IDE em benefício da Grã-Bretanha. Mas, em certa medida, ela também havia sido manipulada. O acordo que fez com Reagan em Camp David também era essencial para Shultz preparar o terreno para suas discussões, algumas semanas depois, com Andrei Gromiko, o ministro do Exterior da União Soviética. Essas discussões, por seu lado, levariam a outras negociações sobre desarmamento e a uma reunião de cúpula. Esses processos deixaram a primeira-ministra em uma situação cada vez mais embaraçosa. Na estratégia dupla do presidente, Weinberger defendia a IDE, e Shultz defendia o desarmamento nuclear. Thatcher não aprovava nenhuma das duas propostas, acreditando que ambas constituíam um ataque igualmente indesejável à doutrina da dissuasão nuclear. Mas também significava que ela não tinha um aliado na batalha que estava sendo travada em Washington.[11]

Nesse contexto, Thatcher chegou à conclusão de que sua única opção era atacar a estratégia publicamente. O local escolhido foi o quintal do próprio Reagan. Thatcher pediu a *Sir* Oliver Wright, o embaixador britânico em Washington, que fizesse uma petição a "Tip" O'Neil, o presidente do Parlamento dos Estados Unidos, com um convite para ela participar de uma sessão conjunta do Congresso norte-americano durante sua próxima viagem. A ocasião não seria apenas "símbolo dos laços especiais de tradição e amizade entre nossos dois países e parlamentos", disse Wright a O'Neil, como também daria à primeira-ministra uma "oportunidade de falar sobre alguns dos desafios enfrentados por nossas democracias nos últimos anos do século XX". A Casa Branca, sem se dar conta do que estava se passando e como parte de sua estratégia de agradar Thatcher, ficou satisfeitíssima em colaborar. Reagan escreveu a O'Neil uma longa carta pessoal de apoio. "A

---

[11] Knott e Chidester, *At Reagan's Side*, p. 108.

Grã-Bretanha está entre nossos aliados mais confiáveis e importantes", disse ele. "A visita da primeira-ministra oferece uma oportunidade maravilhosa para os líderes políticos norte-americanos e nosso povo tomarem conhecimento de suas opiniões em primeira mão a respeito das grandes questões do momento, entre as quais o estado da aliança transatlântica e as relações Oriente-Ocidente."[12]

Thatcher assumiu o controle do processo de redigir seu discurso ao Congresso norte-americano. "Ela recebeu um esboço do Ministério do Exterior do qual não gostou muito", comentou George Urban, seu assessor informal sobre questões soviéticas, a quem havia sido pedido que enviasse notas para o discurso.[13] Hugh Thomas, do Centro de Estudos de Política, Frank Roberts, o ex-embaixador britânico na União Soviética, e Lord Chalfont, o ex-ministro do desarmamento, também contribuíram e participaram de um seminário com a primeira-ministra em Chequers para discutir ideias. Thatcher também deu muita atenção tanto à sua forma de fazer o discurso quanto a seu teor. "Resolvi praticar falar o texto até ter toda entonação e ênfase certas", lembra ela.[14] Esse dever de casa foi feito à sua moda: com perfeição e nas horas em que devia estar dormindo.

Thatcher chegou tarde a Washington no dia 19 de fevereiro e foi direto para a embaixada britânica, onde o embaixador tinha instalado um teleprompter para ela poder ensaiar. A primeira-ministra já tinha tido uma aula dada pelo próprio Grande Comunicador em pessoa. George Shultz lembra "de um momento fascinante de um lanchinho" em que o presidente ensinou Thatcher a usar a última palavra em teleprompter. "Ele lhe explicou por que o nosso era melhor e que ela devia adotá-lo", observou Shultz. "E então ele disse: 'Agora você poderá ter certeza de que os números das páginas estão no teleprompter. E, quando você virar a página, ninguém sequer perceberá que está fazendo isso. De todo modo, tenha sempre o texto na sua frente, pois nunca se sabe: algo pode dar errado com o teleprompter, ou talvez você não consiga operá-lo da maneira certa.'" Também havia alguns truques para ajudar Thatcher a parecer mais natural. "Não deixe de ter algumas boas citações

---

[12] "Endorsing Mrs Thatcher's desire to address Congress", McFarlane a Reagan, 10 de janeiro de 1985: MTF, docid=110542 (acessado no dia 31 de agosto de 2007).

[13] George Urban, *Diplomacy and Disillusion at the Court of Margaret Thatcher* (Londres, 1996), p. 91.

[14] Thatcher, *Downing Street Years*, p. 468.

em seu discurso", sugeriu Reagan, "e, quando chegar a uma delas, pegue a folha de papel para que as pessoas a possam ver; então leia e depois coloque o papel na mesa. Isso fará o resto parecer menos uma leitura."[15]

Thatcher sempre fora uma aluna aplicada. Assim que se viu na frente do teleprompter pessoal do presidente, enviado à embaixada pela Casa Branca por ordens dele, decidiu que havia trabalho a fazer. "Ignorando todos os problemas da mudança de fuso horário", lembra ela, "pratiquei até as 4 da manhã. Não dormi, começando o novo dia com minha xícara habitual de café preto e comprimidos de vitaminas; depois dei entrevistas para a televisão a partir das 6h45, fui à cabeleireira e, às 10h30, estava pronta para ir para o Capitólio."[16]

Um discurso ao Congresso feito por uma líder estrangeira não costuma chamar muita atenção, com a presença de poucos membros de ambas as casas e desinteresse da mídia. Mas Margaret Thatcher, ao contrário, vinha causando furor em Washington, e tanto os políticos quanto a mídia tinham comparecido para saborear seu estilo direto. O discurso ao Congresso não decepcionou. Pois, no tocante à questão de um mundo sem armas nucleares, a Dama de Ferro não poderia segurar a língua, e não segurou.

O discurso de Thatcher foi uma defesa fervorosa do "escudo" de dissuasão nuclear que mantinha a Europa em segurança de uma forma "que parecia impossível no meio da lama e da carnificina da Primeira Guerra Mundial e do sofrimento e dos sacrifícios da Segunda". E disse também o seguinte:

> Sr. presidente do Congresso, as guerras não são causadas pelo aperfeiçoamento das armas. São causadas quando um agressor acredita que pode alcançar seus objetivos a um preço aceitável (aplausos)... Nossa tarefa é tomar providências para que agressores potenciais, sejam quais forem suas origens, entendam plenamente que a capacidade e a determinação do Ocidente lhes negariam a vitória e que o preço a pagar seria impraticável (aplausos). Essa é a base da política de dissuasão e é a mesma, seja qual for a natureza das armas, pois não podemos esquecer os horrores da guerra convencional, nem o sacrifício hediondo daqueles que os sofreram. Nossa tarefa não é só impedir uma guerra nuclear, mas sim

---

[15] Entrevista com George Shultz, 18 de dezembro de 2002: Ronald Reagan Oral History, Miller Center, University of Virginia.
[16] Thatcher, *Downing Street Years*, p. 468.

impedir também uma guerra convencional (aplausos). Ninguém compreendeu mais claramente a importância da dissuasão do que Winston Churchill, quando disse em seu último discurso a vocês: "Tenham cuidado sobretudo em não abrir mão da arma atômica enquanto não tiverem a mais absoluta certeza de que outros meios de preservar a paz estão em suas mãos!" Trinta e três anos se passaram e essas armas ainda estão mantendo a paz, mas desde então a tecnologia avançou e, se quisermos manter a política de dissuasão — como devemos —, é essencial que nossa pesquisa e nossa capacidade não fiquem atrás do trabalho feito pela União Soviética (aplausos).

E então, investindo contra o âmago da estratégia de Reagan, ela fez uma censura clamorosa ao presidente. "A esperança é uma mercadoria muito valiosa no mundo de hoje, mas alguns tentaram comprá-la a um preço alto demais", advertiu ela. "Vamos ter de resistir aos argumentos confusos daqueles que foram induzidos a acreditar que as intenções da Rússia são benignas, e as nossas, suspeitas, ou que simplesmente nos obrigariam a abrir mão de nossas defesas na esperança de que essa atitude levasse os outros a nos seguir. Como descobrimos a duras penas na década de 1930, boas intenções podem ter resultados trágicos!"[17]

Até sobre a questão da IDE a análise de Thatcher foi penetrante. "Apoio firmemente a decisão do presidente Reagan de promover a pesquisa de defesa contra mísseis balísticos nucleares", disse ela ao Congresso. Mas ninguém devia esquecer que o Tratado Antimísseis Balísticos de 1972 não proíbe a pesquisa: ele afirma claramente que os preparativos para usar novos sistemas de defesa devem ser "uma questão para a mesa de negociações".

O discurso de Thatcher foi recebido pelo Congresso com verdadeiro êxtase, com muitos falcões republicanos a favor da defesa entoando o cântico "Maggie! Maggie!" enquanto ela era aplaudida de pé. Mas Edward Kennedy, a consciência liberal do Partido Democrata e um líder da Campanha de Congelamento das Armas Nucleares, manteve-se ostensivamente sentado. "Falta de educação", queixou-se Michael Heseltine, o ministro da Defesa da Grã-Bretanha.[18] Kennedy ficou horrorizado com a promoção vigorosa

---

[17] Discurso ao Congresso norte-americano, 20 de fevereiro de 1985: MTF, docid=105968 (acessado no dia 12 de setembro de 2009).

[18] Michael Heseltine, *Life in the Jungle* (Londres, 2000), p. 255.

das armas nucleares feita por Thatcher, mas não foi o único político norte-americano a se ressentir. Logo tornou-se claro que o discurso deixara a Casa Branca indignada.

Depois de uma recepção breve com os membros do Congresso, Thatcher desceu velozmente a Pennsylvania Avenue para sua reunião com Reagan. Ao contrário da intimidade de Camp David antes do Natal, esse encontro seria mais formal, incluindo membros do Parlamento de ambos os lados. ("Procure George e Cap se lhe pedirem detalhes", avisavam as anotações de Reagan sobre o que devia falar.)[19] Depois de alguns breves momentos em que os dois líderes ficaram a sós na Sala Oval, a reunião propriamente dita começou com um almoço de negócios seguido por uma sessão formal sobre "capacidade estratégica".

A ira da Casa Branca foi clara desde o início. Michael Heseltine lembra que um membro da equipe do presidente o chamou de lado imediatamente para avisar que a IDE "não era um tópico sobre o qual o presidente queria se demorar". As discussões formais foram curiosamente rasas e *chétif*, durante as quais o presidente não mostrou nada do charme espontâneo que costumava ajudar até nas reuniões mais difíceis. Thatcher atribuiu isso à presença de seus próprios ministros, Geoffrey Howe e Heseltine, dizendo "que ela havia resultado numa conversa mais cerimoniosa e menos satisfatória que em outras ocasiões". Ela resolveu que, no futuro, "não os levaria mais".[20] Seus ministros estavam igualmente insatisfeitos. Heseltine lembra que sua participação nas discussões foi, no melhor dos casos, "superficial".[21]

Thatcher pode ter atribuído o clima ruim ao formato da reunião — "plenária", na gíria diplomática. Na realidade, teve mais a ver com o teor de suas declarações e com a força com que ela as expressou. "Em relação à Iniciativa de Defesa Estratégica", disse ela a Reagan, "espero ser capaz de explicar-lhe claramente minha preocupação com a necessidade de não diminuir nossos esforços de consolidar o apoio britânico para a distribuição dos mísseis *cruise* e para a modernização do Trident criando a impressão de que um futuro

---

[19] Pauta da reunião do presidente com a primeira-ministra Thatcher: Folder, UK Prime Minister official visit 02/1985, Box 91440, VIP visits, NSC Executive Secretariat, Ronald Reagan Library.

[20] Thatcher, *Downing Street Years*, p. 469.

[21] Heseltine, *Life in the Jungle*, p. 255.

sem armas nucleares está bem próximo. Continuamos a defender a dissuasão baseada em armas nucleares por vários anos ainda."[22]

"Olhe, Bud, ela não está entendendo nada", exclamou depois a McFarlane um Reagan furioso. "E ela vai nos fazer muito mal nos podando desse jeito."[23] Reagan, como prova seu diário, ainda acreditava "na amizade entre os dois países e com a primeira-ministra". Mas, a partir das conversas com Thatcher, ficou claro que sua paciência estava chegando ao fim. "A solidariedade constante da Aliança", advertiu-a ele, "é vital para induzir os soviéticos a negociar seriamente."[24]

No fim, foi o ministro do Exterior, não a primeira-ministra, que acabou sendo a gota d'água que fez transbordar o copo norte-americano. Geoffrey Howe declarara estar "consternado" com o teor do discurso de Thatcher ao Congresso, cuja redação a primeira-ministra mantivera dentro dos limites de seu círculo mais íntimo.[25] Algumas semanas depois, no dia 15 de março, Howe apresentou sua própria visão estratégica num discurso feito no Royal United Services Institute for Defence and Security Studies [o Instituto Real de Serviços Unificados de Estudos de Defesa e Segurança é um grupo de estudos independente do governo, fundado pelo duque de Wellington em 1831] de Londres.[26] Howe não era um orador carismático. Debater com essa personalidade "tediosa e tendenciosa", dizia seu colega Denis Healey, "era como ser atacado violentamente por um carneiro morto".[27] Mas, nessa ocasião, assim como tempos depois, em seu discurso de renúncia em 1990, a própria suavidade de sua maneira de falar tornou maior ainda o vigor de seu ataque.

Howe começou falando dos "acordos de Camp David", feitos por Reagan e Thatcher em dezembro de 1984, segundo os quais aquela pesquisa de sis-

---

[22] Thatcher a Reagan, 22 de fevereiro de 1985: MTF, docid=109370 (acessado no dia 12 de setembro de 2007).

[23] John Campbell, *Margaret Thatcher*, vol. II (Londres, 2003), p. 291.

[24] Pauta da reunião do presidente com a primeira-ministra Thatcher: Folder, UK Prime Minister official visit 02/1985, Box 91440, VIP visits, NSC Executive Secretariat, Ronald Reagan Library.

[25] Geoffrey Howe, *Conflict of Loyalty* (Londres, 1994), p. 391.

[26] Uma descrição do discurso pode ser encontrada em Howe, *Conflict of Loyalty*, p. 391-3. Para uma contextualização mais ampla das questões europeias, ver Daedalus, vol. 114, nº 3, Weapons in Space, vol. II: Implications for Security (Summer, 1985), pp.297-313.

[27] Hansard, 14 de junho de 1978. http://hansard.millbanksystems.com/commons/1978/jun/14/economic-situation (acessado no dia 24 de fevereiro de 2011).

temas defensivos era permitida pelo tratado AMB [Antimísseis Balísticos]. Mas, como todos os sistemas de pesquisas, continuou Howe, este levantava tantas questões quanto as que respondia. O que aconteceria se — e quando — "fosse necessário tomar decisões sobre a passagem da pesquisa para o estágio de criar um novo produto ou método?" Será que a tecnologia "ia dar certo mesmo?" Será que ela (como perguntara Paul Nitze, o veterano do controle de armas dos Estados Unidos) "ofereceria defesas que, além de funcionarem, seriam razoáveis e com uma relação vantajosa de custo-benefício?" E será que a segurança da Otan "aumentaria em consequência dos preparativos para a defesa?".

E, para acertar seu alvo, Howe disse então uma frase que seria uma dádiva para os oponentes dessa proposta no mundo inteiro. "Não seria vantagem", advertiu o ministro do Exterior, "criar uma nova Linha Maginot do século XX no espaço." Foi uma analogia histórica devastadora: o novo "escudo" defensivo do presidente poderia ser tão inútil quanto a vasta muralha havia sido para deter os nazistas em 1940.

A crítica de Howe provocou, segundo suas próprias palavras, "uma explosão transatlântica". O *Washington Post* falou de uma "preocupação considerável" no interior do governo Reagan com o discurso, que foi "a lista mais abrangente de problemas e preocupações sobre a IDE apresentada publicamente por uma autoridade aliada".[28] Mesmo assim, ninguém teria previsto a ferocidade da reação norte-americana.

Uma semana depois, o governo revidou com um ataque violento contra Howe. A pancadaria foi obra de um dos pugilistas mais ferozes do governo — Richard Perle, assessor do ministro da Defesa. Perle era admirado e odiado em Washington na mesma medida. Brilhante analista de defesa e estrategista político, era chamado de "o príncipe das trevas" por aqueles que desprezavam seu estilo maquiavélico e temiam que ele nunca levasse em consideração a possibilidade de um apocalipse nuclear. Durante toda a década de 1970, como membro da equipe do senador democrata-conservador "Scoop" Jackson, ele se destacou como a *bête noire* de Henry Kissinger e da política de détente. Agora instalado no Ministério da Defesa, com um ministro — Weinberger — que carecia de conhecimentos especializados na área, Perle apossou-se da questão do controle de armas no Pentágono. Seu

---

[28] *Washington Post*, 21 de março de 1985.

objetivo político era claro, observou um ex-colega: "Ele acha que devíamos apostar uma corrida armamentista com os russos, e que venceríamos."[29]

Para obter o efeito máximo, Perle não atacou Howe em Washington, mas sim durante uma visita a Londres, onde estava fazendo uma conferência sobre "Comunismo e democracia liberal". Começou com um insulto pessoal, observando que o discurso político de Howe "provou de novo um axioma da geometria, de que a extensão não é substituta da profundidade". Sua análise do teor do argumento de Howe não foi menos violento. "Em apenas 27 páginas", continuou Perle, o ministro do Exterior conseguiu "reescrever a história recente da relação soviético-americana, tornando-a irreconhecível para qualquer um que tenha mapeado seu curso."

Ele acusou Howe de "confundir a promessa não cumprida" do tratado EUA-URSS de 1972, que limitava as defesas antimísseis, "com a realidade que se seguiu", e de "um estilo tendencioso e oblíquo" ao questionar a Iniciativa de Defesa Estratégica do presidente. Perle continuou: "No que pode conquistar o título de melhor douração da pílula de 1985 sobre o aperfeiçoamento incessante das armas nucleares soviéticas, *Sir* Geoffrey observa que 'a experiência histórica [da Rússia] inclinou-a a exagerar em termos de seguros contra acidentes'. Mesmo nessa cidade de Lloyd [o maior mercado de seguros do mundo], acho o conceito de seguro uma descrição pouco persuasiva do fortalecimento nuclear estratégico dos soviéticos."[30]

Os golpes violentos de Perle causaram estranheza, vindos do mais íntimo aliado da Grã-Bretanha. Os mandarins do Ministério do Exterior admitiram que não conseguiam se lembrar de nenhum exemplo semelhante em que uma autoridade norte-americana do calibre de Perle tivesse criticado dessa forma um ministro do Exterior britânico. "Certamente não é o tipo de coisa que acontece todo dia", comentou um membro do serviço diplomático. Em Washington, Perle estava frequentemente em desavença com o Ministério do Exterior, principalmente com seu colega, Richard Burt, que muitas vezes nem sequer lhe dirigia a palavra.[31] Mas, nessa ocasião, o Ministério da Defesa e o Ministério do Exterior foram unânimes. No dia seguinte ao discurso de Perle, o embaixador Charles Price reforçou sua mensagem pedindo a presen-

---

[29] FitzGerald, *Way Out There in the Blue*, p. 176.
[30] *Washington Post*, 21 de março de 1985.
[31] Knott & Chidester, *At Reagan's Side*, p. 108.

ça de Howe no ministério, onde "olhou de cima" para o ministro britânico. Não deve restar a menor dúvida, advertiu o embaixador, do porquê da raiva e do espanto sentidos em Washington; com novas negociações sobre armas começando em Genebra, a Grã-Bretanha escolheu esse momento exato para constranger o presidente solapando a IDE tão publicamente. O ministro do Exterior tinha merecido o sermão que levara.[32]

A motivação e o comportamento de Margaret Thatcher durante esse incidente foram confusos, na melhor das hipóteses. Howe seguira à risca o princípio da responsabilidade coletiva, pois antes enviara seu discurso às salas da primeira-ministra e do ministro da Defesa para saber se eles tinham algo a dizer. O ministério de Heseltine aprovara o discurso. Na véspera do dia em que ele devia ser pronunciado — "para leve surpresa nossa", disse Howe — Charles Powell foi o porta-voz do Número 10 e disse que a primeira-ministra "lera e aprovara" o texto. Tudo isso torna difícil explicar por que declararam depois que ela ficou furiosa com seu ministro do Exterior, chegando até a telefonar para a Casa Branca para pedir desculpas ao presidente. Thatcher disse a Reagan que não lhe deixaram pôr os olhos no discurso antes de ele ser feito — uma declaração refutada pela carta de Powell a Howe.

Whitehall fervilhava com os rumores a respeito do que teria acontecido. Alguns disseram que a primeira-ministra, durante um longo voo internacional, caíra no sono em cima da "caixa vermelha" de documentos oficiais, que estava em seu colo, o que significava que o discurso não fora lido. Outros sugeriram que isso não era característico da Dama de Ferro. Na verdade, fora Charles Powell quem cochilara. "Todos temos nossos momentos ruins", refletiu o secretário particular, "e este foi um dos meus." Seja como for, ele dormiu no ponto.[33]

Como explicação, não parecia convincente. Na realidade, Howe foi oferecido como bode expiatório. Apesar da "fúria" subsequente de Thatcher, o ministro do Exterior expressara em público muitas das preocupações que ela manifestava em particular. Ela pode ter sido tomada de surpresa pela violência da reação norte-americana, e ficou constrangida com a reprimenda de Perle, mas nada disso a impediu de continuar fustigando os norte-americanos

---

[32] *Washington Post*, 21 de março de 1985.
[33] Howe, *Conflict of Loyalty*, p. 396. Entrevista com Charles Powell, BDOHP, Churchill College Archive Centre.

com as próprias questões levantadas pelo seu pobre ministro do Exterior. "E agora, Bud", insistiu ela com McFarlane poucas semanas depois, numa reunião de cúpula em Bonn, "vocês estão mantendo a IDE sob restrições adequadas, cumprindo o tratado AMB e assim por diante?"[34] Se as críticas ferinas de Perle tinham como objetivo fazer os britânicos minimizarem a questão, nesse caso, para grande exasperação da Casa Branca, elas não deram certo.

Thatcher voltou a Washington em julho para um seminário sobre controle de armas. Lá a primeira-ministra fez uma crítica à estratégia nuclear norte-americana que, à sua moda, foi tão devastadora quanto a de Howe.[35] Mas, dessa vez, as coisas foram ditas no estilo mais violento, que era a marca registrada de Thatcher. O presidente, os ministros do Exterior e da Defesa, o chefe do Estado-Maior, o assessor de segurança nacional e várias autoridades da cúpula do governo tiveram de ficar em silêncio enquanto a primeira-ministra lhes passava um sermão. Reagan havia começado com uma recepção calorosa e convidara Thatcher a dizer algumas palavras para dar início à sessão. Mas, depois de começar a falar, ela não parou mais, estendendo-se sobre o tema do discurso que fizera em fevereiro ao Congresso, onde declarara que a dissuasão nuclear era a única maneira efetiva de manter a paz.

Enquanto a torrente de argumentos transbordava, Kenneth Adam, diretor do Departamento de Controle de Armas e Desarmamento, entregou um bilhete ao chefe do Estado-Maior, Don Regan. "Thatcher adora a bomba", dizia ele sem rodeios. Mais tarde, Adelman lembrou que "ela expressou isso de muitas, muitas formas. O que ela queria dizer era que toda essa conversa sobre a IDE estava deslegitimando as armas nucleares e basicamente eliminando a justificativa para a presença de armas nucleares na Europa, ou em qualquer lugar do mundo onde elas pudessem proteger a Europa Ocidental". O próprio Adelman era um defensor intransigente da dissuasão nuclear, mas até ele ficou farto de "ouvi-la bater sempre na mesma tecla". Membros frustrados do governo tentaram interromper a primeira-ministra. Ela não lhes deu ouvidos. "Vários de nós tentaram entrar em cena", refletiu Adelman num tom cansado, mas "ela dizia: 'Só quero falar mais uma coisa' quando

---

[34] Campbell, *Thatcher*, vol. II, p. 292.
[35] O seminário não parece ter gerado para o presidente o substancioso caderno de notas que ele sempre levava com ele, mas as conversas foram recriadas por Geoffrey Smith em *Reagan and Thatcher*, p. 165-8.

levantávamos a mão ou fazíamos tudo o que se costuma fazer numa situação como essa."

Quando o seminário terminou, o grupo norte-americano retirou-se às pressas, sem saber se ria ou se chorava. "Eu abandonei aquela sala com Reagan", lembra Adelman, "e ele me disse: 'Thatcher é uma grande oradora, mas não é boa ouvinte.'" O presidente explicou a tática que usava com Thatcher a seu assessor James Kuhn. "É mulher, e tinha um monte de coisa que ela queria dizer", observou ele, "e eu achei que devia deixá-la falar."[36]

Durante a maior parte da reunião, Reagan manteve seu bom-humor habitual sem enfrentar Thatcher diretamente. Mas, no fim, foi ele quem fez o comentário que acabou por dar um basta repentino em Thatcher. A primeira-ministra continuava batendo na tecla de que, até com a IDE, seria temerário abandonar a dissuasão nuclear. "Se você acompanhar essa lógica até sua conclusão implícita", disse ela ao presidente num tom de censura, "e se livrar das armas nucleares, irá se arriscar a criar um desequilíbrio convencional dramático, não é? E não teríamos de restaurar esse equilíbrio com gastos consideráveis?"

Reagan olhou bem nos olhos dela e replicou: "Sim, foi exatamente isso o que imaginei."

Pela primeira vez no que pareciam horas, Thatcher parou de falar. Mesmo com sua pele grossa, imune como era às críticas ou ao constrangimento, a primeira-ministra entendeu que havia ido longe demais. Em volta da mesa, ninguém se mexeu enquanto Reagan a olhava nos olhos. "Houve um silêncio muito embaraçoso ali, enquanto ambos os lados julgavam o peso das palavras que tinham acabado de ser trocadas", lembra McFarlane. "Acho que as equipes de ambas as partes concordaram que teria sido melhor se isso nunca tivesse acontecido."

Depois que Thatcher voltou para a embaixada britânica, McFarlane foi visitá-la para deixar claro que a Grã-Bretanha havia chegado a uma encruzilhada. Reagan estava planejando uma reunião de cúpula das superpotências no outono, da qual participaria o novo líder soviético, Mikhail Gorbachev. Como Thatcher vira no Congresso naquele dia, esse passo estava despertando críticas dos linhas-duras do Partido Republicano. Até alguns membros do

---

[36] Entrevista com Kenneth Adelman, 30 de setembro de 2003; entrevista com James Kuhn, 7 de março de 2003: Ronald Reagan Oral History, Miller Center, University of Virginia.

governo temiam que o presidente estivesse sendo "mole" com o comunismo. Se Thatcher falasse em público da forma como havia acabado de falar com Reagan privadamente, causaria um grande estrago. "Ele tem problemas com a própria equipe da Casa Branca", lembra Max Kampelman, o principal negociador norte-americano sobre a questão das armas em Genebra, "ele tinha problemas com os amigos e também com a ala direita do Partido Republicano." O fato de Thatcher ter sido a primeira a identificar Gorbachev como o homem com quem o Ocidente "faria negócio" dera uma boa cobertura: se a Dama de Ferro aprovava, então o novo líder soviético devia ser alguém com quem valia a pena conversar. Mas, advertiu McFarlane, se agora Thatcher resolvesse dizer que a estratégia nuclear do presidente era uma temeridade, os resultados seriam desastrosos para o presidente — e para a Grã-Bretanha.

"Foi muita bondade sua vir até a embaixada... para conversar", escreveu Thatcher depois a McFarlane, "e achei muitíssimo proveitoso. É claro que vou tratar o assunto a que você se referiu com a maior discrição possível." McFarlane respondeu que ele entregara "ao presidente um relatório completo sobre nossas discussões, e ele, como eu, achou seus comentários muito ponderados".[37]

A correspondência foi inusitadamente oblíqua. Do lado de Thatcher, definiu-se o fato de que a conversa tinha sido "proveitosa" e que "a maior discrição possível" se fazia necessária. Essa circunspecção foi reforçada pela queixa feita a McFarlane por um de seus principais assessores, Peter Sommer, de que "não estou a par dos detalhes de sua reunião".[38] No bilhete que enviou a Thatcher, McFarlane fez questão de deixar claro que ele havia contado sua conversa ao presidente. Até a palavra "ponderados" parecia inusitada.

Na verdade, McFarlane comprara o silêncio de Thatcher. Depois de sua reunião com ele na embaixada, e de outra em Londres, Thatcher manteve silêncio sobre suas ressalvas à IDE e ao desarmamento nuclear. Teve o cuidado de não criticar o presidente antes do encontro dele com Gorbachev na reunião de cúpula de Genebra, em novembro. A razão disso ficou clara duas semanas depois. No dia 6 de dezembro de 1985, a Grã-Bretanha tornou-se

---

[37] Thatcher a McFarlane, 29 de julho de 1985: MTF, docid=110637 (acessado no dia 12 de setembro de 2007); McFarlane a Thatcher, 15 de agosto de 1985: MTF, docid=110638 (acessado no dia 12 de setembro de 2007).

[38] Sommer a McFarlane, 15 de agosto de 1985: MTF, docid=110638 (acessado no dia 12 de setembro de 2007).

a primeira aliada a assinar um acordo para participar da pesquisa da IDE. O ministro britânico da Defesa previra (erroneamente, conforme se observou) que o contrato valeria 1 bilhão de libras. Essas eram realidades inescapáveis até de uma relação especial, um fato que a primeira-ministra entendeu perfeitamente bem. Este era um aspecto de seu êxito como política que muitos ignoravam frequentemente. No fundo, Thatcher era realista. "Embora fosse cheia de princípios e idealista", observou Tim Bell, seu amigo e assessor, "ela também era intensamente pragmática."[39]

No fim, ela sabia que a Grã-Bretanha, como sócia minoritária, só poderia discordar do presidente até um certo ponto.

* * *

Villa Fleur d'Eau, Genebra. 19 de novembro de 1985, terça-feira. A equipe de segurança do presidente tinha sido avisada de que o secretário-geral soviético, Mikhail Gorbachev, estava a caminho. Pouco à vontade na entrada desse belo *château* às margens do lago Genebra, as autoridades trocavam olhares nervosos. Esse presidente não parecia ser a mesma personagem que esperara alegremente por Thatcher em seu *buggy* de golfe. "O que nos deixava temerosos em Genebra era que ali estava um homem de 75 anos, e Gorbachev era uma geração mais novo", lembra Ken Adelman, negociador norte-americano da questão das armas. "Uma coisa era enfrentar Thatcher, e Kohl ou Mitterrand; outra bem diferente era participar de uma reunião de cúpula de superpotências. Não houvera reuniões de cúpula durante sete anos. Então haveria uma com Gorbachev, o que era de uma magnitude diferente. Estávamos com muito receio de que Reagan não desse conta do recado."[40]

Em geral, o presidente brilhava em situações difíceis, sempre sabendo quebrar o gelo com um gracejo ou uma anedota. Nesse dia ele estava estranhamente silencioso, mais preocupado em seguir as instruções que lhe deixara em um bilhete pessoal o jovem filho de Aga Khan, que emprestara a casa

---

[39] David Dimbleby & David Reynolds, *An Ocean Apart* (Londres, 1988), p. 322.
Daily Mail, 14 de maio de 2010. Michael Lucas, "SDI and Europe" em *World Policy Journal*, vol. 3, nº 2 (primavera, 1986), p. 219-249. Stable URL: http://www.jstor.org/stable/40209013.
[40] Entrevista com Kenneth Adelman, 30 de setembro de 2003: Ronald Reagan Oral History, Miller Center, University of Virginia.

a essa reunião. "Por favor, alimente o peixinho dourado!", pediu o menino. Exatamente o que o presidente estava fazendo agora.[41]

Só quando o momento-chave finalmente chegou seus velhos instintos hollywoodianos despertaram. Sem chapéu e sem sobretudo, apesar do frio intenso, Reagan foi para a entrada, mão estendida e um largo sorriso no rosto. Quando Gorbachev saiu de sua limusine preta, protegido contra o frio por um sobretudo, um cachecol grosso e chapéu, o russo soube instantaneamente que havia perdido sua primeira batalha propagandística. Reagan, simpático e bonitão, parecia o mais jovem dos dois, embora tivesse 20 anos mais. O líder soviético reagiu à situação arrancando seu *fedora*, o que só serviu para enfatizar que o presidente também tinha mais cabelos na cabeça. A humilhação de Gorbachev se completou quando um golpe de vento levantou os tufos remanescentes de seus cabelos e os deixou em pé, obrigando o líder soviético a alisá-los desajeitadamente. Ponto para Reagan.[42]

Os assessores de Gorbachev ficaram furiosos com o desastre de RP. Os norte-americanos estavam exultantes. Esse foi o primeiro encontro entre um presidente norte-americano e um líder soviético desde Jimmy Carter e Leonid Brejnev em junho de 1979. Naquela ocasião, os soviéticos organizaram toda a programação, para impedir a mídia de ver a fraqueza extrema de Brejnev. Dessa vez, eles tinham alimentado esperanças de capitalizar o fato de terem o homem mais jovem. Em vez disso, lembra Adelman, "Reagan desce as escadas como se fosse um labrador retriever. Eles conversam durante um minuto... Evidentemente, não falam a língua um do outro, mas é algo do tipo 'Você está sem sobretudo, eu estou de sobretudo', o que enfatizou de modo extraordinário, como todo mundo poderia ver fisicamente, que 'Você é titica de galinha'".[43]

Apesar de todos os esforços para diminuir o outro e do nervosismo de ambos os lados, esse encontro era claramente um momento histórico. Genebra foi a reunião de cúpula que viria a simbolizar o começo do fim da Guerra Fria.

Reagan parece ter reconhecido imediatamente algo novo em Gorbachev. "Enquanto trocávamos um aperto de mão pela primeira vez", disse ele de-

---

[41] Jim Kuhn, *Ronald Reagan in Private* (Nova York, 2006).
[42] David Reynolds, *Summits* (Londres, 2007), p. 340-1.
[43] Stephen F. Knott e Jeffrey L. Chidester, *At Reagan's Side* (Lanham, 2009), p. 189.

pois, "tive de admitir — como Margaret Thatcher... previra que eu admitiria — que havia algo em Gorbachev que fazia a gente gostar dele. Havia calor humano em seu rosto e em seu estilo, não a frieza que beirava a aversão que eu vira na maioria das autoridades soviéticas da cúpula que conhecera até aquele momento."[44]

Isso não queria dizer que as discussões não seriam dificílimas, principalmente agora que eles haviam adotado a Iniciativa de Defesa Estratégica. Gorbachev denunciou essa "abordagem primitiva" das relações Oriente-Ocidente. Levaria "a uma corrida armamentista no espaço que não é só defensiva ofensiva". Se Reagan for em frente, advertiu o líder soviético, "nós vamos nos aperfeiçoar para destroçar seu escudo". O ataque de Gorbachev foi feito com paixão verbal e energia física. Para não ficar para trás, Reagan fez uma defesa acalorada. "A IDE é ideia minha", declarou ele. "Se chegarmos a um sistema defensivo, preferiremos ficar quietos e nos livrar de armas nucleares e, com elas, da ameaça de guerra."[45]

Parecia, disse Gorbachev ao rever as transcrições muitos anos depois, que "'o comunista nº 1' e 'o imperialista nº 1' estavam tentando convencer um ao outro".[46] O momento decisivo entre os dois homens aconteceu quando eles saíram para dar uma volta no terreno que levava à casa da piscina. Enquanto Reagan falava passionalmente da IDE e de seu sonho de um mundo sem armas nucleares, Gorbachev afinal reconheceu, declarou ele mais tarde, que o presidente era sincero "em nível humano". Isso facilitou um acordo para acelerar as negociações sobre controle de armas relativas às armas nucleares de alcance médio (ANM). E também possibilitou uma outra reunião de cúpula. As autoridades esperavam que outras negociações em uma reunião futura levassem meses para acontecer, mas quando os dois líderes chegaram inesperadamente de seu passeio Reagan anunciou que já tinham combinado se encontrar novamente em 1986. "Você quase poderia começar a gostar dele", disse Reagan mais tarde à sua equipe.[47]

---

[44] Ronald Reagan, *American Life* (Londres, 1991), p. 635.
[45] Reynolds, *Summits*, p. 344.
[46] David Reynolds, "Summitry as International Communication", em *International Affairs* 85:1 (Londres, 2009), p. 123.
[47] Reynolds, *Summits*, p. 347. Philip D. Stewart, "Gorbachev and Obstacles Toward Détente" em *Political Science Quarterly*, vol. 101, nº 1 (1986), p. 1-22. Stable URL: http://www.jstor.org/stable/2151441.

De Genebra, Reagan voou direto para Bruxelas para informar os líderes coligados da Otan sobre a reunião de cúpula.[48] Esse gesto para com os aliados foi, em parte, uma resposta ao refrão constante de Thatcher, entoado com a maior energia em Camp David no ano anterior, de que os aliados tinham de ser consultados a respeito das negociações com os soviéticos.

"Tive uma recepção maravilhosa", escreveu Reagan mais tarde em seu diário. "Fiz um relatório e foram 45 minutos de perguntas."[49] A atmosfera durante aquela sessão foi de entusiasmo, com elogios e brincadeiras transbordando de todos os lados. Reagan elogiou os governos da Otan dizendo que eles foram instrumentais para ajudar as Nações Unidas e ele próprio a se prepararem para a reunião de Genebra. "A Otan tem todo o direito de reivindicar parte do crédito pelo êxito das negociações", disse-lhes Reagan. Todas aquelas nações "tinham dado um importante passo em frente" na construção de uma base para relações estáveis e construtivas entre o Oriente e o Ocidente. "Elas por elas", concluiu ele, "as conversas de Genebra produziram mais resultados do que muitos previram. A atmosfera foi cordial. Acredito que o sr. Gorbachev sabe tanto quanto eu que o progresso das relações EUA-URSS beneficiaria o mundo inteiro".

Na sessão aberta da Otan, os líderes fizeram fila para dar parabéns ao presidente e comemorar o início de uma nova era. O chanceler Kohl, da Alemanha Ocidental, disse que as pessoas "só podiam imaginar" como ele estava se sentindo bem hoje "por causa dos resultados positivos que o presidente Reagan trouxera de Genebra". O progresso na reunião de cúpula "era importante para todos". Mulroney, o primeiro-ministro canadense, disse que o presidente havia "restabelecido muitas verdades simples, mas poderosas". O presidente voltaria aos Estados Unidos "com o respeito e a admiração da Aliança, à qual ele dera uma liderança genuína". Craxi, o primeiro-ministro italiano, queria "expressar um sentimento de satisfação". Os dinamarqueses e os holandeses fizeram eco a esse sentimento. E assim foi, elogio após elogio, todos respondidos pelo presidente com confiança, elegância e humor. "O ar do sucesso", anotou Reagan em seu diário, "estende-se sobre uma área vasta."

---

[48] Memorando da conversa, sessão especial da Otan, 21 de novembro de 1985: MTF, docid=109315 (acessado no dia 13 de setembro de 2007).

[49] Brinkley (org.), *Reagan Diaries*, vol. I, p. 54.

Só Margaret Thatcher não se juntou ao coro. A primeira-ministra concordara com McFarlane em não criticar o presidente. Em vez disso, ela o desaprovava com elogios vagos. Quando chegou a sua vez de se dirigir a Reagan na Otan, seus comentários foram superficiais e cáusticos. Ela começou com parabéns pouco calorosos por ele fazer progressos "em muito mais coisas do que em geral se esperava". Mas, depois, seu tom de voz foi ficando cada vez mais incisivo. O Ocidente, declarou ela, devia seguir a liderança pública de Reagan ao descrever a reunião com termos positivos, mas não devia ficar "eufórico" por isso. "Não devemos alimentar expectativas públicas exageradas que seriam difíceis de realizar quando o verdadeiro âmago da questão dos acordos estiver sendo discutido", advertiu ela. "A aparência e o estilo da liderança soviética tinham mudado, mas a substância parecia continuar a mesma." Com base nos comentários de Gorbachev a respeito da IDE, ela previa que os soviéticos "continuariam fazendo um grande esforço de propaganda contra a IDE no próximo ano prometendo reduções radicais nas armas em troca de desistirem da IDE". O Ocidente "deve resistir a essa campanha, contrapor-se à propaganda soviética e apoiar o presidente em seus esforços". Como conclusão, Thatcher não resistiu à tentação de fazer um comentário mordaz a respeito de compartilhar a IDE. Ela ficou "muito satisfeita ao saber que os Estados Unidos continuariam se orientando pelo tratado AMB e que planejavam respeitar o Acordo SALT II [Strategic Arms Limitation Talks II = Conversações sobre Limites para Armas Estratégicas II]. Afinal de contas, era vital "em um mundo incerto" que "as duas grandes potências observassem os tratados existentes sobre controle de armas".

Os comentários de Thatcher foram surpreendentemente deselegantes vindos de alguém que falava tanto de uma "relação especial" pessoal com o presidente. A reação de Reagan mostrou sua decepção. Se as respostas anteriores haviam sido otimistas, calorosas e pessoais, agora ele foi insípido e genérico com Thatcher. Simplesmente agradeceu à primeira-ministra por suas palavras e disse que os Estados Unidos precisavam de toda a ajuda e o apoio que os Aliados pudessem lhes dar. Depois afirmou estar pronto para a pergunta seguinte.[50]

---

[50] Relatório da reunião dos líderes da Otan, 21 de novembro de 1985: MTF, docid=109315 (acessado no dia 25 de fevereiro de 2011).

A primeira-ministra britânica pode muito bem ter desempenhado o papel de casamenteira entre Ronald Reagan e Mikhail Gorbachev. Só então foi que ela se deu conta de que isso significava que o presidente poderia ter um novo "melhor amigo".

CAPÍTULO 8

O DIA QUE ABALOU A TERRA

Restaurante da Câmara dos Comuns. 24 de janeiro de 1986, sexta-feira. Sempre há algo tranquilizadoramente familiar em dias como esse na Câmara dos Comuns. "Escola", diz o ministro de Estado Irwin, em *The History Boys* [Os meninos da história], de Alan Bennett. "É exatamente como voltar à escola." Para muitos era mesmo, bastava apenas fazer a transição fácil dos elegantes edifícios modernos e antigos de Eton ou Winchester para Oxbridge, depois para as Inns of Court, as velhas escolas de direito de Londres e, em seguida, para o palácio de Westminster. E, exatamente como na escola, não havia nada mais dramático do que o dia em que um "menino" estava prestes a ser expulso, principalmente quando este menino era o "representante da classe". Ou, nesse caso, a menina.

A atmosfera no saguão da Câmara dos Comuns era tensa e grave; mas, no restaurante, seus membros mal conseguiam disfarçar a agitação com o drama daquela situação toda. Na hora do almoço, Alan Clark, um acólito de Thatcher, dividiu uma mesa com dois parlamentares conservadores, Julian Amery e Robert Jackson. "Eu digo 'com'", observaria ele tempos depois, "mas havia muita gente fazendo graça no nosso lado da sala, e gritos de uma mesa para outra". Enquanto fofocavam ruidosamente, degustando um belo Borgonha, John Biffen, o carrasco-mor, juntou-se a eles "inesperadamente". Ele estava com um exemplar da declaração que a primeira-ministra pretendia fazer naquela mesma tarde. "Li alguns parágrafos", escreveu Clark, "e comecei a *faux-rire*. Não deu para me segurar. 'Desculpe, John. Simplesmente não dá para ficar sério'... Como é que ela *consegue* dizer essas coisas sem pestanejar? Mas disse. Manteve uma calma maravilhosa".[1]

Os acontecimentos ocorridos em torno do dia de ano-novo de 1986 levaram Margaret Thatcher à pior crise de seu mandato desde a época da invasão argentina das Malvinas em 1982. A questão em pauta — o futuro da Westland, uma empresa de helicópteros relativamente pequena — parecia bem anódina, mas envolvera o governo em acusações de conspiração e fraude.

No final de 1985, a única empresa de helicópteros da Grã-Bretanha estava à beira do colapso. A United Technologies, firma norte-americana que administrava os helicópteros Sikorsky, fez um primeiro lance. Michael Heseltine não era hostil à colaboração anglo-americana no âmbito da defesa — na verdade, vinha procurando intensificá-la por meio da IDE. Mas também era um defensor da necessidade de cooperação europeia em projetos de defesa para contrabalançar o predomínio tecnológico norte-americano. Não se tratava de "pró-europeísmo" direto da parte de Heseltine, como demonstra o apoio que ele recebeu de eurocéticos do governo britânico, como Norman Tebbit, sobre essa questão. Na última hora, Heseltine fez um lance europeu para adquirir a companhia. Mas a diretoria da Westland optou por aceitar a proposta da Sikorsky. Depois de tomada essa decisão, Thatcher a apoiou, e o resto do governo fez o mesmo. Thatcher encostou Heseltine contra a parede obrigando-o a aceitar uma responsabilidade coletiva pelo lance norte-americano. Ele preferiu renunciar a seu cargo.

Por um momento, a cabeça da própria Thatcher correu perigo, até que um de seus protegidos, Leon Brittan, o ministro do Interior, assumiu relutantemente o seu lugar de bode expiatório. Ele tinha deixado vazar para a mídia aquela parte da assessoria jurídica ao governo que solapou a proposta de Heseltine. A questão era saber se Brittan fizera isso por ordem da primeira-ministra ou não. Sua renúncia ao cargo deu a Thatcher tempo e cobertura. Mas, se tinha sorte com seus "amigos", ela também tinha a sorte de ter inimigos incompetentes, entre os quais Neil Kinnock, o líder da oposição. O debate Westland, escreveu furioso em seu diário o parlamentar trabalhista Tony Benn, "foi iniciado por Kinnock, que embromou, falou tempo demais

---

[1] Alan Clark, *Diaries* (Londres, 1993), p. 133.

e não apresentou as questões cruciais. Thatcher enfrentou-o sem se importar a mínima com a opinião pública e não parecia nem um pouco preocupada".[2]

A primeira-ministra pode não ter se preocupado, mas foi prejudicada pelo caso. Ela mostrou seu desprezo e impaciência com os colegas, o fato de estar disposta a apelar para meios escusos para vencer aqueles que discordavam dela e, com a renúncia de Brittan, uma atitude impiedosa na hora de se livrar de alguém que a havia servido lealmente. Além do mais, foi a primeira vez que ela abalou a confiança daqueles parlamentares que tinham entrado na Câmara dos Comuns depois da eleição de 1983. "Muitos deles são inexperientes e têm medo dos tiros e correm em busca de abrigo quando os ouvem", queixou-se um deles, Nicholas Soames, que era neto de Churchill. Mas, como observou secamente um interlocutor seu, o jornalista Woodrow Wyatt, "Ele também não gritou muito alto por trás dela".[3] Ainda levaria tempo, mas as sementes da destruição final de Thatcher haviam sido lançadas. Em 1990, o questionamento de sua liderança por Michael Heseltine a obrigaria a deixar o cargo em lágrimas.

Thatcher foi extremamente discreta enquanto os acontecimentos se desenrolavam. Quando Ronnie Millar, o redator predileto de seus discursos, visitou-a no dia do debate Westland, ela lhe disse francamente que poderia não ser mais primeira-ministra às seis horas daquela tarde.[4] No meio de toda aquela crise houve um telefonema do presidente Reagan, que deve ter despertado em Thatcher sentimentos de gratidão misturados a constrangimento. "Fiz uma ligação para Margaret Thatcher", escreveu o presidente mais tarde em seu diário. "Ela está sendo encostada contra a parede pelo parlamento e sua integridade está ameaçada — a primeira vez que isso acontece. Disse-lhe que pensei que ela precisava escutar uma voz amiga. Ela ficou muito agradecida. Trocamos algumas palavras agradáveis e acho que fiz realmente com que ela se sentisse melhor."[5]

O telefonema foi uma manobra bem pensada do presidente, uma vez que ele estava consciente de que o caso Westland dera grande destaque à sua relação com Thatcher. Pois, na opinião de muitos comentaristas, no âmago

---

[2] Tony Benn, *The End of an Era: Diaries, 1980-1990* (Londres, 1992), p. 436.
[3] Sarah Curtis, *The Journals of Woodrow Wyatt*, vol. 1 (Londres, 1998), p. 74.
[4] John Campbell, *Thatcher, vol II: the iron lady* (Londres, 2008), p. 493.
[5] Douglas Brinkley (org.), *The Reagan Diaries* (Nova York, 2009), vol. II, p. 565.

da crise era uma queda de braço da "Europa contra os Estados Unidos".[6] "A controvérsia da empresa de helicópteros Westland é intrinsecamente insignificante", concluiu *The Times*, "e, apesar disso, para o bem ou para o mal, transformou-se numa prova simbólica que envolve não só o cargo e a carreira dos senhores Leon Brittan e Michael Heseltine, e sim [uma] das questões mais importantes e controvertidas da política britânica contemporânea — europeísmo versus a 'relação especial' atlântica".

Certamente é verdade que Heseltine tinha passado a ver o futuro da Westland dessa forma. Ele era um europeu instintivo e, como ministro da Defesa, apoiara entusiasticamente um grande número de iniciativas europeias que haviam chamado muita atenção, entre as quais um grupo político europeu dentro da Otan, o renascimento da União da Europa Ocidental e o European Fighter Aircraft (EFA), o projeto de um caça polivalente. Qualquer reserva que ele pudesse ter sobre a cooperação transatlântica não seria mitigada por sua relação pessoal precária com Caspar Weinberger, o ministro da Defesa dos Estados Unidos, embora essas preocupações tenham sido deixadas de lado na hora de assinar o que parecia ser um acordo lucrativo a respeito da tecnologia da IDE.

Embora a ideologia tenha desempenhado um papel no pensamento de Heseltine, a reação da própria Thatcher foi mais prática. O helicóptero Sea King da Sikorsky, que fizera um sucesso estrondoso durante a guerra das Falkland, era fabricado sob licença pela Westland. Grande parte do design do sistema original do Sea King havia sido criado na Grã-Bretanha pela Westland, o que fazia dele uma arma importante para os militares do Reino Unido. A Sikorsky estava interessada em uma fusão com a Westland exatamente porque já havia sinergia entre as duas empresas e os norte-americanos valorizavam os conhecimentos técnicos especiais dos britânicos. Por outro lado, o consórcio europeu só parecia interessado em que a Westland fabricasse "partes" de helicópteros, o que significava que a Grã-Bretanha desperdiçaria a sua tecnologia. Além disso, havia preocupações de que a Aérospatiale, companhia francesa que liderava o consórcio, estivesse planejando demitir milhares de seus operários, o que faria dela um sócio precário para a Westland.[7]

---

[6] David Dimbleby & David Reynolds, *An Ocean Apart* (Londres, 1988), p. 322-3.

[7] Thatcher foi informada por *Sir* John Cuckney, presidente da Westland, tendo Woodrow Wyatt como intermediário: Curtis (org.), *Wyatt Diaries*, vol. 1, p. 46.

Além dos fatores de curto prazo em favor da Sikorsky — Thatcher acreditava que seria um negócio melhor para a Westland e para a Grã-Bretanha — também havia implicações de longo prazo para o futuro da indústria de defesa britânica que iam além de uma empresa de helicópteros de prestígio, mas pequena. Os contratos com a defesa americana eram muito valorizados. Apesar de se falar muito da cooperação europeia, a competição dos contratos norte-americanos entre os aliados era acirrada. Mesmo a primeira-ministra tendo uma linha direta para falar com o presidente, isso não significava de modo algum que a Grã-Bretanha conseguiria tudo o que quisesse. Thatcher sentira isso agudamente nos meses anteriores ao caso Westland, quando um contrato extremamente lucrativo sobre um sistema de comunicação em campo de batalha foi assinado com a França, e não com a Grã-Bretanha.

Em 1985, Thatcher conversara pessoalmente com Reagan sobre a questão em várias ocasiões, disse Peter Sommer, "e contara muito com o presidente para os EUA comprarem o Mobile Subscriber Equipment (MSE)"[8] [um celular que pode acessar várias centrais telefônicas por meio de um sinal de rádio]. Thatcher lhe dissera que o sistema britânico era "um bom sistema e, ao contrário do sistema rival francês, é compatível com os critérios da Otan". Ela acrescentou ainda que "a venda é importante porque precisamos de dinheiro para o Trident". Reagan tinha "garantido a ela que a decisão se basearia inteiramente na superioridade técnica do sistema escolhido". Nesse caso, respondeu-lhe Thatcher, "O negócio vai ser fechado conosco."[9]

Sejam quais forem as garantias de Reagan e a confiança de Thatcher, na verdade o contrato foi feito com os franceses, cujo sistema era mais barato. McFarlane chegou a dizer ao presidente que "o sistema do RU provou realmente ter um desempenho superior", enquanto "o concorrente francês tem um desempenho medíocre". Quando um Reagan "entristecido" escreveu a Thatcher no dia 4 de novembro para informá-la de sua decisão, fez explicitamente uma promessa, apesar desse fracasso recentíssimo, de uma cooperação mais íntima no futuro. "Vamos renovar nossos esforços de integrar empresas e capacidades do RU ao nosso programa IDE e, na verdade, a nossas necessidades de defesas em termos mais gerais", disse-lhe ele. "Vamos procurar formas

---

[8] Sommer a McFarlane, 27 de setembro de 1985: File, UK PM Thatcher 851142, Head of State file, NSC Executive Secretariat, Ronald Reagan Library.

[9] Cobb a McFarlane, sem data [setembro de 1985]: File, UK PM Thatcher 851142, Head of State file, NSC Executive Secretariat, Ronald Reagan Library.

de compartilhar nossos recursos tecnológicos com vocês dentro dos limites de acordos bilaterais especiais sobre tecnologias que precisam ser mantidas secretas e que ambos esperamos que permitam ao RU assumir mais rapidamente uma posição de liderança tecnológica em vários de seus programas de desenvolvimento de cooperação europeia. Entraremos em contato com você em relação a ambas as abordagens em um futuro próximo."[10]

Essa carta de 4 de novembro coincidiu com o momento em que a controvérsia sobre a Westland entrou no domínio público. Mais uma razão, aliás uma razão multimilionária, para Thatcher estar determinada a fazer negócio com a Sikorsky.[11]

* * *

A WESTLAND FIZERA novamente acusações contra as quais Margaret Thatcher queria muito a proteção do presidente Reagan. Ironicamente, esse período coincidiu com um momento de irritação intensa em Washington com outra questão a respeito da qual se pensava que Thatcher mostrava tudo, menos solidariedade. Mas, com o tempo, o problema da maneira de se relacionar com o coronel Muamar Kadhafi, da Líbia, renovaria as críticas de que Thatcher era, nas palavras de *Private Eye*, nada mais que "a secretária eletrônica do presidente Reagan".

No dia 27 de dezembro de 1985, durante os ataques terroristas simultâneos nos aeroportos de Roma e Viena, homens armados tinham atirado nos passageiros em fila nas plataformas de embarque da El Al, a linha aérea nacional de Israel. Foram mortas 18 pessoas, entre as quais cinco norte-americanos, e outras 120 ficaram feridas. Logo foram descobertas provas de que os ataques tinham sido planejados por Abu Nidal, líder do Conselho Revolucionário da Al Fatah palestina — a mais temida organização terrorista do mundo até o surgimento da al-Qaeda. Também foram encontradas provas de que Nidal havia recebido apoio do governo líbio.[12]

---

[10] McFarlane a Reagan, 30 de agosto de 1985; Reagan a Thatcher, 4 de novembro de 1985: File, UK PM Thatcher 851142, Head of State file, NSC Executive Secretariat, Ronald Reagan Library.
[11] *The Times*, 30 de novembro de 1985.
[12] BBC, "On this day, 27 Dec. 1985": http://news.bbc.co.uk/onthisday/low/dates/stories/december/27/newsid_2545000/2545949.stm (acessado no dia 21 de maio de 2010).

Houve escaramuças frequentes entre os Estados Unidos e a Líbia desde que Reagan assumira seu cargo, com início em agosto de 1981, quando dois F-14 norte-americanos abateram dois SU-22s soviéticos da força aérea líbia sobre o golfo de Sidra. O incidente foi muito bem-recebido nos Estados Unidos, só gerando controvérsias quando se ficou sabendo que Ed Meese, assessor do presidente, não tinha se dado ao trabalho de acordar Reagan para informá-lo a respeito do combate.[13] No momento dos bombardeios, durante o Natal de 1985, realizados depois de ataques como aquele ao aeroporto internacional de Frankfurt e à base aérea norte-americana que ficava perto, Reagan estava completamente desperto e consciente da ameaça crescente representada pelo terrorismo patrocinado pelo Estado líbio. "Todos sentimos que é preciso fazer alguma coisa", escreveu ele em seu diário, "mas há problemas, entre os quais milhares de norte-americanos que vivem e trabalham no país do bufão louco".[14] No dia 7 de janeiro, Reagan impôs sanções econômicas, como a proibição de importações e exportações (exceto comida, roupas e suprimentos médicos), viagens entre os Estados Unidos e a Líbia, e suspensão de empréstimos e créditos para este país. Os bens líbios nos Estados Unidos foram congelados.[15] Os cidadãos norte-americanos que estavam na Líbia receberam ordem de sair de lá. Era o aviso mais claro possível a Kadhafi. "Agora que os operários que trabalham com petróleo estavam fora da Líbia", lembra Reagan, "eu sabia que tinha de fazer alguma coisa com aquele biruta de Trípoli."[16]

Depois de tomar a decisão de impor sanções, o governo começou imediatamente a pedir o apoio dos aliados, entre os quais os britânicos. No dia 8 de janeiro, o embaixador Price telefonou para Geoffrey Howe, do Ministério do Exterior, para informá-lo a respeito das sanções norte-americanas à Líbia. Howe deu a entender que não previa nenhum problema e, logo depois da conversa, divulgou uma declaração de apoio incondicional, o que chamou a atenção para as restrições que a própria Grã-Bretanha impusera em 1984

---

[13] Stephen F. Knott & James L. Chidester, *At Reagan's Side* (Lanham, 2009), p. 117.
[14] Brinkley (org.), *Reagan Diaries*, vol. II, p. 557.
[15] Cronologia das relações EUA/Líbia: http://www.america.gov/st/texttrans-english/2008/September/20080909135234eaifaz0.9841425.html&distid=ucs (acessado no dia 21 de maio de 2010).
[16] Reagan, *American Life*, p. 518.

depois do assassinato da policial Yvonne Fletcher no lado de fora da embaixada líbia.[17]

Thatcher, por outro lado, estava furiosa. No seu entender, isso parecia muito uma reprise de Granada. Naquela época ela advertira, depois da invasão, que se toda vez que houvesse uma ameaça ao Ocidente "os EUA se intrometessem, então vamos ter guerras realmente terríveis no mundo". Naquela ocasião, como só foi informada da invasão depois que ela aconteceu, Thatcher ficara de mãos atadas. Agora estava determinada a protestar.

No dia 10 de janeiro, Thatcher deu uma entrevista coletiva à imprensa para correspondentes norte-americanos sediados em Londres. Sua mensagem era inequívoca. Muitas e muitas vezes ela repetiu o estribilho de que "as sanções não dão certo." Naturalmente, ela desejava "que todos pudéssemos nos unir, em vários níveis, contra nações que têm campos de treinamento de terroristas e que praticam o terrorismo e fornecem armamentos a terroristas". Mas sanções unilaterais não eram a forma de conseguir isso. "Elas só dão certo quando se vai às Nações Unidas e se consegue uma resolução e, mesmo assim, quando todo mundo concorda em cooperar com elas."

Essa declaração estava em oposição direta à política EUA-Líbia, mas Thatcher também se opunha ao nível seguinte com uma advertência clara contra qualquer tipo de ação militar.

"Quando se trata de ataques de represália", declarou ela sem deixar nenhuma dúvida, "sou obrigada a avisar que não acredito em ações militares que vão contra a lei internacional. Sofremos com o terrorismo em nosso país e na Irlanda do Norte. O que pensariam se eu dissesse que vocês concordariam que temos o direito de sair em perseguição imediata e incessante de um suspeito ou de nos envolver em ataques de represália? Vocês estariam inteiramente contra mim, e eu também, porque seria contrário à lei internacional e, quando alguém deixar de respeitar as fronteiras dos outros países, eu acho que estaria gerando um caos ainda maior. Vocês precisam respeitar a lei internacional... Depois que vocês começarem a atravessar as fronteiras, não vejo um fim para o problema e vou defender a lei internacional com a maior firmeza.[18]

---

[17] Poindexter a Reagan, sem data: File folder 8600439, System files records, NSC Executive Secretariat, Ronald Reagan Library.

[18] Coletiva à imprensa para correspondentes norte-americanos, 10 de janeiro de 1986: MTF, docid=106300 (acessado no dia 13 de setembro de 2007).

Depois das palavras desagradáveis que dirigiu à imprensa, Thatcher escreveu uma carta enviada diretamente a Reagan, que tinha um tom mais ponderado, mas com uma mensagem que foi entendida claramente pela Casa Branca. "A sra. Thatcher mandou ao presidente uma carta datada de janeiro onde condenava o terrorismo líbio e sublinhava a oposição de longa data da Grã-Bretanha a sanções econômicas", escreveu Peter Sommer a John Poindexter que, depois de McFarlane, foi o primeiro a passar pela porta giratória que ligava a sala do assessor de segurança nacional com o presidente Reagan. "Ela também fez muito alarde a respeito de cooperação na luta contra o terrorismo", continuou Sommer. Mas, acrescentou ele, "A carta talvez seja mais importante pelo que *não* diz. Não menciona seus comentários públicos sobre o fato de a lei internacional proibir ataques punitivos contra Estados que protegem terroristas. Mas pede sutilmente, isso sim, para 'continuarmos em contato íntimo enquanto desenvolvemos nossas ideias'." Thatcher esperava que não se repetisse a falta de consulta que acontecera em relação a Granada.[19]

"A mim parece", resumiu um Bob Pearson furioso a Poindexter, "que os britânicos foram absolutamente injustos conosco."[20]

A questão era como responder. Poindexter e o ministro Shultz concordaram em enviar uma resposta tríplice que traduzisse o descontentamento do governo e que seria constituída de uma carta do presidente, uma viagem de autoridades da cúpula a Londres e um discurso do ministro do Exterior. Primeiro, a carta de Reagan. Sua equipe tinha achado melhor "à luz da relação pessoal do presidente com a sra. Thatcher [e] do seu estilo... que sua resposta não a questione em relação a esse problema". Em vez disso, ele escreveu com um tom mais de decepção que de raiva. Agradeceu a Thatcher por sua "garantia de que a Grã-Bretanha não vai fazer nada para solapar nossas medidas". Depois ele fez um esboço de sua visão, segundo a qual "Os atos repugnantes de Kadhafi são uma questão moral que merece uma abordagem excepcional." Por fim, avisou-a de que seu vice-ministro do Exterior, John Whitehead, fora a Londres "a meu pedido" para explorar "formas de trabalharmos juntos mais efetivamente para combater o terrorismo." Não escondeu que "Estou

---

[19] Sommers a Poindexter, sem data [16 de janeiro de 1986]: File folder 8600439, System files records, NSC Executive Secretariat, Ronald Reagan Library.

[20] Pearson a Poindexter, 21 de janeiro de 1986: File folder 8600439, System files records, NSC Executive Secretariat, Ronald Reagan Library.

decepcionado pelo fato de que, ao que tudo indica, a Grã-Bretanha não está preparada para tomar medidas adicionais", mas prometeu que "se manteria em contato íntimo" como ela havia pedido.[21]

Quer tenha sido um descuido, quer tenha sido esnobismo dos ingleses, Whitehead não se encontrou com Thatcher; mas, apesar disso, informou os Estados Unidos de que havia conseguido transmitir "a 'decepção' norte-americana com o fato de o governo britânico não ter dado passos adicionais".[22] Esse lance foi acompanhado de uma crítica violenta do ministro do Exterior à declaração de que a lei internacional proibia ataques punitivos ou preventivos. "Como é do seu conhecimento", Poindexter avisou o presidente, "George, sem mencionar o nome dela, questionou publicamente essa declaração".[23]

O discurso de Shultz na Universidade de Defesa Nacional em 15 de janeiro de 1986 pode não ter citado o nome de Thatcher, mas ninguém do governo britânico teve dúvida de que o alvo do ministro norte-americano era ela. "Não se deve confundir o status de nações que patrocinam o terrorismo contra os Estados Unidos e propriedades norte-americanas", anunciou ele. "Existe uma autoridade jurídica substancial para fundamentar a opinião de que um Estado que apoia ataques terroristas ou subversivos contra outro Estado, ou que apoia ou incentiva planos terroristas e outras atividades desse tipo em seu próprio território, é responsável por esses ataques. Essa conduta pode equivaler a uma agressão armada contra outro Estado segundo a lei internacional."[24]

"Mais tarde", escreveu Shultz depois, "Margaret Thatcher divulgou uma crítica demolidora ao que eu havia dito."

Outra desavença transatlântica parecia inevitável.

* * *

---

[21] Reagan a Thatcher, sem data: File folder 8600439, System files records, NSC Executive Secretariat, Ronald Reagan Library.

[22] Pearson a Sommers, sem data: File folder 8600439, System files records, NSC Executive Secretariat, Ronald Reagan Library.

[23] Poindexter a Reagan, sem data: File folder 8600439, System file records, NSC Executive Secretariat, Ronald Reagan Library.
Argumentos semelhantes foram reprisados em 2003 durante o planejamento e estágios iniciais da guerra do Iraque, quando o exemplo da intervenção norte-americana na Líbia em 1986 foi citado muitas vezes: "Fire Power," *Washington Post*, 23 de julho de 2003.

[24] George Shultz, *Turmoil and Triumph: my years as secretary of State* (Nova York, 1993), p. 678.

No DIA 5 DE abril de 1986, sábado, uma bomba terrorista explodiu em um clube noturno norte-americano em Berlim, matando três pessoas e ferindo mais de 200. Dois dos mortos eram membros do exército dos Estados Unidos e 60 dos feridos eram cidadãos norte-americanos.[25]

"Nosso serviço de espionagem é bem categórico na sua conclusão de que a explosão dessa bomba foi obra de Kadhafi", escreveu Ronald Reagan em seu diário dois dias depois. "Temos informações precisas sobre outros planos — alguns dos quais conseguimos abortar. Discutimos alvos para uma represália." Estava na hora de enfrentar "o vilão".[26] Um dia depois, 8 de abril, Reagan enviou mensagens pessoais a Margaret Thatcher e ao presidente Mitterrand pedindo permissão para F-111s norte-americanos deixarem uma base britânica e sobrevoarem a França em ataque contra a Líbia. Embora houvesse caças A-6 e A-7 à sua disposição no golfo de Sidra, os F111s eram caças muito mais potentes com uma carga útil maior e mais precisão.

Thatcher estava oferecendo um jantar em Downing Street ao presidente Chun, da Coreia do Sul, quando um funcionário entregou-lhe discretamente a carta de Reagan. O tom era genérico, pedindo permissão para usar a base britânica dos F111s, mas sem especificar alvos ou datas. Por sorte, tanto o ministro do Exterior Geoffrey Howe quanto George Younger, seu ministro da Defesa, estavam participando do jantar. Assim que houve condições de despachar decentemente o presidente sul-coreano, os três reuniram-se para redigir uma resposta imediata à carta de Reagan. Para Howe e para Thatcher, a situação lembrava desagradavelmente a desastrosa invasão norte-americana de Granada. Mas, em muitos sentidos, sua primeira reação foi quase idêntica àquela de 1983: ganhar tempo. À uma da manhã, já tinham preparado uma resposta provisória para enviar ao presidente. "Seu principal objetivo era lhe pedir para pensar melhor", lembra Thatcher tempos depois. "Enfatizei que meu instinto básico era apoiar os Estados Unidos, mas também expressei uma ansiedade bem grande sobre o que havia sido proposto." Ela queria mais informações sobre os alvos na Líbia. Pensou que aquela medida norte-americana poderia dar início a um ciclo de vinganças. Estava preocupada com a possibilidade de fortalecimento da posição de Kadhafi.

---

[25] "Lybia," Informe ao congresso, 10 de abril de 2002, p. 10. Congressional Research Service, Library of Congress (website acessado no dia 10 de março de 2011).
[26] Brinkley (org.), *Reagan Diaries*, p. 586.

Havia apreensão quanto às implicações para reféns britânicos no Líbano. Thatcher sentia exatamente a mesma angústia que os norte-americanos em relação às atividades terroristas, mas qualquer resposta teria de ser de acordo com a lei internacional. Isso incluía o direito à autodefesa que, na sua opinião, não abrangia atos de represália.[27]

Muitos anos depois, Thatcher escreveria que "Em retrospecto, acho que essa resposta inicial provavelmente foi negativa demais. Os norte-americanos foram dessa opinião, com certeza." Mas ela estava sendo omissa. Ameaçados de novo, como em 1983 em Granada, pela hesitação britânica, a Casa Branca enviou Vernon ("Dick") Walters, o embaixador norte-americano na ONU, a Londres para repreender Thatcner severamente. Ele foi uma escolha inteligente. Filho de um imigrante britânico para os Estados Unidos, ele havia sido educado pelos jesuítas no Stonyhurst College de Lancashire, que lhe deram tanto a sensibilidade inglesa quanto uma feroz capacidade intelectual. Combinadas com sua formação militar norte-americana, esses fatores fizeram de Walters um adversário esperto e difícil de vencer.

Quando o general Walters chegou no dia 12 de abril, sua tarefa já estava em andamento. Thatcher, embora relutantemente, tinha se dado conta de que Reagan a havia encostado contra a parede. O presidente havia mandado a Thatcher uma resposta detalhada às questões que ela levantara. "Não tenho ilusões", dizia a resposta, "de que essas medidas vão eliminar por completo a ameaça terrorista. Mas elas vão mostrar que ações terroristas patrocinadas oficialmente por um governo — como aquelas perpetradas repetidas vezes pela Líbia — vão ter um preço." Os argumentos em si não convenceram Thatcher. No dia 10 de abril, em uma reunião de ministros e outras autoridades, Geoffrey Howe apontou o x do problema que eles estavam enfrentando. "*Todos* nós partimos da premissa de que a própria Margaret dissera publicamente apenas três meses antes", escreveu ele, "de que seria muito difícil justificar uma ação do tipo proposto. Mas, agora que o pedido havia sido feito, as dificuldades políticas de recusar se tornaram igualmente evidentes." A mensagem de Reagan e uma conversa telefônica com ele depois deixaram

---

[27] Thatcher, *Downing Street Years*, p. 443; *The Times*, 12 de abril de 1986.

uma coisa absolutamente clara para Thatcher: com ou sem ela, "Ele estava claramente determinado a ir em frente."[28]

Naquele sábado, lembra Howe dourando caracteristicamente a pílula, Vernon Walters "defendeu vigorosamente a sua causa, como sempre". Foi uma reunião difícil. Thatcher disse a Walters que estava "horrorizada" com o fato de "o essencial de minhas conversas com o presidente Reagan está sendo agora abertamente divulgado pela imprensa norte-americana". Falou de suas reservas àquela medida e pressionou Walters para ele lhe dar uma lista dos alvos. "Suspeito que o general sabia exatamente quais alvos os Estados Unidos procurariam atingir quando veio me ver." Mas não se tratava de uma informação que Walters tivesse condições de lhe dar. Ao menos ele tranquilizou Thatcher ao dizer que os alvos seriam militares, e não civis. "Quando o fim de semana estava terminando", escreveu Howe sobre a missão Walters, "a primeira-ministra e seus ministros-chave (do Exterior e da Defesa) tinham chegado a um consenso. Foi dito à Casa Branca que permitiríamos a partida dos caças norte-americanos de bases britânicas para ações coerentes com o direito à autodefesa 'contra alvos específicos comprovadamente envolvidos na realização e apoio a atividades terroristas'." Mas a declaração foi feita sem entusiasmo. Quando Walters estava indo embora, observou a Thatcher: "Sabe, primeira-ministra, meu trabalho normal é representar os Estados Unidos na ONU e, quando eu voltar, vou entrar no olho do furacão." Isso foi demais para Thatcher. "General", revidou ela azedamente, "quando eu voltar ao eleitorado britânico, *eu* vou estar no olho do furacão."[29]

* * *

No DIA 14 de abril de 1986, segunda-feira, 18 bombardeiros F111 da força aérea norte-americana decolaram da base da RAF de Lakenheath, em Suffolk, para atacar três alvos perto de Trípoli. Esses alvos eram o lado militar do aeroporto da capital líbia; um lado do porto chamado Sidi Bilal, onde os comandos líbios eram treinados, e o quartel de el-Azziziya. A permissão para voar por seu espaço aéreo francês foi negada pelo governo francês, pois

---

[28] Geoffrey Howe, *Conflict of Loyalty*, (Londres, 1994), p. 505; Thatcher, *Downing Street Years*, p. 445.
[29] Geoffrey Howe, *Conflict of Loyalty* (Londres, 1994), p. 505-6; Thatcher, *Downing Street Years*, p. 446; David Dimbleby & David Reynolds, *An Ocean Apart* (Nova York, 1988), p. 346.

Mitterrand se deixou influenciar pelas preocupações sobre a maneira pela qual a participação em um ataque a Kadhafi afetaria a situação no Chade, onde a França e a Líbia estavam ambas envolvidas na guerra civil.[30] Em um ataque separado, 15 caças A-6 e A-7 provenientes respectivamente do *Coral Sea* e do *America*, dois porta-aviões da marinha norte-americana que estavam no centro do mar Mediterrâneo, atacaram duas bases líbias perto de Benghazi. Um grande número de edifícios civis, entre os quais a embaixada francesa, foram atingidos acidentalmente, resultando na morte de mais ou menos uma dúzia de civis e outras baixas. "Thatcher é uma assassina", disse Kadhafi. "Thatcher é uma prostituta. Vendeu-se a Reagan e agora vendeu também o seu país."[31]

Reagan havia telefonado pessoalmente para Thatcher na segunda-feira à noite para lhe dizer que o ataque estava prestes a começar. Algumas horas antes, Thatcher havia lançado um livro no Economist Building, no centro de Londres, sobre o grande constitucionalista Walter Bagehot, editado pelo ex-líder da Câmara dos Comuns, Norman St John Stevas (que a apelidara de "A Abençoada Margaret". Ao entrar, alguém comentou com ela, "com certa preocupação", que ela estava muito pálida. "Como minha pele nunca fica rosada", lembra ela, "eu devia estar parecendo o fantasma de Banquo."[32]

Quando chegaram as notícias do ataque e das mortes civis resultantes, ela ficou mais parecida com lady Macbeth. "As reportagens da TV", escreveu ela, "concentraram-se todas não na importância estratégica dos alvos, e sim nas mães e crianças em prantos." A reação começou imediatamente. "O impacto inicial sobre a opinião pública da Grã-Bretanha, como em todos os outros lugares, foi pior ainda do que eu temia", lembra ela. "Fui retratada como [alguém] servil para com os Estados Unidos, mas insensível em relação às suas vítimas."[33]

Alguns membros de seu próprio governo eram da mesma opinião. A decisão de permitir o uso de bases britânicas havia sido tomada por um pe-

---

[30] Michael Brecher & Jonathan Wilkenfeld, *A Study of Crisis* (Ann Arbor, 1997), p. 93.

[31] *New York Times*, 15 de abril de 1986. No início, as reportagens disseram que os aviões F111 haviam partido dos Estados Unidos; mais tarde, a força aérea norte-americana declarou que o número foi superior a 40.
Ed Moloney, *A Secret History of the IRA* (Nova York, 2002), p. 14.

[32] Thatcher, *Downing Street Years*, p. 447.

[33] Ibid.

queno grupo de autoridades, entre as quais os ministros do Exterior e da Defesa. O gabinete como um todo não havia sido consultado. A maioria dos ministros só ficou sabendo do ataque quando este foi informado pelos noticiários. Na reunião do gabinete na manhã seguinte ao ataque, orgulho ferido e apreensões com a reação pública resultaram em uma reunião turbulenta. Entre os ministros que não sabiam da decisão, só o visconde Hailsham, o presidente da Câmara dos Lordes, falou em seu favor durante uma pesquisa aleatória sobre a relação especial e sua mãe americana. Na liderança da oposição estava Norman Tebbit, ele próprio longe de ser um liberal compreensivo, com o apoio peso-pesado de John Biffen, Nigel Lawson e Kenneth Baker. Thatcher aguentou firme e defendeu-se das críticas dizendo que "Estaríamos em uma situação muito pior se tivéssemos retirado o nosso apoio." No fim da discussão, Nigel Lawson, o ministro da Fazenda, disse pesarosamente: "Os norte-americanos devem-lhe muito por isso." Kenneth Baker tinha outro ponto de vista. "Os norte-americanos puseram em risco a sua própria política latino-americana ao nos ajudar durante a Guerra das Malvinas", ponderou ele. "O fato foi que Ronald Reagan fez um favor a Margaret Thatcher que agora ela está retribuindo."[34]

Thatcher admitiu para um amigo, o colunista Woodrow Wyatt, que se sentiu "muito sozinha" durante este período. Mas ela também acreditava que os colegas eram uns inúteis. "Enquanto continuo fazendo o meu trabalho", disse ela a Wyatt, "às vezes penso que não tenho condições de lhe dar continuidade, pois quem nessa terra vai me suceder?"[35]

Foi esta última convicção que permitiu a Thatcher atravessar os dias difíceis que se seguiram. As pesquisas de opinião pública mostraram três quartos da população contra suas atitudes em relação à Líbia. Até mesmo os novos parlamentares de seu próprio partido estavam profundamente insatisfeitos. "[A situação] estava longe de ser animadora", comentou um novato depois que Howe fez um discurso em uma reunião do Comitê 1922: "As pessoas estão preocupadas."[36] Até muitos de seus aliados da imprensa de direita estavam hostis. Apesar disso, Thatcher não cedeu um milímetro. Em sua declaração sobre a Líbia na Câmara dos Comuns em 15 de abril e em um debate

---

[34] Kenneth Baker, *The Turbulent Years: my life in politics* (Londres, 1993), p. 269.
[35] Wyatt, *Diaries*, vol. 1, p. 124.
[36] *The Guardian*, 16 de abril de 1986.

sobre o ataque no dia seguinte, ela fez uma defesa vigorosa de sua decisão de apoiar Reagan na luta contra o terrorismo. "Thatcher começou com o estridente disco de gramofone que sempre usa quando fala de combate ao terrorismo", queixou-se Tony Benn a seu diário.[37] O que soava estridente aos ouvidos de Benn, para ela era simplesmente fortaleza.

"Os Estados Unidos são o nosso maior aliado", proclamou Thatcher na tribuna do orador. "São a base da Aliança que preservou nossa segurança e nossa paz por mais de uma geração... O terrorismo explora a relutância natural de uma sociedade livre em se defender, como último recurso, com armas. O terrorismo floresce com o apaziguamento. É claro que vamos continuar envidando todos os esforços para derrotá-lo por meios políticos. Mas, nesse caso, eles não foram suficientes. A hora da ação chegou. Os Estados Unidos tomaram providências. Sua decisão foi justificada e, como amigos e aliados, nós os apoiamos."[38]

Antes do debate houve especulações de que inimigos de Heathite no interior das próprias fileiras de Thatcher — "velhos em anos e opiniões" — alimentavam esperanças de usar a ocasião parlamentar para derrubar a primeira-ministra. "Mas, como aconteceu tantas vezes antes", declarou *The Times* depois, "ela mostrou ser uma leoa em um antro de Daniéis. Toda crítica oriunda dos bancos da oposição foi neutralizada com uma lógica implacável; todo resquício de nervosismo nos bancos tóris foi acalmado com uma explanação esmerada."[39]

É claro que houve ataques ferinos, constrangedores e escandalosos contra Thatcher durante o debate. David Steel, o líder do partido liberal, disse à primeira-ministra que ela transformara "o buldogue britânico no poodle de Reagan". Edward Heath, o infeliz predecessor de Thatcher como líder conservador, lembrou a Câmara que, quando teve de responder a um pedido semelhante feito pelo presidente Nixon durante a Guerra de Yom Kippur de 1973, recusara-se a lhe dar a permissão. "Não consigo chegar à conclusão de que essa medida dos Estados Unidos vai acabar com o terrorismo", disse ele,

---

[37] Tony Benn, *Diaries, 1980-1990* (Londres, 1992), p. 445.
[38] Declaração à Câmara dos Comuns (sobre o bombardeio da Líbia pelos Estados Unidos), 16 de abril de 1986: MTF, docid=106363 (acessado no dia 13 de setembro de 2007).
[39] *The Times*, 16 de abril de 1986.

"nem acredito que bombardear cidades é a forma certa de tentar acabar com o terrorismo."[40]

Outros fizeram uma avaliação diferente. "Sua recusa teria causado danos imensos às nossas relações com o governo Reagan", concluiu David Owen, o líder do Partido Social-Democrata e ex-ministro do Exterior. "Ela mostrou coragem e lealdade, mas também apresentou um dos traços característicos da grande liderança — a capacidade de fazer vista grossa à instrução ou aos detalhes jurídicos e seguir apenas os próprios instintos."[41]

Qualquer que tenha sido o custo para Thatcher no Reino Unido, o apoio britânico ao bombardeio reforçou sua posição privilegiada nos Estados Unidos, onde agora *The New York Times* falava de "regras de anglofilia". Certamente a situação na Casa Branca era essa. "A primeira-ministra Thatcher sempre nos deu um apoio muito sólido", escreveu Reagan em seu diário, apagando todas as lembranças dos conflitos recentes sobre a IDE e Granada. Este senso de solidariedade aumentou significativamente pelo fato de que "a França estava violentamente contra nós."[42]

Esse contraste favoreceu muito a Grã-Bretanha no seio do governo norte-americano. "Para o ataque contra a Líbia", lembra Weinberger, o ministro da Defesa, "queríamos enviar muitos dos bombardeiros da Inglaterra para a Líbia a fim de participarem do ataque. Os ingleses deram-nos permissão imediatamente, e os franceses, não. Por causa disso, tivemos de nos desviar quase 13 mil quilômetros da nossa rota à noite, com os rádios silenciados, e reabastecer três vezes mais, o que eu achei que foram acréscimos muito arriscados à viagem... Os franceses não cooperaram." Para piorar a situação, o presidente Mitterrand dissera a Weinberger, ao recusar a permissão, que os Estados Unidos deviam fazer "um ataque de verdade", e não "dar uma alfinetada". O ministro ficou furioso. "Muito difícil", lembra ele. "Não, eles não ajudaram em nada."[43]

Na realidade, a frase "muito difícil" também poderia ter sido usada inicialmente em relação a Thatcher, com sua lista de perguntas para o presidente e o confronto com Dick Walters. Mas, no fim, tudo isso foi esquecido porque

---

[40] Edward Heath, *The Course of My Life* (Londres, 1998), p. 619.
[41] David Owen, *Time to Declare* (Londres, 1991), p. 642.
[42] *New York Times*, 26 de abril de 1986; Brinkley, *Reagan Diaries*, vol. II, p. 590.
[43] Knott & Chidester, *At Reagan's Side*, p. 118; *Time*, 28 de abril de 1986.

ela preferiu pôr suas dúvidas de lado e ajudar. Muitos ficaram impressionados na coletiva com a imprensa na noite do ataque com a linha "em forma de foice" que Weinberger traçou com o dedo e que representava a rota de voo dos caças norte-americanos que bombardearam a Líbia. A ponta da foice ficava na base aérea de Lakenheath, na Inglaterra. A base do cabo era Trípoli. E o arco chegava até o Atlântico, abarcando a França, a Espanha e Portugal, e dirigia-se ao Mediterrâneo passando por Gibraltar. "A linha de Weinberger divide a Aliança Atlântica em duas", disse Charles Krauthammer no *Washington Post*. "Margaret Thatcher escolheu o lado certo da linha." Nas palavras de George Shultz, Thatcher "havia comparecido".[44]

Tendo comparecido, Thatcher foi imediatamente recompensada. Uma semana depois do ataque contra a Líbia, a Casa Branca deixou claro que estava decidida a aprovar um tratado revisto de extradição com a Grã-Bretanha, que estava parado no comitê de relações exteriores do Senado desde o ano anterior. O tratado original havia sido negociado por John Jay em 1794. O problema com a versão corrente, datada de 1972, era que ela proibia a extradição daqueles que haviam cometido crimes políticos. O que significava, por exemplo, que os membros do IRA que haviam tentado assassinar Thatcher em Brighton em 1984 não preenchiam os requisitos para extradição. O objetivo do tratado revisto era impedir que os terroristas encontrassem um porto seguro nos Estados Unidos declarando que seus crimes tiveram motivação política. Essa era uma alteração à qual se contrapunham alguns democratas do comitê e Jesse Helms, o dissidente republicano.[45]

Agora Reagan deu o passo inesperado de fazer um apelo pessoal e direto ao Senado para que este aprovasse o tratado revisto. A Grã-Bretanha mostrara recentemente que "é a nossa aliada mais leal em nossa batalha contra o terrorismo internacional", lembrou o presidente. "Precisamos estar à altura de nossos aliados britânicos neste momento importante." Naquela mesma semana, em seu discurso semanal no rádio, Reagan transmitiu a mesma mensagem. "A recusa seria uma afronta à primeira-ministra Margaret Thatcher", disse ele, "uma líder europeia que, correndo grande risco político, ficou do nosso lado durante nossas operações contra os terroristas de Kadhafi". Eis aí algo que os britânicos faziam questão de dizer em seu favor. Nos bastido-

---

[44] *Washington Post*, 25 de abril de 1986; Shultz, *Turmoil and Triumph*, p. 687.
[45] *Washington Post*, 22 de abril de 1986.

res, as autoridades defendiam vigorosamente a sua causa. "Vocês nos devem uma", foi a mensagem cortante. "Embora o comentário tenha levantado algumas sobrancelhas por seu excesso de franqueza", informou o correspondente do *The Times* em Washington, "ele refletia um sentimento que tinha eco por aqui".[46]

No dia 12 de junho, o tratado, junto a fundos estruturais para a promoção do processo de paz na Irlanda do Norte, foi aprovado pelo comitê por 12 votos a 2. No dia 17 de julho, o tratado foi ratificado por todo o Senado com 87 votos contra 10. "Liguei para Margaret Thatcher, localizei-a em um jantar", anotou Reagan em seu diário. "Ela ficou satisfeitíssima."[47]

O apoio ao bombardeio da Líbia rendeu muitos elogios à Grã-Bretanha nos Estados Unidos e até uma recompensa política: o tratado de extradição revisto. Mas também foi uma advertência sobre as limitações da influência britânica na Casa Branca. Em janeiro de 1986, Thatcher expusera a Reagan suas reservas sobre uma resposta militar à atividade terrorista. Em abril, essa advertência foi ignorada. Encostada contra a parede, Thatcher preferiu mudar radicalmente de opinião, dando precedência à "relação especial" no tocante à sua convicção de que a melhor maneira de enfrentar o terrorismo era por meio de instituições internacionais. Thatcher já se desentendera com Reagan por causa de Granada e da IDE. No fim, chegara à conclusão de que recusar apoio ao ataque contra a Líbia era um risco grande demais. Mas não foi mera coincidência que imediatamente depois do ataque ela tenha aproveitado a reunião de cúpula do G7 em Tóquio para conseguir a aprovação de um rascunho britânico "firme" sobre o terrorismo e o terrorismo patrocinado por um Estado que levou novamente a questão para o âmbito da cooperação internacional em vez de uma ação unilateral.[48]

A Líbia foi uma advertência para Thatcher. Poucos meses depois sua fé seria abalada como nunca antes — não apenas em Reagan, mas na própria natureza da Aliança Atlântica.

***

---

[46] *The Times*, 24 de abril de 1986; Smith, *Reagan and Thatcher*, p. 201.
[47] Brinckley, *Reagan Diaries*, vol. II, p. 619.
[48] Coletiva à imprensa sobre a reunião do G7 em Tóquio, 5 de maio de 1986: MTF, docid=106385 (acessado no dia 13 de setembro de 2007).

No DIA 11 de outubro de 1986, sábado, Ronald Reagan e Mikhail Gorbachev retomaram o fio da meada das conversações iniciadas no ano anterior em Genebra. Dessa vez, iriam se encontrar em Reykjavik, Islândia. Gorbachev havia proposto Londres ou Reykjavik como local da reunião, e o norte-americano optara pela última, talvez pensando, nessa ocasião, que Londres colocaria a sra. Thatcher perto demais para ele se sentir à vontade. Apesar disso, os britânicos fizeram sentir a sua presença de outras formas. A reunião foi feita na Hofdi House, um lugar isolado e gélido que dava para os territórios de pesca da Islândia. Ele havia pertencido ao governo britânico até 1952, quando o embaixador persuadiu o Ministério do Exterior a vendê-lo afirmando que era assombrado por uma misteriosa "dama branca" que fazia as pinturas caírem periodicamente das paredes. Se a Dama de Ferro estivesse presente na casa em outubro de 1986, os danos teriam sido consideravelmente maiores.

Reykjavik devia ser uma reunião de cúpula interina, mas logo se transformou em uma reunião completa, onde quase toda a ação aconteceu em encontros somente entre os dois líderes que, às vezes, se faziam acompanhar de seus respectivos ministros do Exterior.[49] Gorbachev começou com um lance ousado, oferecendo reduções de 50% nos arsenais nucleares e um tratado sobre ANM (armas nucleares de alcance médio) que desconsiderava as armas nucleares britânicas e francesas. "Esta é a melhor proposta soviética que recebemos em 25 anos", disse o veterano em negociação de armas Paul Nitze ao presidente na primeira pausa. O desarmamento nuclear estratégico, zero de ANM na Europa, um tratado abrangente de proibição de testes, verificação *in loco*: "Ele estava fazendo de tudo para nos agradar", lembra Shultz.[50]

Alexander Bessermertnykh, um de apenas cinco membros do Conselho de Defesa Soviético, confirmou posteriormente que, em 1986, Gorbachev "sabia que não tínhamos chance de nos equiparar aos Estados Unidos". "O lado econômico da corrida armamentista estava", na sua opinião, "muito presente na cabeça de Gorbachev" em Reykjavik. Eduard Shevardnadze, o mi-

---

[49] Para dispor de um resumo da reunião de Reykjavik, ver David Reynolds, *Summits* (Londres, 2008), p. 358-63; Richard Rhodes, *Arsenals of Folly: the making of the nuclear arms race* (Londres, 2008), p. 236-270.

[50] David E. Hoffman, *The Dead Hand* (Nova York, 2009), p. 262. Rhodes, *Arsenals of Folly*, p. 271-2.

nistro do Exterior de Gorbachev, foi mais direto ainda. "A questão era parar com a corrida armamentista", lembra ele. "Nosso país não podia continuar sendo um Estado militarizado." Segundo estimativas soviéticas, 63% do dinheiro gasto com fabricação de máquinas em 1986 foi com objetivos militares. Um orçamento extra de 20 bilhões de dólares por ano havia sido destinado aos gastos militares. O marechal Akhromeev, chefe do Estado-maior das forças armadas soviéticas, lembrou que "A URSS não tinha condições de continuar o confronto militar com os EUA e a Otan. As possibilidades econômicas desse tipo de política haviam se esgotado."[51]

Mas as propostas soviéticas feitas em Reykjavik foram apenas o começo. À medida que as negociações continuavam, Reagan deixou todo mundo perplexo ao estabelecer um objetivo que tinha raízes em sua própria percepção da imoralidade das armas nucleares. "Acho que seria muito bom", disse ele a Gorbachev, "que, no fim [de dez anos], todos os dispositivos nucleares estivessem eliminados, inclusive bombas, sistemas para campos de batalha, mísseis *Cruise*, armas submarinas, armas nucleares de alcance médio e assim por diante".

"Concordamos", respondeu simplesmente Gorbachev.

Daqui a dez anos, brincou Reagan, eles se encontrariam novamente na Islândia. Ele estaria muito velho a essa altura e Gorbachev não o reconheceria. O presidente diria, "Olá, Mikhail". E Gorbachev responderia, "Ron, é você?" E então eles destruiriam os últimos mísseis.

Parecia um roteiro de filme. Mas, em questão de segundos, os dois líderes haviam concordado, em princípio, em eliminar por completo os seus arsenais nucleares — e os da Grã-Bretanha.[52]

O problema dessa proposta era a IDE. Gorbachev exigiu o compromisso de que a pesquisa se confinaria ao laboratório. Reagan recusou.

— É questão de uma única palavra — implorou ele ao líder soviético. — Isso não deve se resumir a uma única palavra.

— Se disséssemos pesquisa e testes de laboratório, eu assinaria — respondeu Gorbachev. — Mas, se eu voltasse atrás e dissesse que pesquisa, testes e desenvolvimento de produtos poderiam ser feitos fora do laboratório e que

---

[51] Kengor, *The Crusader*, p. 261.
[52] Reunião de cúpula de Reykjavik, memorando de conversa, 12 de outubro de 1986: MTF, docid=110621 (acessado no dia 28 de maio de 2010).

o sistema poderia estar pronto em dez anos, eu seria chamado de fantoche, não de líder.

— Estou lhe pedindo para mudar de ideia como um favor pessoal — suplicou Reagan —, para podermos ir em frente e trazer paz para o mundo.

— Isso eu não posso fazer — disse-lhe Gorbachev. — Se pudéssemos chegar a um acordo de proibir pesquisa no espaço sideral, eu assinaria na mesma hora.[53]

Reagan entregou um bilhete a Shultz: "Estou errado?", perguntava ele. Shultz sussurrou a resposta: "Não, não está."[54] Ao ouvir isso, Reagan juntou seus papéis e saiu. A reunião de cúpula terminara.

Lá fora, os dois homens trocaram um aperto de mão enquanto as limusines esperavam para partir com os motores ligados.

— Bem, Ron, não sei que outra coisa poderíamos ter feito — disse Gorbachev.

— Você poderia ter dito sim — replicou Reagan. E deu-lhe as costas.[55]

* * *

ERA MUITO RARO Ronald Reagan expressar emoção quando se tratava de política. Seu estilo despreocupado e seu temperamento tranquilo significavam que nem as circunstâncias políticas mais tensas conseguiam fazê-lo perder a calma. Mas o resultado imediato de Reykjavik foi diferente. "Fiquei louco de raiva", escreveu Reagan em seu diário naquela noite. "Ele [Gorbachev] tentou parecer jovial, mas eu fiquei com muita raiva e ela transpareceu."[56] James Kuhn, assistente executivo do presidente, lembra que "Eu nunca tinha visto Ronald Reagan daquele jeito, nunca o tinha visto com aquela expressão. Quer dizer, ele me pareceu fora de si, muito irritado, completamente desconcertado, furioso, prestes a perder a cabeça." A equipe de Reagan deixou-o em paz no voo de volta aos Estados Unidos. Seus membros diziam a si mesmos que "Ele vai ficar bem". Reagan passou várias horas sozinho, refletindo sobre o que acontecera. Depois de umas cinco horas e

---

[53] Reunião de cúpula de Reykjavik, memorando de conversa, 12 de outubro de 1986: MTF, docid=110621 (acessado no dia 28 de maio de 2010).
[54] Shultz, *Turmoil and Triumph*, p. 773.
[55] Knott & Chidester, *At Reagan's Side*, p. 193.
[56] Brinkley (org.), *Reagan Diaries*, vol. II, p. 647.

meia de viagem, ele reapareceu. "Estou bem agora", disse ele à sua equipe. "Pensei muito no assunto. Sei que tomei a decisão certa lá. Não poderíamos abrir mão da IDE, por causa do futuro dos Estados Unidos. Tomei a decisão certa. Eu não tinha certeza, mas agora tenho."[57]

Reagan seria criticado pela esquerda por "dinamitar" a melhor chance de toda uma geração para acabar com as hostilidades da Guerra Fria entre a Rússia e os Estados Unidos. Barney Frank, um parlamentar democrata de Massachusetts, empregou uma terrível metáfora de duplo sentido para expressar o seu ponto de vista. O presidente, disse ele, estava recusando "um pássaro na mão em troca de dois voando".[58] Outros adotaram uma visão com mais nuances. "O encontro entre Reagan e Gorbachev na Islândia deve ser julgado pela imensidão da tarefa", escreveu James Reston em *The New York Times*. "Raramente dois líderes de nações inimigas tentaram fazer tanto em tão pouco tempo. Talvez esse esforço para negociar as complexidades perigosas do equilíbrio de poder nuclear tenha sido um erro crasso. Mas não foi, como agora muitos estão dizendo, uma calamidade. Tudo foi tentado sem êxito, mas nada está irremediavelmente perdido."[59]

Essa era a opinião de muitos membros do governo. Os Estados Unidos e a União Soviética tinham ambos se situado em relação um ao outro. "Como todos sabemos, assim que você põe suas cartas na mesa, pode dizer 'Eu as retirei', mas elas não foram retiradas", observou George Shultz. "Estão lá. Você viu até onde pode chegar e, por conseguinte, sabemos onde está o limite..." Além disso, à medida que as autoridades passaram a divulgar as anotações feitas durante a reunião, começaram a se dar conta de que o debate sobre a IDE mascarava outro fator importante. "Gorbachev nunca aceitou a ideia de proibir mísseis balísticos nem como parte de um pacote que incluísse todas as armas ofensivas estratégicas", comentou Jack Matlock, que estivera presente na sala durante algumas conversas em Reykjavik. Apesar do muito que se falou a respeito da abolição das armas nucleares, "a recusa de Gorbachev em proibir os mísseis balísticos tornou duvidosa a questão toda". Não foi mera coincidência que poucas semanas depois da reunião de cúpula Reagan tenha pedido aos membros do seu governo que começassem a pensar na

---

[57] Knott & Chidester, *At Reagans's Side*, p. 194.
[58] *New York Times*, 19 de outubro de 1986.
[59] *New York Times*, 15 de outubro de 1986.

melhor forma de defender "uma transição para um mundo sem mísseis balísticos ofensivos".[60]

Outros membros do governo estavam menos otimistas. Richard Perle, o assessor do ministro da Defesa que era adepto de uma abordagem agressiva nas relações internacionais, achava que Reykjavik mostrara, de forma "muito cabal", que o presidente "era vulnerável à ideia de que o mundo seria muito melhor sem armas nucleares".[61] Os militares acreditavam que Reagan tinha chegado perto de colocar os Estados Unidos em perigo. "Os chefes acharam que tinham escapado por um triz quando Gorbachev insistiu em dizer que o preço tinha de ser a IDE", lembra Colin Powell, prestes a se tornar um assessor de segurança nacional. Um membro de sua equipe, Nelson Ledsky, foi muito mais direto. "Reykjavik assustou todo mundo", disse ele. "Foi considerada uma prova assustadora de que Ronald Reagan poderia fazer algo terrivelmente temerário."[62]

Reagan acreditava no desarmamento nuclear total, mas também confiava que a União Soviética poderia ser derrotada. Ao se recusar a abrir mão da IDE em Reykjavik, o presidente tinha efetivamente obrigado Gorbachev a mostrar suas cartas. "Noventa e nove por cento do povo russo", declarou Genrikh Trofimenko, alto funcionário durante a era Brejnev "acreditam que [os Estados Unidos] venceram a Guerra Fria por causa da insistência de seu presidente na IDE". Antes da reunião de cúpula, Gorbachev havia se referido muitas vezes ao presidente como "um idiota e um palhaço", um homem sem condições de liderar uma superpotência. Dois dias depois da reunião, ele disse ao Politburo que Reagan era "extremamente primitivo, tem a aparência de um troglodita e dá mostras de incapacidade mental".[63] Mas logo parou de falar essas coisas e nunca mais se referiu a ele nesses termos depois da reunião de cúpula da Islândia. Muitos anos depois, quando George Shultz lhe perguntou qual ele

---

[60] James Mann, *The Rebellion of Ronald Reagan* (Nova York, 2009), p. 46. Jack Matlock, *Reagan and Gorbachev: how the cold war ended* (Nova York, 2004), p. 239.
Michael Mandelbaum & Strobe Talbott, "Reykjavik and Beyond," em *Foreign Affairs*, vol. 65, nº 2 (inverno, 1986), p. 215-235. Stable URL: http://www.jstor.org/stable/20042975.
[61] David Pryce-Jones, *The Fall of the Soviet Empire, 1985-1991* (Londres, 1991), p. 122. Para tomar conhecimento do comentário feito por Perle nessa ocasião, ver Richard Perle, "Reykjavik as a Watershed in U.S.-Soviet Arms Control" em *International Security*, vol. 12, nº 1 (verão de 1987), p. 175-178. Stable URL: http://www.jstor.org/stable/2538922.
[62] Mann, *The Rebellion of Ronald Reagan*, p. 48.
[63] Dmitri Volkogonov, *The Rise and Fall of the Soviet Empire*, (Londres, 1999), p. 495.

considerava o momento decisivo da Guerra Fria, Gorbachev "não hesitou um segundo" para responder "Reykjavik". Uma semana depois dessa reunião de cúpula, os soviéticos compreenderam que tinham superestimado sua força na questão da IDE. Shevardnadze enviou um cientista importante a Nova York em novembro para dar uma palestra sobre o porquê de estações espaciais com tripulação humana serem consideradas laboratórios em órbita. "O cientista soviético diz que testes 'modestos' da IDE são compatíveis com o pacto ANM", declarou o *Washington Post* no dia seguinte. Logo a IDE seria retirada por completo da mesa de negociações. No dia 1º de março de 1987, Gorbachev anunciou que estava eliminando a IDE das negociações sobre armas nucleares de alcance médio. No mês seguinte, ele disse que faria o mesmo em relação às armas nucleares de pequeno alcance. No início, Gorbachev ficou surpreso. Reykjavik, concluiu Ken Adelman, veterano em negociações de armas, acabou se tornando "o momento áureo de Reagan".[64]

Essa não era uma visão com que o outro lado do Atlântico concordava. "Minha reação pessoal", lembra Margaret Thatcher, "quando fiquei sabendo até onde os norte-americanos estavam dispostos a ir foi como se tivesse havido um terremoto sob meus pés". Michael Joplin, que assumira uma pasta no seu governo e que estava com a primeira-ministra quando ela foi informada da reunião, disse que "nunca a vira tão incandescente". As implicações do acontecido pareciam demolidoramente claras. "Todo o sistema de dissuasão nuclear", lembra Thatcher, "que manteve a paz durante 40 anos, estava perto de ser abandonado". Para a Grã-Bretanha em particular, isso significaria que "eles também liquidariam efetivamente o míssil Trident, obrigando-nos a adquirir um sistema diferente se quiséssemos manter um meio de dissuasão nuclear independente." Geoffrey Howe, o ministro do Exterior, foi igualmente implacável em sua análise. Reagan estivera prestes a "cair numa armadilha russa", onde entraríamos, através do sonho de Reagan de um mundo sem armas nucleares, em um mundo de pesadelo onde as noções de dissuasão — a chave da política de defesa ocidental há décadas — teriam sido descartadas subitamente."[65]

---

[64] Knott & Chidester, *At Reagan's Side*, p. 192; Reynolds, *Summits*, p. 363. Clare Berlinski, *There Is No Alternative: why Margaret Thatcher matters* (Nova York, 2008), p. 293. Rhodes, *Arsenal of Folly*, p. 271-2.

[65] Thatcher, *Downing Street Years*, p. 471; Iain Dale, *Memories of Maggie* (Londres, 2000), p. 144; Howe, *Conflict of Loyalty*, p. 523.

Howe reconhecera que "uma ironia suprema" da situação era que só o apego de Reagan à IDE — da qual os aliados europeus desconfiavam — tinha salvado a base mesma da política de dissuasão estratégica do Ocidente. A ironia nunca fez parte da constituição psíquica de Margaret Thatcher, que com certeza não estava preparada para entregar a ela a política de defesa britânica. Ela ainda tinha uma "ansiedade corrosiva" sobre a possibilidade de algo similar acontecer de novo. Por isso, durante um telefonema ao presidente no dia seguinte à sua volta de Reykjavik, ela mesma se convidou para ir a Washington conversar com ele. Helmut Kohl, o furioso chanceler alemão, faria o mesmo. Para Thatcher, o convite significaria uma viagem de 14 horas para um encontro de três horas com o presidente — eis aí a parte que cabe a um sócio minoritário — mas era um incômodo que Thatcher estaria satisfeitíssima em suportar. "De alguma forma", disse ela, "eu teria de fazer os norte-americanos voltarem para a terra firme de uma política de dissuasão nuclear digna de crédito."[66] "Ela acreditava que devia ser uma amiga cândida", disse Bernard Ingham, seu assessor de imprensa, "e quando a sra. Thatcher é cândida, ela é cândida *mesmo*".[67]

* * *

DEPOIS DE MUITOS anos de relações com Margaret Thatcher, a Casa Branca sabia que era preciso ter um certo cuidado com ela depois de Reykjavik. Principalmente porque os membros do governo Reagan reconheciam que as preocupações dela não eram só estratégicas: havia muita política envolvida ali. John Poindexter deixou isso claro para o presidente no resumo que preparou para Camp David. "É óbvio que a sra. Thatcher está vindo para ser tranquilizada em relação a Reykjavik", explicou ele, "em particular que aquelas reduções estratégicas... não vão solapar a dissuasão e não vão ignorar o desequilíbrio convencional; e para ser tranquilizada no sentido de que nossas

---

[66] Thatcher, *Downing Street Years*, p. 472; McFarlane a Reagan, 30 de agosto de 1985; ficha relativa ao resumo de conversa telefônica, Reagan/Thatcher, 13 de outubro de 1986: File, System files, Records, NSC Executive Secretariat, Ronald Reagan Library. Jane M.O. Sharp, "After Reykjavik: Arms Control and the Allies" em International Affairs (Royal Institute of International Affairs 1944-), vol. 63, nº 2 (primavera de 1987), p. 239-257. Stable URL: http://www.jstor.org/stable/3025423.

[67] Berlinski, *There Is No Alternative*, p. 293.

propostas de negociação não vão significar risco para o programa Trident do Reino Unido, nem corroer suas chances de reeleição".[68]

Eram essas suscetibilidades a uma provável eleição geral britânica em 1987, mais que as apreensões estratégicas de Thatcher, que deixaram o governo determinado a lhe dar algo positivo para levar para casa depois da visita. "Mas como fazer isso", observou Poindexter, "é uma questão delicada". Afinal de contas, no passado Thatcher tentara muitas vezes convencer o presidente a assinar declarações conjuntas tiradas da bolsa no meio da reunião, declarações que davam à estratégia norte-americana um viés pró-britânicos. "Descobrimos que, na maioria dos casos", advertiu Poindexter, "— até com amigos como a sra. Thatcher — declarações conjuntas, que frequentemente são um acordo, não favorecem os nossos interesses."[69]

Para ajudar a preparar o terreno, George Shultz visitou Thatcher na embaixada britânica em Washington antes de ela descer de helicóptero em Camp David. Ao contrário de muitos do governo — entre os quais Caspar Weinberger e John Poindexter —, Shultz era um defensor inabalável da estratégia do presidente em Reykjavik. Mas também era um político astuto. "O que a sra. Thatcher quer?", perguntara ele ao presidente. "Em geral, fortalecer sua posição antes da eleição harmonizando o ponto de vista norte-americano com o britânico no tocante ao controle de armas." Para isso, disse Shultz a Reagan, seria necessário "dar indícios de um apoio firme de nossa parte às políticas de defesa da sra. Thatcher e do governo de Sua Majestade, principalmente a modernização nuclear e o aumento dos gastos com defesa". Se isso pudesse ser feito, eles teriam condições de "garantir que ela voltaria a Londres... tranquilizada a respeito da direção de nossas políticas".[70]

Depois que Shultz e Thatcher discutiram uma linha a seguir com a qual ambos concordavam, as autoridades britânicas e norte-americanas começaram a elaborar uma declaração para entregar à imprensa em Camp David. Depois disso, os britânicos afirmariam que a redação começou com eles, embora, na verdade, um rascunho "de pontos comuns para a imprensa" já estivesse no resumo de Reagan antes da reunião. A mágica, explicou Ro-

---

[68] Poindexter a Reagan, 12 de novembro de 1986: File folder: Thatcher visit November 15 (2), Box 90902, NSC European & Soviet Affairs Directorate, Ronald Reagan Library.
[69] Ibid.
[70] Shultz a Reagan, 12 de novembro de 1986: File folder: Thatcher visit November 15 (2), Box 90902, NSC European & Soviet Affairs Directorate, Ronald Reagan Library.

zanne Ridgway, a autoridade do Ministério do Exterior presente às conversas, era "produzir uma declaração coerente tanto com a política e pontos de vista norte-americanos apresentados em Reykjavik quanto com as afirmações sobre a validade da política nuclear corrente de importância para ela [Thatcher]".[71] Na verdade, Ridgway advertiu Shultz, "o foco prioritário da sra. Thatcher vai ser a percepção pública britânica de seu desempenho em Camp David. É do nosso interesse assegurar que os resultados da reunião apoiem uma amiga e aliada leal dos Estados Unidos".[72]

Quando Thatcher desceu do helicóptero em Camp David às 10h45 da manhã de 15 de novembro, sua chegada teve toda a cordialidade de sua primeira visita em 1984.[73] Reagan estava lá para lhe dar um beijo no rosto e transportá-la de novo em seu *buggy* de golfe até o Chalé de Álamo. Na realidade, o clima era de tensão. Em 1984, o presidente ainda estava eufórico com a sua reeleição; agora estava enfraquecido com a decepção de Reykjavik e com problemas políticos internos — os republicanos haviam perdido a maioria no Senado em eleições recentes, deixando os democratas no controle do Congresso, e um escândalo envolvendo venda de armas ao Iraque estava começando a se agravar. E, para coroar, ali estava Margaret Thatcher para lhe passar um sermão. Não é de admirar que até Reagan, em geral um homem afável, parecesse estar de mau humor.

Fato inusitado nessas reuniões, nenhum taquígrafo acompanhou os dois protagonistas quando eles se encontraram. Não nessa ocasião. Quaisquer que tenham sido as palavras trocadas, não foram ouvidas por ninguém e continuaram sigilosas. Em seguida, os dois saíram desacompanhados, ainda absortos na conversa, e foram do Chalé de Álamo para o Chalé de Louro. Com Thatcher de salto alto e casaco de pele de camelo, e Reagan de jaqueta e botas, os dois faziam um par incongruente. A expressão corporal parecia desajeitada e incompatível. Mas estava claro para os observadores que algo importante tinha se passado entre eles.

---

[71] Ridgway a Shultz, 5 de novembro de 1986: File folder: Thatcher visit November 15 (2), Box 90902, NSC European & Soviet Affairs Directorate, Ronald Reagan Library.

[72] Geoffrey Smith, *Reagan and Thatcher*, p. 221-2; "Possible common press points": File folder: Thatcher visit November 15 (2), Box 90902, NSC European & Soviet Affairs Directorate, Ronald Reagan Library.

[73] A descrição do encontro de Camp David baseia-se em Smith, *Reagan and Thatcher*, p. 222-5.

Enquanto aquele par estranho conversava, as equipes de ambos os lados aguardavam muitíssimo ansiosas. Com os norte-americanos apreensivos com as próprias dificuldades políticas, o clima era de tensão e um dos motivos era que a equipe de Reagan não demonstrava apreço pela primeira-ministra. "Não era difícil se relacionar com ela, mas não do ponto de vista da equipe", lembra James Kuhn, assistente pessoal de Reagan. "Você poderia dizer alô que ela responderia com outro alô, mas não havia ali nada de pessoal." Mas, nessa ocasião, o clima ficou mais cordial quando Thatcher e Reagan chegaram ao Chalé de Louro para os drinques de antes do almoço. A primeira-ministra informou alegremente a todos que havia tido uma conversa maravilhosa com o presidente. Como de hábito, ela tirou um documento da bolsa e anunciou que ali estava acertado o que ela diria à imprensa na entrevista coletiva que daria mais tarde. Para alívio das autoridades norte-americanas, era o documento sobre o qual haviam chegado a um acordo de antemão. E então, com grande entusiasmo, Thatcher disse a todos que acabara de assistir ao presidente gravar seu discurso semanal de cinco minutos que era transmitido pelo rádio. Reagan dava risadinhas de aprovação enquanto ela explicava que a gravação havia sido feita em uma única tomada. Até mesmo depois de uma conversa difícil com Thatcher, Reagan era inequivocamente um profissional.[74]

Como que para provar que estava tudo bem entre eles, Reagan também lhe fez um agrado durante a reunião de uma hora que se seguiu. Havia sido combinado que os dois líderes discutiriam a questão das armas enviadas à Argentina. A pauta de Reagan tinha sugerido que ele diria que, embora soubesse tratar-se de "um assunto delicado", estava "profundamente preocupado com a democracia na Argentina". A situação exigia "o desenvolvimento de [uma] relação de segurança" com o governo Alfonsín. O que poderia significar "um retorno *mais breve* e não para bem depois" à questão de aviões militares para a Argentina. As autoridades presentes continuavam esperando que o presidente abordasse a questão; mas os minutos foram se passando e ela não surgiu. No final da reunião, Thatcher olhou para a sua lista de tópicos, ticando todos eles um por um. E então, parou. "Ah, armas para a Argentina", disse ela num tom faceiro. "Vocês não vão mandar, vão?" "Não", respondeu Reagan, "não vamos." Como Shultz explicou a um colega, "Você pode conti-

---

[74] Entrevista com James Kuhn, 7 de março de 2003: Ronald Reagan Oral History, Miller Center, University of Virginia.

nuar brigando por isso, se quiser, mas sabe perfeitamente bem que, se procurar o presidente, você vai ser posto pra correr."[75]

"Margaret Thatcher chegou", escreveu Reagan em seu diário depois das conversações. "Fui recebê-la no helicóptero em um carro de golfe e a trouxe para o Chalé de Álamo, onde tivemos uma boa conversa só nós dois a respeito das reuniões da Islândia e do que estamos tentando conseguir em termos de reduções de armas. Ela tinha preocupações legítimas. Consegui tranquilizá-la."[76]

Uma hora depois de se despedir do presidente, Margaret Thatcher estava de volta à embaixada britânica em Washington para uma coletiva com a imprensa sobre as conversas de Camp David. Estava entusiasmada, dizendo aos jornalistas que havia preparado uma "pequena declaração" para eles. "Posso lê-la?", perguntou ela com um sorriso. "Depois vocês podem me fazer as perguntas que quiserem a respeito desse assunto."

E então a primeira-ministra leu em voz alta a declaração que havia sido combinada antes do encontro de Camp David. Ela dizia que "era preciso dar prioridade a um acordo sobre as armas nucleares de alcance médio"; confirmava "a necessidade de prosseguir com o programa de pesquisa IDE"; observava que "[o problema das] armas nucleares não pode ser resolvido isoladamente, dada a necessidade de um equilíbrio geral estável o tempo todo"; e procurava tranquilizar a todos dizendo que "todas essas questões devem continuar sendo o tópico de consultas frequentes no seio da Aliança." Quanto ao seu público britânico, Thatcher o informou alegremente que o presidente tinha "reafirmado a intenção dos Estados Unidos de prosseguir com seu programa de modernização estratégica, que incluía o Trident", além de corroborar "o seu apoio incondicional aos acordos feitos para modernizar com o Trident a proposta de dissuasão nuclear da Grã-Bretanha, que era um projeto independente".

Para o caso de alguém pensar que ela estava falando apenas em seu nome, Thatcher encerrou a coletiva com um comentário acompanhado por um de seus famosos olhares feios de conclusão. "Eu gostaria de deixar bem claro",

---

[75] Tillman a Poindexter, 23 de outubro de 1986; pauta do presidente: File folder: Thatcher visit November 15 (2), Box 90902, NSC European & Soviet Affairs Directorate, Ronald Reagan Library; Smith, *Reagan and Thatcher*, p. 224.
[76] Brinkley (org.), *Reagan Diaries*, vol. II, p. 658.

disse ela, "que a declaração sobre controle de armas que eu li é uma declaração que é fruto de um acordo entre mim e o presidente".[77]

"Thatcher consegue promessa de Reagan de lhe vender o Trident", dizia a manchete do influente *Sunday Times* no dia seguinte. "Eu tinha motivos para estar muito satisfeita", observou a primeira-ministra tempos depois. Satisfeita, mas não convencida: ela nunca esquecia que as armas nucleares continuavam sendo "a questão sobre a qual eu sabia que não poderia tomar como inevitável a firmeza do governo Reagan."[78]

A Casa Branca estava igualmente satisfeita com a visita a Camp David, e um dos principais motivos era Thatcher ter assinado a declaração norte-americana redigida de antemão. Mas também tinha outras razões para estar aliviada.

Depois que Thatcher acabou de apresentar sua declaração na embaixada britânica, respondeu a perguntas feitas pelos jornalistas. A primeira rede norte-americana a interrogá-la passou do controle de armas para o assunto que estava convulsionando Washington. "Poderia nos dar sua opinião sobre a política norte-americana no Irã, especificamente... a venda de armas ao Irã?", perguntou o repórter da CBS. "A senhora acha que é uma política acertada?" O repórter norte-americano que fez a pergunta depois a refez com um viés mais pessoal. "A senhora acredita que as ações do presidente", indagou a ABC, "enfraqueceram de alguma forma a capacidade dos Estados Unidos de adotarem uma política de não negociar com terroristas?"[79]

Enquanto respondia, Thatcher sabia que todo o establishment político norte-americano estava assistindo para saber se o presidente continuava tendo a confiança de sua aliada mais leal, como ele dizia.

No dia 13 de novembro, antes de Thatcher ter chegado a Washington, o presidente Reagan tinha sido obrigado a ir à televisão dizer ao país inteiro que armas tinham sido vendidas ao Irã, embora negasse que elas tenham comprado a libertação de reféns norte-americanos no Líbano. A história tinha começado em um pequeno jornal libanês, *Al Shiraa*, segundo o qual Bud McFarlane tinha oferecido armas ao Irã em um negócio que envolvia

---

[77] Entrevista coletiva à imprensa depois das conversas de Camp David, 15 de novembro de 1986: MTF, docid=106514 (acessado no dia 14 de setembro de 2007).
[78] *Sunday Times*, 16 de novembro de 1986; Thatcher, *Downing Street Years*, p. 473, 772.
[79] Coletiva à imprensa depois das conversas de Camp David, 15 de novembro de 1986: MTF, docid=106514 (acessado no dia 14 de setembro de 2007).

Israel. Ed Meese, procurador-geral encarregado da investigação, logo descobriu que a história era verídica, e também descobriu uma outra armação — os israelenses também tinham sido usados para desviar dinheiro para forças anticomunistas na América Latina — os "contras" — com a finalidade de contornar as regras do Congresso a respeito desse tipo de financiamento. Em uma reunião do Grupo de Planejamento da Segurança Nacional no dia 25 de novembro, Meese anunciaria não só que a equipe da Casa Branca agira de forma que mostrava desprezo pelo presidente — ele não havia sido informado — como também que a lei fora transgredida. Quando a imprensa tomou conhecimento dessa história, escreveu Reagan em seu diário, "ficou parecendo um círculo de tubarões". A história envolveria a presidência e quase a derrubou. "A mídia parece estar tentando criar um outro Watergate", admitiu Reagan. No fim, Reagan foi salvo por sua decisão de revelar tudo ao público e por uma estratégia inteligente de chamar a atenção para um aspecto do escândalo sobre o qual o presidente nada sabia — a entrega aos contras dos lucros da venda de armas ao Irã. O presidente acabaria escapando só com uma advertência do Congresso; mas, depois disso, sua popularidade e credibilidade diminuíram muito durante um período considerável. Ou tinha culpa no cartório, ou dormira no ponto. Nenhuma dessas duas possibilidades aumentava o seu prestígio. Os democratas mal podiam acreditar na sua boa sorte. Além de terem recuperado a maioria do Congresso, finalmente "o presidente teflon" estava com uma sujeira difícil de tirar. Para muitos, este parece ter sido o momento em que a "revolução conservadora" foi freada.[80]

Foi nesse contexto que Margaret Thatcher teve de enfrentar perguntas da imprensa em Washington em meio a um verdadeiro frenesi de boatos e contraboatos sobre o escândalo.

Thatcher ficara sabendo que o governo norte-americano "saíra da linha" no ano anterior. Em dezembro de 1985, alguns dias antes de deixar seu cargo de assessor de segurança nacional, Bud McFarlane tinha ido a Londres para participar de uma reunião entre Oliver North, assistente do CSN, e Manucher Ghorbanifar, o negociante de armas iraniano. Se McFarlane ainda fosse assessor do Conselho de Segurança Nacional, poderia ter apelado para

---

[80] Martin Anderson & Anneliese Anderson, *Reagan's Secret War* (Nova York, 2009), p. 318-22; Stephen F. Hayward, *The Age of Reagan* (Nova York, 2009), p. 529, 532. Brinkley (org.), *Reagan Diaries*, p. 661. James T. Patterson, *Restless Giant: the United States from Watergate to Bush v. Gore* (Nova York, 2005), p. 206-13.

certas imunidades diplomáticas. Mas, como simples cidadão, o MI5 sentiu-se no direito de grampear sua reunião em um hotel Hilton perto do aeroporto de Heathrow. Mais tarde, um relatório circulou entre um pequeno grupo de autoridades e ministros, entre os quais Margaret Thatcher. Dois meses depois, *Sir* Anthony Acland, o embaixador que estava assumindo o cargo nos Estados Unidos, acompanhado por *Sir* Percy Craddock, assessor especial da primeira-ministra para questões internacionais, usou um telefonema de cortesia a John Poindexter, na Casa Branca, para sondar discretamente se os Estados Unidos estariam considerando uma troca de armas por reféns no Oriente Médio. Como não ouviram uma negativa, os diplomatas britânicos tiraram suas próprias conclusões. Depois disso, ministros e autoridades evitaram o assunto o máximo possível, presumivelmente por não quererem nem a mais leve associação com uma política secreta que poderia desembocar em um escândalo. Mesmo durante o ataque contra a Líbia e na reunião de cúpula do G7 em Tóquio, onde o terrorismo era o primeiro item da pauta, a questão específica de troca de armas por reféns não foi discutida com os norte-americanos. Thatcher com certeza não fez perguntas a Reagan sobre isso. A Grã-Bretanha simplesmente se omitiu, sem querer aprovar nem desaprovar essa atitude da Casa Branca.[81]

Quando a história veio a público, com Thatcher em Washington, ela seguiu uma linha coerente: "julgar o ato, não o homem". Essa postura foi adotada em sua primeira coletiva com a imprensa. Thatcher deixou claro que "nossa política é não entregar armas letais" ao Irã. Mas, quanto ao presidente em si, havia um apoio inequívoco: "Acredito implicitamente", declarou ela com firmeza, "na total integridade do presidente nessa questão."[82]

Foi um aval pelo qual Reagan ficou agradecido. "Mais tarde, em Washington, ela deu uma entrevista coletiva à imprensa e saiu em nossa defesa", escreveu Reagan em seu diário. "Ajudou imensamente."[83]

Reagan anotara a maneira pela qual ele e Thatcher tinham "tratado da questão do Irã etc." em Camp David. Na verdade, esse foi o motivo de eles se encontrarem completamente a sós, sem taquígrafos. Reagan não estava

---

[81] Smith, *Reagan and Thatcher*, p. 204-13.
[82] Coletiva com a imprensa depois das conversações de Camp David, 15 de novembro de 1986: MTF, docid=106514 (acessado no dia 14 de setembro de 2007).
[83] Brinkley, *Reagan Diaries*, vol. II, p. 658.

preocupado com um confronto com a primeira-ministra sobre Reykjavik. Era sua discussão sobre os contras do Irã que ele não queria que constasse das minutas. "Não nos lembramos de nenhuma outra reunião anterior na qual o presidente tenha desempenhado um papel tão direto na organização", comentara Peter Sommer com Poindexter.[84] Thatcher enfrentara a crise da Westland no ano anterior e poderia ter algum conselho prático a dar. Não há dúvida de que ela também ajudou a levantar o astral do presidente com garantias de seu apoio e consideração pessoal. Na verdade, não sabemos o que foi dito. Mas, quando ela deixou a sala, foi para sair em defesa do presidente.

Algumas semanas depois de voltar de Washington, em um momento em que o escândalo dos contras do Irã estava a pleno vapor, Thatcher deu o passo inusitado de escrever de próprio punho um bilhete pessoal para o presidente, que foi entregue por outras vias que não a rota diplomática habitual. Foi uma das cartas mais pessoais que Thatcher lhe escreveu:

"A imprensa e a mídia estão sempre a postos para criticar e derrubar as pessoas", disse ela. "Sei como é."

> Mas suas façanhas de restaurar o orgulho e a autoconfiança dos Estados Unidos e de dar ao Ocidente a liderança de que ele precisa são substanciais demais para sofrerem um dano permanente. A mensagem que transmito a todos é que tudo quanto enfraquece você, enfraquece os Estados Unidos; e que tudo quanto enfraquece os Estados Unidos, enfraquece o mundo todo. Seja o que for que tenha acontecido no Irã, é passado e nada pode mudá-lo. Acredito fervorosamente que *agora* a mensagem deve ser que há trabalho importante a ser feito e que *você* vai fazê-lo. Você vai receber muito apoio nesse sentido aqui da Europa — e tenho certeza que da América também. Se quiser conversar sobre as questões às quais temos de dar prosseguimento, espero que me telefone.[85]

Uma oferta que o presidente adorou receber. "Uma ligação para Margaret Thatcher para responder à sua calorosa carta escrita à mão sobre nosso 'Irãgate'", escreveu Reagan agradecido em seu diário depois de receber o bilhete. O apoio de Thatcher chegara em um momento difícil para Reagan, quando seu apetite

---

[84] Sommer/Lavin a Poindexter, 10 de novembro de 1986: File folder: Thatcher visit November 15 (2), Box 90902, NSC European & Soviet Affairs Directorate, Ronald Reagan Library.

[85] Thatcher a Reagan, 4 de dezembro de 1986: MTF, docid=109432 (acessado no dia 2 de junho de 2010).

por ser o comandante-chefe parecia ter desaparecido por completo. "Não gosto das segundas-feiras", escrevera ele desanimado naquela mesma semana.[86]

Pouco tempo depois, Woodrow Wyatt, amigo da primeira-ministra, repetiu-lhe uma frase que Hugh Gaitskell, o ex-líder trabalhista, dissera-lhe certa vez: "Todo mundo é leal a mim quando estou certo", observara Gaitskell. "O que eu preciso é de gente que me seja leal quando eu estou errado."[87]

Essa ocasião foi uma prova na qual Thatcher passou em Washington.

---

[86] Brinkley (org.), *Reagan Diaries*, vol. II, p. 667.
[87] Curtis (org.), *Wyatt Diaries*, vol. I, p. 370.

CAPÍTULO 9

Uma salva de palmas

Casa Branca, 27 de março de 1987. MARGARET THATCHER NÃO poderia ter dirigido melhor o rumo dos acontecimentos se ela própria tivesse se sentado à Mesa *Resolute*, na qual a autoridade máxima dos Estados Unidos exerce o seu cargo na Sala Oval, onde Neil Kinnock, o líder do partido trabalhista britânico, acabara de irromper acompanhado por Denis Healey, o porta-voz de seu ministro do Exterior, para uma reunião com o presidente. Ronald Reagan apertou a mão de Kinnock. E depois, ao se dar conta da presença de Healey, proclamou calorosamente: "Que bom vê-lo outra vez, senhor embaixador!" Era um erro fácil de cometer: as sobrancelhas espessas de Healey, que eram sua marca registrada, davam-lhe uma semelhança transitória com *Sir* Oliver Wright, que acabara de se aposentar dessa função. Mas a humilhação dos trabalhistas como um partido de pessoas insignificantes e de azarões não teria sido mais penosa se tivesse sido planejada.[1]

E era só o começo. A reunião, que durou cerca de 20 minutos, foi tudo menos rotina. Reagan manteve sua cortesia habitual, mas o desprezo era claro. "Foi uma reunião breve, mas consegui dar uma ou duas alfinetadas a respeito do quanto a política de defesa dos 'trabalhistas' seria contraprodu-

---

[1] Obituário de Oliver Wright, *The Times*, 9 de setembro de 2009; Denis Healey, *The Time of My Life* (Londres, 1989), p. 535. Não foi a primeira vez que Healey passou por uma situação constrangedora. Ao entrar na sala para uma reunião com Chernenko em Moscou, em outubro de 1984, a voz do líder soviético pôde ser ouvida perguntando em altos brados a seus assessores: "Healey? Healey? Quem é Healey?" (*The Times*, 30 de março de 1987).

cente em nossas negociações com os soviéticos", anotou ele em seu diário.[2] "Com toda a franqueza", dissera-lhes ele, "a posição do Partido Trabalhista no tocante às questões de defesa dificultaria muito para qualquer governo norte-americano apoiar, como antes, um governo trabalhista. Suas políticas de defesa teriam um efeito profundo e imprevisível sobre a Otan, sobre a nossa relação bilateral e sobre as relações Oriente-Ocidente."[3]

Kinnock fora à Casa Branca com a esperança de reforçar suas credenciais globais. "Ele, está claro, deseja que a reunião com o senhor corra bem", observou Frank Carlucci, o assessor de segurança nacional, ao presidente, "e mostrar que ele, assim como a sra. Thatcher, é uma peça importante nas questões internacionais." George Shultz, o ministro do Exterior, concordou. "O que Kinnock deseja?", perguntou ele retoricamente a Reagan: "Encontrar-se com o presidente na condição de líder da oposição britânica e primeiro-ministro em potencial para demonstrar que é uma figura de proa nas questões internacionais." Shultz aconselhou "uma abordagem justa e imparcial" para neutralizar "acusações de favoritismo e interferência". Apesar disso, prosseguiu ele, é vital que "o povo britânico entenda" que a política do Partido Trabalhista "envolveria consequências graves para o Reino Unido e para a Aliança."[4]

Enquanto a delegação trabalhista batia em retirada da Sala Oval com o rabo entre as pernas, Reagan, para coroar, fez questão de lhe dar um último chute no traseiro. "O presidente deixou claro que não tinha a menor intenção de se intrometer nas questões internas da Grã-Bretanha, mas disse que discordamos da política de defesa do Partido Trabalhista", informou depois Marlin Fitzwater, o porta-voz da Casa Branca. E, para arrematar, repetindo a linguagem do informe do presidente, observou que a política trabalhista "teria um efeito profundo sobre a Otan, sobre as relações Oriente-Ocidente e solaparia nossa posição nas negociações de Genebra". Neil Kinnock estava pagando o preço de ter irritado Reagan antes da sua reunião com um discurso em Nova York que continha referências a "poodles," "obediência cega" e "aceitar governar o 51º estado". Apesar disso, essa represália pública foi

---

[2] Douglas Brinkley (org.), *The Reagan Diaries*, vol. II (Nova York, 2009), p. 705.

[3] Reunião de Reagan com Neil Kinnock, informes e documentos secundários, 27 de março de 1987: MTF, docid=110648 (site acessado no dia 13 de outubro de 2007).

[4] Ibid.

uma censura espantosa ao líder de um grande partido político de um aliado importante da Europa Ocidental.[5]

Era inevitável a imprensa britânica deitar e rolar. Disse que Kinnock ficou "atordoado e consternado" com a desavença em Washington. "O que aconteceu ali", concluiu *The Times*, "foi que a presidência, preocupada com qualquer possibilidade de haver um governo britânico que procure reverter as políticas de quase 40 anos, apontou a sua artilharia pesada para revidar — de uma maneira que supunha ser permitida. Durante o processo, o sr. Kinnock teve o castigo merecido e é de se perguntar se ele algum dia esperou menos que isso".[6]

A maior parte das críticas a Kinnock foi feita por jornais que simpatizavam pouco com seu partido em termos ideológicos. Mas até seus seguidores reconheceram que a visita havia sido um desastre. "É possível admirar Neil por sua coragem em ir, mas não por seu discernimento político", lamentou um membro importante do partido da oposição, Giles Radice. "Não era exatamente o melhor pano de fundo para uma eleição geral."[7]

Pois este foi o *coup de grâce* de Reagan em favor de Thatcher: pôr para correr o principal adversário político da primeira-ministra foi algo que aconteceu poucas semanas antes de ela convocar uma eleição geral, uma convocação esperada por todos. Shultz aconselhara o presidente a aproveitar a oportunidade para "demonstrar publicamente nosso respeito pelo processo democrático no Reino Unido". Mas, no fim, Reagan agiu de uma forma que deixou sua preferência tão clara quanto se ele tivesse marchado até uma seção eleitoral em Finchley e feito uma cruz na cédula ao lado do nome de "Thatcher, Margaret Hilda — a candidata do partido conservador".

A humilhação imposta por Reagan ao líder do partido trabalhista deveu-se a várias causas. Em grande medida, foi uma questão pessoal. Embora tivesse se irritado muitas vezes com o estilo arrogante de Thatcher, ultimamente o presidente havia tido bons motivos para ser grato à disposição característica da primeira-ministra em enfrentar as críticas. Durante sua visita a Washington no final de 1986, ela ficara do lado de Reagan na época do escândalo dos contras, dando-lhe apoio publicamente e palavras de consolo privadas nesse

---

[5] *New York Times*, 28 de março de 1987.
[6] *The Times*, 30 de março de 1987.
[7] Giles Radice, *Diaries, 1980-2001* (Londres, 2004), p. 157.

ponto baixo do governo norte-americano. Essas atitudes se fizeram acompanhar de um telefonema pessoal a Reagan em fevereiro de 1987, quando a Comissão Tower publicou seu relatório sobre o caso. A conclusão de Tower — de que Reagan não sabia de nada sobre a política de "armas em troca de reféns" de seu próprio gabinete — foi tão perniciosa para a reputação do presidente quanto qualquer ato ilegal de sua parte. Ao que parecia, Reagan não mandava em sua própria Casa Branca. Anos depois, em 1994, quando seu mal de Alzheimer foi anunciado publicamente, alguns chegaram a se perguntar se os primeiros sinais da doença não teriam contribuído para essa situação. "Mas eu não conseguia evitar a sensação de que havia alguma coisa errada", comentou o filho Ron depois de passar um dia na Casa Branca naquele ano.[8]

Reagan ficara deprimido durante a crise, o que não era típico dele. "Foi a única vez que realmente o vi mal", lembra o senador Paul Laxalt, amigo do presidente. "O caso Irã-contras", disse Ron, "seus personagens sombrios com motivos duvidosos, sua arquitetura de traição interna — foi um exemplo perfeito do tipo de confusão para a qual papai estava mal equipado para enfrentar em qualquer idade, em qualquer estado de saúde".[9] De modo que as expressões de consideração pessoal de Thatcher foram muito importantes. "Um telefonema da primeira-ministra Margaret Thatcher e Denis", escreveu o presidente agradecido em seu diário no final de fevereiro, "para nos desejar tudo de bom e para nos dizer que ainda gostam de nós lá". Em sua pauta oficial para a conversa, ele anotou o seguinte: "Uma ligação para levantar o moral — diz que lá as pessoas curtem muito a gente." Foi um sentimento bonito de Thatcher, mas um sentimento que poucos pareciam compartilhar na Grã-Bretanha nessa época. Duas semanas depois, o embaixador norte-americano em Londres, Charles Price, chamaria atenção para os dados das pesquisas de opinião do Reino Unido que mostravam "pouca consideração pelas políticas norte-americanas e uma desconfiança profunda das motivações dos Estados Unidos".[10]

---

[8] Ron Reagan, *My Father at 100: a memoir* (Nova York, 2011), p. 216.
[9] Stephen F. Knott & Jeffrey Chidester, *At Reagan's Side* (Lanham, 2009), p. 175.
[10] Brinkley (org.), *Reagan Diary*, vol II, p. 694; Telefonema recomendado, 28 de fevereiro de 1987: MTF, docid=109434 (acessado no dia 13 de outubro de 2007). *The Times*, 25 de março de 1987.

Quando Kinnock chegou em Washington em março, difamando não só a relação anglo-americana, mas Thatcher pessoalmente, ofendeu o que Reagan considerava boas maneiras e seu sentimento de gratidão por uma aliada que lhe dera tanto apoio. Sua reação, que aconteceu na sala do mandachuva global, deu aquela impressão de um puxão de orelha no escolar malcriado que havia sido desaforado com a professora. Não é de admirar que Kinnock tenha voltado para casa fazendo aquela queixa perene da criança repreendida: "Não é justo!"

Embora as simpatias e antipatias pessoais tenham desempenhado um papel importante nesse fiasco dos trabalhistas, havia um cálculo político por trás da crítica de Reagan aos liberais britânicos. A popularidade do presidente caíra verticalmente durante o escândalo dos Irã-contras. Uma pesquisa de opinião feita pelo *Washington Post* em janeiro de 1987 mostrou que dois terços dos entrevistados achavam que Reagan estava tentando esconder alguma coisa. Dado que o último ano de qualquer mandato costuma ser um período de "Patinho Feio" à medida que o foco passa para a eleição geral que se aproxima, a maioria das pessoas concluiu que o governo de Reagan tinha realmente terminado.

No fim, foi Gorbachev que forneceu uma saída efetiva a Reagan. No mesmo dia em que Reagan conversou com Thatcher, o líder soviético divulgou uma declaração segundo a qual Moscou estava preparada para negociar um acordo em separado com os Estados Unidos sobre mísseis de alcance médio na Europa. "Estamos colocando nossas propostas na mesa de negociações com os Estados Unidos em Genebra", disse ele. Depois de toda aquela temeridade de Reykjavik, Gorbachev recuara: os soviéticos estavam propondo um acordo que não estava atrelado a nenhuma condição a respeito da IDE. "Parece bom", escreveu Reagan em seu diário, "mas não devemos ficar entusiasmados demais..." Na verdade, essa foi a questão que recolocaria a popularidade de Reagan numa curva ascendente.[11]

Portanto, não foi de admirar que Neil Kinnock tenha tido uma recepção gélida na Sala Oval. A política nuclear unilateralista do partido liberal ameaçava tudo o que Reagan esperava realizar em seu último ano e meio de mandato. Frank Carlucci explicou isso ao presidente com todos os detalhes e com antecedência. Um possível governo trabalhista, advertiu ele, "enfraquece

---

[11] Martin Anderson e Annelise Anderson, *Reagan's Secret War* (Nova York, 2009), p. 335-37.

a força de barganha ocidental porque dá a entender aos soviéticos que, se algum dia abandonarem a mesa de negociações, mesmo assim os trabalhistas ainda poderiam se livrar de nossos mísseis nucleares. O resultado líquido de um governo trabalhista seria uma Grã-Bretanha 'desnuclearizada' e um enfraquecimento drástico da segurança ocidental." Para o presidente, a relevância dessa mudança era clara: "Não vamos conseguir reduções de armas sem a solidariedade da Aliança."[12] Dado que agora este era o foco principal do governo, não é de surpreender que Reagan tenha decidido "dar uma ou duas alfinetadas" nessa ameaça à sua estratégia de desarmamento.

A humilhação a que o presidente submeteu Kinnock foi um brinde muito bem-vindo para Margaret Thatcher, cuja política pré-eleitoral, como a de Harold Macmillan em 1959, era enfatizar suas credenciais de líder global de peso. Enquanto Kinnock estava viajando de volta para casa depois do vexame que sofrera na Casa Branca, a "Dama de Ferro" estava a caminho de Moscou para uma visita triunfante a Gorbachev. Lá, Thatcher empolgou igualmente as massas soviéticas e a mídia britânica com seus glamurosos casacos pretos de pele da Aquascutum e suas críticas ferinas ao sistema soviético. Mas o que realmente chamou a atenção foi o respeito óbvio que Gorbachev mostrava pela mais antiga liderança ocidental em atividade. Os dois dirigentes tiveram uma carga impressionante de 13 horas de conversas diretas. "Não me lembro de ter passado tanto tempo em discussão com nenhum outro líder mundial", declarou aos repórteres uma Thatcher exultante na sua viagem de volta. Uma autoridade de Whitehall descreveu as conversas como "esgrima filosófica" sobre todos os aspectos das relações Oriente-Ocidente. A certa altura, os dois líderes discutiram os méritos do capitalismo versus comunismo, e Thatcher lhe disse: "Somos todos capitalistas. A única diferença é que, no seu caso, é o Estado que investe e, no nosso, os indivíduos privados." Gorbachev ficou momentaneamente desconcertado.[13]

A excursão de Margaret Thatcher a Moscou foi um triunfo pessoal. "Foi", declarou ela tempos depois, "a visita mais fascinante e a mais importante que fiz a um país estrangeiro".[14] E a viagem sublinhou uma série de ques-

---

[12] Encontro de Reagan com Neil Kinnock, informes e documentos secundários, 27 de março de 1987: MTF, docid=110648 (acessado no dia 13 de outubro de 2007).

[13] *Sunday Times*, 5 de abril de 1987; Geoffrey Smith, *Reagan and Thatcher* (Nova York, 1991), p. 229.

[14] Thatcher, *Downing Street Years*, p. 485.

tões políticas cruciais que ela queria discutir em casa e no exterior. Na Grã-Bretanha, os debates cara a cara com Gorbachev, e a recepção extasiante que ela teve nas ruas da União Soviética serviram para enfatizar seu lugar de liderança simbólica do Ocidente. Como seus seguidores não demoraram em observar, ela era a liderança mais antiga em atividade na aliança ocidental. Suas políticas econômicas estavam sendo copiadas no mundo inteiro. Ela tinha uma "relação especial" com os líderes das duas superpotências. Até seus aliados europeus chegaram a reconhecer que, em matéria de defesa, ela era seu porta-voz mais eloquente e persuasivo. "A comparação com a viagem do sr. Neil Kinnock aos Estados Unidos não poderia ser mais favorável a ela", concluiu um editorial do *Sunday Times*.[15]

Mas ela também tinha um recado para a Casa Branca. Thatcher demonstrara grande lealdade pessoal a Reagan durante os meses anteriores; mas não havia perdoado nem esquecido que, em Reykjavik, o presidente quase acabara com a política de dissuasão da Grã-Bretanha. Exatamente como em 1983 — quando, depois da humilhação que sofrera com Granada, sua fúria contra Reagan se manifestara numa primeira viagem à União Soviética e à "descoberta" de Gorbachev —agora, depois de Reykjavik, ela aproveitou a oportunidade de lembrar Reagan que ela tinha sua própria relação com o líder soviético. Isso chegou perto de um "anglo-gaullismo"— para os norte-americanos, um aliado desajeitado *à la française*. Mas foi um tiro que acertou na mosca, pois mostrou que Thatcher não era uma aliada que poderia ser considerada ponto pacífico.

Esse fato foi registrado em Washington, e não sem uma certa irritação. George Shultz estava de viagem marcada para Moscou algumas semanas depois da visita de Thatcher para participar de negociações cruciais sobre controle de armas. O Ministério do Exterior, temendo que seu homem tivesse sido eclipsado por Thatcher, declarou desdenhosamente que a primeira-ministra tinha sido "um bom aquecimento" para Shultz.[16] Aquecimento ou não, caberia a Thatcher o crédito de ter quebrado o gelo com Gorbachev quando os líderes do G7 se encontraram para a reunião de cúpula de Veneza em junho. Shultz estava entre os melhores ministros do Exterior da história

---

[15] *Sunday Times*, 29 de março de 1987.
[16] *Sunday Times*, 5 de abril de 1987.

moderna dos Estados Unidos; mas, nessa ocasião, não passou de melhor ator coadjuvante servindo de escada para Thatcher, no papel da mocinha.

Quaisquer que tenham sido as irritações que ainda restavam contra Thatcher em Washington, nunca houve a menor dúvida de que o governo, e Reagan em particular, queria uma vitória conservadora nas urnas. A alternativa do Partido Trabalhista era simplesmente impossível de engolir. E havia certa afeição pela mania de Thatcher "tirar documentos prontos da bolsa", que se tornara uma característica divertida da vida na Casa Branca. Quando ela vociferava sua discordância em Londres através do telefone, Reagan segurava o fone bem alto para todo o resto da sala ouvir. "Ela não é maravilhosa?", perguntava ele sacudindo pesarosamente a cabeça.[17]

O entusiasmo do presidente por Thatcher na visita de Kinnock aos Estados Unidos chegou perto do solipsismo diplomático. No final de maio, em meio à campanha eleitoral, Reagan admitiu para os correspondentes europeus que estava torcendo para Thatcher vencer. "Sou obrigado a lhes dizer", declarou ele, "que tenho a maior admiração pela forma pela qual a primeira-ministra Thatcher enfrentou não só os problemas de seu país, mas também as questões internacionais." Para enfiar o dedo na ferida trabalhista, ele observou também que, se fosse eleito na Grã-Bretanha um governo a favor do desarmamento unilateral e da remoção das bases norte-americanas, "eu tentaria, com todas as minhas forças, persuadir esse governo a não cometer esses erros crassos". Autoridades norte-americanas horrorizadas começaram imediatamente a fazer declarações de que era óbvio que o presidente continuava neutro na eleição e que os Estados Unidos tinham "sobrevivido a governos trabalhistas antes" e sobreviveriam de novo caso a situação se repetisse. Afinal de contas, "a força e a intimidade" da relação anglo-americana transcendia os partidos políticos. No entanto, a decisão de Caspar Weinberger, o ministro da Defesa, de aparecer num palanque com Norman Tebbit, o presidente do partido conservador, não ajudou em nada esse "lembrete".[18]

Quando Reagan e Thatcher chegaram a Veneza para a reunião de cúpula do G7, os trabalhistas devem ter tido a impressão de que todo o calendário internacional tinha sido organizado como se fosse um programa político

---

[17] *Weekly Standard*, 15 de janeiro de 2007.
[18] *The Times*, 28 de maio de 1987; *The Guardian*, 5 de junho de 1987.

mais amplo da atual primeira-ministra a ser transmitido por cadeias de rádio e televisão. Na verdade, fora Thatcher que, usando a prerrogativa de um primeiro-ministro de ir a outro país sempre que quisesse, havia organizado o calendário eleitoral de modo a assegurar que suas credenciais internacionais fossem mostradas em seu melhor ângulo. A eleição marcada para uma data tão próxima da reunião de cúpula do G7 não foi mera coincidência.

Três dias antes da abertura das urnas, depois de um longo jantar de negócios no dia 8 de junho, os chefes de governo divulgaram uma declaração conjunta sobre as relações Oriente-Ocidente, segundo a qual todos os membros do G7 se comprometiam a "manter uma defesa forte e digna de crédito" e reafirmaram "a importância perene da dissuasão nuclear para preservar a paz". Essas declarações não passaram despercebidas para o pessoal da mídia que fazia a cobertura do evento. "Quer todos os outros líderes tenham realmente essa intenção, ou não", observou o correspondente do *The Times*, "eles deram à sra. Thatcher um importante trunfo final para a argumentação eleitoral crucial sobre defesa".[19]

Na manhã seguinte, Reagan e Thatcher reuniram-se mais uma vez para conversas em particular. Nos seis anos anteriores, eles haviam feito reuniões desse tipo vinte vezes. "Como de costume, estávamos na mesma frequência de onda", escreveu Reagan em seu diário.[20] Mesmo levando em conta as incertezas inevitáveis de uma campanha eleitoral, nenhum dos dois pensou que essa seria a última vez que eles se encontrariam no exercício dos respectivos cargos. Depois que as conversas terminaram, Reagan deu a Thatcher um último presente pré-eleitoral: a oportunidade de uma foto gloriosa enquanto eles viajavam juntos na lancha motorizada presidencial pelo Canal da Mancha rumo à reunião de cúpula.

No dia 11 de junho de 1987, o eleitorado britânico foi às urnas e elegeu novamente um governo conservador com uma maioria de 102. Depois de lorde Liverpool, em 1826, Margaret Thatcher passou a ser a única a ocupar o cargo de primeiro-ministro no século XX a vencer três eleições gerais consecutivas.[21]

---

[19] *The Times*, 10 de junho de 1987.
[20] Brinkley (org.), *Reagan Diaries*, vol. II, p. 734.
[21] Tony Blair repetiria a façanha em 1997, 2001 e 2005.

— Senhor presidente, está satisfeito porque a sra. Thatcher ganhou? — gritavam os repórteres para Reagan enquanto ele se preparava para voar da Europa de volta a Washington.

— Agora posso dizer? — perguntou ele com um largo sorriso — Sim![22]

* * *

Durante os seis anos anteriores, as eleições e reeleições em ambos os lados do Atlântico sempre tinham levado Margaret Thatcher a sugerir uma visita imediata a Washington para reforçar a "relação especial". O ano de 1987 não foi exceção. Antes mesmo da data da eleição, Charles Powell, da equipe privada da primeira-ministra, tinha entrado em contato com os norte-americanos na reunião do G7. "Durante a discussão de Frank [Carlucci] com Powell", informou Marybel Batjer, assessora do ministro da Defesa, "Powell mencionou que a primeira-ministra Thatcher gostaria de ir a Washington em julho". Apesar de suas 13 horas com Gorbachev, nessa ocasião "a primeira-ministra gostaria de passar uma hora, uma hora e meia com o presidente."[23]

No dia seguinte à sua vitória eleitoral, Thatcher trouxe o assunto à baila num telefonema para Reagan. Aquele havia sido um dia extraordinário para o presidente. Poucos momentos antes, ele tinha feito um dos discursos mais extraordinários de sua carreira. De pé na frente do Muro de Berlim, na Ponte Brandenburg da Alemanha Ocidental, Reagan declarou ousadamente: "Sr. Gorbachev, ponha esse muro abaixo!" Essa frase foi usada depois de um debate intenso no seio do governo; o ministro da Defesa George Shultz e Howard Baker, o novo chefe do Estado-maior, ambos recomendaram ao presidente que a deletasse por ser desnecessariamente hostil. Reagan se recusou a seguir o conselho. Compreendia a importância de associar Gorbachev pessoalmente ao detestado Muro de Berlim. "Entre nós, redatores de discursos, acho que não existia a menor dúvida do que 'The Gipper' estava prestes a fazer", lembra Peter Robinson, o principal autor do discurso.[24]

---

[22] *The Guardian*, 13 de junho de 1987.
[23] Batjer a Colin Powell, 9 de junho de 1987: MTF, docid=110639 (acessado no dia 13 de outubro de 2007).
[24] Paul Kengo, *The Crusader: Ronald Reagan and the fall of communism* (Nova York, 2007), p. 264.

A exigência de "pôr esse muro abaixo" seria lembrada como uma das melhores frases de Reagan; mas, na época, a reação do público foi o mutismo, o que levou Baker a ponderar: "Bem, dane-se, talvez ela não fosse tão importante quanto pensei que era." Mudou de ideia tempos depois, refletindo que "a história tratou-a de forma muito diferente", Quando o muro foi realmente abaixo dois anos depois, Reagan foi aclamado por europeus do lado comunista daquela linha divisória por sua determinação e visão. "Na Europa da década de 1980, Ronald Reagan apresentou uma visão", lembra Lech Walesa, que seria eleito presidente da Polônia no ano seguinte. "Para nós da Europa Central e Oriental, ela significava libertar-nos dos soviéticos. O sr. Reagan não era nenhum avestruz que alimentava esperanças de que os problemas desaparecessem por si. Achava que os problemas tinham de ser enfrentados. Foi exatamente isso o que ele fez."[25]

Dado que o discurso da ponte de Brandenburg se tornou tão representativo da maneira pela qual a Guerra Fria terminou, agora parece extraordinário que a reação de Thatcher a ele tenha sido tão vaga. "A sra. Thatcher", observou o memorando de conversa dos norte-americanos de 12 de junho, "perguntou se o presidente estava tendo um dia bom em Berlim". Reagan explicou que havia "exigido que o muro fosse posto abaixo". Thatcher disse que "tinha ouvido o alarido de aprovação da multidão". E, em seguida, passou a perguntar por "Nancy...".

Thatcher pode não ter reconhecido o simbolismo importante do discurso de Berlim, mas Reagan não demorou para valorizar a façanha histórica da primeira-ministra de ganhar um terceiro mandato. Aquela havia sido "uma vitória magnífica!" Ela, por sua vez, agradeceu a ele por ter dado conta do recado "de uma forma tão bonita". E queria muito ir visitá-lo e "ter uma longa conversa" antes de suas férias de agosto. O presidente não decepcionou. Cinco dias depois, a assessoria de imprensa da Casa Branca anunciou que um convite havia sido feito e aceito. A primeira-ministra visitaria o presidente no dia 17 de julho.[26]

Thatcher tinha ficado ansiosa por sublinhar seu status de figura de proa internacional com uma visita imediata a Washington, mas o governo Reagan

---

[25] Knott & Chidester, *At Reagan's Side*, p. 186. *Wall Street Journal*, 11 de junho de 2004.
[26] Memorando de conversa, Reagan e Thatcher, 12 de junho de 1987: MTF, docid=110335 (acessado no dia 13 de outubro de 2007); nota à imprensa, 17 de junho de 1987: MTF, docid=110639 (acessado no dia 13 de outubro de 2007).

reconhecia que ela tinha outros planos. Ela naturalmente se concentraria "em nossas negociações com os soviéticos", escreveu George Shultz, "mas a ocasião também [dá a ela] uma oportunidade de avaliar o estado emocional e a posição do presidente e, ao mesmo tempo, oferecer o apoio implícito em uma visita de uma chefe de governo tão importante".[27]

O VC-10 de Thatcher pousou em Andrews, base da Força Aérea, no fim da tarde de 16 de julho. "Naquele momento, nossa sorte política não poderia ser mais diversa", refletiu ela mais tarde a respeito de Reagan e de sua visita a ele. "Eu acabara de ganhar a eleição com uma maioria decisiva, o que aumentou minha autoridade em questões internacionais. Por outro lado, meu velho amigo e seu governo estavam cambaleando com os golpes incessantes das revelações do "Irãgate".[28] Todos estavam vendo que talvez essa fosse a primeira vez em que Reagan precisava mais de Thatcher do que ela precisava dele.

Horas antes de se encontrar com o presidente, a primeira-ministra dera quatro entrevistas para as redes de televisão norte-americanas, durante as quais lhe fizeram várias vezes a pergunta sobre a competência de Reagan. Quando Forrest Sawyer da CBS insinuou que os críticos estavam dizendo que agora nenhum chefe de Estado acreditaria na palavra do presidente, Thatcher reagiu com violência. "Estou perplexa, absolutamente perplexa!", disse ela irritada. "Eu me relaciono com o presidente há muitos, muitos anos, e tenho confiança absoluta nele." Mas, com certeza, perguntou o entrevistador, ela devia temer que o presidente, "tentando insuflar vida nova em seu mandato, fizesse concessões que ela desaprovaria". Na verdade, era exatamente isso que ela temia, e diria isso ao presidente naquela mesma manhã. Mas não era uma declaração que ela faria ao público norte-americano. "Os Estados Unidos não estão tentando insuflar vida nova neste mandato", respondeu ela a Sawyer com firmeza. "O presidente Reagan é presidente e vai continuar sendo presidente, e está desempenhando um papel muito ativo nessas questões. Estou vendo. Essa é uma das coisas sobre as quais vim conversar com ele — no próximo passo."[29]

---

[27] George Shultz, *Turmoil and Triumph* (Nova York, 1993), p. 909.
[28] Thatcher, *Downing Street Years*, p. 770.
[29] Entrevista com a CBS, 17 de julho de 1987: MTF, docid=106913 (acessado no dia 13 de outubro de 2007).

Mais tarde, naquela mesma manhã, às 11h30, Reagan fez uma recepção calorosa a Thatcher na Sala Oval. Enquanto os dois saíam para que lhes tirassem fotos, o presidente agradeceu à primeira-ministra o apoio que lhe dera naquela manhã e explicou por que tinha resolvido não responder pessoalmente às perguntas da imprensa sobre o "Irãgate" durante sessões de fotos como aquela, preferindo esperar até as audiências do congresso terminarem. Depois voltaram à Sala Oval para 45 minutos de conversa particular.[30] "Encontrei o presidente magoado e preocupado com o que estava acontecendo", escreveu Thatcher tempos depois. "Nancy estava passando o tempo ouvindo as observações cruéis e desdenhosas que os comentaristas liberais da mídia não paravam de fazer e contando a ele o que havia sido dito, o que o deixava mais deprimido ainda." Thatcher disse ao presidente que ela estava "determinada a fazer tudo o que pudesse para ajudar". Não se tratava de uma questão de lealdade pessoal. "Ele [Reagan] também tinha 18 meses de trabalho como líder do país mais poderoso do mundo", lembra ela, "e era do nosso maior interesse que sua autoridade não se enfraquecesse".[31]

Thatcher não era avessa a usar as dificuldades políticas de Reagan como forma de conseguir um prestígio extra junto a ele. Quando Reagan e Thatcher se reuniram na Sala de Jantar da Família Antiga ao lado dos ministros Shultz, Weinberger e James Baker, a primeira-ministra não hesitou em deixar o presidente em maus lençóis. Seus "irritantes" entrevistadores daquela manhã tinham "insistido em dizer que o presidente sabia de tudo e havia tomado decisões erradas", disse ela, ou então insinuavam que "ele estava tão desligado que tomava muito poucas decisões". Ela deixou a frase no ar para Reagan responder, sem nenhum tipo de saída óbvia.

Thatcher sabia extrair respostas francas e precisas; Reagan era mestre na arte de não dá-las. Seus instintos políticos despertaram imediatamente e ele desviou sem esforço algum o comentário de Thatcher com uma anedota engraçada. Muitos anos antes, disse-lhe, quando era governador da Califórnia, fizera um discurso no Albert Hall de Londres. O almoço veio numa caixa: costeleta de cordeiro e frutas — mas nenhum utensílio. De modo que Reagan pegou a costeleta com as mãos e começou a comer. Os fotógrafos

---

[30] Memorando de conversa, encontro de Reagan e Thatcher na Casa Branca, 17 de julho de 1987: Folder UK (junho-julho de 1987), Box 92271, Thomas E. McNamara Files, Ronald Reagan Library.

[31] Thatcher, *Downing Street Years*, p. 770-1.

da imprensa começaram a bater fotos imediatamente e é evidente que, no dia seguinte, foi publicada a história de que o governador havia comido com as mãos por não saber que talheres usar. "Não dá para vencer a imprensa", concluiu Reagan. "Lyndon Johnson [dizia] frequentemente que, se fosse visto vadeando o rio Potomac, a imprensa de Washington o criticaria no dia seguinte por não saber nadar."[32]

Era o Reagan clássico — engraçado, perspicaz, desviando a atenção — e sintomático de seu estilo presidencial desligado. Thatcher parecia compreender isso, mas sabia que era um luxo que o sistema britânico de sabatina não lhe permitia. Ela tinha de "apresentar-se toda terça e quinta no parlamento" para responder perguntas feitas pela oposição. "Isso deixa uma pessoa tão resistente que é capaz de enfrentar praticamente qualquer coisa", disse ela a Reagan. Certamente não era meia dúzia de entrevistadores de TV que iria deixá-la constrangida.[33]

Depois de deixar claro que ia apoiar o presidente nesse momento de necessidade, Thatcher procurou deixar bem clara a sua superioridade em termos de substância. Sua maior preocupação era com as implicações do Tratado de Forças Nucleares de Alcance Médio (ANM) que Reagan e Gorbachev deviam assinar em dezembro e a respeito do qual ela tinha "sentimentos contraditórios". Temia que a retirada dos mísseis de alcance médio que eram lançados de bases terrestres fizesse com que a Europa corresse o risco de ser desligada da Otan porque levantaria questões sobre a possibilidade de os Estados Unidos, como último recurso, usarem armas nucleares para deter um ataque soviético convencional contra a Europa. Concluía-se do tratado de ANM que a Otan devia ter outras armas nucleares "que seriam um meio de dissuasão eficiente e que essas armas seriam modernizadas e fortalecidas quando necessário". Ela temia particularmente que o "zero" em termos de ANM levasse a outro "zero": "zero" em termos de armas nucleares de pequeno alcance (ANP). Era um processo que ela estava decidida a evitar a todo custo.[34]

Cara a cara com o presidente, seus ministros do Exterior e da Defesa, mais o assessor de segurança nacional, Thatcher apresentou em termos espe-

---

[32] Memorando de conversa, reunião de Reagan e Thatcher na Casa Branca, 17 de julho de 1987: Folder UK (junho-julho de 1987), Box 92271, Thomas E. McNamara Files, Ronald Reagan Library.

[33] Ibid.

[34] Thatcher, *Downing Street Years*, p. 771.

cíficos o que ela queria: mísseis *Cruise* lançados de submarinos e um bombardeiro F111 adicional sob o controle da Otan para compensar a perda dos mísseis *Cruise* e *Pershing*, lançados de bases terrestres; e a necessidade de resistir à pressão dos alemães para uma discussão imediata das reduções das ANP na Europa. Como questão subsidiária, Thatcher também levantou a possibilidade de manter os antigos mísseis balísticos alemães *Pershing* 1A durante os poucos anos que lhes restavam de vida útil, sem incluí-los no tratado de ANP. Sobre esta última questão, Thatcher "descobriu que sou incapaz de convencer os norte-americanos", mas teve mais êxito num problema mais substantivo. "Sobre essas questões relativas ao fortalecimento do nosso sistema ANP, o presidente e eu concordamos inteiramente", escreveu ela mais tarde, satisfeita com o progresso que fizera. "Era o futuro do sistema ANP que, a meu ver, era o elemento mais crucial de nossa política de dissuasão nuclear."[35]

Reagan parecia muito animado com a presença e a resiliência de Thatcher — "estávamos concordando em tudo", anotou ele em seu diário — e a reunião terminou em meio a um bom humor maravilhoso, com o presidente contando piadas "soviéticas".[36] A última delas dizia que logo depois de promulgar uma nova lei para diminuir a velocidade nas estradas, Gorbachev descobriu que estava atrasado para uma reunião. Seu motorista não poderia desobedecer à lei, de forma que o líder soviético assumiu o volante. Mais adiante, na estrada, dois policiais viram que ele estava com excesso de velocidade. Um deles foi atrás e parou o carro, mas depois voltou para onde o segundo policial ficara esperando.

— Por que não o prendeu? — perguntou o segundo policial.
— Ele era importante demais — respondeu o primeiro agente da lei.
— E quem era esse figurão tão importante? — perguntou o segundo.
— Olha, não sei, mas o motorista dele era o Gorbachev.[37]

Até Thatcher, famosa por sua falta de senso de humor, gostou dessa piada. Com as gargalhadas ainda ecoando pela sala, Reagan tirou-a rapidamente

---

[35] Questões apresentadas por Thatcher a Reagan sobre estratégia nuclear: Thatcher, *Downing Street Years*, p. 771-2.
[36] Brinkley (org.), *Reagan Diaries*, vol. I, p. 751.
[37] Extraído do memorando de conversa, encontro de Reagan e Thatcher na Casa Branca, 17 de julho de 1987: Folder UK (junho-julho de 1987), Box 92271, Thomas E. McNamara Files, Ronald Reagan Library.

de lá e levou-a aos aposentos da família para ela cumprimentar Nancy. A relação entre a primeira-dama e a primeira-ministra sempre foi mais cordial do que afetuosa; mas, nessa ocasião, Nancy Reagan parece ter dado uma recepção particularmente calorosa a Thatcher.

A primeira-dama vinha acompanhando bem de perto todas as análises do Irãgate, o que a deixava consternada e muito magoada com os ataques contra o presidente. A defesa resoluta de Thatcher não passara despercebida por uma esposa ferozmente leal, que dividia claramente as pessoas em amigos e inimigos.

Em particular, Thatcher estava preocupada com a possibilidade de Nancy deixar o presidente "mais deprimido ainda" ao repetir para ele os "comentários desdenhosos" da mídia, mas ela não ia dar munição para os adversários da primeira-dama. Nancy foi insultada por muita gente por ser extremamente desagradável e também por seus hábitos idiossincráticos, entre os quais garantir que os horários das atividades do presidente fossem aprovados por seu astrólogo pessoal. Thatcher tinha um marido razoavelmente excêntrico do qual ela dependia mais do que supunha a maioria das pessoas, de modo que compreendia o quanto Reagan se apoiava em Nancy. No fundo, o presidente continuava sendo um ator protagonista que precisava se sentir amado e protegido para ter o desempenho de um astro. A nata elegante de Washington ria das fotos do casal que jantava em bandejas na frente da televisão às 18h já de pijama. Mas era assim que os atores de Hollywood da década de 1950 — que já estavam envelhecendo — comportavam-se para aparecer no set de filmagens no dia seguinte parecendo revigorados e em boa forma. A extensão dessa dependência de Nancy durante a crise daquele momento se tornaria penosamente clara alguns meses depois, quando ela recebeu um diagnóstico de câncer de mama. No hospital onde lhe fizeram uma mastectomia, escreveu Ron, o filho do casal, seu pai "desmoronou, soluçando incontrolavelmente". A ideia de perdê-la era simplesmente "mais do que ele poderia suportar".[38]

De volta aos negócios, ambos os líderes prestaram homenagens gloriosas um ao outro nas declarações feitas na Entrada Diplomática da Casa Branca.

---

[38] Thatcher, *Downing Street Years*, p. 770. David Reynolds, *Summits* (Londres, 2007), p. 329. Reagan, *My Father at 100*, p. 217.
http://www.nytimes.com/1987/10/18/us/surgeons-remove-cancerous-breast-of-nancy-reagan.html (acessado no dia 21 de março de 2011).

"É com grande prazer que recebo novamente a primeira-ministra Thatcher em Washington depois do triunfo extraordinário de sua reeleição", disse Reagan entusiasticamente. "Ela está começando um histórico terceiro mandato consecutivo e sua visita hoje reflete a cooperação e amizade íntima entre nossos povos e governos. Não é segredo para ninguém que admiro pessoalmente a primeira-ministra e que temos a mesma fé na liberdade e na livre-iniciativa. Ela é uma liderança forte que se norteia por princípios na arena internacional."

Thatcher respondeu com uma cordialidade semelhante. "Eu quis muito vir aos Estados Unidos logo no início do meu terceiro mandato para enfatizar mais uma vez a importância absolutamente crucial, para nós, da relação Reino Unido-Estados Unidos", explicou ela, "e tenho a satisfação de dizer que ela é tão forte e especial hoje quanto sempre foi. Grandes mudanças estão acontecendo no mundo... Agora, mais do que nunca, precisamos da liderança norte-americana e seu presidente é singularmente bem dotado para assumi-la, e vai assumi-la".[39]

Nem bem os dois líderes tinham acabado de falar, os jornalistas, ignorando o que havia sido dito, começaram a bombardear o presidente com perguntas sobre o Irãgate. "A imprensa vociferou perguntas a mim", anotou um Reagan exausto em seu diário, "que não vou responder enquanto as audiências não terminarem".[40]

Thatcher ficou chocada com a veemência do interrogatório da imprensa, o que pode explicar por que, naquele mesmo dia, ela reforçou sua defesa ao presidente. Ao gravar uma entrevista com Leslie Stahl para o programa *Face the Nation* da CBS, Thatcher condenou a mídia norte-americana e até chegou perto de censurar o Congresso dos Estados Unidos por "tentar discutir toda coisinha insignificante que acontecia" no caso Irãgate. Quando Stahl perguntou a Thatcher se ela estava "triste" por causa do ocorrido, a reação da primeira-ministra foi extremamente enfática.

— Não, acho que você está tendo uma visão muito pessimista — exclamou Thatcher. — Mas por que todos vocês da mídia estão com uma visão pessimista? Ânimo! Os Estados Unidos são um país forte com um grande presidente, um grande povo e um grande futuro!

---

[39] Declaração feita após o encontro com o presidente Reagan, 17 de julho de 1987: MTF, docid=106914 (acessado no dia 13 de outubro de 2007).
[40] Brinkley (org.), *Reagan Diaries*, vol. II, p. 751.

Stahl parece ter sido pega de surpresa.
— Mais leveza, é isso que está nos dizendo? — perguntou ela.
Thatcher, sem sorrir, olhou-a fixamente.
— Ânimo! Mais otimismo! — ordenou ela.
Stahl tentou de novo.
— Sou obrigada a dizer que a senhora está se comportando como chefe de torcida a respeito disso, mas ouvimos dizer que nossa influência foi muito prejudicada; ouvimos dizer que nossa credibilidade foi abalada; ouvimos dizer que temos de tomar medidas extraordinárias para recuperá-la...

Thatcher interrompeu-a no meio da frase para dar outra saraivada de tiros em favor do presidente.

— Por quê você está fazendo de tudo para mostrar o pior lado da situação? Por quê? — queria saber a primeira-ministra. Os Estados Unidos eram "um grande país." Tinham um povo que era "empreendedor, autoconfiante". Mesmo durante "esse período difícil", o presidente estava mostrando "uma capacidade tremenda de tomar iniciativas" na hora de enfrentar problemas globais.

— Essa não é a história de uma pessoa que um determinado problema impediu de tentar resolver as grandes questões que afetam o mundo inteiro — vociferou ela. — Peço a você que tenha tanta fé nos Estados Unidos quanto eu tenho!

Quando Stahl fez a última pergunta — "O presidente estava deprimido?" —, Thatcher descartou a possibilidade com um aceno de mão.

— Não, o presidente está ótimo! — exclamou ela. — É presidente dos Estados Unidos![41]

Foi um desempenho extraordinário, um desempenho que mostrou as qualidades belicosas que os norte-americanos tanto admiravam. Poucas horas antes, ela estivera lá no alto do monte Capitólio para tomar chá no salão da liderança do Senado, onde divertiu seu público, embora o tenha deixado atordoado ao obrigar o senador Jesse Helms, famoso por suas críticas ferinas, a guardar um silêncio pouco característico com as respostas que lhe deu às censuras feitas à política britânica. Agora acabara de repreender o "pessimismo" da mídia norte-americana por sua crítica persistente a Reagan. Fora

---

[41] Entrevista, *CBS Face the Nation*, 17 de julho de 1987: MTF, docid=106915 (acessado no dia 13 de outubro de 2007).

uma atitude ousada, um verdadeiro malabarismo que reforçou sua imagem de corajosa Dama de Ferro. Foi como se ela os tivesse castigado com um taco de beisebol por seu atrevimento, comentou admirado um senador.[42]

Outro que gostou muito de ouvir suas palavras foi o presidente dos Estados Unidos. "Assisti aos programas de entrevista domingo", escreveu ele em seu diário em Camp David. "Margaret Thatcher em *Face the Nation* esteve absolutamente magnífica e deixou Leslie Stahl um pouco desconcertada."[43] O presidente sabia o que era receber uma censura de Thatcher. Nessa ocasião, ele ficou satisfeitíssimo por ela ter usado as armas em seu favor.

Alguns dias depois, durante uma reunião do gabinete, Reagan foi interrompido por um assessor que lhe disse que a primeira-ministra estava na linha, retornando uma ligação anterior que ele lhe fizera. Reagan, que nunca gostou de fazer muita cerimônia, ofereceu-se para atender o telefonema em outra sala; todos os membros do gabinete insistiram em sair para lhe dar liberdade para falar com a primeira-ministra. No fim, ele atendeu ao telefone ali mesmo e os outros continuaram na sala. Reagan agradeceu a Thatcher pela defesa vigorosa que fizera em *Face the Nation*, e depois acrescentou: "Bom, estou aqui com um monte de ministros meus e todos eles gostariam de fazer o mesmo que eu e agradecer seu apoio a nosso governo." Depois de dizer essas palavras, Reagan levantou o fone e os membros do gabinete, aproveitando a deixa do presidente, deram a Thatcher uma ruidosa salva de palmas como forma de lhe expressar sua gratidão.[44]

Foi um momento eloquente, emocionante — um reconhecimento de que Thatcher, embora muitas vezes fosse uma aliada difícil, também tinha sido leal. E não foi a primeira vez, disse Reagan, em que ela mostrou lealdade quando Washington estava "pegando fogo".[45]

* * *

RAF Brize Norton. 7 de dezembro de 1987. O avião russo Ilyushin pousou em solo inglês e fez uma manobra impecável antes de parar na frente

---

[42] Smith, *Reagan and Thatcher*, p. 234.
[43] Brinkley (org.), *Reagan Diaries*, vol. II, p. 751.
[44] Smith, *Reagan and Thatcher*, p. 213.
[45] Brinkley (org.), *Reagan Diaries*, vol. II, p. 751.

do tapete vermelho cerimonial. Alguns momentos depois, a porta abriu e Mikhail Gorbachev saiu. Com um sorriso largo no rosto enquanto descia as escadas, parecendo mais, disse um repórter, "um dissidente foragido do que o líder do 'império do mal'".[46] À sua espera ao pé da escada estava Margaret Thatcher. Trocaram um caloroso aperto de mãos, um meio abraço e cumprimentos entusiásticos. Depois entraram para uma conversa de duas horas: Gorbachev estava a caminho de Washington para uma reunião de cúpula com Reagan e havia muita coisa a discutir.

Para Thatcher, a escala de Gorbachev foi um golpe de relações públicas de valor inestimável que reforçou a sensação de importância britânica na Europa, algo que não se via desde a época da aliança durante a guerra. Também era uma oportunidade excelente para influenciar a estratégia e as negociações. Em parte, esse diálogo convinha a ambas as superpotências. Gorbachev esperava que o famoso ceticismo de Thatcher em relação à IDE pudesse ser usado com vantagem para os soviéticos durante as próximas reuniões. E, dada sua reação violenta às conversas realizadas em Reykjavik, também seria bom para Gorbachev sondar a primeira-ministra antes de se encontrar com Reagan para ter uma ideia do que os aliados europeus dos Estados Unidos estavam preparados, ou não, para aceitar. Para Reagan, o cálculo era ainda mais direto. Além de pedir a Thatcher para colocar Gorbachev na defensiva por causa dos direitos humanos no Afeganistão, Reagan estava muito satisfeito de vê-la usar suas robustas capacidades de discussão com o líder soviético e ficar sabendo se ele estava em boa forma.

Thatcher também tinha seus próprios interesses a defender. Sua estratégia de se envolver em conversações diretas com os soviéticos tivera início depois da humilhação de Granada e do reconhecimento concomitante de que "é assim que as grandes potências se comportam". Aqueles temores de 1983 tinham se concretizado em grande estilo três anos depois, quando "a terra tremeu" e ela assistiu horrorizada enquanto Reagan, em Reykjavik, tirava um ás da manga: acabar com a política de dissuasão nuclear da Europa Ocidental. Apesar de todo o seu afeto pessoal por Reagan e da defesa leal que fez dele durante o Irãgate, Thatcher nunca mais confiaria nele inteiramente. "Nunca deixei de acreditar na importância das armas nucleares como meios de dissuasão, não só de uma guerra nuclear, mas também de uma guerra convencional", disse ela depois da reunião de Brize Norton — "a única questão

---

[46] *Sunday Times*, 13 de dezembro de 1987.

sobre a qual eu sabia que não poderia considerar ponto pacífico a firmeza do governo Reagan." Foi por esse motivo que ela ficou "tão satisfeita" quando Gorbachev "aceitou meu convite de parar em Brize Norton quando estivesse a caminho dos Estados Unidos para assinar o Tratado ANM". Em essência, Thatcher não confiava em Reagan: Gorbachev teve de ouvir da boca da própria primeira-ministra a quantas andava a Europa Ocidental. Dessa forma, concluiu ela, "eu poderia exercer uma influência benéfica" e evitar a repetição da crise da Aliança Ocidental que se seguiu à reunião de Reykjavik.[47]

Posteriormente, autoridades britânicas confirmaram que Thatcher e Gorbachev "entraram de cabeça" em duas horas de discussões. As trocas de palavras mais acaloradas foram sobre armas nucleares e no que aconteceria depois que o Tratado ANM fosse assinado. Thatcher deixou clara "a determinação de manter as armas nucleares". Gorbachev respondeu que era óbvio que a primeira-ministra preferia "sentar-se num barril de pólvora, em vez de usar uma cadeira confortável". Thatcher o lembrou asperamente do grande barril de pólvora que os soviéticos já tinham "em armas convencionais e químicas".[48]

Depois de duas horas de conversa "franca, animada e informal", Gorbachev começou a se preparar para partir, mas descobriu que Raisa, sua mulher, ainda não voltara da visita a uma escola local de ensino básico. Thatcher usou o momento livre para lhe perguntar *soto voce* se ele consideraria a possibilidade de a família de Oleg Gordievsky, o desertor soviético, sair da União Soviética. "Ele apertou os lábios e não disse palavra", lembra Thatcher. "A resposta era claríssima." Ele foi poupado de mais um constrangimento pela volta de Raisa. "Ela queria saber o que ele andara fazendo e depois lhe arrumou a gravata", lembra Kenneth Baker, o ministro da Educação, que achou graça naquela situação. "Era claro que se tratava de uma boa relação conjugal." Ao que tudo indicava, Gorbachev gostava da companhia de mulheres fortes. Dirigindo-se outra vez para a pista de pouso, ele fez elogios calorosos a Thatcher e falou de sua "relação pessoal única". Depois levantou voo para Washington, para a reunião com o presidente Reagan.[49]

Enquanto Gorbachev estava no ar, o presidente falava ao telefone com Londres, pois Thatcher já voltara para o número 10 de Downing Street. "Liguei para Margaret Thatcher, que acabara de se encontrar com o secretário-

---

[47] Thatcher, *Downing Street Years*, p. 773.
[48] Thatcher, *Downing Street Years*, p. 773; *Sunday Times*, 13 de dezembro de 1987.
[49] Thatcher, *Downing Street Years*, p. 773; *Sunday Times*, 13 de dezembro de 1987; Kenneth Baker, *The Turbulent Years* (Londres, 1993), p. 353.

geral", escreveu ele no diário mais tarde. "Ele parou na Inglaterra para uma conversa de duas horas quando estava a caminho dos Estados Unidos. Discutiram sobre a negociação e direitos humanos. Ela ficou muito animada com a atitude e as respostas dele."[50] Isso não queria dizer que Thatcher deixara de avisar Reagan que esperasse "uma reação violenta" de Gorbachev às perguntas sobre direitos humanos. Reagan disse a ela que fora aconselhado a esperar "algumas horas difíceis" com Gorbachev, mas estava satisfeito porque "era claro [que Thatcher] o havia amaciado".[51]

Depois de pôr o telefone no gancho, Thatcher tornou-se mais uma espectadora nervosa à espera do resultado da reunião de cúpula em Washington, rezando para que ela não se transformasse em outra "Reykjavik". Embora tivesse feito de tudo para recriar as consultas da aliança da época da guerra entre Roosevelt, Stalin e Churchill — "os dois grandes e um meio [homem]" —, este continuava, apesar de toda a sua influência, um clube do qual a Grã-Bretanha estava excluída. "Eu só estava tentando usar minha influência para promover algo que poderia ser promovido de acordo com minhas convicções e com a situação que eu apresentara ao sr. Gorbachev e nas quais Ron Reagan também acreditava", disse ela mais tarde. Tudo o que a sócia minoritária podia fazer era ficar sentada ao lado do telefone com os nervos à flor da pele, esperando "Ron" ligar outra vez.[52]

A reunião de cúpula de Washington começou no dia 8 de dezembro, quando Gorbachev chegou à Casa Branca numa limusine enorme. "É maior do que qualquer coisa que a gente tem," queixou-se Reagan.[53] As conversas entre os dois homens foram "estimulantes", disse o presidente norte-americano, segundo o qual aquela "foi uma boa reunião". Assinaram o Tratado ANM que, embora só afetasse 5% de seus arsenais nucleares, representava a primeira vez que as superpotências tinham reduzido suas forças nucleares. O tratado também abolia uma classe inteira de armas, entre as quais os mísseis *Cruise*, *Pershing* e SS20, que tinham sido o foco de muita controvérsia na Europa em 1983. Fundamentais para o tratado, as novas regras de fiscalização incluíam "batidas" de surpresa.[54]

---

[50] Brinkley (org.), *Reagan Diaries*, vol. II, p. 809.
[51] Thatcher, *Downing Street Years*, p. 774.
[52] Entrevista de Thatcher: MTF, docid=109324 (acessado no dia 18 de junho de 2010).
[53] Brinkley (org.), *Reagan Diaries*, vol. II, p. 809.
[54] O resumo do Tratado ANM e da reunião de cúpula de Washington baseia-se em David Reynolds, *Summits* (Londres, 2007), p. 364-5.

Gorbachev conseguiu dar um golpe de relações públicas na reunião de cúpula instruindo seu motorista a parar o carro a vários quarteirões da Casa Branca e saindo para dar um passeio e conhecer alguns habitantes atônitos de Washington. Talvez tenha sido uma lição que aprendeu com Thatcher, que meses antes fizera algo parecido em Moscou, onde foi aclamada pelo povo. A experiência de Gorbachev afetou-o profundamente. "Em Washington", disse ele posteriormente ao Politburo, "quem sabe pela primeira vez, compreendemos muito claramente o quão importante é o fator humano na política internacional".[55]

Apesar de toda a "gorbymania" que assolou os Estados Unidos em dezembro de 1987, as autoridades norte-americanas continuaram satisfeitas e não ficaram nem um pouco surpresas com o brilho do desempenho de seu presidente. O líder soviético era mais inteligente, claro, dez vezes mais instruído, mais vigoroso e mais sutil. Mesmo assim, lembra Kenneth Adelman, o veterano negociador de armas dos Estados Unidos, "o incrível foi que, toda vez que entrava na sala com Gorbachev... Reagan dava-lhe um banho. Além disso, Gorbachev encerrou a reunião de cúpula sabendo que Reagan o suplantara".[56]

Reagan tinha sua reserva de piadas sem graça, das quais Gorbachev ria com os dentes cerrados; mas, quando chegou a hora das questões-chave, o presidente usou de uma franqueza que impregnou tudo. A situação do Afeganistão, que Thatcher debatera ferinamente com Gorbachev, foi um exemplo. Os soviéticos tinham invadido aquele país no final de 1979, executando sumariamente seu presidente e instalando no poder um governo fantoche. Para a URSS, esse havia sido um último recurso para proteger seus interesses na "briga de cachorros grandes" da região. Para os Estados Unidos, por outro lado, parecia a prova suprema das intenções agressivas dos soviéticos. Jimmy Carter, que era presidente nessa época, lamentou só ter se dado conta da violência do comunismo nesse momento. Seu sucessor a compreendia implicitamente. "Reagan entrou na sala com Gorbachev", continua Adelman, "e disse: 'Mike, você tem 120 mil soldados no Afeganistão? Isso é genocídio puro e simples. Eles não querem vocês lá. Vocês estão matando crianças. Estão fazendo uma carnificina no país. É genocídio puro e simples, Mike.' E lá estava Gorbachev com seus fones de ouvido, sem a menor ideia do que estavam lhe dizendo."[57]

---

[55] Ibid.
[56] Knott & Chidester, *At Reagan's Side*, p. 197.
[57] David Pryce-Jones, *The Fall of the Soviet Empire, 1985-1991* (Londres, 1995), p. 20. Odd Arne Westad, *The Global Cold War* (Cambridge, 2005), p. 322. Knott & Chidester, *At Reagan's Side*, p. 197-8.

Lou Cannon, amigo de longa data e biógrafo de Reagan, tinha uma teoria engraçada sobre o desempenho grandioso na reunião de cúpula com Gorbachev. Cannon havia conhecido um jogador de futebol americano quando estava no ensino médio que tinha um desempenho normal até alguém bater forte nele. Aí, se transformava em um superastro. Todos os membros da liga sabiam que era preciso deixá-lo em paz. Reagan exercia essa mesma característica durante seu governo. Na maior parte do tempo ele era "razoável, medíocre em todos os tipos de atividade". Mas, quando se tratava de momentos importantes, "ficava espetacular". Adelman, que observou o presidente de perto em Genebra, Reykjavik e Washington, concordava, talvez para surpresa sua, que Reagan "era um grande jogador numa partida decisiva".[58] Esse fato também parecia confirmar a opinião do antigo mentor intelectual de Thatcher, *Sir* Alfred Sherman, segundo a qual, em política, "convicções" importam tanto quanto "ideias". Historiadores e escritores políticos exageraram frequentemente na ênfase sobre a importância dessas últimas a expensas das primeiras. "Durante gerações", observou Sherman, "os conservadores governaram com base em convicções implícitas que incorporavam práticas que tinham evoluído com o tempo" fundamentadas no protestantismo, no patriotismo e na responsabilidade individual. Essas eram as convicções-chave que Reagan levou para a mesa de negociações ao discutir com Gorbachev.

Reagan ficou empolgado com o êxito da reunião com o líder soviético. Depois dela deu uma escapada para alguns dias de descanso para Camp David, onde recebeu os dados da nova pesquisa de opinião. "A reunião de cúpula deixou um grande saldo positivo", escreveu ele entusiasmado. "A nota por meu trabalho está na faixa dos 67%. Sobre o desempenho em questões internacionais, 63%. Sobre controle de armas, 67% e, nas negociações com os soviéticos, 81%. Sobre a ratificação imediata do Tratado ANM, 76% disseram sim e 84% querem que a gente leve o Tratado [de Redução de Armas Nucleares] em frente." Essas eram as porcentagens de que Reagan desfrutava antes do escândalo Irã-contras e que o veriam deixar o cargo um ano depois como um dos mais populares comandantes-chefes dos Estados Unidos. "Foi um ano marcado pela pior débâcle de política externa do governo Reagan", concluiu David Broder no *Washington Post*, "mas, apesar disso, terminou em alta."[59]

---

[58] Ibid.
[59] Brinkley (org.), *Reagan Diaries*, vol. II, p. 811; *Washington Post*, 20 de dezembro de 1987.

De Camp David, Reagan "fez relatórios por telefone" aos aliados da Otan sobre a reunião de cúpula com Gorbachev. Esse era o tipo de consulta que havia prometido a Thatcher em Camp David depois da reunião de Reykjavik.

Reagan iniciou essas conversas com uma "leitura pessoal" de seus encontros com Gorbachev. Achara o líder soviético "muito autoconfiante" e, disse ele aparentemente sem ironia, "nem de longe um líder político que estava sendo atacado". As conversas tinham sido "cordiais", mas "também muito cândidas", com posições "defendidas firmemente". Em particular sobre direitos humanos e questões regionais como as do Afeganistão, Gorbachev adotara "uma linha muito dura". Era evidente que o Tratado ANM havia sido "o evento crucial da reunião" e ele dissera a Gorbachev que "este era um precedente que precisava ter surgido — sobre reduções, e não apenas limites à expansão de armas nucleares". Fizeram "um progresso genuíno" no sentido de chegar a reduções de 50% das armas estratégicas ofensivas. O presidente reiterou que o progresso do Tratado de Redução de Armas Estratégicas, conhecido em inglês pela sigla START, fora feito "sem sacrificar a IDE". Ele também achou significativo que Gorbachev tenha manifestado "um grande desejo" de progredir em outras áreas, principalmente aquelas de reduções das forças convencionais e das armas químicas. "Ao menos está claro que Gorbachev quer falar sério a respeito disso", concluiu Reagan esperançoso.

O presidente terminou todas as ligações telefônicas enfatizando a solidariedade da Aliança. "Nossas consultas foram tão produtivas", disse ele, "que deixaram claro para Gorbachev que ele não conseguiria dinamitar a Aliança". E, para Thatcher, um agrado adicional: enquanto os outros líderes receberam um relatório praticamente idêntico, Reagan começou seu telefonema para a primeira-ministra de forma poética em seus "agradecimentos pelas consultas pré-reunião de cúpula".[60]

O processo de consulta aos aliados depois da reunião de cúpula de Washington continuou com o ministro do Exterior, George Shulz, que embarcou imediatamente para uma turnê por seis países, onde apresentaria seu relatório. Ele repetiu a mensagem do presidente de que havia razão para

---

[60] Paul Schott Stevens para Melvyn Levitsky, 18 de dezembro de 1987, memorando de conversa, Reagan com Thatcher, Kohl, Takeshita e Mitterrand: File 8709130, System files, Records, NSC Executive Secretariat, Ronald Reagan Library; pauta presidencial para a conversa com Thatcher, 11 de dezembro de 1987: MTF, docid=110583 (acessado no dia 13de outubro de 2007).

serem otimistas, pois as "bases" de um acordo entre superpotências — a respeito de armas ofensivas — estavam prontas, mas enfatizava que ainda havia "diferenças profundas". Em Londres, cobriu Thatcher de elogios, declarando que o progresso das negociações sobre armas não teria acontecido sem "a coragem, a coerência e a persistência" da primeira-ministra. Sem ela e sem a distribuição de mísseis *Cruise* na Grã-Bretanha, continuou ele, "não teria havido tratado". Portanto, ele fora a Londres declarar sua "admiração" por ela.[61] Deve ter sido um alívio para o exausto Shulz estar "entre amigos", onde sua própria façanha foi elogiada por Geoffrey Howe, o ministro do Exterior, como "significativa", algo que dava "esperanças à humanidade". Esta fez um grande contraste com a recepção que ele teve na França, onde Jean-Bernard Raimond, o ministro do Exterior, o informou desdenhosamente que "levaremos vinte anos para saber" se o tratado ANM foi histórico. "Que atitude mais francesa", refletiu Shultz com seus botões.

Para Thatcher, foi um grande alívio que a reunião de cúpula de Washington não tenha feito o chão se abrir embaixo de seus pés como a de Reykjavik. Persistiam as apreensões quanto à estratégia nuclear norte-americana — sendo uma das principais a disposição de Reagan em abrir mão dela — mas aquela era uma batalha a ser travada em um outro dia. À medida que o ano se aproximava do fim, ela poderia concluir, como Reagan, que as pesquisas de opinião realizadas na Grã-Bretanha tinham mostrado dados animadores e que, no mundo inteiro, ela era vista tanto pelos políticos quanto pela mídia como uma figura global de grande estatura, a única liderança europeia que conseguia chamar a atenção tanto de Moscou quanto de Washington. "A artista principal", dizia a manchete de um perfil cheio de admiração traçado pelo *Globe & Mail* do Canadá — "Margaret Thatcher, da Grã-Bretanha, está evidentemente no topo do mundo político da Europa".

Mas, apesar de toda a sua influência, Thatcher sabia que o chão da política internacional estava se abrindo sob seus pés. O presidente estava entrando no último ano de seu mandato. Uma pergunta já estava sendo feita em Londres e em todos os outros lugares: será que a influência da Dama em Washington continuaria depois que Reagan deixasse o palco?

---

[61] *Guardian*, 17 de dezembro de 1987.

CAPÍTULO 10

A ÚLTIMA VALSA

Sede da Otan, Bruxelas, 2 de março de 1988, quarta-feira. EM muitos aspectos, essa reunião de cúpula da Otan era representativa tanto da era Reagan-Thatcher quanto da relação inusitada entre os dois principais protagonistas. Era a primeira dessas reuniões formais depois de seis anos e a primeira a contar com a participação de um presidente francês em mais de 22 anos. Havia sido marcada por insistência de Thatcher que determinou a pauta. "É preciso enfatizar para a União Soviética que esta ainda é a aliança da Otan", disse ela à CBS News antes da reunião, "que o presidente dos Estados Unidos sempre consulta seus aliados da Otan e vem à Europa para isso. Nós vamos aos Estados Unidos conversar com ele, mas ele vem à Europa. Esta reunião é para mostrar que o apoiamos completamente no que diz respeito ao tratado de Armas Nucleares de Alcance Médio e para mostrar que acreditamos que o que é vital agora, depois das reduções de 50% que estão sendo negociadas, é o próximo estágio, e que queremos lhe apresentar nossas opiniões sobre ele".[1]

Reagan tinha chegado a Bruxelas com o seu bom humor característico, declarando esperar que a reunião de cúpula "vá bem". Mas, apesar de seus êxitos na reunião com Gorbachev em Washington, e da promessa de uma outra reunião de cúpula em Moscou, havia a sensação inevitável de que o presidente já era uma figura menor. As primárias das eleições presidenciais

---

[1] Entrevista de Thatcher à TV CBS, 22 de janeiro de 1988: MTF, docid=107153 (website acessado no dia 13 de outubro de 2007).

norte-americanas já estavam em fase bem adiantada, com a previsão de que o vice George Bush ia quebrar a banca na semana seguinte à "superterça-feira" e assumir o manto de Reagan como líder do Partido Republicano. Para Thatcher, a reunião tinha por objetivo definir o caminho a seguir reiterando o compromisso da Otan com defesa forte e dissuasão nuclear. Para Reagan, era uma viagem de despedida para comemorar os êxitos da solidariedade da Otan em torno da IDE e para fechar com chave de ouro os oito anos que a Aliança Atlântica passou sob sua liderança.[2]

Durante a maior parte da reunião de cúpula, Reagan parecia distraído e um pouco sentimental. Em um gesto tocante no início da reunião, ele trocou discretamente o seu nome com o do ministro do Exterior Shulz para poder se sentar ao lado de Thatcher. Enquanto os dois conversavam, ele comentou que a sala lhe dava a impressão de ser familiar e parece ter ficado surpreso quando a primeira-ministra o lembrou de que haviam se encontrado exatamente naquele lugar depois da primeira reunião de cúpula com Gorbachev em 1985. Talvez fosse um dos primeiros sinais da doença que nublaria os últimos anos de Reagan, mesmo que, na verdade, ele tenha estado em tantos lugares diferentes em diversos países que não era de surpreender que eles acabassem se confundindo uns com os outros. Em todo o decorrer da reunião, Thatcher falou (e muito), e Reagan ficou olhando a primeira-ministra com uma admiração e um afeto visíveis. Em outros momentos, e para consternação de sua comitiva, ele parecia estar cochilando. Mais tarde, diante da mídia, ele deixou a parte do leão das perguntas para Shulz. Não tomou parte nas discussões para redigir o comunicado final. Na última coletiva à imprensa da reunião de cúpula, o presidente teve de admitir que não sabia se tinha visto o texto final do rascunho daquele comunicado, deixando Howard Baker, seu novo chefe do Estado-maior, confirmar apressadamente que era óbvio que o presidente havia concordado com a redação final.[3]

Thatcher, ao contrário, estava a todo o vapor. Em um estágio inicial das discussões, com o presidente parecendo completamente sonolento e outros líderes apresentando seus lugares-comuns presunçosos sobre a glória da Otan, Thatcher intrometeu-se na conversa sem esperar a sua vez. "Vou introduzir um pouco de senso comum", disse ela abruptamente a lorde Car-

---

[2] *Washington Post; The Times*, 2 de março de 1988.
[3] *Guardian; The New York Times*, 4 de março de 1988.

rington, o secretário-geral da Otan e seu ex-ministro do Exterior. Tomando a palavra, ela fez uma análise surpreendente do potencial militar da União Soviética. A Otan não devia se deixar seduzir por Gorbachev, cujo objetivo, advertiu ela, era separar a Europa Ocidental dos Estados Unidos, desnuclearizar os europeus e deixá-los à mercê das forças convencionais soviéticas, que eram superiores. É claro que não era possível deixar de elogiar quem merecesse: Gorbachev era ousado, corajoso, tinha a intenção de introduzir mais liberdade na União Soviética e estava disposto a tirar seus soldados do Afeganistão. Mas isso não significava que o Ocidente podia baixar a guarda. A capacidade bélica convencional e nuclear modernizada continuava sendo essencial para a liberdade e a segurança do Ocidente. Mais tarde, ela informou os jornalistas, com seu tom mais arrogante, de que não havia a mínima incoerência entre cuspir marimbondo em um momento e dar a Gorbachev o selo de sua aprovação no outro. Afinal de contas, ela é quem havia sido a primeira a identificar aquele talento.[4]

As advertências de Thatcher sobre Gorbachev baseavam-se em seus temores sobre a capacidade do líder soviético seduzir a opinião ocidental. A essa altura, ele havia se tornado um mito em todo o Ocidente. Recebia um dilúvio de cartas de admiradores e foi tema de inúmeros perfis, estudos acadêmicos e livros populares, que tendiam a variar de tom, indo do elogioso e admirado ao bajulador puro e simples. Criticar "Gorby" era estar em minoria. Ele não era só um "pacificador"; parecia ser genuinamente um homem bom. "É claro que ele deu asas à imaginação do mundo inteiro, simbolizando como simbolizava a saída de cena do monstro bolchevique", escreveu Dmitri Volkogonev, mais tarde assessor de defesa do governo russo. "Quando ele falava — e ele falava muito — as pessoas não sentiam mais aquele medo antigo."[5]

Mas Thatcher ainda sentia, sim, aquele medo antigo, emoção confirmada 18 meses depois, quando Vladimir Pasechnik, o cientista soviético, desertou para a Grã-Bretanha. "A deserção de Vladimir foi um dos atos-chave para a queda de toda a União Soviética e para o fim da Guerra Fria", lembra Christopher Davis, da Equipe do Serviço Secreto de Defesa. "Foi a maior ruptura das linhas inimigas que tivemos." O que Davis ficou sabendo depois

---

[4] *Guardian*, 5 de março de 1988.
[5] Dmitri Volkogonov, *The Rise and Fall of the Soviet Empire* (Londres, 1999), p. 489.

de interrogar Pasechnik revelava uma nova dimensão sinistra da defesa soviética: um programa estratégico de armas biológicas. Além de incluir armas para usar em campos de batalha, seu foco principal era armas estratégicas de longo alcance para espalhar pestes e varíola. Os soviéticos também estavam trabalhando para desenvolver uma nova arma biológica totalmente resistente a tratamento. "Você não escolhe uma peste para pôr no campo de batalha", disse Davis. "Você escolhe uma peste porque vai tomar o país de outro povo. Ponto final." Pasechnik contou com detalhes que Eduard Shevardnadze, o ministro do Exterior, participara de informes de alto nível sobre o programa em 1988. Quanto Thatcher recebeu do Comitê de Serviço Secreto Conjunto o primeiro relatório sobre a deserção, ele confirmou seus instintos, expressos na reunião de cúpula da Otan, sobre a necessidade de tomar cuidado com Gorbachev. "Era esse o homem com quem se podia fazer negócios?", perguntou David Hoffman, do *Washington Post*, "ou era o líder de um país e de um sistema que criara — e ainda estava criando — as armas biológicas mais destrutivas que a humanidade conhecera, deixando de cumprir todas as promessas dos tratados?"[6]

Voltando à reunião de cúpula da Otan: o desempenho de Thatcher foi considerado magistral, mostrando tanto a sua percepção da estratégia mais abrangente quanto um conhecimento formidável dos detalhes. "Foi uma reunião transformada pela força e pela obstinação de Thatcher, que dominou os processos que normalmente giram em torno de um programa de um líder norte-americano", concluiu o *Post*. "Foi Thatcher quem assumiu o comando", concordou o *Sunday Times*. "Ela estava no auge da sua força, eclipsando o presidente como a liderança mais franca e direta da reunião de cúpula. Pela primeira vez em seus 40 anos de história, a Aliança não estava sob o comando dos norte-americanos."[7]

Mas, apesar de Thatcher ter dominado todo o debate, o presidente roubou a cena. Quando a reunião estava chegando ao fim, Reagan fez uma peroração da qual ninguém, inclusive Thatcher, esteve à altura. "Vou falar de improviso", dissera Reagan a Shulz, quando o ministro do Exterior lhe passou as dicas. Durante quase dez minutos, Reagan enfeitiçou seu público. Depois de

---

[6] David E. Hoffman, *The Dead Hand: the untold story of the cold war arms race and its dangerous legacy* (Nova York, 2009), p. 333-6. Christopher Andrew, "Red Alert," *Literary Review*, fevereiro de 2011, p. 9.

[7] *Washington Post*, 4 de março de 1988; *Sunday Times*, 6 de março de 1988.

parecer muito distraído, ele agora falava com paixão e envolvimento sobre o que a Otan significava para a liberdade de todos os países representados naquela sala. No passado, eles tinham travado guerras uns contra os outros; mas, depois da Segunda Guerra Mundial, essas nações disseram "basta" e forjaram uma nova aliança para manter a paz. Tudo quanto tinham a fazer, disse Reagan, era continuarem juntas e cumprirem suas obrigações umas com as outras. Esse era o caminho mais seguro que havia para a paz.

Sentada ao lado de Reagan, Thatcher mostrava sua aprovação com gestos de cabeça e parecia muito emocionada. "Foi um discurso meio piegas", observou uma autoridade britânica, "mas como o nosso velho amigo levava a sério cada palavra, foi muito tocante". Outro participante notou que "pela primeira vez, eu me dei conta do motivo que fazia dele um comunicador tão eficiente para o povo norte-americano". Até George Shulz, cuja falta de emoção em público tinha se tornado uma marca registrada admirada por muitos, aquela "experiência maravilhosa" fez seus sentimentos transbordarem. Reagan teve a satisfação de saber que, mais uma vez, tivera mais um desempenho extraordinário. "Fiz um discurso de improviso que foi elogiado por todos", anotou ele com satisfação no seu diário.[8]

A reunião de cúpula da Otan, em março de 1988, deu o tom de despedida e o diapasão emocional do último ano de Reagan no governo, que incluiu uma última turnê pelas principais cidades da Europa como líder do mundo livre. Foi também o início de uma mudança sutil na dinâmica da relação do presidente com Margaret Thatcher. Apesar do afeto pessoal e do respeito profissional que sentia por ela, sempre houve muito senso prático na atitude de Reagan em relação a Thatcher. Ele sempre estava disposto a lhe dar crédito; mas quando seus interesses conflitavam, como no caso de Granada ou de Reykjavik, ele a ignorava por completo. No entanto, à medida que seu último ano de mandato avançava, além de deixar a primeira-ministra assumir a liderança na reunião da Otan, Reagan também começou a considerá-la parte essencial de seu legado.

Com a eleição presidencial já em andamento na primavera e no começo do verão de 1988, os democratas encontraram um candidato tecnocrata competente em Michael Dukakis que, nas pesquisas de opinião, estava bem

---

[8] *Sunday Times*, 6 de março de 1988; Smith, *Reagan and Thatcher*, p. 243-4; Brinkley (org.), *Reagan Diaries*, vol. II, p. 848.

à frente de George Bush. Quaisquer que tenham sido as preocupações de Reagan por ser substituído por um democrata liberal do nordeste dos Estados Unidos, nem mesmo a possibilidade de uma vitória de Bush o entusiasmava. Apesar de ter concorrido com Reagan para ser indicado pelo partido como seu candidato oficial em 1980, Bush havia sido um vice-presidente leal e discreto. Reagan achava que ele havia conquistado o direito de disputar as eleições e, depois de eleito, Reagan tomou bastante cuidado para nunca o criticar. Mesmo assim, a relação entre os dois sempre foi mais cooperativa do que calorosa. E nunca dava a impressão de que aquele Bush empresarial fazia parte da "revolução de Reagan". Mais tarde, essa diferença se manifestaria em tensão entre a equipe que estava saindo e a que estava entrando durante a transição de 1988/9. "O pessoal do Bush, quando George foi eleito, não tratou bem o pessoal do Reagan", lembra o senador Paul Laxalt, amigo deste último. "Nossa, foram tão grosseiros... Brutais, pura e simplesmente... Foi uma época de acerto de contas."[9]

Reagan apoiou Bush numa campanha de levantamento de fundos realizada em maio de 1988 cuja arrecadação alcançou 5 milhões de dólares. Mas a falta de entusiasmo do presidente era tão óbvia para o candidato que ele foi obrigado a divulgar uma declaração no dia seguinte. "George tem participado em tudo o que conseguimos realizar, e devia ser eleito", disse Reagan. "Ele tem a minha total confiança e meu total apoio. Vou trabalhar ativamente na campanha em seu favor." Reagan confessou ter ficado "surpreso" com o fato de o seu aval ter sido interpretado como "indiferença". No entanto, o contraste do endosso de Reagan a Thatcher algumas semanas depois não poderia ter sido maior. Ele chegou a Londres no dia 2 de junho de 1988 como parte da viagem de volta de Moscou. A agenda oficial mostra que o presidente devia fazer um relatório sobre suas conversas com o líder soviético, Mikhail Gorbachev, sobre as negociações da reunião de cúpula. Mas, comentou o *New York Times*, o encontro "foi mais importante como marcador histórico da relação Reagan-Thatcher do que como reunião substantiva".[10] De ambas as partes parecia haver a determinação de mostrar o quanto aquela relação entre os dois líderes e seus respectivos países era de fato "especial".

---

[9] Knott & Chidester, *At Reagan's Side*, p. 212.
[10] *New York Times*, ? de junho de 1988.

Nessa ocasião, foi o simbolismo o que mais importou. Reagan fora lá fazer uma visita pessoal a Thatcher; os outros aliados da Otan tiveram de se contentar com um relatório apresentado por George Shulz em Bruxelas. Thatcher fez de tudo para agradar o presidente. A visita dele começou com chá na companhia da rainha no palácio de Buckingham. "Está satisfeita por estar com a rainha, e não com a sra. Gorbachev?", gritou um repórter norte-americano para a primeira-dama durante a sessão de fotos (quebrando o protocolo do palácio). "Fico satisfeita de estar com a rainha em qualquer circunstância", respondeu Nancy com certa malícia, sem fazer o menor esforço para esconder o sorriso do rosto.[11]

Depois de sair do palácio, Reagan foi às compras e depois se encontrou com Thatcher no ministério do Exterior, onde uma guarda de honra do País de Gales havia se apresentado no pátio quadrangular para ser inspecionada por ele. Depois ela o escoltou por um tapete vermelho que ia do ministério do Exterior até Downing Street.

Lá, no número 10, Thatcher convidou os fotógrafos a entrarem na famosa sala de reunião do gabinete para captar a imagem, considerada única, de um líder estrangeiro sentado à mesa dos ministros britânicos. Depois do jantar, os Reagans e os Thatchers assistiram de uma janela do andar de cima o Desfile dos Guardas da Cavalaria ao som da Banda de Música da Household Division durante o Toque de Recolher anual, uma cerimônia que remonta ao século XVII, quando o desfile das Sentinelas ao som dos tambores anunciava o fechamento dos portões dos quartéis e a descida das bandeiras no final do dia. Era o tipo de pompa que os ingleses sabiam usar tão bem — uma visão magnífica de 406 homens e 61 cavalos oferecida pela Cavalaria e pela Infantaria, em meio ao esplendor de túnicas vermelhas e azuis, capacetes de metal encimados por plumas e os célebres elmos de pele de urso usados desde a batalha de Waterloo.[12]

Em 45 minutos de conversas substantivas entre a primeira-ministra e o presidente, não houve nada do tom dramático que havia caracterizado conversas anteriores pós-reuniões de cúpula. Tempos depois, as autoridades britânicas informaram que Thatcher ficara satisfeita pelo fato de o presidente ter evitado repetir "o desastre de Reykjavik". Certamente houve momentos

---

[11] *Washington Post*, 3 de junho de 1988.
[12] *The Times*, 2 de junho de 1988.

de nervosismo antes de Moscou, quando Reagan falou do seu sonho de um mundo sem armas nucleares em Helsinque. Agora Thatcher ficara tranquila ao saber que ele não faria um novo tratado de redução de armas estratégicas na esteira da euforia da reunião de cúpula. Essa informação lhe permitiu dar parabéns calorosos a Reagan pelo seu êxito na reunião de cúpula, principalmente pela forma com que havia falado sobre os direitos humanos e pelos esforços envidados para entrar em contato direto com o povo soviético.[13]

Para Reagan, substância e simbolismo convergiram quando convidou Thatcher a visitá-lo na Casa Branca logo depois da eleição de novembro para conhecer seu sucessor, fosse ele quem fosse. Thatcher ficou empolgada com o convite e aceitou-o imediatamente. Mais tarde, autoridades norte-americanas declararam que o convite foi um reconhecimento sem precedentes da relação pessoal íntima que havia se estabelecido entre os dois líderes, acrescentando que ela "tem sido muito especial". Marlin Fitzwater, o porta-voz da Casa Branca, observou que esta seria a 21ª reunião só do presidente e da primeira-ministra durante os oito anos em que ambos dirigiram os respectivos países. É claro que o gesto tinha a intenção deliberada de sublinhar a força da relação anglo-americana. Foi, porém, muito mais que isso, como ficaria claro no dia seguinte no discurso feito pelo presidente na City de Londres.

Com o pano de fundo medieval e espetacular de Guildhall, Reagan fez um elogio a Thatcher e à sua relação especial que deixou muitos observadores quase constrangidos dadas sua força e franqueza. Eles estavam vivendo uma época de "acontecimentos de peso", disse ele a seu público:

> E é por isso, mesmo que a história venha a registrar devidamente que houve também vozes de repúdio e dúvida, que aqueles que falaram com esperança e vigor é que vão ser os mais lembrados. E agora eu gostaria de dizer que, diante de todos os problemas da última década, uma dessas vozes firmes e eloquentes, uma voz que proclamou com orgulho a causa da Aliança Atlântica e da liberdade humana, foi ouvida. Uma voz que nunca sacrificou suas credenciais anticomunistas, nem sua avaliação realista da mudança ocorrida na União Soviética; mas, como era da liderança mais antiga da Aliança, ela foi realmente a primeira a sugerir que poderíamos "fazer negócios" com o sr. Gorbachev. Por isso eu gostaria de me

---

[13] *New York Times*, 2 de junho de 1988; *Guardian; The Times*, 3 de junho de 1988.

desincumbir de meu primeiro dever oficial de hoje. Primeira-ministra, os êxitos da reunião de cúpula de Moscou, bem como de Genebra e de Washington, dizem muito a respeito de seu valor e força e, em virtude do cargo que ocupa, do valor e da força do povo britânico. Eu gostaria de dizer simplesmente que, neste momento da história, Primeira-Ministra, o mundo inteiro lhe dá os parabéns, e dá os parabéns a seu povo galante e à sua nação galante.

Ao concluir seu discurso, Reagan traçou um paralelo entre sua relação com Thatcher e aquela entre o herói de sua infância, Franklin Roosevelt, e Churchill. "Há mais de cinco décadas", disse ele, "um presidente norte-americano disse à sua geração que eles tinham um encontro marcado com o destino; quase exatamente na mesma época, um primeiro-ministro pediu ao povo britânico que desse o melhor de si. Esse encontro marcado, esse melhor de si, ainda pairam sobre nós. Vamos procurar cumprir a vontade Dele em todas as coisas, defender a liberdade, falar em nome da humanidade. "'Vamos, amigos', como disse Tennyson há muito tempo, 'não é tarde demais para procurar um novo mundo'."[14]

As palavras de Reagan, consideradas junto com o convite para conhecer o novo presidente no fim do ano, demonstravam que ele estava indicando Thatcher para o papel de protagonista daquele "novo mundo" sem ele. Como disse *The Times* em seu editorial do dia seguinte, o consenso depois daquele momento fora que "O sr. Reagan deseja que a sra. Thatcher empunhe o seu cetro no futuro e espera, em particular, que ela consiga ajudar seu sucessor quando ele assumir o poder." O contraste com o aval "indiferente" ao vice-presidente George Bush foi gritante. Se havia um "herdeiro" da revolução de Reagan, e um alicerce das relações Oriente-Ocidente e da Aliança Atlântica, o presidente parecia estar dando sua bênção a Margaret Thatcher.

A primeira-ministra, com um chapéu branco, manteve-se impassível durante toda a peroração de Reagan. Mas, quando chegou a sua vez, ela não decepcionou na hora de prestar uma homenagem pessoal ao presidente e à sua liderança ao longo de oito anos. Ele tornara os Estados Unidos "fortes e autoconfiantes de novo". Havia sido "um aliado fiel e leal". E havia "mudado atitudes e ideias a respeito do que é possível", ao "defender firmemente as

---

[14] Documentos públicos de Ronald Reagan, 3 de junho de 1988: http://www.reagan.utexas.edu/archives/speeches/1988/060388a.htm (acessado no dia 24 de junho de 2010).

próprias convicções". Foi a partir dessa "fortaleza inabalável da convicção", acrescentou ela, que ele havia ampliado "a liberdade no mundo inteiro":

> Sua coragem pessoal, seu humor sutil e seu espírito otimista são todos parte daquela dimensão especial que você trouxe para a presidência. Acima de tudo — e aqui você prestou o maior serviço que se pode prestar não só a seu povo, mas a todos os povos livres do mundo — restaurou a fé no sonho americano, um sonho de oportunidades ilimitadas que podem ser concretizadas por meio da iniciativa, do esforço individual e da generosidade pessoal. Ao comparar a atmosfera de confiança e otimismo do Ocidente de hoje com o clima reinante quando tomou posse em 1980, tomamos consciência de que houve uma mudança maior do que poderíamos ter imaginado. Sr. Presidente, você fala de procurar um novo mundo. É o que está fazendo com todas as qualidades de que fala Tennyson naquele verso — "forte, na vontade, para lutar, procurar, encontrar e para não ceder".

Thatcher encerrou com um floreio apropriado. "Acredito que todos os presentes aqui em Guildhill", declarou ela, "vão se juntar a mim ao dizer: 'Obrigada, sr. presidente! Obrigada pela reunião de cúpula, obrigada pelo seu mandato, obrigada pelo seu testamento de fé e que Deus abençoe a América!'"[15]

Esses foram os tributos exagerados no fim de um caso de amor bem público entre Reagan e Thatcher. Os dois sempre foram calorosos um com o outro em público no decorrer de oito anos, mas esses tributos de junho de 1988 os colocaram em outro patamar. A impressão de que existia algo especial entre Reagan e Thatcher foi reforçada pelos relatórios oficiosos. "[Essa relação] tem uma base filosófica", disse uma autoridade norte-americana ao *New York Times*, "e eles sentem falta um do outro. Ambos os lados conseguiram, nos termos mais ousados possíveis, o apoio para as questões cruciais de segurança durante o seu mandato, quer tenha sido por causa das Falklands, quer tenha sido por causa da Líbia. Na hora H, ela estava disposta a ficar do nosso lado, e vice-versa".[16]

---

[15] Resposta ao discurso de Reagan em Guildhall, 3 de junho de 1988: MTF, docid=107253 (acessado no dia 13 de outubro de 2007).
[16] *New York Times*, 2 de junho de 1988.

A pieguice estava começando a se instalar e, com ela, a revisão inevitável da história, principalmente das brigas rotineiras. Do lado de Reagan, amigos e autoridades começaram a falar com entusiasmo do afeto do presidente por "Maggie". "Acho mesmo que os dois se amavam de verdade, politicamente e de outras formas", disse Paul Laxalt. "Tinham uma relação maravilhosa. Ela simplesmente adorava Ron em tudo, e ele achava que Margaret era uma grande dama. Não era só uma questão política, era pessoal."[17] Até mesmo Thatcher, em uma atitude que se consolidaria com o passar do tempo, fez uma análise que se afastava do realismo prático de seus primeiros anos. A essa altura, já tinha reconhecido que uma relação íntima com o presidente norte-americano era importante por permitir a ela, a líder de um país de porte médio, falar a verdade para os detentores do poder em defesa dos interesses britânicos. Agora ela estava perigosamente perto de ver essa relação como um bem absoluto em si mesmo, esquecendo-se do dito clássico de Palmerston, citado para ela por Gorbachev em Chequers, de que "as nações não têm amigos nem aliados permanentes, apenas interesses permanentes".

Em um certo nível, a própria Thatcher parecia reconhecer essa verdade. Na reunião de cúpula do G7 em Toronto, quando se encontrou novamente com Reagan, ela não teve a menor dificuldade para responder às perguntas da mídia, que desejava saber se uma mudança de presidente afetaria a relação anglo-americana e seu lugar no palco mundial. "Eu estava aqui quando o presidente Reagan se juntou a nós", disse ela com firmeza a Jon Snow, da ITN, "porque eu estava aqui em 1979... e meu papel não mudou, e não vai mudar. Vou continuar pregando e praticando as coisas nas quais acredito, só isso".[18]

Apesar disso, muitos membros de seu círculo continuavam apreensivos. Geoffrey Howe confessou, com uma ansiedade crescente, que "talvez Margaret [estivesse] levando a relação 'especial' longe demais". E, algumas semanas depois da visita de Reagan, numa festa ao ar livre no número 10 de Downing Street, um assessor ficou "surpreso" com a maneira pela qual Thatcher falou do presidente. "Ela se estendeu com entusiasmo sobre a visita de Reagan à Grã-Bretanha", anotou George Urban em seu diário. "Era evidente que ele se tornara o seu herói." Thatcher contava histórias sobre os Reagans no

---

[17] Knott & Chidester, *At Reagan's Side*, p. 206.
[18] Entrevista televisiva para a ITN: MTF, docid=107267 (acessado no dia 13 de outubro de 2007).

apartamento onde residiam os primeiros-ministros, nas quais ele contava piadas e cantava ao som das músicas tocadas pela banda dos Guardas. "O presidente Reagan", disse ela empolgada, "é uma pessoa calorosa, muito informal, bem engraçado e muito subestimado intelectualmente". Urban ficou de bico fechado — afinal de contas, estavam em uma festa — mas refletiu depois que "Essa bajulação foi muito pra mim. Por que 'presidente' Reagan o tempo todo? Nossa firme e decidida primeira-ministra, com a língua tão ferina no parlamento e no *vis-à-vis* os europeus, foi vencida pelo charme e poder do norte-americano." Para Urban, que antes a aconselhara a se aproximar do presidente, julgar agora que "a relação especial' anglo-americana está se tornando unilateral a ponto de ficar constrangedora" levantou questões sobre Thatcher: será que ela, em contraste com sua avaliação realista de Gorbachev, tinha sido seduzida pela própria retórica?[19]

Os temores dos "pró-europeus" logo seriam confirmados no combativo processo de redigir um discurso a ser feito no College of Europe em Bruges, em setembro de 1988. Foi uma batalha que o Ministério do Exterior perdeu. "Praticamente toda sugestão que o Ministério do Exterior fez foi recusada", anotou em seu diário o ministro do Comércio, Alan Clark. "Foram idiotas, porque, graças à sua interferência e provocação, transformaram uma tarefa cerimonial relativamente pouco importante no que agora poderia muito bem ser um marco na redefinição de nossa política em relação à Comunidade."[20]

O discurso de Bruges, feito no dia 20 de setembro de 1988, apresentou à Europa uma visão transatlântica que ia muito além da Comunidade Europeia, que "é *uma* manifestação da identidade europeia, mas não é a única". Essa visão mais ampla baseava-se na iniciativa e no livre comércio global. Incluía as nações europeias a leste da Cortina de Ferro, onde "os povos que um dia desfrutaram da participação plena na cultura, na liberdade e na identidade europeias tiveram suas raízes cortadas". E essa visão se estendia até o outro lado do Atlântico, onde "os valores europeus ajudaram a fazer dos Estados Unidos da América o valente defensor da liberdade que este país se tornou", também graças à Otan, que reforçou a segurança europeia. A peroração final de Thatcher foi um testamento político de sua fé na primazia

---

[19] George Urban, *Diplomacy and Disillusion at the Court of Margaret Thatcher* (Londres, 1996), p. 95-7; Geoffrey Howe, *Conflict of Loyalty* (Londres, 1994), p. 508.

[20] Wall a Kerr, 29 de junho de 1988: MTF, docid=111778 (acessado no dia 25 de junho de 2010). Alan Clark, *Diaries* (Londres, 1993), p. 227.

desse mundo atlântico. "Que tenhamos uma Europa que desempenha plenamente, no resto do mundo, o papel que lhe cabe, e que olha para fora, e não para dentro", declarou ela, "e que preserva essa comunidade atlântica — essa Europa de ambos os lados do Atlântico — que é a nossa herança mais nobre e nossa maior força!"[21]

Embora o discurso de Bruges tenha causado preocupação e revolta no seio da Comunidade Europeia — "Elefante na loja de louças da Europa" — bradou o jornal italiano *La Stampa* — a Casa Branca o recebeu com grande entusiasmo.[22] Uma nota informativa para o presidente, redigida por Colin Powell, assessor de segurança nacional, explicava que "a assertividade da primeira-ministra Thatcher ao apresentar sua visão... gera hostilidade de nossos aliados europeus". Sua imagem de pessoa "autocrática e inflexível" foi "reforçada" pelo discurso de Bruges, mas as coisas que ela disse "foram todas bem recebidas por nós". Particularmente importante, observou Powell, foi "a advertência [de Thatcher] de que, ao avançarmos nas reduções às barreiras comerciais dentro da Europa, a Comunidade Europeia não deve fechar o continente com uma barreira protecionista... e a insistência em sugerir que a Europa assuma uma grande responsabilidade com a defesa."[23] George Shultz, o ministro do Exterior, concordava com essa análise. Thatcher, lembrou ele ao presidente, "usou muitas vezes a sua posição na Otan e na Comunidade Econômica Europeia para explicar e defender nossos interesses comuns". Deviam fazer de tudo "a fim de incentivar a sra. Thatcher em seus esforços junto à CE e assegurar que os passos para criar um único mercado interno em 1992 não resultem no aumento de barreiras ao comércio exterior".[24]

Foi um prelúdio tocante à viagem de Thatcher a Washington em novembro. Como tantas vezes no passado, a perspectiva de uma visita da "Dama de Ferro" deixara os membros do governo tremendo de medo. Agora, enquanto organizavam sua última visita, o palco foi preparado para uma despedida sentimental de escolar.

---

[21] O Discurso de Bruges, 20 de setembro de 2010: MTF, docid=107332 (acessado no dia 13 de outubro de 2007).

[22] *Sunday Times*, 25 de setembro de 1988.

[23] Powell a Reagan, 15 de novembro de 1988: MTF, docid=110574 (acessado no dia 25 de junho de 2010).

[24] Shultz a Reagan, 4 de novembro de 1988: MTF, docid=110569 (acessado no dia 13 de outubro de 2007).

* * *

Casa Branca. 16 de novembro de 1988. No fim, Reagan e Thatcher saíram como haviam chegado: com pompa e circunstância. Bandeiras da União marcaram a rota da limusine da primeira-ministra no caminho que percorreu até o número 1600 da Pennsylvania Avenue. Thatcher saíra do carro magnífica no seu casaco *pied de poule* vermelho, e foi cumprimentada calorosamente por Reagan como sua última "visita oficial" à Casa Branca. No Gramado Sul, o clima outonal daquela manhã de neblina, folhas caindo e um sol pálido, serviu de pano de fundo fotogênico para o último ato de uma "relação especial". Andando de um lado para o outro em segundo plano, parecendo "desajeitado de novo, um coitado mesmo", segundo um observador, estava o presidente recém-eleito, George H.W. Bush. [25] Thatcher se encontraria com ele no café da manhã do dia seguinte, mas aquele dia era todo para ela e Reagan. Uma salva de 19 tiros de artilharia ressoou pelo Potomac. Uma guarda de honra foi passada em revista. Os hinos nacionais foram tocados, com Thatcher pondo a mão no coração durante a execução do hino norte-americano.

Os discursos foram afetuosos e genéricos. "O discurso dela foi um elogio a mim & a meu governo", anotou Reagan em seu diário. "Ela me elogiou por eu ter mudado o mundo inteiro." O presidente, por seu lado, não foi menos laudatório. Quando se encontraram em 1981, enfrentavam "uma crise de confiança, uma crise de vontade entre as democracias". Foram muitos os que questionaram se "as instituições democráticas teriam condições de sobreviver, se o mundo moderno não as havia tornado obsoletas". Oito anos depois, "uma mudança, uma mudança extraordinária" ocorrera no mundo. Thatcher havia desempenhado um "papel especial" na concretização dessa reviravolta dos acontecimentos. "Foi privilégio meu, em junho último", prosseguiu o presidente. "observar num discurso em Guildhall o seu papel excepcional na revitalização da liberdade. Hoje, ao lhe dar as boas-vindas a essas praias, eu e o povo norte-americano queremos lhe agradecer mais uma vez. Na hora crítica, Margaret Thatcher e o povo da Grã-Bretanha lutaram com firmeza em favor da liberdade e preservaram todos os valores mais nobres da tradição de sua ilha-nação; a parte que lhe coube foi de coragem, determinação, visão... Hoje podemos alimentar a esperança de que, ao enfrentar esses perigos,

---

[25] *Guardian*, 17 de novembro de 1988.

transformamos esta década num momento decisivo, num momento decisivo para a nossa era e para sempre".[26]

Na Sala Oval, Reagan e Thatcher entabularam sua última conversa privada como presidente e primeira-ministra. Não havia grandes questões a discutir, mas certamente havia elogios a serem feitos. "Conseguimos realizar muita coisa", disse Reagan a Thatcher. "Juntos, nós dois fomos a força motriz da mudança dos últimos oito anos!" Discutiram Gorbachev e as negociações sobre desarmamento em termos gerais, com Reagan tranquilizando Thatcher ao afirmar que "A abordagem e os objetivos que definimos juntos vão continuar sendo cruciais."[27] No passado, Thatcher valorizara esses preciosos momentos a sós com o presidente para debater com ele alguma questão de importância particular. Na verdade, Colin Powell avisara o presidente a respeito disso de antemão. "O propósito de sua visita não é só rasgar seda sobre a relação", sugeriu ele, "e sim continuar sua consolidação. Ela vai estar armada com uma pauta que vai querer discutir com o senhor." Na verdade, parece que não foi esse o caso. Ela se contentou em se entregar um pouco às reminiscências com Reagan e ouvir o que ele pensava de Gorbachev e do novo presidente. Ela talvez tenha até ficado emocionada — o que não era característico dela —, incapaz, a certa altura, de engolir as lágrimas e de falar durante o encontro na Sala Oval. Mas ela também estava resfriadíssima, de modo que é difícil saber o que realmente aconteceu.[28]

Depois de uns dez minutos, outros — entre os quais o presidente recém-eleito e o ministro do Exterior — foram convidados a se juntar aos líderes na Sala Oval para uma sessão plenária. Discutiram o desarmamento com mais detalhes e Reagan agradeceu a Thatcher "pelo apoio resoluto à nossa modernização da IDE". Esses pontos, disse ele, foram enfatizados para o chanceler Helmut Kohl, da Alemanha Ocidental. Também foi discutida a situação do Oriente Médio. E o mais gratificante de tudo para Thatcher deve ter sido receber elogios pelo discurso de Bruges — "Você

---

[26] Brinkley (org.), *Reagan Diaries*, vol. II, p. 979; Discursos na Casa Branca, cerimônia de chegada, 16 de novembro de 1988: MTF, docid=107381 (acessado no dia 13 de outubro de 2007).

[27] Citações dos lembretes de conversa de Reagan, 16 de novembro de 1988: MTF, docid=110572 (acessado no dia 13 de outubro de 2007).

[28] Powell a Reagan, 15 de novembro de 1988: MTF, docid=110574 (acessado no dia 25 de junho de 2007).

acertou na mosca!" — o presidente teceu louvores à sua determinação de que "a Europa não deve adotar o protecionismo" por meio de um Decreto Europeu Único. Só havia um problema que, em retrospectiva, parecia uma última advertência: enquanto discutiam o controle de armas e questões de defesa, Reagan disse a Thatcher que seria importante levar "em conta as realidades políticas" no tocante à Alemanha. Foi o primeiro indício do que seria uma grande mudança de ênfase da política exterior do novo governo, que valorizava mais a Alemanha do que a Grã-Bretanha em termos de potência regional da Europa.[29]

Nesse ínterim, na Sala Verde, enquanto os líderes conversavam, Nancy Reagan recebia Denis Thatcher, de cuja companhia ela parecia sempre gostar. "Venha nos visitar na Califórnia", disse-lhe ela cordialmente, acrescentando que mal podia esperar para lhe "mostrar alguns de nossos locais favoritos da Califórnia". O convite confirmava algo sobre o que ambos os Thatchers concordaram ao sair da Casa Branca naquela manhã. "Reagan parecia muito satisfeito em sair de cena, e Nancy também", observou depois a sra. Thatcher. "Estavam ambos relaxados com essa perspectiva e era óbvio que para eles bastava e que estava na hora de ele ter uma folga."[30]

Depois da sessão plenária na Sala Oval, os acontecimentos passaram para uma fase mais pública e aleatória. Thatcher saiu da Casa Branca e foi para o ministério do Exterior, onde George Shulz estava oferecendo um jantar em sua homenagem. Antes desse momento, ele havia desconcertado Charles Price, embaixador norte-americano em Londres, ao lhe perguntar se Thatcher tinha senso de humor. Constrangido, o embaixador perguntou ao ministro o que ele tinha em mente. "O que não tenho em mente", replicou Shulz irritado, "é oferecer-lhe uma cadeira e depois puxá-la quando ela estiver se sentando".[31]

Na verdade, Shulz resolvera fazer dela a vítima de uma "brincadeira", dando a Thatcher "a primeira e única medalha da Grande Ordem da Bolsa".

---

[29] Citações dos lembretes de conversa de Reagan, 16 de novembro de 1988: MTF, docid=110572 (acessado no dia 13 de outubro de 1988).

[30] Lembretes de conversa para o café da sra. Reagan com Denis Thatcher, 16 de novembro de 1988: Folder, Margaret Thatcher, 11/16/1988, Box 92450, NSC Coordination Office Records, Ronald Reagan Library; Sarah Curtis (org.), *The Journals of Woodrow Wyatt* (Londres, 1998), p. 669.

[31] Smith, *Reagan and Thatcher*, p. 252.

Explicou que essa medalha era um reconhecimento da importância do papel que a bolsa da primeira-ministra desempenhara na diplomacia internacional. Quando era impossível chegar a um acordo, ou os comunicados estavam atolados em uma prosa obscura e tépida, disse Shulz, "era aí que a primeira-ministra Thatcher pegava a bolsa e tirava lá de dentro, quase como se estivesse tirando um coelho de uma cartola, uma declaração que invariavelmente se tornava a declaração adotada por nós". Para aumentar a graça da situação, ele observou que parecia apropriado Thatcher ganhar uma nova bolsa, uma vez que seu papel na Aliança Atlântica inspirara um novo vocabulário da Otan: "Bolsar, verbo transitivo, bolsa, bolsagem; 1. inspirar pela liderança, energia e capacidade especial de persuasão, de fazer acordos sobre programas e prioridades da Aliança que promovem a realização da causa ocidental; 2. empregar um recurso diplomático único; 3. bolsar é, em geral, considerado mais desejável do que ser bolsado."

Antes de apresentar a bolsa preta patenteada, Shulz observou teatralmente que desejava verificar o seu conteúdo. Claro que havia documentos lá dentro, aos quais batizou de "Margaret Thatcherismos", extraídos de seus discursos e declarações anteriores. "Todo mundo sabe que a senhora fala alto e bom som e nunca anda com a bolsa vazia!", concluiu Shulz, enquanto Thatcher olhava sorrindo.[32]

O gesto do ministro foi tocante, mas havia sido inspirado pelo respeito às capacidades de Thatcher tanto como aliada quanto como adversária. Grande parte do seu prazer com a brincadeira foi a forma despretensiosa com que ela reconhecia que ele próprio, mais de uma vez, foi vítima de uma "bolsada". Apesar disso, como ele deixou claro num bilhete para o presidente, Thatcher havia sido uma aliada importante. "A 'relação especial' EUA-RU está mais forte do que nunca", disse ele a Reagan privadamente, "e continua [sendo] de importância fundamental para a política exterior de ambos os países". A visita seria uma oportunidade de "agradecer à primeira-ministra o apoio que deu às políticas do governo".[33]

Se a homenagem do ministro do Exterior foi caracterizado pela ironia, o que se seguiu foi um exagero de emoção que beirou o pieguismo.

---

[32] *Washington Post*, 17 de novembro de 1988.
[33] Relatório de Shulz a Reagan, visita de Thatcher, 4 de novembro de 1988: MTF, docid=110569 (acessado no dia 13 de outubro de 2007).

Na Casa Branca, a elite de Washington reunira-se para o último banquete oficial da era Reagan. Na hora dos brindes, Reagan fez a Thatcher e a suas realizações todos os elogios que era capaz de fazer: "Ela é uma líder de visão e coragem para manter o curso até as batalhas serem vencidas", proclamou ele. Ele tivera "a sorte" de desfrutar "uma relação pessoal e amizade genuína com Margaret Thatcher". Essa amizade havia sido "acrescentada à grande corrente da história anglo-americana e ajudara a fortalecer a tradição de uma relação especial entre os líderes das duas nações". Não havia dúvida de que "o impacto da liderança da sra. Thatcher em seu país e no exterior garante seu lugar na história", disse Reagan com entusiasmo. "É uma líder mundial na plena acepção do termo. E Nancy e eu temos orgulho de dizer que Thatcher é amiga nossa, assim como os Estados Unidos têm orgulho de dizer que o Reino Unido é um amigo e um aliado."[34]

A resposta de Thatcher não foi menos exagerada. "Você foi mais que um aliado de confiança e um conselheiro sábio", disse-lhe ela. "Foi também um amigo maravilhoso para mim e para meu país... tudo quanto posso fazer, sr. presidente, é repetir seu próprio veredito predileto sobre um roteiro de filme: 'Essa história', disse Sam Goldwyn certa vez, 'é maravilhosa; é magnífica; é engenhosa! Assim também, sr. presidente, foram os Anos Reagan!' Enquanto o público batia palmas ruidosas em sinal de aprovação, Nancy Reagan foi vista limpando uma lágrima. "Estou me sentindo muito romântica, nostálgica", disse a primeira-dama depois.[35]

E quando a orquestra começou a tocar *Shall We Dance*, Reagan levou Thatcher — resplandescente em um vestido cor-de-rosa — para a pista de dança, a fim de fazer entrar para a história sua relação extraordinária.

"Foi uma noite maravilhosa & com um grupo de pessoas incríveis", escreveu Reagan em seu diário naquele dia. "Havia um clima de nostalgia — nosso último jantar oficial etc."

"Ela é de fato uma grande estadista."[36]

* * *

---

[34] Discursos do banquete oficial da Casa Branca, 16 de novembro de 1988: MTF, docid=107384 (acessado no dia 13 de outubro de 2007).

[35] Discursos do banquete oficial da Casa Branca, 16 de novembro de 1988: MTF, docid=107384 (acessado no dia 13 de outubro de 2007); *Washington Post*, 7 de novembro de 1988.

[36] Brinkley (org.), *Reagan Diaries*, vol. II, p. 979.

Em meio aos elogios mútuos e tapinhas nas costas um do outro, uma última tragédia deu o que pensar a Reagan e Thatcher. Algumas semanas depois da visita da primeira-ministra a Reagan na Casa Branca, um jumbo da Pan Am com destino a Nova York explodiu e caiu na cidade de Lockerbie, na Escócia. Ao todo, 259 pessoas a bordo e 11 que estavam no solo morreram no acidente. Pedaços do avião espalharam-se por 1.350 quilômetros quadrados e o impacto chegou a 1.6 na escala Richter. As investigações descobriram provas da existência de uma bomba. Em janeiro de 2001, depois de um julgamento de 84 dias na Holanda, de acordo com a lei escocesa, Abdelbaset ali Mohmed al-Megrahi foi condenado à pena de morte. Acredita-se que ele fosse um agente do serviço secreto líbio.[37]

Thatcher visitou imediatamente a cena da tragédia para ver tudo com os próprios olhos e consolar os familiares e amigos enlutados. "Aqueles de nós que viram o acidente nunca, nunca se esquecerão da experiência", disse ela depois a David Froster, o entrevistador da TV. Algumas horas depois que ela voltou de Lockerbie, Reagan telefonou. "Eu gostaria de lhe agradecer pelos sentimentos que expressou a respeito da tragédia do voo 103 da Pan Am", disse-lhe ele. "Em nome do povo norte-americano, eu também gostaria de agradecer ao pessoal do resgate que respondeu tão rápida e corajosamente. Nossos pensamentos e orações estão voltados para as vítimas desse acidente, tanto os passageiros do avião quanto os aldeões da Escócia e seus entes queridos."[38]

O que nenhum dos dois parece ter considerado foi a possibilidade de a explosão do voo 103 da Pan Am ser parte de uma espiral de ataques de "olho por olho, dente por dente", nesse caso uma represália patrocinada pelo Estado líbio ao bombardeamento norte-americano em 1986, que matou 101 pessoas, entre as quais uma filha adotiva do líder líbio. O bombardeio, por sua vez, foi uma resposta ao ataque terrorista patrocinado pelo Estado líbio a uma discoteca de Berlim Ocidental algumas semanas antes. Em suas memórias, Reagan não menciona Lockerbie, mas afirmou realmente, no final de

---

[37] BBC, On This Day [Sobre esse dia], 21 de dezembro de 1988: http://news.bbc.co.uk/onthisday/hi/dates/stories/december/21/newsid_2539000/2539447.stm (acessado no dia 30 de junho de 2010).

[38] Entrevista televisiva para a TV-Am, 30 de dezembro de 1988: MTF, docid=107022; telefonema de Reagan a Thatcher, 22 de dezembro de 1988: MTF, docid=109435 (acessado no dia 30 de junho de 2010).

seu mandato, que "nosso ataque à Líbia tinha silenciado parte do terrorismo patrocinado pelo Estado e dirigido por Trípoli"

Thatcher, em suas memórias publicadas em 1993, falou de seu apoio ao ataque norte-americano à Líbia: "Ele acabou sendo um golpe mais decisivo contra o terrorismo líbio patrocinado pelo Estado do que eu jamais teria imaginado... Kadhafi não foi destruído, mas ficou mais humilde. Houve um declínio visível no terrorismo líbio patrocinado pelo Estado nos anos seguintes." Quando Thatcher publicou *Statecraft* [A arte de governar] em 2002, época em que o veredito de Megrahi já fora anunciado, ela foi obrigada a reconhecer que "a Líbia estava claramente por trás da explosão de um voo da Pan American em 1988, que estava sobre o espaço aéreo de Lockerbie". Apesar disso, ela também escreveu que a Líbia tinha "patrocinado uma série de atos terroristas contra os Estados Unidos e seus aliados — até que, com meu apoio resoluto, o presidente Reagan deu a Kadhafi uma lição com o ataque norte-americano de 1986". Certamente foi uma lição que Reagan e Thatcher deram; o pior ataque terrorista em solo britânico que se seguiu sugere que essa lição teve consequências.[39]

Lockerbie foi um fecho deprimente dos anos Reagan/Thatcher, um acontecimento sobre o qual nenhum dos dois gostava de se estender. Num artigo brilhante para *National Review* ("Liderança de Reagan, Recuperação dos Estados Unidos"), publicado de modo a coincidir com a saída do presidente da Casa Branca, Thatcher elogiou "o êxito [de Reagan] na batalha incessante contra o terrorismo". Sua conclusão sobre os anos Reagan foi inequívoca. "Os resultados dessa liderança forte estão todos à nossa volta", declarou Thatcher. "O presidente Reagan sai da cena política deixando os Estados Unidos mais fortes e mais autoconfiantes, e o Ocidente mais unido que nunca."[40]

Em um bilhete privado para Reagan nos dias que antecederam sua saída da Casa Branca, ela foi, para dizer o mínimo, mais efusiva ainda. "Nesse momento em que você deixa o cargo, eu gostaria de lhe dizer 'obrigada'," escreveu ela. "Você foi um grande presidente, um dos maiores, pois defendeu o que há de melhor nos Estados Unidos. Suas crenças, suas convicções, sua fé

---

[39] Reagan, *An American Life* (Nova York, 1990), p. 704; Thatcher, *Downing Street Years*, p. 448-9; Margaret Thatcher, *Statecraft* (Londres, 2002), p. 232. *Sunday Telegraph*, 5 de setembro de 2009.

[40] Artigo para *National Review*, 30 de dezembro de 1988: MTF, docid=107425 (acessado no dia 13 de outubro de 2007).

impregnaram tudo quanto você fez. E sua cortesia despretensiosa é a marca registrada do cavalheiro perfeito e consumado. Você é um exemplo e uma inspiração para todos nós."[41]

Sentado na Sala Oval na última noite de seu mandato, Ronald Reagan ficou tão emocionado com o bilhete de Thatcher que fez um último gesto de solidariedade a ela. Havia uma pasta de cartas e fotografias para serem assinadas. Entre elas estava um bilhete de despedida para Thatcher. "Durante os últimos oito anos", dizia ele, "nossa parceria se fortaleceu com a capacidade e determinação da Aliança Ocidental na hora de defender a si mesma e a causa da liberdade em todo o mundo. As perspectivas cada vez mais otimistas de paz e segurança no mundo são as ideias que acalentamos — ideias que você começou a plantar na Grã-Bretanha há uma década. Você foi uma aliada de valor inestimável; mais que isso, no entanto, você é uma grande amiga. Foi uma honra trabalhar com você desde 1981."[42]

Reagan releu a carta com uma expressão aprovadora, e depois a pôs de lado. Assinou todas as outras antes de voltar à carta de Thatcher e escrever "Ron" pela última vez.

Foi a última carta oficial de seu mandato.

Depois de assiná-la, Reagan saiu da Sala Oval e foi para a Residência escrever em seu diário e ir cedo para a cama.

"Amanhã", escreveu ele, "deixo de ser presidente."[43]

---

[41] Thatcher a Reagan, 19 de janeiro de 1988: MTF, docid=110359 (acessado no dia 13 de outubro de 2007).
[42] Reagan a Thatcher, 19 de janeiro de 1988: MTF, docid=110358 (acessado no dia 13 de outubro de 2007).
[43] Brinkley (org.), *Reagan Diaries*, vol. II, p. 1011.

EPÍLOGO

O PÔR DO SOL

Biblioteca Presidencial Ronald Reagan, Simi Valley, Califórnia. 6 de fevereiro de 1993. As comemorações do 82º aniversário do ex-presidente não poderiam ter sido organizadas de maneira mais meticulosa. Houve muitas manobras de despistamento do showbiz, com o apresentador de TV Merv Griffin no papel de pitoresco mestre de cerimônias. Também foi gasto muito dinheiro em um jantar de gala do tipo que habitualmente levantava milhões para a biblioteca. Mas havia ainda uma mensagem inequívoca. A presença de Thatcher à cabeceira da mesa era símbolo da narrativa histórica que surgira na década de 1980: ali estavam os dois líderes que tinham enfrentado a União Soviética e vencido. Para situar essa façanha em um contexto histórico, a biblioteca presidencial montara uma exposição excelente para os convidados apreciarem: *A arte e os tesouros de Winston Churchill.* O recado não poderia ser mais claro. Reagan e Thatcher estavam ao lado de Roosevelt e Churchill como titãs globais que atuaram juntos para defender a democracia e liquidar a tirania.[1]

Mas não transcorreu exatamente nesse sentido. Essa ocasião não seria lembrada como uma noite de triunfo e congratulações, ao contrário: ela se tornaria o marcador de uma tragédia pessoal.

Tudo começou bem, com uma homenagem entusiástica de Thatcher a Reagan, que elogiou a coragem e a visão do presidente. O norte-americano respondeu com seu humor e sua modéstia típicos. "Na verdade, acho que

---
[1] *LA Times*, 29 de janeiro de 1993; 7 de fevereiro de 1993.

não mereço esse estardalhaço todo", brincou ele, "mas, como George Burns disse certa vez, eu tenho artrite e também não a mereço." Depois Reagan fez um brinde a Thatcher, sua maior amiga e aliada. Os convidados levantaram-se para brindar e aplaudir antes de retomar seus assentos. Depois que os convidados se sentaram, Reagan começou a falar de novo. Para horror de todos, ele repetiu, com palavras e gestos idênticos, a saudação a Thatcher que havia feito momentos antes. Durante um segundo, todos os presentes ficaram paralisados até ser tomada a decisão palpável e elegante de ignorar a repetição. De pé ficaram todos para aplaudir Thatcher novamente. Depois os convidados prenderam a respiração, na maior expectativa, só descontraindo quando Reagan mudou de assunto.[2]

Foi fácil atribuir o lapso do ex-presidente à confusão mental de um octogenário. Essas coisas acontecem. A imprensa não noticiou a gafe; os convidados, em uma era anterior ao Twitter, não fizeram a fofoca circular em uma blogosfera canibalística. Na verdade, estava mais parecido com o tempo de Churchill, quando notícias desse tipo simplesmente não chegavam nunca ao grande público.[3] Mas, quando Margaret Thatcher voltou aos Estados Unidos no ano seguinte para o 83º aniversário de Reagan, ficou claro que aquela confusão tinha se transformado em algo mais grave. "Lembro-me de termos nos encontrado antes para tirar todas aquelas fotografias que costumamos tirar", diz ela. "E ele estava muito silencioso, nem um pouco comunicativo. Nancy teve de levá-lo até a tribuna pela mão. E, quando ela levantou a mão para acenar para as pessoas, disse imediatamente a Ron: 'Acene', e ele acenou. Eu imaginei que ele devia estar muito cansado."[4]

Nancy Reagan sabia o que se passava. Quando o casal voltou a seu quarto de hotel naquela noite, ela pediu a John Hutton, o médico do presidente, para ir vê-lo. "Estou um pouco confuso", admitiu o ex-comandante-chefe. "Não sei onde estou."[5]

---

[2] Lou Cannon, *President Reagan: the role of a lifetime* (Nova York, 2000), prefácio para a edição revista. *Newsweek*, 23 de janeiro de 2011.

[3] Quando Churchill teve um derrame grave em 1953, o acontecimento não foi divulgado pelos jornais. A mídia disse que o primeiro-ministro estava cansado e precisava de repouso. Ele não apareceu em público durante vários meses.

[4] PBS, *America Experience: Reagan*. Transcrição: http://www.pbs.org/wgbh/americaexperience/features/transcript/reagan-transcript (acessado no dia 14 de abril de 2011).

[5] Ibid.

Naquele mesmo ano, a Mayo Clinic de Minnesota confirmou ao presidente Reagan que ele se encontrava no estágio inicial do mal de Alzheimer. Ele divulgou a notícia para o povo norte-americano numa carta edificante e cheia de emoção.

"Eu gostaria de lhe agradecer, povo norte-americano, por ter me dado a grande honra de me permitir servi-lo como seu presidente", escreveu ele. "Quando o Senhor me chamar de volta ao lar, seja isso o que for, vou partir com o maior amor por este nosso país e com um otimismo eterno em relação a seu futuro. Agora começo a viagem que vai me levar ao pôr do sol da minha vida. Sei que, para os Estados Unidos, sempre haverá uma aurora fulgurante pela frente."[6]

E, com essa carta, Reagan partiu — saindo do palco mundial pela última vez. Margaret Thatcher nunca mais tornaria a vê-lo.

* * *

O ANÚNCIO DA doença de Reagan e sua saída da vida pública foram coreografados com uma elegância e dignidade que não foram concedidas a Margaret Thatcher. Quando Carol, a filha de Thatcher, revelou acidentalmente em suas memórias de 2008 que a mãe estava com demência senil, Ron Reagan, o filho caçula do ex-presidente, repreendeu-a severamente. A revelação de Carol, disse Reagan, foi "de um mau gosto monumental, e desnecessária".[7] Outros foram mais violentos ainda. "Eu queria saber por que Carol acha certo revelar o problema da mãe, principalmente quando nenhum de seus amigos políticos jamais fez esse tipo de coisa em seus livros", disse Kelvin McKenzie, editor de *The Sun*, o tabloide mais vendido na Grã-Bretanha durante o apogeu de Thatcher. "Só posso concluir que isso foi feito por dinheiro. Espero que ela sinta orgulho de si mesma."[8]

Em muitos aspectos, a doença de Thatcher foi característica desse último período de sua vida, dominado pela tristeza e pela decepção. Em sua maior parte, foi resultado da maneira impiedosa com que o poder lhe foi tirado. Ronald Reagan teve o prazer de fazer uma turnê mundial de despedida e de

---

[6] Ibid.
[7] Carol Thatcher, *A Swim-on Part in the Goldfish Bowl* (Londres, 2008), p. 255ss.
[8] *New York Times*, 2 de setembro de 2008.

participar do cerimonial do Dia da Posse. A saída de Thatcher foi mais dolorosa — literalmente, uma despedida cheia de lágrimas em Downing Street. Ao contrário da constituição norte-americana, com seus limites de mandato entrincheirados na Emenda 22, o sistema britânico quase parece ter sido concebido para proporcionar um triste fim àqueles que exerceram o cargo de primeiro-ministro. A maioria sai porque perdeu uma eleição geral. Outros porque deixaram de inspirar confiança a seu partido ou ao Parlamento. E alguns saem por estarem fartos daquilo tudo e querem ir embora.

Em 1989, o ano em que Reagan deixou a presidência, Margaret Thatcher comemorou dez anos no cargo de primeira-ministra. Muitos, entre os quais seu marido, Denis, insistiram para que ela usasse esse aniversário como oportunidade de sair em alta. Mas Thatcher começou a falar de quebrar o recorde de lorde Liverpool, que ficara 14 anos no cargo. "Podemos quebrar até o recorde de Walpole!", disse ela a um jornalista perplexo em setembro de 1989.[9] A perspectiva de vinte anos de Thatcher como primeira-ministra foi demais para *Sir* Anthony Meyer, um aristocrata tóri de segundo escalão, que imediatamente lhe fez um desafio, propondo que lutassem pela liderança do partido. Thatcher ganhou com facilidade, mas Meyer era uma cortina de fumaça que encobria outro candidato muito mais forte que lhe lançou a luva no ano seguinte — seu rival de longa data e ex-ministro da Defesa, Michael Heseltine.

Na eleição do líder do partido conservador de novembro de 1990, Heseltine teve votos suficientes no primeiro turno para provocar um golpe ministerial contra Thatcher. Os ministros abandonaram-na, todos eles dizendo que ela ia perder a votação do segundo turno. "Fiquei péssima", escreveu ela posteriormente. "Eu teria resistido [aos oponentes] e rivais em potencial e até respeitado todos eles por isso; mas o que acabou comigo foi a deserção daqueles que eu considerava amigos e aliados, e as palavras evasivas com que eles transmutaram sua traição em conselhos francos e preocupação com o meu destino."[10] Foi uma lição à qual Alan Clark, um dos poucos membros do governo que ficou a seu lado, prestou muita atenção. "Não há amigos verda-

---

[9] Entrevista, *Dundee Courier*, 7 de setembro de 1989: MTF, docid=107755 (acessado no dia 15 de abril de 2011).

[10] Margaret Thatcher, *The Downing Street Years* (Londres, 1993), p. 851-5.

deiros na política", refletiu ele em seu diário. "Somos todos tubarões nadando em círculos, à espera de que vestígios de sangue apareçam na água."[11]

Margaret Thatcher renunciou no dia 22 de novembro de 1990, depois de 11 anos e 209 dias como primeira-ministra. Sua queda teve muitas causas, entre as quais um novo sistema de tributação local "da comunidade [europeia]" que havia gerado tumultos e marchas de protesto em todo o país, uma atitude em relação à Europa que alienou membros mais antigos de seu gabinete, a tomada de consciência de uma mentalidade de "casamata" em Downing Street e, talvez o elemento mais importante de todos, uma queda vertical nas pesquisas de opinião, o que sugeria que os conservadores perderiam a próxima eleição geral. Todos foram fatores importantes que apontaram para uma realidade política inegável: depois de mais de uma década, as pessoas em geral achavam que estava na hora de mudar. Na verdade, não houve nenhum erro particular por parte de Thatcher — o que houve foi o inevitável cansaço popular que acompanha alguém que está há muito tempo no cargo de primeiro-ministro. Como Thatcher deixou claro que desejava "continuar indefinidamente", uma saída elegante deixou de ser uma opção. Em vez disso, ela se tornou vítima de uma das quedas mais violentas do poder da política britânica moderna. Como para provar que o povo só queria uma mudança, o partido conservador — e depois o eleitorado — votou num primeiro-ministro tão diferente de Margaret Thatcher em termos de caráter quanto era possível imaginar — o educado John Major, cujo programa satírico de TV, o *Spitting Image*, com marionetes, preparou-o perfeitamente bem para o papel. O clima de traição que continuou cercando a queda de Thatcher turvaria o mandato de Major e envenenaria o poço da política conservadora durante uma geração inteira.

A própria Thatcher nunca se conformaria com a maneira como deixou o governo. "Sinto falta", disse ela uma década depois a George H. W. Bush, ex-presidente dos Estados Unidos. "Gostaria de ainda estar lá."[12]

Reagan foi caracteristicamente elegante com Thatcher durante essa transição difícil. Duas semanas depois da renúncia de Thatcher ao cargo de primeira-ministra, o ex-presidente estava em Londres para uma visita de quatro dias. Um pouco antes, naquele mesmo ano, havia sido planejado um encon-

---

[11] Alan Clark, *Diaries* (Londres, 1993), p. 373.
[12] Carol Thatcher, *Swim-on Part*, p. 257. *Daily Mail*, 15 de fevereiro de 2007.

tro dele com Thatcher em Downing Street. Agora os dois se encontraram no Claridges Hotel, em Mayfair, onde Reagan consolou Thatcher em particular da violência da vida política e declarou publicamente: "Eu lhe dou os meus parabéns!", enquanto os dois posavam para a mídia, que estava à sua espera.[13] E convidou-a imediatamente a falar durante as comemorações de seu aniversário em fevereiro do ano seguinte. Esse ato generoso, que se repetiu todo ano até ele se retirar da vida pública em 1994, acabaria se tornando um elemento importante da vida pública de Thatcher depois que ela perdeu o poder.

Menos de um mês antes de Reagan escrever ao povo norte-americano para anunciar seu mal de Alzheimer, enviou a Thatcher suas felicitações pelo aniversário, que foram tanto seus últimos agradecimentos quanto uma última lição sobre a forma de identificar as bênçãos recebidas. "Que oportunidade maravilhosa para comemorar sua existência e toda uma vida de realizações, e para lhe dizer o quanto você significou para nós com o passar dos anos", declarou ele de forma tocante. "Como fui abençoado por comemorar tantos momentos especiais da vida com você." E então, no fim, pela primeira vez, ele assinou: "Com carinho, Ron."[14]

Foi um retoque final amoroso em uma relação que, a certa altura, foi uma das mais analisadas e discutidas do mundo.

* * *

A TRISTEZA PESSOAL desses anos crepusculares e o afeto delicado que agora existia entre Reagan e Thatcher ajudaram a evitar falar muito do quanto essa relação tinha sido difícil em certos momentos.

Durante os oito anos que eles passaram juntos no poder, esses dois líderes brigaram e discordaram sobre quase todas as grandes decisões internacionais que enfrentaram: imposição de sanções à rede de oleodutos dos soviéticos; a crise das Falkland, quando Thatcher ficou "horrorizada" com a ambivalência e hesitação do presidente; Granada, quando Reagan sentiu-se do mesmo modo em relação a Thatcher; o controle de armas e a abolição das armas nu-

---

[13] *Wilmington Star-News*, 7 de dezembro de 1990.
[14] Kiron K. Sinner, Annelise Anderson, Martin Anderson (orgs.), *Reagan: a life in letters* (Nova York, 2003), p. 727.

cleares; a iniciativa de defesa estratégica; o Oriente Médio, principalmente o Líbano e a Líbia; a relação com Gorbachev, principalmente em Reykjavik, quando Thatcher achou que Reagan estivera à beira de trair toda a aliança ocidental.

Essas escaramuças e esses conflitos constantes, muito distantes do mito popular de um "casamento político" feliz, poderiam ser interpretados de modo a fazer com que a relação entre Reagan e Thatcher parecesse menos relevante historicamente do que foi. Na verdade, significam exatamente o oposto. Essa aliança foi realmente da maior importância, embora não pelas razões que muitos — inclusive os próprios protagonistas — lhe atribuíram na época. A estatura dessa relação pode ser ilustrada por acontecimentos ocorridos poucos meses depois que Reagan saiu da Casa Branca em 1989, quando Thatcher comemorava o marco de dez anos no cargo.

Naquele verão, Ronald Reagan fez de Londres o destino de sua primeira viagem ao exterior desde que deixara a presidência. Sua chegada, comentou o *New York Times*, "foi festejada como se ele fosse a realeza em visita". No Guildhall de Londres, Reagan foi recebido por arautos de libré e ao som de trombetas. Houve um retorno afetivo a Downing Street para jantar com Thatcher. E, no palácio de Buckingham, a rainha recebeu os Reagan para almoçar, depois do que foi anunciado que Sua Majestade teve o prazer de nomear o ex-presidente cavaleiro do Reino Unido. "Não tenho palavras para dizer o quanto estou orgulhoso", disse Reagan aos repórteres que o esperavam, sorrindo exultante ao mostrar as insígnias da Ordem do Banho. "Não as deixe cair!", brincou a rainha numa rara demonstração pública de humor.[15]

Em meio à pompa, às fanfarras e às honrarias, havia também substância política. No esplendor gótico de Guildhall, onde Reagan falara no ano anterior durante sua última visita a Berlim como presidente, ele agora fez um discurso vigoroso sobre a revolução das comunicações que, a seu ver, tinha dado início a uma marcha inelutável rumo à democracia global. Nos dias que se seguiram a uma violenta repressão militar por parte do governo chinês contra manifestantes que estavam na praça Tiananmen, esse discurso não poderia ter sido mais oportuno. "Não se pode massacrar uma ideia", declarou Reagan. As sementes da democracia foram plantadas. Podem se passar "anos ou até décadas", mas um dia "o povo desses países [vai] descansar à sombra

---

[15] *New York Times*, 13 e 14 de junho de 1989.

da democracia". Os Estados totalitários estavam cada vez mais impotentes diante da tecnologia das comunicações que facilitara a divulgação das informações — "o oxigênio da era moderna". O saber criado por ela "infiltra-se nos muros com arame farpado e atravessa fronteiras minadas e protegidas por fios elétricos". Por fim, os regimes totalitários não teriam condições de resistir. "O Golias do totalitarismo vai ser derrotado pelo Davi do microchip", previu ele. "Eu acredito que mais que os exércitos, mais que a diplomacia, mais que as melhores intenções dos países democráticos, a revolução das comunicações vai ser a maior força para o progresso da liberdade humana que o mundo já viu."[16]

Sua condição permanente de astro e a capacidade de Reagan de articular ideias grandiosas — na verdade, *a* ideia por excelência do século XXI — fizeram grande contraste, para Thatcher, com a visita recente do presidente George H. W. Bush, que estivera em Londres apenas duas semanas antes. Essa viagem, a primeira de Bush à Europa como comandante-chefe, foi difícil para a primeira-ministra. O novo presidente estava indo comemorar o 40º aniversário da Otan numa conferência em Bruxelas. Thatcher sugerira que ela fosse realizada em Londres, mas a proposta não foi aceita. A visita do presidente ao Reino Unido foi incluída no final de sua turnê pela Europa — um dia de viagem antes de ele voltar para seu refúgio do Maine para jogar golfe. Um passeio aos arredores de Londres foi cancelado. Ao contrário do que aconteceu em Bonn, onde ele ficou dois dias e fez um discurso importante, não houve declarações de peso em Londres. "Não há nada substancial aqui, e pouca coisa interessante", lamentou Larry O'Rourke, que escreveu o informe geral à imprensa sobre a visita de Bush ao Número 10. A atitude desdenhosa do presidente, ao que tudo indica provocada por sua irritação com a intransigência aparente de Thatcher sobre as questões de segurança europeia, pareceu a muitos um gesto consciente de desprezo pela primeira-ministra. Na conferência da Otan e depois novamente em Londres, havia uma corrente subterrânea de impaciência dos norte-americanos com ela. Quando os dois saíram do jantar no Número 10, ambos os líderes tiveram de enfrentar o interrogatório constrangedor sobre a situação da aliança. "Tivemos um dia maravilhoso!", mentiu Thatcher, tentando salvar as aparências. "É muito fácil conversar com George Bush porque, claro está, conversamos

---

[16] *New York Times*, 13 de junho de 1989.

há anos e temos as mesmas opiniões." Quando pediram a Bush que fizesse um comentário, ele evitou. "Vou lhe dizer uma coisa: estou cansadíssimo", afirmou o presidente. "Tenho de chegar em casa e ir para a cama o quanto antes. Não, não dá para comentar nada!" Finalmente, com Thatcher olhando consternada, o presidente recuperou calma suficiente para fazer um comentário de agradecimento pró-forma. "Foi uma viagem maravilhosa", disse ele, "e nós, evidentemente, temos grande respeito pela primeira-ministra; nossa relação com o Reino Unido é sólida." Mais próxima da verdade foi a observação de uma autoridade norte-americana, que informou ao *New York Times* que "ouvimos sermões dela muitas vezes".[17]

Essas duas visitas a Londres em rápida sucessão, feitas pelo 40º e pelo 41º presidentes dos Estados Unidos, revelaram três aspectos importantes da relação mais ampla entre Ronald Reagan e Margaret Thatcher.

Em primeiro lugar, mais do que qualquer dos dois gostaria de admitir, eles ilustram o significado do comentário de Palmerston, repetido a Thatcher por Gorbachev em 1984, de que "as nações não têm amigos ou aliados permanentes, têm só interesses permanentes". É claro que esta foi uma declaração que representava apenas meia verdade, se tanto. A Grã-Bretanha e os Estados Unidos ficaram juntos — no lado vencedor — nos três grandes conflitos do século XX. Se não era permanente, a Aliança era ao menos algo como um hábito, ou até mesmo um modelo.[18] No entanto, exatamente como na era de Roosevelt e Churchill, a relação entre Reagan e Thatcher caracterizou-se tanto pelas manobras constantes em busca de vantagens quanto pela cooperação instintiva. Seu relacionamento era menos uma amizade entre "almas gêmeas" e mais um compromisso diplomático exigente entre os líderes de dois Estados soberanos e independentes com forças e interesses muitíssimo diversos. Não há dúvida de que tinha qualidades próprias. Suas afinidades não tinham como base uma inevitável unidade cultural entre dois povos de "língua inglesa", como Thatcher (fazendo eco a Churchill) afirmou tantas vezes, mas sim interesses geopolíticos e ideológicos que às vezes coincidiam,

---

[17] Relatório norte-americano sobre a reunião Thatcher/Bush, 1º de junho de 1989: MTF, docid=110748. Coletiva à imprensa em frente ao Número 10, 1º de junho de 1989: MTF, docid= 107687 (acessado no dia 22 de abril de 2011). *New York Times*, 26 de maio, 1-2 de junho de 1989.
[18] Walter Russell Mead, *God and Gold: Britain, America and the making of the modern world* (Nova York, 2007), p. 5, 13.

mas outras vezes divergiam seriamente. Suas personalidades contrastantes não os teriam tornado amigos naturalmente. A posição de importante aliada europeia que Thatcher desfrutava com laços íntimos entre os serviços secretos e os sistemas de defesa de seu país com os Estados Unidos, sempre lhe garantiu que fosse ouvida na Casa Branca. Mas, quando estava lá, ela era obrigada a defender suas posições ponto por ponto. E nenhum ano foi igual a outro. O êxito num determinado conjunto de circunstâncias não era garantia de sucesso em outra conjuntura. Quando os rostos da cúpula mudavam, como mudaram quando Bush substituiu Reagan, mudava também a dinâmica da relação RU-EUA.[19]

Em segundo lugar, tanto Reagan quanto Thatcher sabiam que a arte de governar era uma guerra de ideias. Para ambos, esse campo de batalha dizia respeito basicamente à articulação de convicções. O discurso de Reagan em Londres, em junho de 1989, foi um clássico do gênero: impiedoso com o totalitarismo e, mesmo assim, expressão de um otimismo inabalável sobre o futuro. Reagan definiu uma ideia da maior importância nesse discurso — que a revolução das comunicações promoveria a liberdade "mais que exércitos, mais que a diplomacia, mais que as melhores intenções dos países democráticos" —, mas foi prefaciado por duas palavras que deram a essa ideia uma autoridade pessoal: *"Eu acredito."* Essa ênfase no poder e nas possibilidades da convicção em si foi algo que existiu desde o início do mandato de Reagan; em seu primeiro discurso de posse, ele pedia aos norte-americanos "que acreditasse em si mesmos e acreditassem em nossa capacidade de realizar grandes feitos, acreditassem que juntos, com a ajuda de Deus, possamos resolver e vamos resolver os problemas que enfrentamos agora".[20] Esta ênfase não era puramente retórica. Estendia-se às propostas políticas de Reagan, quer moldando a estratégia da Guerra Fria em torno da crença de que a União Soviética estava fadada a ir parar na lata de lixo da história, quer confiando em seus instintos, que lhe diziam que Gorbachev era um homem de boa vontade, quer desafiando toda a sua equipe de segurança nacional sobre o desarmamento nuclear total por achar que o conceito de uma destruição mútua era uma abominação moral. Essa abordagem era resumida perfeita-

---

[19] David Reynolds, "Rethinking Anglo-American Relations", em *International Affairs* (Royal Institute of International Affairs 1944-), vol. 65, nº 1 (inverno de 1988-1989), p. 89-111. Stable URL: http://www.jstor.org/stable/2620984.
[20] Daniel T. Rodgers, *Age of Fracture* (Cambridge, Massachusetts, 2011), p. 24-5.

mente bem por uma das citações favoritas de Tom Paine, que Reagan repetiu muitas e muitas vezes: "Temos o poder de recriar o mundo de novo." Era a convicção — que nem se pode dizer que era conservadora — sobre a qual Reagan construiu toda a sua estratégia grandiosa.

Thatcher, como Reagan, estava na política por convicção, e sua arte de governar baseou-se muitas vezes no instinto puro e simples. Na verdade, seu mentor intelectual da década de 1970, Alfred Sherman, considerava Thatcher um exemplo prático daquela distinção feita por José Ortega y Gasset, o filósofo político espanhol: "Era uma mulher de convicções, não de ideias." (Sendo as convicções, na opinião dele, o mais importante.)[21] No entanto, mais que Reagan, Thatcher punha mais ênfase em comparar essas convicções com ideias. Ela primava no combate da discussão política. No plano intelectual, seus debates ferozes com Gorbachev estão entre os momentos mais empolgantes de sua vida política. Em horas cruciais de seu mandato — como sua primeira reunião com Reagan, a decisão de se aproximar dos líderes soviéticos mais jovens, as implicações da IDE —, ela organizava seminários com especialistas para desenvolver e questionar seu pensamento. E lia vorazmente — não só sua correspondência e documentos oficiais, mas a corrente incessante de livros e documentos que lhe enviavam seus amigos acadêmicos que eram membros de grupos de pesquisa como o Centre for Policy Studies. A retórica de Thatcher era menos obviamente visionária que a de Reagan, mas ela se tornou uma força no palco mundial em parte por ter a capacidade de articular suas convicções de uma maneira que era formidável em sua clareza. Essa foi a imponente arte de governar da Dama de Ferro, a única pessoa, segundo o próprio chefe de seu Estado-Maior, "que conseguia intimidar Ronald Reagan".[22]

Em terceiro lugar, a clareza de visão oferecida pelo eixo Reagan-Thatcher nunca pareceu mais óbvia ou valiosa do que se tornou depois de acabar. Aquela primeira viagem de George Bush à Europa em 1989 foi feita em meio a críticas generalizadas, em seu país e no exterior, à sua passividade e falta de ambição. No fundo, Bush era um realista cauteloso. Ao assumir o cargo, ele apresentou uma visão geral da política exterior dos Estados Uni-

---

[21] Alfred Sherman, *Paradoxes of Power: reflections on the Thatcher interlude* (Exeter, 2005), p. 25.
[22] Entrevista com Howard Baker: Ronald Reagan Oral History, Miller Center, University of Virginia.

dos sem lhe dar direção nem objetivo. Depois ficou sentado esperando que "alguma coisa" acontecesse. Isso gerou dúvidas sérias sobre a capacidade do novo presidente de inspirar e liderar a Aliança Ocidental. O contraste com o que — ou, melhor dizendo, com quem — tinha vindo antes não passou despercebido a Thatcher, nem a outros líderes europeus. "O governo Bush é passivo, reativo, sem imaginação", queixou-se Gianni De Michelis, o vice-primeiro-ministro italiano, na reunião de cúpula da Otan. "É incrível, mas Ronald Reagan parece compreender melhor do que Bush o que está acontecendo."[23]

Em 1989, todo mundo reconhecia estar vivendo uma época extraordinária. Alguns chegaram até a dizer que, nesse ano, chegamos ao "fim da história".[24] Não é que Bush e sua equipe não tivessem compreendido que algo grandioso estava acontecendo. Foi "um daqueles raros momentos de transição histórica de uma era para outra", admitiu Marlin Fitzwater, o porta-voz da Casa Branca.[25] O problema era que o presidente Bush não tinha ideia de como enfrentá-lo. Ele era contra dar a Thatcher um papel eminente no debate a respeito de uma planta de engenharia para o mundo pós-Guerra Fria, mas suas próprias ideias não iam muito além de "esperar para ver o que vai acontecer". Na verdade, o estilo empresarial de sua liderança combinava muito melhor com aquele do sucessor de Thatcher, John Major, com quem Bush tinha uma relação muito mais fácil. Como observou a colunista do *New York Times* Maureen O'Dowd, em 1997, durante as eleições gerais britânicas: "Assim como George Bush parecia se encolher perto de Ronald Reagan, o sr. Major também perde o colorido quando a gloriosamente irascível Margaret Thatcher entra no campo de visão brandindo sua famosa clareza e sua famosa bolsa."[26]

"Perde o colorido" nunca foi uma crítica que poderia ser feita a Reagan, nem a Thatcher — nem mesmo a Mikhail Gorbachev. Reagan concluiria modestamente que ele só "foi posto contra o cenário de um grande momento histórico".[27] Apesar disso, ambos os líderes apresentaram uma visão

---

[23] *New York Times*, 26 de maio de 1989. Campbell Craig e Fredrik Logevall, *America's Cold War* (Cambridge, Massachusetts, 2009), p. 338-9.
[24] Francis Fukuyama, "The End of History?", em *The National Interest*, verão de 1989.
[25] *New York Times*, 29 de maio de 1989.
[26] *New York Times*, 26 de abril de 1997.
[27] Craig e Logevall, *American's Cold War*, p. 345.

grandiosa — que, às vezes, coincidia — de política e estratégia. Para o bem e para o mal, num momento crucial da história, ambos procuraram ativamente remodelar o mundo em que viviam. O empresarialismo que se seguiu a eles fez com que uma oportunidade de peso fosse perdida. Depois da Segunda Guerra Mundial, Roosevelt e Churchill foram seguidos por gente como Truman, Bevin, Keynes, Marshall e Kennan, que, em cinco anos, reconstruíram a Aliança Ocidental e criaram uma nova ordem mundial que perduraria durante toda a era da Guerra Fria. Por outro lado, os políticos do mundo imediatamente pós-Guerra Fria ficaram à deriva num mar de prosperidade e tapinhas nas costas recíprocos. Quando as Torres Gêmeas de Nova York foram atacadas no dia 11 de setembro, o Ocidente traumatizado teve de encontrar às pressas uma estratégia e uma visão de mundo. A que adotaram foi a Guerra ao Terrorismo, que serviu não só para unir a Aliança Ocidental, ou a comunidade internacional, mas também para dividi-la. A década anterior — aquele momento valioso em que o Ocidente poderia ter criado uma visão que facilitasse a passagem de uma ordem mundial para outra — foi tempo perdido. Não sofreu apenas com a escassez de ideias. Ela foi uma era pós-ideológica, sem convicções norteadoras. "Com os adeptos de antes acusando você de 'criar confusão' e ansiosos pela clareza de propósito de seu enérgico predecessor — quem você seria?", perguntou o comentarista conservador norte-americano William Safire em 1992. "Ou você seria o pós-presidente Reagan, dos Estados Unidos, ou o pós-primeira-ministra Thatcher, da Grã-Bretanha." Foi uma conclusão que falou pela década.[28]

Na década de 1990, Reagan e Thatcher logo saíram da órbita da política cotidiana. Depois de marcar uma reunião com Reagan em 1992, Bill Clinton deixou o ex-comandante-chefe esperando quase uma hora. Thatcher escreveu várias vezes a Clinton em meados dessa década, mas nem sequer teve uma resposta.[29]

A atenção da história tem sido mais enfática. A parceria entre Reagan e Thatcher pode não ter sido o romântico casamento político por amor do mito contemporâneo. Eles brigaram feio um com o outro, enfrentando questões difíceis uma após outra. Hoje, quando as forças britânicas e norte-

---

[28] *New York Times*, 16 de março de 1992.
[29] Stephen F. Knott e Jeffrey L. Chidester, *At Reagan's Side: insiders' recollections from Sacramento to the White House* (Lanham, 2009), p. 218. Arthur Schlesinger, *Journals, 1952-2000* (Nova York, 2007), p. 768.

americanas estão envolvidas em conflitos dolorosos no mundo inteiro, é bom lembrar que alguns dos enfrentamentos mais amargos da década de 1980 aconteceram em momentos em que um dos dois líderes estava tentando manter o outro fora de compromissos militares. Esses debates ferozes, assim como as decisões que decorreram deles, não foram importantes porque Reagan e Thatcher concordavam em tudo. Na verdade, eles em geral pareciam concordar sobre muito pouca coisa. Eles foram importantes porque ambos compreendiam que estavam lutando juntos a serviço de uma empreitada atlântica que remontava a mais de um século. A história e o êxito desse projeto criaram o século XX e o mundo no qual vivemos hoje.

Talvez seja por isso que, quando sua relação chegou ao fim, Margaret Thatcher escreveu com sinceridade, no livro de condolências do funeral de Reagan, citando a Bíblia do Rei Jaime: "Bom trabalho, servo bom e fiel."[30]

---

[30] Citação de Mateus, 25:21. *Wall Street Journal*, 4 de fevereiro de 2011.

Este livro foi composto na tipologia Adobe Caslon Pro,
em corpo 11/15, e impresso em papel off-white 80g/m²
no Sistema Cameron da Divisão Gráfica
da Distribuidora Record.